健康服务产业蓝皮书
BLUE BOOK OF HEALTH SERVICES INDUSTY

中国健康服务产业发展报告
（2016—2017）

ANNUAL REPORT ON CHINA'S HEALTH SERVICE INDUSTRY
（2016—2017）

主　编
中国医药卫生事业发展基金会
中国人民大学培训学院—健康管理学院
国家发展与改革委员会国际合作中心
世界抗衰老医学会

当代中国出版社
Contemporary China Publishing House
2018年·北京

图书在版编目(CIP)数据

中国健康服务产业发展报告. 2016—2017 / 中国医药卫生事业发展基金会等主编. -- 北京 : 当代中国出版社, 2018.1

（健康服务产业蓝皮书）

ISBN 978-7-5154-0836-1

Ⅰ. ①中… Ⅱ. ①中… Ⅲ. ①医疗卫生服务—服务业—产业发展—研究报告—中国—2016—2017 Ⅳ. ① F719 ② R199.2

中国版本图书馆 CIP 数据核字(2017)第 328298 号

出 版 人	曹宏举
策 划 人	梅一一
责任编辑	李一梅
责任校对	康 莹
封面设计	古涧文化
出版发行	当代中国出版社
地 址	北京市地安门西大街旌勇里 8 号
网 址	http: //www. ddzg. net 邮箱：ddzgcbs@sina. com
邮政编码	100009
编 辑 部	（010）66572264 66572154 66572132 66572180
市 场 部	（010）66572281 66572161 66572157 83221785
印 刷	北京润田金辉印刷有限公司
开 本	787 毫米 × 1092 毫米 1/16
印 张	22.75 印张 436 千字
版 次	2018 年 1 月第 1 版
印 次	2018 年 1 月第 1 次印刷
定 价	138.00 元

《中国健康服务产业发展报告（2016–2017）》编写机构

中国医药卫生事业发展基金会

中国人民大学培训学院—健康管理学院

国家发展与改革委员会国际合作中心

世界抗衰老医学会

《中国健康服务产业发展报告（2016–2017）》编委会

（按姓氏笔画排序）

荣誉委员：朱　敏　金大鹏　罗伯特·高德曼　杨利明　罗纳德·科莱兹　裴雪涛

执行主任：陈元平　郭　弋

成　　员：张　健　段辛蕾　贾俊贵　郭忠河　韩　淼

目 录

第四篇　国际篇

序　言

我国亟待建立以人民生命质量为核心的健康服务产业体系

朱　敏

健康服务业是21世纪的新兴医疗体系，通过革新医疗模式而构建的以健康为核心而非以疾病为核心的新型医疗体系，包括先进理念、前沿技术、标准培训认证和管理运营组成的覆盖全产业链、全生命周期的系统性工程。正如1996年世界卫生组织（WHO）提出的21世纪的医学是从“疾病医学”向“健康医学”发展；从重治疗向重预防发展；从针对病源的对抗治疗向整体治疗发展；从重视对病灶的改善向重视人体微生态的平衡改善发展；从群体治疗向个性化治疗发展；从生物治疗向身心综合治疗发展；从强调医生作用向重视病人（健康生活方式）作用发展。在医疗服务方面，则是以疾病为中心向以人的健康生命质量为中心发展，以延长生命绝对值向以延长有生产力的健康寿命和青春寿命发展，等等。归根结底，就是医学服务的重心从“治已病”向“治未病”转移。以人民健康为研究对象与实践目标的健康医学，将是未来医学发展的方向，也是新型经济发展的驱动力。

一、人口老龄化和慢性病问题在全球和中国的发展态势及其影响

人口老龄化对社会发展和经济的影响在西方发达国家已引起广泛关注。2002年1月在美国亚特兰大召开的主题为“人口老龄化危机”的美国经济学年会，着重研讨了人口老龄化对社会经济的影响。2005年9月美国白宫生物伦理顾问委员会主席里昂·卡斯警告：“我们已经迈入了长期医疗保健巨大隐形的阴影。”此危机主要源于与衰老相关的各类慢性疾病的人数在不断增加及医疗费用开支的极度膨胀。

在人口以每年1.7%的幅度增长的同时，其老年（65岁及以上）人口却以每年2.5%的速度倍增。据估计，在未来的 20～30年，发达国家的老年人口将有30%～140%的增长，而发展中国家则有2～4倍的增长。世界卫生组织的统计和预测数据为：2000年全球60岁

以上人口6亿人（2/3在发展中国家），2025年翻倍为12亿人（3/4在发展中国家)，2050年将高达20亿人。按照国际公认标准，65周岁及以上的老年人口占总人口的7%以上，或者60周岁及以上老年人口占总人口的10%以上就是老龄化社会。

中国现在是世界老年人口最多的国家，不到20年的时间便进入了发达国家近百年才出现的人口老龄化状态，成为老龄化速度最快的国家。目前中国老年人口比例占全球老年人口的比例超过1/5，预计到2020年，这一比例将达到1/4，2050年老年人口预计达到3.22亿人。中国的老龄高峰将在2030年左右到来，并将持续20余年。联合国估计，到下一代，中国老龄化问题将比20世纪的欧洲要严重得多。

人口老龄化对社会经济的影响还源于社会生产力群体的相对下降和资源分配不合理。老龄化危机的关键问题是与衰老相关的各种慢性疾病的急剧增加，其医疗、护理开支巨大，同时因病致残、因病致贫的问题显著增多，严重影响人民生活质量和幸福指数。世界卫生组织（WHO）在其报告的人口老化与健康部分中提出："在没有适宜的政策对应人口老化问题时，通常资源会不合理使用"，"在全球范围内，无论是发达国家还是发展中国家，其公共政策和资源分配都难以满足迅速膨胀的老年人口在医疗、社会和经济方面的需求。"

二、发达国家应对人口老龄化的方法和经验

发达国家普遍认为，人口老龄化对社会发展和经济的影响很大，将会导致新一轮危机。此危机主要源于：各类慢性病患者的增加及其医疗费用开支的极度膨胀。世界卫生组织（WHO）在2000年度研讨会上认为：如果加强在老年人问题上的投入，包括通过教育提高老人的自立能力，通过医学干预减少疾病对老人的困扰，更重要的是应用高科技成果维护老年人的正常生理功能和精力，发挥他们丰富的经验和余热，给社会带来的则是机遇而非危机。

早在1992年美国以科莱兹和高德曼两位博士率领的12位医德厚重的临床医生及科学家就提出了解决这个问题的具体方案。他们首次提出了医疗模式的革新，即以人类健康长寿为核心的健康医学新兴模式，并命名为"抗衰老医学学科"。通过有机结合西方先进医学之技和东方古老哲学之术，提供安全有效的超前检测—主动预防—精准治疗—动态监测大数据模型，并建立了世界抗衰老医学会——前沿诊疗技术及临床方案继续教育和专业人员培训认证的国际组织。在25年中，以积极严肃的科学态度、创新的诊疗方法及脚踏实地的技术转化、应用和诊疗实践为基础，将各国2.6万名医学专家和科学家组织起来，通过每年召开世界抗衰老医学大会及再生生物医药科技博览会开展技术培训和交流，搭建了有效的数据信息共享平台和科技产业转化平台，积极推动技术创新和产业化

良性生态循环体。建立了覆盖全产业链、全生命周期的健康服务体系。抗衰老医学通过中西医有机结合，不断推出先进理念、分享临床诊疗经验及技术转化，形成了以人为本的精准健康医学模式，通过提供安全有效的诊疗服务，在提升人们生命质量的同时，大大节省了疾病治疗的开支。健康医学模式不仅仅是大家认知的预防疾病的理念和应用，更重要的是其创新关键是以人类健康峰值（最佳值）为标准值（通过功能、组织、分子和基因四层数据采集及健康模型的大数据分析取得），以生命质量最大化为目标的个性化诊疗模式，做到安全、有效、节约的新兴健康服务业生态圈。

国际上的抗衰老医学是致力于通过超前检测、主动预防、个性治疗及动态监测改善因功能失常、丧失导致的退化性问题和疾病的临床学科，其目标就是致力于推动不断创新的医学研究与临床转化，不仅延长人类寿命，同时最大限度地提高人类的生命活力和生产能力暨健康寿命和青春寿命。2001年世界抗衰老医学组织已经发展成一个拥有来自约110个国家和地区的2.6万多名科学家、医生及健康产业专业从业者的国际权威医学组织，这个国际组织已成为整个健康服务产业的智囊和资源定位整合中心及大数据信息中心，并与多国政府政策制定部门合作，每年举办大型培训会议和博览会以有效推动科技产业转化，这是一种理论和实践转化能力极强的新兴健康产业有序发展模式，值得我国健康服务业借鉴。

世界健康网（WHN）是互联网上关于人类健康长寿、抗衰老医学前沿生物技术的第一大门户网站。全球发行的杂志《抗衰老医学信息》是引领健康产业的刊物，曾连续4次荣获APEX年度最佳发行刊物奖，率先编辑出版的《抗衰老临床医学》系列教科书和20多本大众科普健康教育丛书成为专业人员学习和大众健康教育的有效工具。通过继续教育、网上教育及在校硕士学位课程等方式，每年为健康医疗领域培训约5万名医生、健康临床从业人员与科学家。人才就是生产力，基于人才培训和认证形成健康医学产业规范有序发展的保障。

尊敬老人，让老人能安享幸福晚年是社会文明的重要标志之一，同时也应该从娃娃健康抓起，不断引进最新的前沿科学技术和方法，通过主动预防、个性治疗和衰老相关的功能退化性问题，防治、降低慢性病发病率，所产生的社会效益和经济效益是显而易见的。

一些对健康服务业的内涵和作用不甚了解者会担忧因老年人数量增多，导致国家负担加重。其实不然，国家的负担不是“老”而是“病”，而延长有生命力、健康生存的期限，将给国家带来丰厚的利益。就美国而言，老年常见病的花费巨大，如果使用抗衰老医学技术将最常见老年病的患病率降低10%左右，每年将给美国节省上千亿美元的卫生医疗开支。美国单就延长健康寿命一项，每年的经济价值达约2.4万亿美元（见2000年

6月3日《经济学家杂志》)。据统计，当有效推迟老年人进住老人院一个月，美国医疗护理系统每年将节省3亿美元左右开支。如果通过抗衰老医学技术将老年痴呆症的发病年龄推迟5年，国家将每年节省40亿美元左右。目前，慢性退化性疾病发病率呈增长趋势，甚至向年轻化发展，亟待建立以健康医学模式为核心的健康服务产业。

抗衰老医学模式（健康医学）不仅延长人的绝对生存年限，更重要的是延长完好生理功能和有贡献力的年限，这不仅带来显著的社会效益，也在经济方面给政府节约巨额开支并创造出新的经济增长点，有利于国家经济的良性发展，从而有效化解人口老年化所产生的社会和经济危机。

实际上，自1992年以来的25年中，国际健康医学产业严格遵循产学研一体化，以学术带动产业、以公益拉动经济并成功地带动了一个年产值为2800亿美元的新兴经济体，积极拖动非保障性医疗体系即消费型医疗体系是由商业保险支付，有别于国家社会保险支付的基本医疗服务体系，在提升人们生命质量的同时又大大降低了国家的医疗支出。健康服务业正在全球范围内建立一个健康医学服务网络，践行人人享有健康的目标。

2009年，世界抗衰老医学会已为美国医疗改革提出了《美国抗衰老医学科学院12点医疗卫生实战行动计划：2012年前（三年）低成本高收益的健康医疗卫生模式蓝图》。这本白皮书可以低成本、高效益地解决目前医疗面临的困境。美国以及许多因人口老龄化带来经济、社会与政治问题的国家，都可以按照这12条建议显著地提高与延长人类健康寿命，从而保护工作者的生产力与减少功能丧失、住院费用以及慢性病长期带来的负担费用，达到净额经济节省的目的。

三、中国亟待建立健康服务业管理部门和国际健康服务业试点实践、示范基地

中国“十二五”规划提出：“十二五”期间我国人均预期寿命提高一岁。我国已经将“健康长寿”作为重要的内容写入了政府的战略规划。医学研究和对各种疾病的预防和治疗是规划实施的方法。

中国“十三五”规划中，对健康医疗产业的发展提出了整体的要求，相应的法律法规和优惠政策也陆续出台，医疗改革稳步推进，为我国健康医疗产业的发展注入了强大的动力。在此背景下，各级政府也都希望通过本地区健康医疗产业的发展，带动新一轮的经济增长。健康医疗领域的企事业也都增加投入，加大科研力量，寻找新的商机。

2013年8月23日，李克强总理主持工作会议提出发展健康服务业成为国家国策，并在2020年达到约8万亿元产值。

2016年8月19日至20日，在全国卫生与健康大会上习近平总书记强调：没有全民健

康就没有全面小康。他指出：要把人民健康放在优先发展的战略地位，以普及健康生活、优化健康服务、完善健康保障、建设健康环境、发展健康产业为重点，加快推进健康中国建设，努力全方位、全周期保障人民健康，为实现“两个一百年”奋斗目标、实现中华民族伟大复兴的“中国梦”打下坚实的健康基础。

2017年10月18日至24日，在中国共产党第十九次全国代表大会上习近平总书记强调：实施健康中国战略。他指出：要完善国民健康政策，为人民群众提供全方位全周期健康服务。坚持预防为主，深入开展爱国卫生运动，倡导健康文明生活方式，预防控制重大疾病。坚持中西医并重，传承发展中医药事业。支持社会办医，发展健康产业。积极应对人口老龄化，构建养老、孝老、敬老政策体系和社会环境，推进医养结合，加快老龄事业和产业发展。

随着中国经济的快速发展、城镇化的发展和人民生活方式的改变，中国的老龄化问题及经济高速发展带来的医疗健康问题越来越显著，现有的医疗卫生系统难以满足人口老龄化及慢性疾病预防、治疗的需求。对衰老相关的各种非传染病如心血管疾病、恶性肿瘤、糖尿病、神经退行性疾病的超前检测、主动预防及治疗是抗衰老医学的重要组成部分，也是我国改革医疗卫生系统的核心内容之一。

人口老龄化对中国的经济、社会、政治、文化等方面的发展带来了极大的冲击，庞大老年群体的养老、医疗、社会服务等方面的需求压力也越来越大。处于社会转型关键时期的中国，许多制度尚待建立和完善，养老、医疗、社会服务等方面的压力早就潜伏生长，人口老龄化只是凸显了这些压力。随着中国经济的快速发展，导致了环境污染、食品安全等严重影响人类健康的问题，看病难及看病贵、疾病年轻化及医源性、药源性造成发病率上升等问题显得十分尖锐，中国的医疗卫生工作仍然处于以“疾病医学”为核心的、高成本的恶性循环体系，社会负担会越来越重。

随着改革开放的进一步深化，中国具备了坚实的经济基础，在国际上的影响力越来越大，通过鼓励创新、包容和科学发展、引进优秀人才及尖端技术等相关政策，融入国际大环境，搞好抗衰老医学，将起着越来越重要的作用。

国际上通用的健康服务业是以健康医学体系为核心，充分利用现代生物技术，并将西医与东方传统医学结合起来的新兴产业结构。通过早期检测、个性化主动预防及治疗、正确的营养补充、科学生活方式健康化的调整与健康教育的执行，运用最新生物技术来延缓及避免病理老化，从而提升全民健康的水平，实现经济社会的发展。

我们认为，中国发展健康服务业的集成式发展是应对人口老龄化危机的根本方法。具体办法是加速与国际医学组织建立共融合作体，将发达国家几十年实践总结的先进理念、知识经验、前沿技术和管理人才引进中国，并在中国建立研发中心、诊疗中心和教学中心。在实践中解放思想、开拓创新、大胆探索，逐步建立起符合中国国情的、有实效的、以健康医学为核心的健康服务业体系模板，并与传统医学理念和应用方法相结合，将中医和民族医学数字化，流程标准化，以便推动其产业化发展，并成为“一带一路”倡议的核心内容和经济增长动力。

通过加强建立国际命运共同体合作模式，学习和吸取发达国家的经验和教训，借鉴《美国抗衰老医学科学院12点医疗卫生实战行动计划》白皮书符合我国国情的内容和方法在中国实施，不仅可以显著地提高与延长我国人民的健康寿命，而且能够大量节省医疗卫生系统费用。12点计划的潜在效益是建立在全球约110个国家的3万多名医生、健康专家与科学家会员共同的知识与长期实践的成功经验之上的（见下表）。

12点医疗改革实战方案效益表

序号	切实可行的12点医疗改革实战方案	预计延长的健康寿命时间（年/人）	预计为社会节约的医疗费用（亿美元）
1	医疗检测/监测点	2	67.5
2	衰老生物标记物与功能健康测量	5	1195
3	一年两次免费的新陈代谢综合检测	3	1546
4	24×7不间断的远程医疗问诊服务	3	4000
5	衰老干预药物	3	392
6	干细胞、纳米技术、基因工程	4～12	1971
7	个性化的基因检测与营养基因组学	2	2923
8	免费或有补贴使用健身房、SPA、排毒疗法与身体康复设施	2	234
9	抗衰老干预在线电子数据库	5	2.4万
10	免费的在线医学教育		
11	抗衰老医学世界中心的建立（研究、临床、教学、产业园区）		
12	有闲阶级		
带来的效益		超过29年	3.64万

为了使中国成为生命科学和健康医学的科技强国，建立以国际科技人才为核心的国际级健康产业旗舰基地：它包括尖端的生物多靶向癌症治疗技术等国际多项前沿技术，同时将培训认证考试体系扎根中国，培养产业需要的合格人才，将孵化器、加速器建立在中国，通过产融结合模式，使用互联网的高效发展模式，不断创新培养民族优秀品牌，提升“中国智造”在国际的影响力。这个产学研一体化基地的成功落户将使中国成为世界瞩目的生命科学最璀璨的明星，让健康服务业真正成为中国新兴经济的增长点，使中国成为健康长寿大国及化解全球老龄化危机的榜样，解决人类共同面对的艰巨问题。

作者简介

朱敏

世界抗衰老医学会副主席；中国国际问题研究基金会副理事长；中国人民外交学会理事、中国国际友好联络会理事、中国前外交官联谊会特邀理事；中国医药卫生事业发展基金会国际健康产业发展基金主任。

第一篇
Chapter.01

总　论

中国健康服务产业转型升级之路与抗衰老健康医学新视点

陈元平　周马杰

摘要：

我国健康服务产业正逐渐进入从粗放增长到绿色集约化发展的转型升级阶段。健康服务领域的细化和健康服务产业链的融合是主要趋势。国家近年出台的健康产业政策和法规，有助于解决产业结构不合理、产业链不完善、专业服务人才供给不足等问题，促进健康服务产业的多元化发展。我国健康服务产业的转型升级需要政策体系、产业体系、标准体系及监管体系建设齐抓并进和政府、企业、学术界、从业者等各方面共同参与。

国内外抗衰老健康医学在基因组学、干细胞再生技术等领域的最新研究成果值得关注。抗衰老健康医学的发展和成果转化可在我国社会的“健康老龄化”进程中发挥关键作用，应得到充分重视和政策支持。

关键词：

健康服务产业转型升级　政策体系　产业体系　标准体系　监管体系　抗衰老健康医学

近年来，随着我国经济的稳步增长和结构调整、诸多利好政策的落实以及人民群众健康需求和健康意识的提升，健康服务产业在保持较快发展的同时，也逐渐进入了从粗放增长到绿色集约化发展的转型升级阶段。毋庸讳言，我国尽管已跃居世界第二大经济体，但作为高端服务业龙头的健康服务产业，其发展水平与发达国家和地区相比仍较为落后，且存在“重医疗，轻预防”等产业结构不合理、产业链不完善、专业服务人才供给不足等问题，严重制约了我国健康服务产业的进一步发展，也不利于相关社会资源的合理配置和使用。有鉴于此，国家出台了一系列健康产业政策和法规，规范、引导和鼓励相关行业的有序发展。医疗服务产业、医药及医疗器械产业、保健品产业、健康管理服务产业、健康养老服务产业、健康保险服务产业和运动健身服务产业的多元化发展成为趋势，中医预防保健服务规范标准得以建立和完善，健康保险与医疗、健康管理等服务领域的融合将进一步推动产业结构的变化和调整。在“将健康融入所有政策”这一长效机制作用下，健康产业政策与社会保障、城市规划、环境保护和文化教育等政策的协调和联动，将促成健康服务产业向更多经济社会领域的延伸和渗透，带来新的发展机遇。

“健康老龄化”是我国应对人口老龄化的必由之路。抗衰老健康医学的发展进步，是提高生活质量和实现健康长寿的有力保障。以基因组学、干细胞再生技术等前沿学科为代表的国内外抗衰老健康医学研究不断取得新的进展，应鼓励企业和科研机构深度合作，加大研发投入和加快成果转化，为我国健康服务产业培育新的增长点。

一、健康服务产业相关政策

（一）产业政策

在过去的两年时间里，政府各管理部门围绕医疗健康领域的多次重量级发声，凸显了党和国家全民健康工作的高度重视。如国务院2015年相继发布了《全国医疗卫生服务体系规划纲要（2015—2020年）》《中医药健康服务发展规划（2015—2020年）》《国务院关于改革药品医疗器械审评审批制度的意见》等纲领性和指导性文件；2016年发布了《国务院关于整合城乡居民基本医疗保险制度的意见》《国务院办公厅关于促进医药产业健康发展的指导意见》《国务院办公厅关于促进和规范健康医疗大数据应用发展的指导意见》等文件；2017年发布的重要文件有《国务院办公厅关于推进医疗联合体建设和发展的指导意见》《国务院办公厅关于支持社会力量提供多层次多样化医疗服务的意见》和《国务院办公厅关于进一步深化基本医疗保险支付方式改革的指导意见》等（详见表2）。可见2013年《国务院关于促进健康服务业发展的若干意见》提出的各项要求正逐步得到落实。

随着各部门协同加速推动“健康中国”建设，预防为主、落地基层、优化服务体系、创新驱动发展的国家战略规划也逐渐清晰。2016年，各部门协调推进医疗、医保、医药联动改革（“三医联动”），开展分级诊疗试点，探索“医养结合”等社会保障新模式，将从根本上推动现有的健康服务产业结构调整，从而开启健康服务产业发展的新篇章。同年发布的《“十三五”卫生与健康规划》也为各地区各部门制定相应的健康产业发展规划奠定了基础。在党的第十九次全国代表大会上，习近平总书记在报告中提出“实施健康中国战略”的指导方针，从完善国民健康政策、深化医药卫生体制改革、加强疾病防控、保障食品安全、坚持中西医并重、支持社会办医、积极应对人口老龄化等方面为今后的健康服务产业相关政策的研究、制定和完善进一步指明了方向和目标。下面按发布的时间顺序对相关政策进行简要的回顾和分析。

1. 将健康融入所有政策

党的十八届五中全会从维护全民健康和实现长远发展出发，提出“推进健康中国建设”新目标。为适应新形势新任务，在2016年8月19日至20日召开的全国卫生与健康大会上，习近平同志提出卫生与健康工作38字新方针：“以基层为重点，以改革创新为动力，预防为主，中西医并重，将健康融入所有政策，人民共建共享”，并强调“没有全民健康，就没有全面小康”，“要把人民健康放在优先发展的战略地位。”

“将健康融入所有政策”是推进“健康中国”建设的新举措。健康与贫困、教育、环境、就业等多种社会因素相关，社会、经济、环境、生活方式和行为等因素对人群健康有着深刻的影响，国民的总体健康水平与一个国家的医疗、药品管理、社会保障、就业、财政、教育、科技、环境保护和民政等多个部门的努力密不可分，只有将大健康理念纳入所有政策之中，进行综合管理，树立维护健康是政府各部门共同责任的观念，才能确保健康成果的可持续性。目前，全球已经对此形成了基本共识。因此要从大健康的高度出发，将健康融入经济社会发展的各项政策，推动科学决策，促进形成共同支持的“政府主导、多部门协作、全社会参与”大健康宏观环境。

2. “健康中国”成为战略方针

2016年10月，中共中央、国务院发布了《“健康中国2030”规划纲要》（以下简称《纲要》）。《纲要》是中华人民共和国成立以来首次在国家层面提出的健康领域中长期战略规划，是此后15年推进健康中国建设的行动纲领。《纲要》强调了三项重点内容：一是预防为主、关口前移，推行健康生活方式，减少疾病发生，促进资源下沉，实现可负担、可持续的发展；二是调整优化健康服务体系，强化早诊断、早治疗、早康复，在加强基层基础上，促进健康产业发展，更好地满足群众健康需求；三是将“共建共享、全民健康”作为战略主题，坚持政府主导，动员全社会参与，推动社会共建共享，人人自主自律，实现全民健康。习近平同志指出，未来15年，是推进“健康中国”建设的重要战略机遇期。健康是促进人的全面发展的必然要求，是经济社会发展的基础条件，是民族昌盛和国家富强的重要标志，也是广大人民群众的共同追求，未来15年是我国健康产业大发展的重要时期。

该《纲要》明确提出，2020年健康服务业总规模预计将达8万亿元左右、2030年将达到16万亿元左右，人均预期寿命将从2015年的76岁左右提高到2030年的79岁左右，2030年重大慢性病过早死亡率比2015年降低30%左右。一系列明确的目标为健康产业描绘了一幅清晰的宏伟蓝图。与此同时，也带来产业转型升级的挑战。《纲要》指出，要推动健康服务供给侧结构性改革，卫生计生、体育等行业要主动适应人民健康需求，深化体制机制改革，优化要素配置和服务供给，补齐发展短板，推动健康产业转型升级，满足人民群众不断增长的健康需求。

关于“健康中国”战略的实施，习近平同志强调，推进“健康中国”建设要以普及健康生活、优化健康服务、完善健康保障、建设健康环境、发展健康产业为重点，为人民群众提供全方位全周期的健康服务。

3. 加强健康促进与健康教育

2016年11月，国家卫生计生委联合9个部委发布《关于加强健康促进与教育的指导意见》指出，要建立政府主导、部门合作、全社会参与的全民健康素养促进长效机制和工作体系，全面提高我国城乡居民健康素养水平。

为此，国家卫计委将继续开展各项健康素养促进和倡导健康生活方式的专项行动，普及健康知识和技能；推动医院、学校、社区、机关、企事业单位健康促进工作，全面推进区域和场所健康促进建设，积极创造有利于健康的学习、工作和生活环境；继续推进健康促进县区建设试点工作，并在试点基础上形成健康县区建设工作；在全国范围继续开展健康促进学校、企业、机关事业单位和医院创建活动。同时，国家卫计委还将加强健康促进与教育体系建设；继续推进各级健康教育专业机构建设；推动基层卫生计生融合，加强基层健康教育服务力量；大力开展健康教育基地建设，加强健康教育学科建设和人才队伍建设，保障健康促进与教育专业人员待遇，推进健康促进与教育人才的合理流动和有效配置。

4. 以治病为中心向以健康为中心转变

习近平同志提出，要倡导健康文明的生活方式，树立大卫生、大健康的观念。“大卫生、大健康”概念的提出，把健康保证的理念“以治病为中心”转变为“健康为中心”，体现了保障人民身体健康理念的创新。国务院于2016年12月27日印发并实施《“十三五”卫生与健康规划》（以下简称《规划》）。

《规划》提出，把人民健康放在优先发展的战略地位，以改革创新为动力，以促健康、转模式、强基层、重保障为着力点，更加注重预防为主和健康促进，更加注重工作重心下移和资源下沉，更加注重提高服务质量和水平，实现发展方式由“以治病为中心”向“以健康为中心”转变，显著提高人民健康水平，奋力推进“健康中国”建设。

《规划》还指出，经济发展进入新常态，互联网等新兴信息技术快速发展，要求卫生与健康领域加快转变发展方式，创新服务模式和管理方式；加快健康产业发展，支持社会力量以多种形式参与健康服务，满足人民群众多样化、多层次健康需求。

《规划》为“健康中国”建设定下了具体的发展目标：到2020年，覆盖城乡居民的基本医疗卫生制度基本建立，实现人人享有基本医疗卫生服务，人均预期寿命在2015年基础上提高1岁。卫生计生法律制度进一步健全，治理体系和治理能力现代化水平不断提升，健康融入所有政策取得积极进展。医疗卫生服务能力大幅提升，更好满足人民群众基本医疗卫生服务需求和多样化、多层次健康需求。预防为主，关口前移，普及健康生活方式，提升居民健康素养，有效控制健康危险因素，消除一批重大疾病。健康服务机构间的分工协作更加紧密，家庭医生签约服务制度基本全覆盖，符合国情的分级诊疗制度基本建立。

5. 慢性病防、治、管整体融合发展

2017年2月，国务院办公厅印发《中国防治慢性病中长期规划（2017—2025年）》（以下简称《防治规划》），这是首次以国务院名义印发慢性病防治规划，是今后5～10年做好慢性病防治工作、提高居民健康期望寿命、推进“健康中国”建设的纲领性文件，是贯彻落实全国卫生与健康大会精神，努力全方位、全周期保障人民健康的重大举措，对于全面建设小康社会、推进健康中国建设具有重大意义。

《防治规划》所称慢性病主要包括心脑血管疾病、癌症、慢性呼吸系统疾病、糖尿病和口腔疾病，以及内分泌、肾脏、骨骼、神经等疾病。慢性病是严重威胁我国居民健康的一类疾病，我国居民慢性病死亡占总死亡人数的比例高达86.6%，造成的疾病负担已占总疾病负担的70%以上，已成为影响国家经济社会发展的重大公共卫生问题。党中央、国务院高度重视慢性病防治工作，国民经济和社会发展“十三五”规划纲要和“健康中国2030”规划纲要均提出了“实施慢性病综合防控战略”的任务要求，并明确了“降低重大慢性病过早死亡率”的发展目标。

《防治规划》指出，慢性病防治是一项社会系统工程，需要各级政府、有关部门以及全社会的共同参与，提出要健全政府主导、部门协作、动员社会、全民参与的慢性病综合防治机制。《防治规划》首次强调个人健康责任，倡导“每个人是自己健康第一责任人”的理念，提出构建自我为主、人际互助、社会支持、政府指导的健康管理模式，促进群众自觉形成健康的行为和生活方式，在科学指导下开展自我健康管理。《防治规划》明确提出了降低因重大慢性病导致的过早死亡率的核心目标，与世界卫生组织《2013—2020年预防和控制非传染性疾病全球行动计划》和联合国2030年可持续发展议程的发展目标一致。围绕核心目标，《防治规划》从防治效果、早期发现和管理、危险因素控制、健康支持性环境建设等方面设置了16项主要量化指标，使目标任务具体化，工作过程可操作、可衡量、可考核。

（二）地方政策

“健康中国”上升为国家战略后，随着诸多利好政策的出台，各省市力争将健康产

业打造成本地区的支柱产业，并根据地区特点陆续制定了区域性的健康产业发展战略。以下选取部分具有代表性的地方政策进行分析。

1. 京津冀（含雄安新区）

《健康北京2030规划纲要》倡导“每个人是自己健康第一责任人”的理念，让健康生活方式成为全社会的价值认同和共同行动。北京市在提高居民健康素养方面已取得显著成果。2015年全市健康素养监测数据显示，本市居民健康生活方式与行为素养、疾病健康技能素养、基本知识和理念素养均比2012年有显著升高，增幅分别达到30.9%、11.7%和5.9%，全市居民健康素养比例由2012年的24.3%上升至28%，居全国首位。

天津市委、市政府制定发布《关于推进健康天津建设的实施意见》，提出到2020年，天津市将建立与高质量小康社会相适应、覆盖城乡的基本医疗卫生制度，形成较为完善的健康服务体系，健康环境持续优化，健康产业快速发展，人均期望寿命达到81.9岁，婴儿死亡率控制在6‰以下，孕产妇死亡率控制在10‰以下，主要健康指标保持发达国家水平。

《河北省“大健康、新医疗”产业发展规划（2016—2020年）》提出，到2020年，全省规模以上“大健康、新医疗”产业产值比2015年翻一番，产业总规模超过8000亿元，成为河北省战略性支柱产业。雄安新区筹委会临时党委副书记党晓龙表示，生物健康是雄安新区规划发展的重要产业之一，将鼓励发展生物医药研发、中医药、现代医疗等与医疗健康相关的高端服务业。

2. 上海

2017年3月21日公布的《“健康上海2030”规划纲要》（征求意见稿）（以下简称《健康上海纲要》）对千人口执业（助理）医师数、千人口全科医师数、千人口注册护士数等提出了明确要求，指出到2020年全科医师与执业医师之比约达1：6，注册护士人数将超过执业医师人数。到2030年，经常参加体育锻炼人数比例预计达46%，与发达国家的水平吻合。

至于三大健康水平指标，《健康上海纲要》提出至2020年，上海人均预期寿命≥82岁，至2030年≥84岁；婴儿死亡率至2020年≤7‰，至2030≤5‰；孕产妇死亡率至2020年≤12‰，至2030年≤10‰。

《健康上海纲要》明确提出了“共建共享”基本原则，倡导政府主导、多部门合作、全社会参与的工作机制，形成大健康的治理格局，促进健康与经济社会协调发展。2030年建成区绿化覆盖率将达42%；PM2.5监测指标则被空气优良天数比率监测指标取代，还增加了受污染地块及耕地安全利用率、主要食品安全总体监测合格率等指标，从空气、水质到食品等多个环节为市民保驾护航。

《健康上海纲要》还提出，上海将促进健康服务业的高端化、国际化、集聚化发展。培育以健康为主题的产业园区，促进现代健康产业集群式发展。还将鼓励健康服务新业态发展，促进医疗与养老、旅游、互联网、健身休闲、食品、科技、文化的融合，催生健康服务新产业、新业态、新模式；鼓励社会力量兴办医养结合机构，支持养老机构开展老年病康复护理和临终关怀服务。

《健康上海纲要》强调，推进发展基于信息技术的智慧健康产业，打造“海上中医”国际服务品牌，建设一批中医药连锁跨境服务机构。健康上海建设要“双轮驱动”，将政府主导的基本医疗卫生事业与市场化的健康产业有机结合，鼓励更多社会资本进入健康医疗服务市场，引入竞争机制，促进健康产业蓬勃发展。

3. 重庆

《“健康重庆2030”规划》（以下简称《健康重庆规划》）提出到2030年，全市基本形成15分钟基本医疗卫生服务圈，全面建成具有一定国际影响的国家级区域医疗中心，主要健康指标进入全国前列。

按照《健康重庆规划》，重庆将建立起高效的整合型医疗服务体系，统筹配置市办医院、部队医院、三级医院等优质资源，统筹政府和社会办医，着力缩小区域间医疗卫生资源质量差异。不断强化基层医疗卫生机构建设，拓展基层基本公共卫生服务和重大公共卫生服务项目等。建成与城乡居民全生命周期主要健康危险因素密切相关、财政可负担、技术可行、覆盖全人群的服务项目清单，对居民主要健康问题实施有效干预，提高全民健康水平。同时，通过加强以全科医师为重点的基层人才队伍建设、建立健全基层及紧缺人才激励机制等举措，加强健康人力资源建设，到2030年实现每千人常住人口拥有执业医师3.1人、注册护士4.8人。

《健康重庆规划》提到，未来将健全基本医疗保险稳定可持续筹资和待遇水平动态调整机制，均衡单位和个人缴费负担，合理确定政府与个人分担比例。到2030年，全市居民个人卫生支出占卫生总费用的比例从30%下降至25%。

重庆还将探索商业保险机构经办基本医保，全面推进医保支付方式改革，积极推进按病种付费、按人头付费、按服务绩效付费，形成复合式付费方式，健全医保经办机构与医疗机构的谈判协商与风险分担机制。

4. 广东

《广州市促进健康及养老产业发展行动计划（2017—2020年）》（送审稿）提出，广州健康及养老产业发展规模在2020年将力争超5000亿元。为此，广州拟推出用地优惠政策，简化环评、消防审验等手续，加大财政资金支持等措施，扶持健康及养老产业发展。

数据显示，“十二五”末，广州健康及养老产业规模已超过3000亿元。该计划提出，争取到2020年全市健康及养老产业发展规模超5000亿元，生物产业企业总收入超过3000亿元，培育30～50家营业收入超10亿元的龙头企业，形成5000家创新活力强劲的生物科技型中小企业。

广州将放宽健康及养老产业市场准入。落实项目并联审批办法，出台养老服务建设工程项目区域评估办法，凡是符合已经批复的控制性详细规划的区域，不再对区域内具体养老投资项目进行交通影响、水影响、地震安全性等方面的评估审查。出台简化优化养老机构相关审批手续管理办法，明确简化设立养老机构的申请材料，简化环境影响评价，取消部分机构的消防审验手续，支持加快完善服务场所的产权登记手续细则。将港澳养老机构审批下放到南沙。

广州还将出台广州市健康及养老产业用地优惠政策，对非营利性医养机构，可采取划拨方式，优先保障用地；对营利性医养机构，应当以租赁、出让等有偿方式保障用地，养老机构设置医疗机构，可将在项目中配套建设医疗服务设施相关要求作为土地出让条件，并明确不得分割转让。依法需招标拍卖挂牌出让土地的，应当采取招标拍卖挂牌出让方式。对现有空闲的厂房、学校、社区用房依据有关规定进行改造和利用兴办养老机构，经规划批准改变建筑使用功能从事符合国家划拨目录非营利性养老服务的，不增收土地年租金或土地收益差价；对营利性养老服务机构利用存量建设用地从事养老设施建设，涉及划拨建设用地使用权出让（租赁）或转让的，在原土地用途符合规划的前提下，可不改变土地用途，允许补缴土地出让金（租金），办理协议出让或租赁手续。此外，广州市新兴产业发展资金也将优先倾斜支持健康及养老产业发展。

5. 青海

《“健康青海2030”行动计划》（以下简称《健康青海计划》）提出了到2020年、2025年、2030年的“三部曲”健康发展目标。《健康青海计划》分总体要求、主要任务和责任分工、健全支撑与保障、强化组织实施四大部分，以“健康优先、改革创新、科学发展、公平公正、共建共享”为基本原则。旨在认真落实党中央、国务院战略部署，以提高人民健康水平为核心，以体制机制改革创新为动力，以普及健康生活、优化健康服务、完善健康保障、建设健康环境、发展健康产业为重点，以共建共享全民健康为战略主题，将健康融入所有政策，加快转变健康领域发展方式，全方位、全周期保障人民健康，大幅提高全省居民健康水平，显著改善健康公平，为建设富裕、文明、和谐、美丽新青海奠定坚实的健康基础。

《健康青海计划》提出，到2020年，基本建立覆盖城乡居民的基本医疗卫生制度，居民健康素养水平持续提高，健康服务体系进一步完善，人人享有基本医疗卫生服务和基本体育健身服务，基本形成内容丰富、结构合理的健康产业体系，主要健康指标大幅度提高；到2025年，覆盖城乡居民的基本医疗卫生制度全面建立，居民健康素养水平大幅提高，涵盖各领域、生命全过程的健康服务体系全面建立，健康保障和健康环境政策不断完善，主要健康指标接近全国平均水平；到2030年，促进全民健康的制度体系更加完善，健康领域发展更加协调，健康生活方式得到普及，健康服务质量和健康保障水平不断提高，健康环境进一步提升，健康产业繁荣发展，基本实现健康公平，主要健康指标达到全国平均水平。

6. 辽宁

《"健康辽宁2030"行动纲要》（以下简称《健康辽宁纲要》）突出"以促进健康为中心"的"大健康观""大卫生观"为着力点，以普及健康生活、优化健康服务、完善健康保障、建设健康环境、发展健康产业为主线，针对当前健康领域突出问题和广泛影响因素，全面统筹卫生计生、体育健身、环境保护、食品药品、公共安全、健康教育、健康产业等诸多领域政策措施，全方位、全生命周期维护人民群众健康。

《健康辽宁纲要》强调立足全人群，使全体人民人人享有所需要的、有质量的、可负担的预防、治疗、康复、健康促进等健康服务；覆盖全生命周期，针对生命不同阶段的主要健康问题及主要影响因素，有针对性地确定若干优先领域，预防为主、防治结合、强化干预，实现"从胎儿到生命终点"的全程健康服务和健康保障，全面维护人民健康。

《健康辽宁纲要》核心是坚持以人民健康为中心，针对广泛的健康影响因素，坚持以基层为重点，以改革创新为动力，预防为主，中西医并重，将健康融入所有政策，人民共建共享的卫生与健康工作方针，坚持政府主导，统筹社会、行业、个人三个层面，实现"健康生活少生病，有病早治早康复，健康服务全覆盖，优质公平可持续"的健康理念，促进全民健康。

在实施层面，《健康辽宁纲要》指出，要从供给侧和需求侧两端发力，从社会、行业和个人三个层面统筹做好各项工作。动员全社会广泛参与，调动社会力量的积极性和创造性；推进卫生计生、体育健身等健康服务行业供给侧结构性改革，提供面向全人群、覆盖生命全周期的健康服务；强化个人健康责任意识，引导群众形成自主自律的健康生活方式，实现人人热爱健康、人人追求健康、人人生活健康。

《健康辽宁纲要》提出普及健康生活、优化健康服务、完善健康保障、建设健康环境、发展健康产业五个方面的战略任务，规划出十大行动计划：一是健康生活促进行动；二是全民身体素质提高行动；三是健康环境治理行动；四是健康城镇建设行动；五是公共安全保障行动；六是公共卫生服务全覆盖行动；七是中医药振兴发展行动；八是医疗服务优质高效提升行动；九是健康保障完善行动；十是健康产业发展行动。

二、健康服务产业发展现状

（一）总体发展情况

2016年作为“十三五”规划的开局之年，随着“健康中国”相关产业政策和法规持续落地，我国健康服务产业也由此迎来历史性的发展机遇，呈现出良好的发展局面。

从5年来的统计数据看，中国健康服务产业市场规模年均增长在15%以上。2015年总产值突破3万亿元大关，达到3.08万亿元。2016年达到3.2万亿元。2020年实现8万亿元的发展目标应无悬念。同时也应看到，我国健康服务产业的发展水平与发达国家和地区仍有较大差距。健康服务产业在发达国家和地区早已成为现代服务业的重要组成部分。美国健康服务产业规模目前占国民生产总值的17.8%，欧盟国家平均占比为10%左右，日本为11.3%，韩国为7.4%。而我国健康服务产业总产值的GDP占比仅为4.3%，尚有极大的发展进步空间。

另外，我国健康服务产业的结构也逐渐呈现出以医疗、医药产业为龙头，健康养老产业稳居次席，健康管理服务和保健品产业急起直追的多元化发展趋势。

表1　2009—2016年我国健康服务产业结构（亿元）

年份	医疗产业	医药及医疗器械	保健品产业	健康管理服务	健康养老	合计
2009	1717	9539	450	432	3399	15537
2010	2133	11849	609	518	4199	19308
2011	2746	15255	856	622	6444	25923
2012	3246	17083	1131	746	7709	29915
2013	3913	20593	1579	896	10382	37363
2014	4432	23326	2055	1075	14100	44988
2015	4850	25842	2361	1290	16442	49985
2016	5322	28062	2644	1520	18525	56073

资料来源：2017—2023中国大健康市场深度分析及投资策略研究报告。

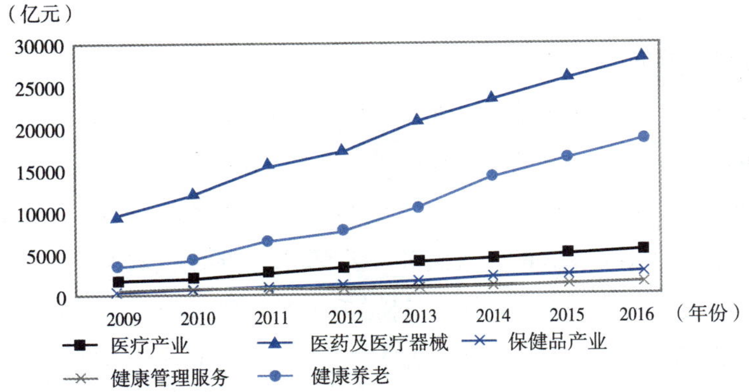

图1　2009—2016年我国健康服务产业结构

由表1可见，医疗、医药产业在我国健康服务产业发展过程中居于核心地位，2015年在健康服务产业总产值中占比61.4%。随着其他相关行业的增长，这一数字在2016年略有下降，为59.5%，但仍占据着优势地位。近年来，保健品、健康管理服务和健康养老等非医疗健康服务产业增长十分显著。其中保健品产业规模2014—2016年年均增长率为65.5%，在健康服务产业总产值占比从2014年的4.57%上升到2016年的4.72%；健康管理服务同期年均增长率为99.9%，总产值占比从2.39%上升到2.71%；健康养老产业同期年均增长率72.6%，总产值占比从31.3%上升到33%。

以健康服务产业最为成熟的美国市场作为产业结构发展变化的参照进行比对：据WTO和世界银行2015年统计数据，美国健康服务产业总产值超过2.75万亿美元。其中，医疗（医院）、医药产业在健康服务产业总产值的占比约为32%，家庭、社区保健服务（健康促进、慢病防控等）占比超过50%，第三方机构提供的健康风险管理占比11%，长期护理服务占比6%，保健品（膳食补充剂）产业占比约1%。

与美国健康服务产业相比，我国医疗、医药产业起到了健康服务产业支柱的作用，保健品产业后来居上，面向个人、家庭和社区的健康管理服务仍有相当大的发展空间。随着医疗改革的深化和“医养结合”模式的成熟、推广，基层医疗服务和健康管理服务势必成为新的增长热点。

（二）行业发展现状

2013年9月发布的《国务院关于促进健康服务业发展的若干意见》（国发〔2013〕40号）指出：“健康服务业以维护和促进人民群众身心健康为目标，主要包括医疗服务、健康管理与促进、健康保险以及相关服务，涉及药品、医疗器械、保健用品、保健食品、健身产品等支撑产业。”

从行业发展角度来看，我国健康服务产业目前主要包括医疗服务产业、医药及医疗器械产业、保健品产业、健康管理服务产业、健康养老服务产业、健康保险服务产业和运动健身服务产业七大模块。

1. 医疗服务产业

医疗服务产业在我国健康服务产业中的核心地位是由庞大的人口基数和人口老龄化趋势所决定的。世界卫生组织的疾病负担研究表明，慢性非传染性疾病在中国所有疾病负担中所占比重约为69%，且逐年增加。人口老龄化导致的刚性需求、疾病谱从急性传染病向慢性重大疾病演变带来的升级需求、新医改释放的刚性需求以及收入水平提高带来的个性化需求，这四大因素共同构成了我国医疗服务需求持续上升的动力。

随着医疗改革的深化和社会资本的介入，公立医疗机构和民营医疗机构呈此消彼长的趋势。据卫计委统计，2016年4月至2017年4月，全国医疗卫生机构数达98.7万个，比

2016年4月底减少813个。全国公立医院共12602个，与2016年4月底相比，减少380个；民营医院总数为16876个，比上年增加1786个。基层医疗卫生机构数量有所增加，目前全国基层医疗卫生机构有93.0万个，总数比2016年4月底增加4900个。普遍来看，民营医疗机构的市场竞争力仍无法与公立医院相比。2017年4月，公立医院诊疗人次为2.4亿；民营医院诊疗人次仅有0.4亿。鼓励社会资本办医的政策导向、公立医院“去编制改革”和医生多点执业的新政策，为社会资本进入医疗市场和民营医院发展壮大提供了良好的契机。一方面，一些公立医院选择了合并重组或股份制改革成为民营医院；另一方面，越来越多的民营医疗机构选择与公立医院合作办医，一些民营医院选择连锁经营的模式，加强标准化、正规化建设。

推进分级诊疗制度是“十三五”期间深化医疗改革的主要目标和重要任务，旨在扭转当前不合理的医疗资源配置格局，解决医疗资源配置不均等问题。2009年以来，国家共出台分级诊疗相关政策124条。2009年，中共中央、国务院发布的《关于深化医药卫生体制改革的意见》首次提出分级诊疗概念。2015年，国务院颁布《关于推进分级诊疗制度建设的指导意见》后，分级诊疗相关政策数量出现明显的增长，仅2016年，国家级政策的颁布量就达到52条。国务院办公厅2015年9月印发的《关于推进分级诊疗制度建设的指导意见》提出了分级诊疗工作考核评价标准，明确了分级诊疗各方面的数据指标，分级诊疗制度建设的部署开始加快。2016年4月，中央全面深化改革领导小组第二十三次会议审议通过《关于推进家庭医生签约服务的指导意见》，强调要对重点人群全覆盖，实现人人享有基本医疗卫生服务的目标要求。同年8月，国家卫计委和国家中医药管理局发布《关于推进分级诊疗试点工作的通知》，在全国范围内确定了270个分级诊疗城市，包括北京市等4个直辖市，河北省石家庄市等266个地级市。2017年，国家卫计委和国家中医药管理局联合下发了《关于加快推进分级诊疗试点工作通知》，将河北省秦皇岛市等51个地级市列为国家第二批分级诊疗试点城市。国务院办公厅于2017年4月印发《国务院办公厅关于推进医疗联合体建设和发展的指导意见》，全面启动医疗联合体建设试点，推动医疗资源下沉、病人双向转诊，逐步缓解看病难等问题。随着分级诊疗政策部署的完善，家庭医生、智慧医疗、慢病管理、基层医疗检验检查等领域的发展机会凸显。

智慧医疗是近几年的投资热点。对于缓解我国目前医疗服务供给能力不足、医疗资源分布不均及医疗服务体系碎片化造成的医疗资源供需矛盾，智慧医疗大可发挥不可替代的积极作用。目前我国的智慧医疗建设模式主要有政府主导、多方参与模式、医院自建模式、公司自建模式及医院与公司合作开发的建设模式四种。其中发展速度最快的是公司自建模式，即健康服务类的互联网应用，但缺乏与医疗机构的深度合作，用户黏性不高。医院与公司合作的建设模式实际效果更好，而问题在于医院的数据存在泄露风险。以乌镇互联网医院为代表的创新建设模式有可能成为将来的发展方向，特别是对二、三线城市而言。这种以政府为主导、多方参与的模式可以更有效地整合线上、线下资源和维持稳固的用户数量。近年来，一些医疗机构依托互联网技术创新服务模式，“云医院”“指尖上的医疗”简化了就医流程。如温州医科大学附属第一医院自主研发的立体预约挂号系统和覆盖全院的多功能自助机，使患者排队次数从过去的平均7次减少到0次，一次门诊时间从4个多小时下降到平均30分钟。广州市妇儿医疗中心为孕妇免费配备可穿戴设备，与中心的信息化管理系统对接，可实时监测用户的健康状态，以便及时采取干预措施。

2. 医药及医疗器械产业

医药产业包括医药制造和医药流通两大行业。医药制造业是关系到国计民生的基础性、战略性产业，是我国“十二五”规划中确定的朝阳型战略性新兴产业，也是《中国制造2025》的重点发展领域。我国目前已经形成包括化学原料药制造、化药制剂制造、中药材及中成药加工、兽用药制造、生物制品与生化药品制造等门类齐全的产业体系。据国家统计局数据，我国医药制造业（规模以上企业）2016年实现主营业务收入28062.90亿元，较上年同期增长9.7%；实现利润总额3002.90亿元，较上年同期增长13.9%。与“十一五”时期销售收入、利润总额的高速增长相比，医药制造业增速已经明显放缓，但受我国人口结构老龄化、全面放开二孩政策、医改政策继续深入、人均收入水平提高等因素的影响，“十三五”期间医药制造业将长期维持在中高速平稳增长的新常态。我国医药流通行业产值自 2011 年起增速逐年放缓，从24.6%逐步递减到15.2%，之前连续8年平均增长率20%以上的高速发展阶段已告结束，总体运行呈现缓中趋稳的态势，行业集中度进一步提高，企业创新业务和服务模式不断出现，行业进入转型创新、全面升级阶段。药品质量标准的提升和医药行业内部的整合有利于我国医药产业的长远发展。2015年2月4日，第十届药典委员会执行委员会全体会议审议并通过了《中国药典》2015年版草案，大幅提升了安全性控制项目，从整体上进一步提升了对药品质量控制的要求。由于新版GMP认证以2016年1月1日为限，未达标的部分中小型医药企业无力进行GMP改造，逐步退出市场，成为被收购标的。医药行业整合速度明显加快，产业集中度逐渐提升。未来几年产业整合仍是医药行业的主题之一。

一方面，医疗器械产业作为国家重点支持的战略新兴产业，近年来发展势头不减，仍有相当的成长空间。21世纪以来，我国医疗器械行业整体处于快速发展阶段，销售总规模从 2001 年的 179 亿元增长至2015年的3080亿元，年复合增长率高达23%，远高于同期全球平均增长速度，成为仅次于美国的全球第二大医疗器械市场。随着国内医疗需求持续提升和国家政策鼓励等多重因素的刺激，我国的医疗器械行业在未来几年仍将保持较高水平的增长速度。另一方面，尽管我国医疗器械市场销售规模在2015 年达到3080 亿元，却仅为同期药品市场销售额的1/5左右。而发达国家医疗器械市场规模早在20世纪90年代已经与同期药品市场规模相当。目前全球医药和医疗器械的消费比例约为1：0.7，欧美日等发达国家更是高达 1：1.02。2015年9月，国务院发布《国务院办公厅关于推进分级诊疗制度建设的指导意见》，该意见指出要大力提高基层医疗卫生服务能力，要求2017 年基层医疗卫生机构建设达标率要超过95%，基层医疗卫生机构诊疗量占总诊疗量比例要超过65%，县域内就诊率提高到90%左右，基本实现大病不出县。基层医疗机构的扩张和升级，无疑将极大地促进医疗器械产业的增长。此外，民营医疗机构和健康养老机构的稳定发展也将提供广阔的市场空间。

3. 保健品产业

注重“天然”和“食补”的传统理念是我国保健品产业持续发展的原动力。随着人们生活水平的逐渐提高，我国居民开始注重生活质量的提升，对保健品的需求越来越大。特别是人口老龄化使得老年保健品市场需求旺盛，进一步刺激了保健品产业的发展。近年来，消费者成熟度和认知度的提高、竞争企业的成熟，使保健品产业逐渐步入理性增长发展期，行业集中度逐渐提升。以2015年为例，我国保健品行业涌现出10家以上产品销售收入在100亿元以上的企业，而百强企业的生产集中度已超过50%。从产品类型来看，减肥保健产品发展势头正劲，多种产品年销售额过亿元；免疫调节类、补肾类和健脑益智类产品仍是市场主流；排毒养颜类产品市场趋于饱和，利润率有所下降。进口保健品＋“海淘”的竞争，有可能导致国内保健品价格的下降；另外也促使国内保健品行业加快产品创新升级和尝试海外并购。海洋保健品、中药提取物、氨基酸、核酸产品逐渐成为保健品开发的新宠。便于储存、携带的胶囊和口服液更受年轻消费者青睐，逐渐成为主要的剂型。

从营销模式来看，保健品的促销重点正从功效宣传转向保健知识宣传和品牌宣传。随着保健品生产企业之间的竞争日益激烈，保健品的功效宣传呈现出趋同化和泛滥化的趋势。当今消费者的消费理念日益成熟和理智。消费者不再轻信保健品的特殊功效，往往通过自己获得的保健知识去辨别保健品的真伪优劣。功能专一的保健品更容易获得消费者信任。同时，消费者对保健品的品牌认知越来越强，对于功效、形态类似的保健品，消费者更倾向于选择具有品牌优势的产品。

4. 健康管理产业

健康管理在我国的发展历史只有短短十几年，在健康管理学术理论研究与市场实践两方面都取得了有目共睹的成就。全国目前逾30个省（自治区、直辖市）建立了健康管理学会，对学科基础体系建设和健康管理服务模式的推广普及发挥了重要作用。我国的健康管理服务范围可分为医学服务和非医学服务两类，涵盖了健康状态测评和疾病风险评估、健康干预服务、慢病筛查防控、健康促进等内容。国务院2013年发布的《关于促进健康服务业发展若干意见》首次将健康管理和促进服务作为健康服务业的新业态正式列入国家发展规划目标。此后，健康管理服务相继列入《“健康中国2030”规划纲要》和“十三五”卫生与健康发展规划，战略地位进一步确立。

同时也应当看到，一方面，与美国等发达国家相比，我国的健康管理产业较为倚重单一的健康体检服务，与医疗服务、家庭和社区保健服务和健康养老等相关产业的衔接不到位，仍未形成完整的产业链。且存在行业标准规范缺位、专业人才供给不足、商业模式不成熟、信息标准化建设滞后等问题。另一方面，“重医疗，轻预防”的发展理念仍具有一定惯性，需要媒体、地方政府、健康管理行业和消费者群体共同努力，探讨“防、治、康、养”一体化的产业发展模式，着眼于全人群，建立全生命周期的健康管理服务体系，提高公众的健康意识，倡导健康自我管理。

中医特色的健康管理服务将是近期的发展热点。基于体质辨识调理和“治未病”理论与实践的中医诊疗及养生保健技术可为所有人群提供预防、诊疗、养生、康复等全方位全周期的健康保障服务。中医健康管理可继承和发扬传统中医药在养生保健和慢性病防控方面的优势，以“中医治未病工程”为框架，依托现代量化分析技术和信息化管理系统，为城乡居民提供精准化、个性化的健康风险防控方案。各地的中医馆、中医诊所等中医基本医疗服务机构可成为中医健康管理的支撑点。深圳市近期推出的“一址注册，全城通用”的中医师执业注册新规定为中医健康服务提供了极大便利。作为科技部中医预防保健标准制定成果的示范，互联网平台支持下的中医健康管理与家庭医生相结合的创新服务模式在江西省部分地区已取得阶段性成果。

5. 健康养老产业

人口老龄化趋势和养老服务需求的巨大缺口，使得健康养老产业的建设和发展更具紧迫性。随着“十三五”规划和相关政策的落实，我国的健康养老产业正从粗放增长阶段过渡到理性有序的发展新阶段，近年来呈现出“两个结合”和“两个整合”的新特点，即养老与养生相结合、线上与线下相结合，养老服务队伍的整合、社区服务机构的整合。

《“健康中国2030”规划纲要》指出，要围绕“生活方式、生活环境和医疗卫生服务”等方面进行健康干预和渗透，要求推进老年医疗卫生服务体系，推动医疗卫生服务延伸至社区、家庭，也意味着养老产业目标群体的扩展，“全生命周期”和“全时空”概念的养老体系需要快速建立。“十三五”规划也多次提及建立标准的医养结合机构。随着“保命型”基础医疗服务体系逐渐完善，我国老年群体的“长寿化”“健康化”特征逐渐明显，以“中医康复、慢病管理”为主的养生保健服务正逐渐成为健康养老服务体系中的关键一环，“养生”和“养老”相结合，“养老为底，养生为体”已成为行业内的共识。自2013年这一“养老产业元年”以来，政府一直在鼓励、引导和促进养老信息系统的建设和完善，基于“互联网+养老”的养老O2O产品涌现市场。2015年和2016年，全产业养老信息系统建设与完善的同时，基于“养老+互联网”的产品创新仍在继续，同时养老机器人等智能化养老产品也不断创新和迭代。从各地已出台的相关规划内容来看，线上信息化与线下硬件设施建设相结合的“两条腿走路”原则正在贯彻到养老产业规划布局之中，这也是实现“智慧化养老”的必由之路。目前各地的养老硬件与信息化部分建设进度要快于体系建设，多级养老服务指导中心有望在2017年完成建设。

社区养老作为社会福利事业，在一些较发达的城市地区趋向于整体外包，而外包对象除了企业，也包括社工与志愿者。养老产业中的社区照料板块也因而逐渐成为体系化服务。养老服务队伍的整合和体系化，已逐渐成为我国城镇社区服务的发展方向。社区养老服务机构的整合也成为一种趋势。社区卫生服务站与社区养老的有机结合是当前社区养老的重点工作。同时，医疗机构将开启为老服务内容，对于原有的医疗后勤企业，能够帮助医疗机构建立为老服务系统与体系，延伸其服务能力与端口成为未来5年的重点工作。同时，康复医疗是医养结合工作中发展的重点，将逐步由医院主导，逐步深入到基层医疗与养老系统。国家卫生计生委家庭发展司副司长蔡菲提出，“医养结合”服务将包括原有医疗机构开展养老服务、原有养老机构增设医疗服务、医疗机构与养老机构协议合作，及医养结合服务进社区、进家庭四种模式。其中医疗机构开展养老服务和基于智慧养老系统的社区医养结合服务发展较快。

6. 健康保险服务产业

随着国家医疗体制改革的深入推进，健康保险的服务领域不断拓宽，除专业健康保险业务外，也开始涉足城镇职工补充医疗保险、新型农村合作医疗补充医疗保险及城镇居民补充医疗保险等。随着国务院《关于加快发展现代保险服务业的若干意见》和国务院办公厅《关于加快发展商业健康保险的若干意见》等利好政策的出台，在“健康中国”整体战略的推进下，我国商业健康保险的发展速度加快，目前正处于从传统保险向新型保险过渡的发展阶段。新型健康保险服务主要包括管理式医疗、团体健康保险方案以及个人健康维护计划三类。我国健康保险服务业现阶段的发展总体上呈现出供需关系逐步分层、市场主体多元化、产品种类逐渐丰富、健康大数据应用逐渐普及等趋势。

随着市场环境的日趋完善以及消费群体的理性成长，健康保险需求将逐渐分化出三个层次：一是高收入阶层，如效益较好的企事业单位、金融资产较高的家庭和追求高品质服务感受的人群，购买商业健康保险的比例将越来越高。其中，住院医疗和重大疾病保险成为首选，占据主要的市场份额，而以高端医疗为代表的管理式医疗产品将崭露头角，成为成长最快的业务。二是中等收入阶层，如已经享受基本医疗保险的城镇职工和部分富裕居民，随着政府职能转型，其“大病医疗”需求越来越多地通过商业机构满足。三是低收入阶层，如针对流动人口、城乡居民等的基本医疗保险结算服务也部分委托到商业机构，保险公司以普惠保险方式提供服务，发挥社会管理功能。

除专业健康险公司外，寿险公司均设有专门的健康险管理组织，大中型财险公司成立了健康险部门，部分养老险公司也充实了医疗服务职能，将对健康保险存量业务进行更加充分的竞争。随着国家鼓励政策的出台，外资健康保险公司和各类健康管理公司也将凭借自身的专业技术优势，积极开展高端医疗和管理式医疗服务，将对健康保险增量业务带来更有效的产品和服务。在社会保险领域，整合后的城乡居民医疗保险将更广泛地采取社保与商保的合作模式，部分特殊行业和流动性大的企业，可能采取自办保险、购买健康管理公司提供的服务包，或借助职工互助保险制度等方式，加剧健康保险存量和增量市场的竞争。

健康保险的产品种类不断增加。其中，医疗保险产品的主导地位进一步巩固，保险责任将从住院门诊等事后环节延伸到健康维护、健康促进等事前和事中环节，伴随互联网和大数据技术的普及，新型管理式医疗产品将会显著增加。针对疾病保险的产品创新不断涌现，长期或终身重大疾病保险的占比将显著降低，细分人群和特定疾病的保险产品成为主流。护理保险与养老养生产业自然融合，随着国家产业政策和配套措施的实施，长期护理保险将成为健康保险规模发展的契机。失能收入损失保险的概念进一步规范，住院津贴、残障失能津贴以及原本属于社保范畴的工伤保险等，有望从收入损失补偿的角度进行整合。

客户群体和产品类型的细化使得健康保险对数据信息的依赖程度将进一步提高，尤其是针对细分人群的健康危险因素，区分生理、心理、行为等风险要素，进行精细化定价和差异化开发的新型健康保险产品，除了需要满足群体统计特征的历史数据外，还需要海量、动态、及时的个人健康信息。随着互联网科技和健康医疗技术的进步，既往制约健康保险产品创新的数据障碍将逐渐被打破，新型健康保险将与各种可穿戴设备、移动互联工具、大数据分析技术的普及一起，相互促进、共同推动医疗和保险行业向前发展。

7. 运动健身服务产业

《“健康中国2030”规划纲要》强调重点发展全民健身及业余体育。健康的身体来源于体育锻炼和良好的生活方式。习近平同志不止一次提出要大力发展体育运动，养成健康的生活方式。2016年10月28日，国务院发布《关于加快发展健身休闲产业的指导意见》，提出盘活体育场馆资源，扶持健身俱乐部发展，支持符合条件的健身休闲企业上市，引导社会资本参与健身休闲产业，到2025年健身休闲产业规模将达到3万亿元。为更好地推动健身产业发展，地方政府也配合出台了相应的政策文件。2016年9月后，河北、浙江、重庆、广东等省、直辖市相继发布了本地全面健身实施计划，明确了全民健身事业的发展目标和政策举措。未来各地方政府有望推出更多产业政策，支持本地健身场地及设施建设，推动居民体育消费的增加。诸多利好政策的出台，对运动健身服务产业的发展将起到有力的推动作用。

国家体育总局2016年7月印发《体育产业发展“十三五”规划》，指出2014年我国经常参与体育锻炼的人口约为4亿人，全国体育产业总规模超1.35亿元，产业增加值占国内生产总值的0.64%。该规划提出，到2020年，我国经常参与体育锻炼的人口有望达到4.35亿人，体育产业规模超过3万亿元，产业增加值占国内生产总值的1%，推动竞赛表演业、健身休闲业、场馆服务业、体育中介业等八大重点行业的发展。经济型用户和健身爱好群体的规模将持续扩大，未来居民健身意识将进一步增强，对健身服务及设备的需求仍有较大增长空间。

由于经济发展水平、体育意识等不同，我国不同地区居民体育活动的参与度有一定差异。据经济学人统计，2015年北京、重庆、辽宁、上海、天津等地经常参加体育锻炼的人口占比均超过40%，接近欧洲、日本、韩国等发达国家和地区的水平，其他省市的体育人口占比相对较低，尚有较大成长空间。

而在较发达的城市地区，目前制约运动健身产业发展的主要问题是大部分潜在消费群体休闲时间较短。我国居民日均休闲时间为2.55个小时，不足发达国家居民日均休闲时间的一半。受休闲时间的限制，长期稳定地参与球类运动的机会很少，可选长期运动方式有限，如室外跑步、室内个人运动（俯卧撑、仰卧起坐、哑铃等）和健身房运动。受空气质量和城市人口密度的影响，跑步选择的时间和地点受到限制；而室内个人运动健身效果不明显，缺少同伴导致热情下降。商业健身“随到随练”的运动模式更适合目前城市快节奏的生活状态。商业健身房一般位于交通便捷、人流量较大的地点，所提供的器械、游泳、瑜伽等运动所需时间灵活，较好地解决了健康生活和休闲时间缺少之间的矛盾。未来随着人们健康意识的提升，商业健身将越来越成为人们“动起来”的选择。

（三）主要问题

我国健康服务产业目前总体上仍处于初期发展阶段，主要存在产业链不完整、自主创新和研发能力不足以及专业技术人才供给不足这三个方面的问题。

完整的健康服务业产业链包括前端、传统和后端产业，分别实现维持健康、修复健康和促进健康的目的，包含服务提供产业、支撑产业和关联产业。我国目前的生产性健康服务业仍以提供传统医疗服务为主，对于前端维持健康和后端促进健康的供给力度不足。如医养结合、健康管理与健康促进的发展都较为滞后。健康保险对健康服务主要覆盖基本医疗服务，尚未形成覆盖高端健康服务的商业健康保险体系。

对健康服务业发挥支撑作用的制造业，如医疗器械、生物技术和药品等，自主创新和研发能力不足，缺乏核心竞争力和核心技术，对国际产品依赖程度较高。一方面，“洋品牌”仍是大部分消费者和服务机构追捧的对象。附加值较高的医疗康复设备以仿制发达国家同类产品为主，很多生产企业集中在中低端市场打价格战。另一方面，中医药和中医预防保健技术发展规模和发展速度滞后，投入不足。新剂型、新设备的研发制造甚至落后于日、韩等国家。

我国除专业医生和护士的培养体系较为完善外，与健康服务业相关的其他学科体系和人才培养模式尚不健全，且师资力量缺乏。医师多点执业政策尚存在诸多障碍，急需的高层次人才难以实现合理流动。

三、健康服务产业发展前景

（一）市场需求分析

总体而言，我国健康服务产业发展前景较为乐观。人口老龄化趋势、慢性病人群增长等当代工业社会典型症候导致对健康服务庞大而稳定的刚性需求。同时，我国城乡居民收入的持续增长也促使健康服务需求不断增长。

1. 人口老龄化趋势决定的基本需求

据统计，我国2015年60岁及以上人口达到2.22亿人，占总人口的16.15%。预计到2020年，老年人口达到2.48亿人，老龄化水平达到17.17%，其中80岁以上老年人口将达到3067万人；2025年，60岁以上人口将达到3亿人，成为超老年型国家。预计到2040年，我国人口老龄化进程达到顶峰，之后，老龄化进程进入减速期。

从人口结构的角度来看，中国的高龄老人数量自2010年至2050年持续增长。由于高龄老人群体中失能率在50%以上，我国失能老人规模或从现阶段的625万人上升至2050年的1875万人，35年里增幅高达200%。从衡量老龄化社会负担指标——老年抚养比来看，从2000年至今，老年抚养比加快增长，至2020年将上升至16.9%。

这就要求首先建立和健全老年医疗保险制度。与总人口相比，老年人具有高患病率、高伤残率、高医疗利用率的特点。在建立面向整个人群的医疗保险制度的同时，有必要对老年人制定有关政策，以保障老年人医疗的基本需求。应逐步建立城乡医疗救助制度，改善特困老年人的医疗条件。其次要加强社区医疗服务机构建设，同时要加大全科卫生工作者培养力度，为包括老年人在内的社区成员提供初级医疗保健服务。另外，要注意面向社会、家庭和老年人进行健康教育，包括保健常识、护理知识、紧急状况下的应急措施，提高人群对老年身心特点的认识和一般保健护理知识。

健康服务产业要提供能够满足健康老龄化的产品和服务。疾病和伤残并不是老年期的必然产物，通过努力完全可以把它们压缩到生命最后的较短时期内，即实现健康的老龄化。在促进老年人的全面健康对策中，要建立医院、家庭、社会（社区）和老年人个人组成的健康促进整体。特别要注意家庭小型化趋势下老年家庭看护照料的供需状况，及时提供相应的帮助措施。“医养结合”的养老服务体系构建、“智慧养老”的软硬件开发推广、特殊护理产品的制造销售、适合老年人的互联网医疗服务等，既是挑战，也是机遇。此外，大中型城市公共设施的适老化改造和针对高龄老人、老年行动障碍者的长期护理服务也将提供较为广阔的市场。

2. 慢性病人群增长造成的刚性需求

吸烟，过量饮酒，身体活动不足和高盐、高脂等不健康饮食是慢性病发生、发展的主要行为危险因素。经济社会快速发展和社会转型给我国居民带来的工作、生活压力以及对健康造成的影响也不容忽视。慢性病的患病、死亡与经济、社会、人口、行为、环境等因素密切相关。一方面，随着人们生活质量和保健水平的不断提高，人均预期寿命不断增长，老年人口数量不断增加，我国慢性病患者的基数也在不断扩大；另一方面，随着深化医药卫生体制改革的不断推进，城乡居民对医疗卫生服务需求不断增长，公共卫生和医疗服务水平不断提升，慢性病患者的生存期也在不断延长。

据《中国居民营养与慢性病状况报告（2015）》数据，中国现有慢性病患者已经超过2.6亿人，由慢性病导致的疾病负担占到总疾病负担的近70%，2012年全国18岁及以上成人高血压患病率为25.2%，糖尿病患病率为9.7%，与2002年相比，患病率呈上升趋势。40岁及以上人群慢性阻塞性肺病患病率为9.9%。根据2013年全国肿瘤登记结果分析，我国癌症发病率为2.35‰，肺癌和乳腺癌分别居男、女性发病首位，10年来我国癌症发病率呈上升趋势。2012年全国居民慢性病死亡率为5.33‰，占总死亡人数的86.6%。心脑血管病、癌症和慢性呼吸系统疾病为主要死因，占总死亡的79.4%，其中心脑血管病死亡率为2.72‰，癌症死亡率为1.44‰（前五位分别是肺癌、肝癌、胃癌、食道癌、结直肠癌），慢性呼吸系统疾病死亡率为0.68‰。

预防和控制慢性病及带病生存，是健康服务产业必须长期面对的问题。针对心脑血管疾病、肝病、慢性肾病等常见慢病的药品、保健品、医疗器械的开发、制造和销售，已成为刚性需求。而与慢性病相关的健康保险、健康管理和健康促进服务也将提供新的增长点。鉴于体育锻炼在预防慢性病方面的积极作用，运动健身服务产业也将迎来一个持续发展阶段。

3. 城乡居民收入增长释放更多需求

自2010年以来，我国城镇居民人均可支配收入持续上升，由2010年的19109元上涨到2016年的33616元。与此同时，居民消费水平始终维持较强劲的增长势头。2016年社会消费品零售总额逾33.2万亿元，较2010年增长逾1倍。伴随着居民收入和消费的增长，消费个性化、体验式的趋势日渐明显，享受型、娱乐型、健康型等非必需消费需求日益受到消费者青睐。中国消费者消费形态正从满足衣、食、住、行等基本需求的必需品到购买提升生活品质及体验的服务，从大众产品到高端商品升级。消费升级带来的非必需品的消费扩张将为康养旅游、高端商业健康保险、健康管理服务、健身会所等带来广阔的发展空间。

值得注意的是，近年来农村居民收入增速始终高于城镇居民收入增速，以2015年为例，农村居民人均纯收入10772元，同比增长8.9%；城镇居民人均可支配收入31195元，同比增长8.15%。同时，自2009年以来，城乡居民收入差距在逐渐减小。2009—2015年，城乡居民收入比从3.33下降至2.89。农村居民消费能力的增长和健康意识的提升，将为保健产品、康养旅游等市场注入新的活力。

（二）发展空间分析

我国医疗和养老改革的深化和“健康中国”战略的实施，为健康服务产业的发展提供了广阔的市场空间，也为现有服务领域的延伸和交叉融合以及新兴服务模式的发展壮大创造了绝好的机遇。除互联网医疗、医药电商、健康管理服务和养老地产等目前的投资热点外，预计近期资本市场还将在商业健康保险、康养旅游服务和中医药产业集中发力，打造新的经济增长点，以下对后者进行简要分析。

1. 商业健康保险

商业健康险作为近年来发展势头最快的险种之一，受监管部门、保险及健康产业业界的普遍关注。2016年8月，保监会发布《中国保险业发展“十三五”规划纲要》，对商业健康保险发展重点强调“发展多元化健康保险”和“促进大病保险稳健运行”。

2016年10月，中共中央、国务院发布《“健康中国2030”规划纲要》，高度重视商业健康保险的作用。在完善全民医保体系方面，提出健全以基本医疗保障为主体、其他多种形式补充保险和商业健康保险为补充的多层次医疗保障体系。进一步健全重特大疾病医疗保障机制，加强基本医保、城乡居民大病保险、商业健康保险与医疗救助等的有效衔接；在积极发展商业健康保险方面，落实税收等优惠政策，鼓励企业、个人参加商业健康保险及多种形式的补充保险。丰富健康保险产品，鼓励开发与健康管理服务相关的健康保险产品。

首先，就目前发展情况来看，我国商业健康保险规模较小，产品结构不合理，发展水平仍处于探索期。2014年，我国商业健康保险赔付支出在医疗卫生总费用中占比为4.5%，而德国、加拿大、法国等发达国家的平均水平在10%以上。此外，我国商业健康保险产品通常只具备承担经济补偿和报销管理的简单功能，缺乏医疗服务属性和健康管理属性。难以使参保人群健康水平在参保后有所改善，也无法实现参保人群患病时、患病后的延伸服务。

因此，在未来发展中，我国商业保险服务产业首先应形成以健康保险为核心的健康产业链。通过实施对参保人群的健康管理，保险公司可以将单纯的被动理赔转变为全过程的健康风险管理服务。这样既能够改变传统经营模式下对医疗风险束手无策的局面，变被动应付为主动出击，又能够通过有效手段降低发病率，防止被滥用，提高健康险的盈利能力，推动健康险业务的良性发展。

其次，商业保险服务机构应制定清晰的产品研发策略。不仅要在细分市场的基础上增加医疗和护理险产品供给，也要在把握我国老龄化、癌症等重症和慢性病发病率上升趋势的基础上，对需求市场进行准确定位，特别是要借鉴美国长期护理保险及其他地方住院医疗保险相关产品开发的经验，进一步探索创新出客户需求旺盛的长期住院医疗、长期护理险等产品。要积极开发基于互联网消费、销售场景的场景化健康险产品。场景保险将保险产品开发融入消费者的生活场景和销售方的销售场景中，比如嵌入在电商交易、支付账户、在线旅行等具体场景中，诞生出许多在传统保险领域从未出现过的新险种。尤其是互联网技术发展，为针对细分市场的碎片化、场景化健康险产品经营打开了新天地，保险公司需要深入研究互联网业务的内在规律，开发出真正符合网民需求和购买习惯的健康险产品。开发定制化产品也是一个重要的发展策略。从需求角度看，当前的商业健康险产品已不能仅仅停留在“保障全面”的层面，而是要更多地满足个性化的医疗需求。关键是要把互联网和大数据结合起来，依靠大数据分析为定制化产品设计提供依据、为风险控制提供支撑，实现精准的被保险人风险评估和个性化定价。

商业保险服务机构应依托核心医疗资源，加强、加深产业链融合，打通医疗健康数据与服务路径。可以借鉴美国凯撒医疗、英国BUPA、德国DKV等企业先进经验，在产品开发中实践“保险+医疗”模式，通过支付方式变革，如探索DRGs（诊断相关分类）、总额预付、HMO（健康维护组织）等模式，推进保险公司与医疗机构、医师团体等签订服务协议的管理式医疗方式，与医疗服务提供者结成利益共同体，直接参与医疗服务体系管理和医疗费用监控，优化健康险产品发生率假设、赔付支出以及盈利模式，尤其为单病种、慢性病健康险产品研发提供支持。将健康管理与医院合作融入健康保险产品中，以丰富产品内容、创新产品形态，延展健康险产品的针对性、持续性、稳定性，从而提升客户黏性，降低客户发病率，避免过度医疗和医疗欺诈等情况，提高风险控制水平。

近几年，国内一些商业健康保险服务机构已开始启动卓有成效的创新性实践。如糖尿病保险、心脏支架保险、心脑血管保险、癌症保险、齿科保险、慢性肾病保险、ACO（责任医疗组织计划）企业补充医疗保险、互联网医疗诊费保险等。这些产品有的突破了传统健康险产品不保已患病人群的禁区，有的引入国外先进的PBM（药品福利管理计划）模式，有的与医院和互联网公司合作构建O2O保险保障+健康管理闭环经营模式，有的将癌症早筛、专家咨询、就诊服务等健康管理服务与保险保障有机融合，有的与医院、互联网紧密合作创造很强的场景化销售模式……在多个方面标示出中国健康保险的创新方向。

作为市场化的医疗卫生融资工具和专业化的风险分散机制，商业健康险对于应对人口老龄化、提升医疗卫生资源配置效率、提高国民健康素质等方面发挥着独特作用。随着《“健康中国2030”规划纲要》的出台，一系列利好政策支持，健康险运营专业化程度将得到提高，互联网、大数据等先进技术手段应用，开发定价模型完善，商业健康险的发展创新将迈入新的阶段。

2. 康养旅游服务

康养产业是现代服务业的重要组成部分，涵盖诸多业态，关联城市建设、生态环境、民风民俗、科技信息、文化教育、社会安全等众多领域。我国康养产业当前的发展，以加速医疗与养老、养生、旅游的融合最为关键，实现异地养老、旅游与医疗、医保的联动最为迫切。同时，需要通过养老服务标准化试点等方式，在市场准入、财税金融、土地利用、医养融合等方面加大改革和支持力度。

2013年以来，国务院先后出台了《关于加快发展养老服务业的若干意见》《关于促进健康服务业发展的若干意见》《关于促进旅游业改革发展的若干意见》等指导性文件，逐步形成了国家对康养产业的顶层设计，为康养产业发展带来重大战略机遇提供了政策利好大环境。

民革中央通过调查研究，提出将康养产业定位为国家现代服务业发展战略中的一个重要方向，提出了以“医养结合”为突破口，完善产业政策体系，抓好政策督促落实，重视专业人才培养，设立国家康养产业发展试验区等若干意见和建议。“医养结合”就是指医疗资源与养老资源相结合，实现社会资源利用的最大化。其中，“医”包括医疗康复保健服务，具体有医疗服务、健康咨询服务、健康检查服务、疾病诊治和护理服务、大病康复服务以及临终关怀服务等。“养”包括生活照护服务、精神心理服务、文化活动服务。“医养一体化”的发展模式，是集医疗、康复、养生、养老等为一体，将养老机构和医院的功能相结合，把生活照料和康复关怀融为一体的新型养老服务模式。

2016年1月，国家旅游局发布《国家康养旅游示范基地标准》，要求国家康养旅游示范基地的核心区具备独特的康养旅游资源优势，依托区能为核心区提供产业联动平台，并在公共休闲、信息咨询、旅游安全、休闲教育等公共服务体系上给予有力保障。该标准还对示范基地建设的环境、旅游经济水平、产业联动与融合、旅游服务管理等条件提出了明确要求。同年9月，国家旅游局依据上述标准，发布《关于推出首批40家国家旅游示范基地的公示》，其中康养旅游示范基地包括江苏泰州中国医药城、河北以岭健康城、黑龙江五大连池、湖南灰汤温泉、贵州赤水。这些文件的发布将有力推动康养旅游服务产业的规模化、规范化、集约化发展。

从行业发展角度来看，专业人才是康养产业可持续发展的必要条件，应重视康养人才队伍建设，建立完善康养职业教育体系，提高康养职业人才培养质量。地方政府和企业应推进康养产业与农业、林业、旅游、教育、文化产业的融合，利用“旅游+”“生态+”等模式，丰富乡村旅游业态和产品，发展富有乡村特色的民宿和养生养老基地。完善休闲农业、乡村旅游行业标准，建立健全食品安全、消防安全、环境保护等监管规范。支持传统村落保护，维护少数民族特色村寨整体风貌，有条件的地区实行连片保护和适度开发。

从产业政策来看，森林康养是近期的发展热点。2016年5月，国家林业局印发《林业发展“十三五”规划》，提出森林年生态服务价值达到15万亿元，林业年旅游休闲康养人数力争突破25亿人次，国家森林城市达到200个以上，人居生态环境显著改善。生态文化更加繁荣，生态文明理念深入人心。该规划明确要求做大做强森林等自然资源旅游，大力推进森林体验和康养，开发和提供优质的生态教育、游憩休闲、健康养生养老等生态服务产品。以森林康养为主要形式的生态养老将会成为下一波的市场角逐内容。从国际发展的趋势看，“森林康养”是大健康、旅游两大产业延伸的交叉、复合而成的新产业业态，聚集了养老、养生、休闲、娱乐、旅游、文化、保健等多个关联产业，可以快速地集群化、基地化、规模化、资本化，形成产业集群，培育了庞大的市场。遍布各地的森林公园、湿地公园和国家公园，以及4800多家国有林场正在逐渐向森林旅游、森林康养转型，开始提供以修身养性、调适机能、延缓衰老为目的的健康养老服务。

从市场需求来看，温泉康养已成为我国温泉旅游业升级转型的方向。温泉养生文化在我国有着悠久的历史，温泉沐浴对多种慢性病和亚健康问题的显著疗效为传统中医学和西方近现代医学广泛认可。近年来陆续颁布的一系列温泉服务相关标准，为温泉康养的规范化发展奠定了基础。沐浴、调理、观光、休闲、娱乐相结合的温泉康养旅游，不仅可以创造可观的经济和社会效益，还可以通过打造特色小镇等方式，带动周边区域和关联产业的发展。湖南宁乡灰汤温泉和云南腾冲火山热海温泉在发展温泉康养服务模式方面均取得了阶段性成果。

随着工业化、城镇化、老龄化进程的加快和现代工作快节奏、大压力，使得亚健康、慢性病、精神疾病等问题日益严重。人们在旅游休闲度假中，对健康养生休闲的需求日益强烈，康养旅游市场需求越来越大。我国要借鉴国际上的经验，发展中国特色的康养旅游，从“身”“心”两方面着手，医疗旅游、中医药健康旅游、文化养生旅游三管齐下，建设综合性康养旅游基地。要加快相关配套设施建设，促进康养旅游与其他形式旅游协调发展，充分放大康养旅游产品的综合带动作用。康养产业的发展壮大，是提升人民群众健康水平和生活幸福感的重要基础，是顺应中国社会结构新变化、满足“健康老龄化”刚性需求的长久之计。

3. 中医药产业

我国首部中医药综合性法律《中华人民共和国中医药法》于2017年7月1日正式实施，为全面落实《“健康中国2030”规划纲要》关于提高中医药服务能力、发展中医养生保健“治未病”服务和推进中医药继承创新的战略规划奠定了坚实的基础，将有力推动我国中医药医疗服务和中医养生保健“治未病”服务产业的发展。

《中华人民共和国中医药法》对以下几个方面都做了规定。

（1）在监管方面开辟了通过实践技能及效果考核即可获得中医医师资格的新途径，规定中医诊所管理模式由行政审批改为备案管理。

（2）在中药资源保护方面，建立道地中药材评价体系，支持道地中药材品种选育，扶持道地中药材生产基地建设，加强道地中药材生产基地生态环境保护，鼓励采取地理标志产品保护等措施保护道地中药材。

（3）在基层中医药服务方面，在村医疗机构执业的中医医师、具备中药材知识和识别能力的乡村医生，按照国家有关规定可以自种、自采地产中药材并在其执业活动中使用。

（4）在中药饮片生产流通方面，国家保护中药饮片传统炮制技术和工艺，支持应用传统工艺炮制中药饮片，鼓励运用现代科学技术开展中药饮片炮制技术研究。对市场上没有供应的中药饮片，医疗机构可以根据本医疗机构医师处方的需要，在本医疗机构内炮制、使用。医疗机构应当遵守中药饮片炮制的有关规定，对其炮制的中药饮片的质量负责，保证药品安全。医疗机构炮制中药饮片，应当向所在地设区的市级人民政府药品监督管理部门备案。

《中华人民共和国中医药法》还规定，国家发展中医药师承教育，支持有丰富临床经验和技术专长的中医医师、中药专业技术人员在执业、业务活动中带徒授业，传授中医药理论和技术方法，培养中医药专业技术人员。

中医药产业在养生保健治未病服务、慢性病防控以及重大疾病协同治疗和康复方面发挥着不可替代的作用。“治未病”既是中医药学的核心理念之一，也是中医预防保健的重要理论基础和准则。国务院前副总理吴仪在2007年全国中医工作会议上专门强调了充分发挥中医养生“治未病”有利于大众健康和节约医疗健康资源的重要意义。作为阶段性成果，“十二五”期间，《中医预防保健服务基本规范（草案）》和《中医预防保健服务技术要求（草案）》编制工作完成并通过验收；全国各级中医药诊疗服务机构均建立了中医“治未病”中心。“十三五”期间，各地将健全覆盖城乡的中医医疗保健服务体系，在乡镇卫生院和社区卫生服务中心建立中医馆、国医堂等中医综合服务区，推广适宜技术，所有基层医疗卫生机构都将能够提供中医药服务。中医药在“治未病”中的主导作用、在重大疾病治疗中的协同作用、在疾病康复中的核心作用得到充分发挥。一些无创、无副作用的非药物中医养生保健技术（如足部反射疗法等）的规范化发展和应用推广应得到业界和政府相关部门更广泛的重视与支持。

与此同时，中药产业将成为新的经济增长点。我国的药用资源有12807种，文献记载的方剂有10多万首，是新药筛选开发的巨大资源。这些经过长期临床实践应用的方药，较之需通过药物逐一筛选的研制开发方法，具有开发投资少、风险小、周期短的特点，将成为全球研究开发的一个热点。目前，我国生产的中成药共5000多种，在我国医药产品中占有重要位置。现代生物制药技术与传统中药方剂的有机结合，将有助于中医药技术创新和民族医药走向世界。此外，基于“药食同源”理论的保健品业将迎来新的发展机遇。

4. 绿色金融

环境治理与保护、生态文明建设与“健康中国”战略息息相关。中共十八届五中全会将“绿色”确定为“五大发展理念”之一，把生态环境保护作为经济社会发展的一项重要工作来抓。2015年9月，中共中央、国务院发布《生态文明体制改革总体方案》，明确了建立“绿色金融体系”的总框架。2017年6月，人民银行、银监会、国家标准化管理委员会等部门联合发布了《金融业标准化体系建设发展规划（2016—2020年）》，将“绿色金融标准化建设”工作列为“十三五”时期金融业标准化的重点工程。在绿色金融产品标准方面，人民银行和国家发展改革委先后出台了《绿色债券支持项目目录》和《绿色债券指引》，确定了符合绿色项目范围的标准；银监会绿色信贷统计制度则明确了属于绿色信贷范围的标准；在绿色信用评级和绿色认证标准方面，市场上诸多活跃的认证机构均建立了绿色债券认证标准和业务流程，并已帮助许多金融机构和企业完成了绿色债券的发行认证工作。2016年8月31日，人民银行等七部委发布的《关于构建绿色金融体系的指导意见》中，明确提出绿色金融“是指为支持环境改善、应对气候变化和资源节约高效利用的经济活动，即对环保、节能、清洁能源、绿色交通、绿色建筑等领域的项目投融资、项目运营、风险管理等所提供的金融服务”。并提出建立绿色金融体系，通过绿色信贷、绿色债券、绿色股票指数和相关产品、绿色发展基金、绿色保险、碳金融等金融工具和相关政策支持经济向绿色化转型，动员和激励更多社会资本投入绿色产业，同时更有效地抑制污染性投资。

其中，绿色发展基金是吸引社会资本参与的重要金融工具。2016年11月24日，国务院印发《“十三五”生态环境保护规划》，明确提出建立市场化运作的各类绿色发展基金。通过政府与市场双轮驱动，绿色发展基金可以有效化解绿色产业的资金“瓶颈”问题，为可持续发展注入新动力。建立绿色发展基金，构建绿色金融体系，不仅能够支持生态文明建设，促进环保、新能源、节能等领域的技术进步，还将加快培育康养旅游、乡村旅游、养老宜居城市、特色小镇、有机农产品生产基地、中药生产基地、生物科技园等一大批新的经济增长点，全方位促进大健康产业的可持续发展，实现绿色、集约的经济增长方式，使“建设美丽中国”与“实施健康中国战略”两大国家基本战略相得益彰、携手并进。目前我国已在云南普洱、湖北宜昌、河北张家口、安徽黄山等多地设立了绿色发展基金，有力地推动了城市的绿色转型。

四、中国健康服务产业转型升级思路

（一）政策体系建设

构建和完善健康服务产业政策体系，是充分发挥政府各部门健康促进职能的必由之路。有力的政策引导是健康服务产业规范、有序发展的前提，政府各部门有必要深化健康服务产业政策体系的研究，加强沟通合作。在政策、法规和规范制定过程中，根据我国健康服务产业现阶段“医改养老是核心，审批监管是保障，金融保险是助推器”的切实需求，以金融保险行业为突破口，以医疗、医药和养老产业为重点，统筹兼顾，优化完善监管机制，逐步构建有中国特色的现代化健康服务产业政策体系。

近年新颁布实施的健康服务产业相关政策、法规及规范如表2所示。

表2　部分健康服务产业相关政策、法规（2015—2017）

相关产业	政策/法规/规范名称	制定部门	发布时间
医疗	关于推进医疗卫生与养老服务相结合的指导意见	国务院办公厅	2015年
	中医药健康服务发展规划（2015—2020年）	国务院办公厅	
	关于印发全国护理事业发展规划（2016—2020年）的通知	国家卫计委	2016年
	医疗机构设置规划指导原则（2016—2020年）	国家卫计委	
	关于开展健康城市健康村镇建设的指导意见	全国爱国卫生运动委员会	

续表

相关产业	政策/法规/规范名称	制定部门	发布时间
医疗	关于促进和规范健康医疗大数据应用发展的指导意见	国务院办公厅	2016年
	“十三五”深化医药卫生体制改革规划	国务院	2017年
	关于开展医疗联合体建设试点工作的指导意见	国家卫计委	
	关于全面推广公立医院综合改革工作的通知	国家卫计委	
	关于推进医疗联合体建设和发展的指导意见	国务院办公厅	
	关于支持社会力量提供多层次多样化医疗服务的意见	国务院办公厅	
医药医疗器械	中华人民共和国中医药法	全国人大	2016年
	关于加快发展康复辅助器具产业的若干意见	国务院	
	关于促进医药产业健康发展的指导意见	国务院办公厅	
	中医药发展战略规划纲要（2016—2030年）	国务院	
	关于进一步完善药品生产流通使用政策的若干意见	国务院办公厅	2017年
养老	城乡居民基本养老保险服务规范	国家标准委	2015年
	关于开发性金融支持社会化养老服务体系建设的实施意见	民政部、国家开发银行	
	关于规范养老机构服务收费管理促进养老服务业健康发展的指导意见	发展改革委、民政部	
	关于鼓励民间资本参与养老服务业发展的实施意见	民政部、发展改革委、教育部等	
	关于推进医疗卫生与养老服务相结合的指导意见	国务院办公厅	
	关于印发《养老服务体系建设中央补助激励支持实施办法》的通知	发展改革委、财政部、民政部	2016年
	关于印发“十三五”社会服务兜底工程实施方案的通知	发展改革委、民政部、中国残联	
	关于确定2016年中央财政支持开展居家和社区养老服务改革试点地区的通知	民政部、财政部	
	关于公布首批全国职业院校养老服务类示范专业点名单的通知	教育部办公厅 民政部办公厅 卫计委办公厅	
	关于推进老年宜居环境建设的指导意见	全国老龄办、发展改革委等	
	关于全面放开养老服务市场提升养老服务质量的若干意见	中央全面深改领导小组	
	关于支持整合改造闲置社会资源发展养老服务的通知	民政部、发展改革委、教育部等	
	关于推进老年宜居环境建设的指导意见	全国老龄办、发展改革委等25部门	

续表

相关产业	政策/法规/规范名称	制定部门	发布时间
养老	关于中央财政支持开展居家和社区养老服务改革试点工作的通知	民政部、财政部	2016年
	关于印发“十三五”国家老龄事业发展和养老体系建设规划的通知	国务院	2017年
	智慧健康养老产业发展行动计划（2017—2020年）	工信部、民政部、卫计委	
	关于加快推进养老服务业放管服改革的通知	民政部、发展改革委等13部门	
康养旅游	关于促进中医药健康旅游发展的指导意见	国家旅游局、中医药管理局	2015年
	关于开展国家中医药健康旅游示范区（基地、项目）创建工作的通知	国家旅游局、中医药管理局	2016年
	国家康养旅游示范基地标准	国家旅游局	
	关于推出首批40家国家旅游示范基地的公示	国家旅游局	
运动健身	关于加快发展健身休闲产业的指导意见	国务院办公厅	2016年
金融保险	关于开发性金融支持社会化养老服务体系建设的实施意见	民政部、国家开发银行	2015年
	关于开展商业健康保险个人所得税政策试点工作的通知	财政部、国家税务总局、保监会	
	关于实施商业健康保险个人所得税政策试点的通知	财政部、国家税务总局、保监会	
	关于印发《个人税收优惠型健康保险业务管理暂行办法》的通知	保监会	
	关于开展长期护理保险制度试点的指导意见	人力资源和社会保障部办公厅	2016年
	促进民间投资健康发展若干政策措施	发展改革委	
	关于将商业健康保险个人所得税试点政策推广到全国范围实施的通知	财政部、税务总局、保监会	2017年
	国务院办公厅关于进一步深化基本医疗保险支付方式改革的指导意见	国务院办公厅	

从表2统计情况来看，我国在健康服务产业相关政策体系建设方面取得了一定的阶段性成果，尤其在医疗改革和养老改革方面成效显著。以养老政策体系为例，由表2可见，仅两年时间内，已实现养老体系建设顶层设计、居家和社区养老改革试点、适老宜居环境建设改造规划、养老保险服务规范化建设、服务质量监管等跨部门、跨行业的政

策制定，体现了养老改革清晰的深化推进路径，而且在医疗、康养旅游、金融保险等领域的新政策中，也体现出对养老产业的全方位支持。另外，关于健康管理服务产业，尚未出台任何直接相关的政策或法规。健康管理服务的发展直接关系到健康保险服务和健康养老服务的质量，尽早研究和制定相应的政策体系，将有利于推动我国健康服务产业的产业链融合和集约化发展。

（二）产业体系建设

总体来看，我国健康服务产业的发展水平仍处在相对粗放的阶段，主要体现在以下三个方面。

1. 产业链不完整，前端和后端产业发展滞后

完整的健康服务业产业链包括前端、传统和后端产业，分别实现维持健康、修复健康和促进健康的目的，包含服务提供产业、支撑产业和关联产业。我国目前的生产性健康服务业仍以提供传统医疗服务为主，对于前端维持健康和后端促进健康的供给力度不足。如医养结合、健康管理与健康促进的发展都较为滞后。医疗保险对健康服务仅覆盖基本医疗服务，尚未形成覆盖高端健康服务的商业健康保险体系。

2. 支撑产业自主创新和研发能力不足

一方面，对健康服务业发挥支撑作用的制造业，如医疗器械、生物技术和药品等，自主创新和研发能力不足，缺乏核心竞争力和核心技术，对国际产品依赖程度较高。“洋品牌”仍是大部分消费者和服务机构追捧的对象；另一方面，中医药和中医预防保健技术发展规模和发展速度滞后，投入不足。新剂型、新设备的研发制造甚至落后于日、韩等国家。

3. 专业技术人才供给不足

我国除专业医生和护士的培养体系较为完善外，与健康服务业相关的其他学科体系和人才培养模式尚不健全，且师资力量缺乏。医师多点执业政策尚存在诸多政策障碍，急需的高层次人才难以实现合理流动。

针对上述问题，政府各部门、教育科研机构、企业和行业协会应协力推进健康服务产业体系的现代化，鼓励社会资本加大对医药、医疗、保险和专业教育的投入，政企合作建设一批有代表性的健康服务产业示范基地和产业集聚区。深化金融保险业与互联网医疗、智慧养老、康养旅游、健康管理与健康促进的融合，引进和借鉴发达国家成熟的商业健康保险运营模式，探索符合我国市场需求的智慧化、全生命周期、全方位的医、养、保、文、教、旅一体化健康保障服务。

在“将健康融入所有政策”长效机制下，健康管理服务机构、医疗机构、医药企业和科研机构应通过自主创新加大产业链延伸力度，以实现“将健康融入更多行业”，以

城乡社区适老化、宜居化建设和改造为契机，在基础设施建设、公共交通、食品、个人护理产品等领域开拓新市场。

（三）标准体系建设

完善的服务规范和技术标准是健康服务产业规范化可持续发展的可靠保障。在健康服务产业标准体系建设中，企业和行业协会应发挥主力军的作用。企业可在已颁布实施的相关标准指导下，根据实际需求和实践经验制定科学合理的企业标准；行业协会可组织企业与地方政府主管部门、科研机构展开合作，在企业标准和调研结果的基础上探索适用于地方、行业的标准规范，并积极参与国家标准的研究和制定，完善现有的标准体系。

我国近年来在医药产业领域的标准体系建设成就斐然。《国家药品安全规划（2011—2015年）》制定的目标已如期实现，我国药品标准基本与国际接轨。中医药标准体系也现雏形。到目前为止，我国共发布中医药国家标准28项，行业及行业组织标准470多项，形成了相对独立完整的中医药标准体系框架。医药标准体系的完善成为我国医药产业提升国际竞争力的关键。

目前，一些新兴服务行业，如健康管理服务、运动健身服务等，仍缺乏相应的国家标准和行业规范，服务质量难以得到有效的监管。政府主管部门应加快推进健康服务产业相关标准的论证、研制和推广落实，尤其是服务规范和术语，以促进相关行业的健康有序发展。

（四）监管体系建设

如今，我国在医疗、医药、保险、养老、体育、环境、食品安全和旅游等领域均有相应法规。结合我国健康服务产业发展的实际需求来看，应加快健康管理与健康促进以及运动健身等新兴产业相关法规的研究和制定，并完善涉及健康服务各行业规范性文件的制定，以夯实监管体系的基础。

健康服务产业相关的协会和社团组织应发挥自律、维权、协调等作用，支持新闻媒体、第三方机构和消费者等发挥监督作用，共同构建专业监管、部门协作、行业规范、社会监督的大监管格局。

企业的内部监管机制是重中之重。企业应视质量和信誉如生命，完善规章制度和问责机制，强化市场主体自我激励约束这一内生机制，全面提升自身的治理管控水平。

（五）创新发展思路

为推动我国健康服务产业从粗放增长模式向绿色集约发展模式转变，提出以下建议。

1. 建立健康服务第三方检测评估机制

通过第三方机构引导消费者以规范化管理、标准化操作和定量化评估作为服务质量的客观评价依据。既避免不良商家依靠虚假宣传和作弊数据欺诈消费者，也避免消费者主观体验不佳给健康服务商带来不公正评价和负面影响。

2. 加强健康管理在重大疾病筛查和慢病防控等领域的作用

健康管理服务在重大疾病早期筛查、慢性病预防控制、居家和社区养老、基层医疗服务、康养旅游、保健品产业和健康保险等领域均可起到关键作用。大力发展健康管理服务产业有利于构建现代化的健康服务产业链，使相关资源的分配使用更加合理。

3. 推动干细胞、基因技术的自主创新和成果转化

我国在干细胞谱系重编程、干细胞3D打印、基因编辑技术和干细胞抗衰老技术等前沿学科领域均取得了令人瞩目的成果。相关成果的产业化将促进我国再生医学、抗衰老医学的发展，提升我国作为国际医疗旅游目的地的吸引力。

4. 发展运动健身产业，助推“健康老龄化”

规律、合理的体育锻炼对于保持代谢、循环系统及肌肉、关节、骨骼的健康，乃至预防神经退行性疾病和认知症，都可起到关键作用。传播运动健身知识、鼓励运动健身服务机构发展，对于我国居民的“健康老龄化”有着重要意义。

5. 完善健康服务业人才培训体系

社区医疗、健康管理、健康养老、康养旅游和健康保险等产业对健康服务人才的需求缺口十分巨大。传统的医疗人才和服务人才培训体制难以适应新的需求。建立标准化的人才培训体系势在必行，应在强化人才培养层次、优化专业结构和拓宽培养方式三方面齐抓并进。

6. 推广普及抗衰老健康医学的最新成果

抗衰老健康医学通过早期检测、个性化主动预防及治疗、正确的营养补充、生活方式健康化的调整与健康教育的执行，运用最新生物技术来延缓及避免病理老化。与国际知名医学组织建立共融合作体系，将发达国家的先进理念、知识经验和前沿技术引进中国，并在中国建立集产、学、研、教为一体的健康基地，可形成现代化的健康服务产业集群。

7. 大力发展中医药健康服务产业

中医药技术在慢病防治、健康管理和抗衰老领域发挥着不可替代的作用。应继承和弘扬中医药养生文化，建立健全中医药服务监管机制，加强社区乡镇中医药服务体系建设，发展中医药康养旅游、中医健康管理，推进中医药现代化、国际化，打造国际知名的中医药品牌。

8. 发展和推广基因检测技术

基因检测技术可有效实现肿瘤、心脑血管疾病、神经退行性疾病及认知症等重大疾病风险的早期筛查。其推广和应用有利于采取“三早”措施，提高疾病风险人群的生存质量和节约医疗资源。

9. 促进健康保险与其他健康服务的融合

健康保险服务在以医疗医药为核心的整个健康服务产业链中起着承前启后的关键作用。健康保险与健康促进、健康管理、医疗康复、健康养老等服务的高度融合，可优化产业结构和资源配置。

10. 支持基于智能终端和云平台的健康服务

通过基层健康服务机构，引入科技部“中医预防保健（治未病）规范及技术标准制定”课题的示范应用系统，普及推广社区和家庭健康服务APP，为城乡居民建立个人健康档案，通过非拘束式可穿戴设备实现实时健康监测；在云服务平台和专业服务人员的支持下，实现“指尖上的”分级诊疗，为全人群提供全方位全周期的、线上线下相结合的健康服务。

11. 完善康养旅游服务标准体系

在已颁布施行的相关标准基础上，结合中医预防保健服务标准研究的成果，根据森林康养、温泉康养等专业领域的实际需求，研究和制定与之相适应的养生保健服务规范，促进康养旅游服务的规范化、可持续发展。

12. 鼓励元素医学等新兴学科的发展

元素医学、抗衰老医学等新兴学科融汇了传统医学思想的精华和现代医学技术，在医疗服务、预防保健服务和保健品产业等领域大有可为。应鼓励上述新兴学科的建设和发展，完善我国中西医并重的健康服务体系，提高我国健康服务产业的自主创新能力。

五、国内外抗衰老健康医学的最新发展

（一）预防医学领域

1. 基因编程技术可延缓衰老进程

端粒位于染色体的末端，充当基因组的保护帽。它一直被认为与衰老和疾病有相当的关系。正常年轻人的端粒包含8000～10000个核苷酸。每一次的细胞分裂，端粒都会随着DNA复制而缩短。当端粒的长度到达一个临界值，细胞就会停止分裂或者死亡。美国斯坦福大学医学院的研究者将编码TERT的mRNA经改造后送入人体细胞内，发现端粒得到了快速而有效的延长。TERT编码的成分是端粒酶的一个亚单位。端粒酶是一种只存在于干细胞、生殖细胞和造血细胞的酶，在体细胞内表达量相当低。端粒酶在保持端粒稳定、基因组完整、细胞长期的活性和潜在的继续增殖能力等方面有重要作用。实验发现，将TERT导入表皮细胞后，这些表皮细胞的端粒延长1000个核苷酸单位，比未

经处理的细胞多分裂40次以上。这一技术或揭示了一种延缓人体组织衰老的可能性。

2. 利用肠道菌群与人体细胞对话机制可调节糖代谢

洛克菲勒大学及西奈山伊坎医学院的研究人员通过研究发现了一些特殊的共性，或能帮助科学家们对肠道菌群进行改造来帮助开发治疗人类多种疾病的新型疗法。

研究人员发现，肠道菌群和人类细胞能够根据配体分子以一种相同的化学语言来进行沟通交流。研究人员据此开发了一种新方法来对肠道菌群进行遗传工程化操作使其产生特殊的分子，通过改变人类机体的代谢来潜在地治疗多种人类疾病，通过引入修饰后的肠道菌群就能够帮助降低动物机体的血糖以及其他代谢改变。研究人员开发的方法涉及配体的锁钥关系，配体能够与人类细胞表面的细胞膜上的受体进行结合来产生特殊的生物学效应，在这种情况下，由细菌产生的特殊分子就能够模拟人类的配体，同一系列名为GPCRs的受体分子进行结合（GPCRs：G蛋白偶联受体）。很多GPCRs与多种机体代谢疾病的发生直接相关，同时其也是很多药物疗法的常用靶点。这项研究中，研究者对肠道菌群进行工程化操作使其产生特殊配体N-酰胺，这种配体能够同名为GPR119的特殊人类受体分子结合，GPR119主要参与人类机体中葡萄糖和食欲的调节，此前研究者也发现该受体能够作为治疗糖尿病和肥胖的特殊靶点分子。研究者表示，他们所开发的细菌配体几乎同人类配体结构完全相同。后期他们将会通过更为深入的研究来揭示肠道微生物菌群与人类机体相互作用的机制。

（二）再生医学领域

1. 干细胞治疗肺纤维化

美国哥伦比亚大学医学研究中心的科学家于2013年首次成功地将人体干细胞转化成功能性的肺细胞和呼吸道细胞。这一研究成果可以帮助科学家们研究肺部发育、构建肺部疾病建模、筛查药物并最终制造出可供移植的肺部器官。

研究者发现了新的化学因子，能成功地将人的胚胎细胞或诱导多能干细胞（iPS细胞）完全变成功能性的肺上皮细胞（覆盖肺部表面的细胞）。他们得到的细胞表达了至少6种肺上皮细胞和呼吸道上皮细胞的标志物，其中包括二型肺泡上皮细胞。这种细胞非常重要，因为其会产生对维持肺泡（气体交换发生的场所）至关重要的表面活性物质；另外，当肺部受伤时，二型肺泡上皮细胞还会参与修复工作。

而美国北卡大学医学院与北卡州立大学联合研究项目展示了如何运用微创的方法获取肺干细胞，进而扩增后用于治疗肺炎和肺纤维化。该方法可用于特发性肺纤维化（IPF）、慢性阻塞性肺疾病（COPD）和囊性纤维化等多种严重肺部疾病的治疗。在美国有数千万人罹患这些致命的肺部疾病。该团队的科学家们证实，他们运用相对微创的、在医生办公室内即可完成的简易技术来收集人体的肺干细胞，然后在实验室中进行扩增以获得足够多的细胞量用于临床病人的治疗。

2. 肝细胞再生研究

在人体的所有器官中，肝脏的再生能力最为强大。至于肝脏如何进行自我修复及再生，专家学者们尚未得到统一的结果。当因创伤或慢性疾病而导致肝脏损伤时，主要的肝细胞，即负责所有基础的肝脏功能的肝实质细胞（hepatocyte），通过分裂产生新的肝实质细胞而能够再生。一项新近研究揭示了一种不明细胞对肝脏再生具有重要意义，它可以使肝脏组织得以再生却不会形成肿瘤。这些新发现的细胞也称为肝细胞，但是它的功能比普通的肝细胞更强大。在既往研究中，研究人员认为肝脏中的一类成体干细胞即卵圆细胞在肝脏的再生功能中发挥着重要作用，但是后续研究证实卵圆细胞最后分化为胆管细胞。

在一项新的研究中，来自英国爱丁堡大学、美国麻省理工学院和俄罗斯斯科尔科沃科技学院的研究人员首次证实胆管上皮细胞（cholangiocyte,epithelial bile duct cell）在肝脏再生中的作用。这一结果对再生医学和抵抗肝脏疾病是高度有前景的。相关研究结果发表在2017年7月20日的*Nature*期刊上（论文标题为“Cholangiocytes act as facultative liver stem cells during impaired hepatocyte regeneration”）。研究结果表明胆管上皮细胞参与肝实质细胞再生。此外，他们指出源自胆管上皮细胞的肝实质细胞的再生潜力可能高于正常的肝实质细胞。

中国军事医学科学院野战输血研究所的王韫芳研究员和裴雪涛研究员带领团队取得了一项革命性研究成果——他们利用小分子化合物技术，成功地将人体胃上皮细胞转变成多种潜能的内胚层祖细胞，后者可以被诱导分化为成熟的肝细胞、胰腺细胞和肠道上皮细胞等，为将来利用干细胞技术治疗终末期肝病、糖尿病等带来新的希望。

3. 心脏再生机制研究

心脏病是全世界人群死亡的主要原因，一旦患者的心脏组织遭受损伤就很难对其进行修复了，如今科学家们在修复心脏损伤或心脏再生领域中一直在不断探索新的疗法。

哺乳动物的心脏一直以来被认为是终末分化的器官，不具有再生能力。但最新研究发现新生小鼠的心脏具有短暂的再生潜能，然而这种再生能力在出生一周后就消失了。阐明这个短暂再生过程中的分子调控机制，重新激活心脏修复相关基因的表达，对心肌损伤后心衰的预防有非常重要的意义。Vanderbilt大学的研究者发现：位于冠状动脉的内皮细胞可以充当心脏干细胞功能，以产生新的心脏肌肉组织。

以色列魏茨曼科学研究所等研究机构的研究人员发现新生心脏中的一种蛋白分子似乎控制心肌细胞再生过程。当被注射到遭受心脏病发作的成年小鼠心脏中时，这种被称作聚集蛋白（Agrin）的分子似乎“开启”这种再生过程，能够修复受损的心肌。

中科院上海生科院营养科学研究所周斌课题组发现，转录因子GATA4可通过调节一个在心脏中特异表达的分泌型因子FGF16，来维持心脏的修复能力，并对损伤后引起的心肌肥厚起到一定抑制作用。这项工作为心肌损伤修复和病理性心肌肥大的临床治疗提供了理论基础。相关研究论文已在线发表于《发育学》杂志。

中国科学院上海生命科学研究院生物化学与细胞生物学研究所周斌研究组利用系统的遗传谱系示踪技术揭示了成体心脏修复再生中新生血管的来源，为临床治疗心梗后的心脏再生治疗提供了重要的理论基础和新的思路。冠状动脉疾病是当今世界上的首要致死疾病，冠状动脉粥样硬化及心肌梗死等冠状动脉疾病发生后，导致了心脏供血供氧的不足，大量细胞死亡，从而诱发了炎症及损伤修复反应，促使新血管的形成，以恢复损伤区的血液供应，因此，快速的血管新生过程对于心肌损伤后的修复过程具有至关重要的作用。

4. 注射干细胞微巢促进骨再生

骨髓间充质干细胞（BMSCs）具备向多种细胞分化的潜能，在骨再生过程中备受青睐。在骨科疾病治疗中，为尽量减小外伤，常借助微创手术将BMSCs注射到损伤位置进行干细胞移植，用该方法治疗疾病具有创伤小、恢复快等优点，因此在临床上具有很好的应用前景。但是，直接注射干细胞时，其细胞膜在组织内剪切力下存在被破坏的危险，以及有局部保留性差、贴附性差和缺少三维微环境支持等问题，使得注射的干细胞存活率低、组织再生效能低。因此，在不影响微创治疗的同时，给注射的干细胞提供适宜的微环境载体可以保持干细胞活性和分化潜能，从而拓展干细胞在组织修复中的应用。

近期，哈佛大学David Weitz院士、赵昕博士与苏州大学骨科研究所崔文国副教授等共同合作，基于微流控光交联技术联合开发了一种“细胞微巢”，构建出一种可注射光交联天然高分子基的水凝胶微球，实现了同时装载BMSCs和生长因子的目标，不仅保持了BMSCs生长的优良微环境，还可以局部微创注射到骨缺损位置实现骨的快速再生。首先，基于前期合成的可光交联的天然高分子明胶水凝胶的工作基础，他们将微流控技术和干细胞治疗技术相结合，构建出一种柔软的可注射水凝胶微球，成功实现了对活体干细胞和生长因子的装载。其次，通过调节微环境中的生物力学、降解、生长因子释放速率等因素，动态实现了“细胞微巢”内细胞的立体增殖和分化，从而促进BMSCs的成骨分化等。最后，体内研究证实了该“细胞微巢”可以快速实现局部新骨的再生和重建。该工作为干细胞在临床上微创治疗提供了一种新的技术和思路。

5. 药物激活毛囊干细胞促进头发再生

毛囊干细胞是头发毛囊中的长寿细胞，其存在于皮肤中，而且在人的一生中都会持续产生头发，通常情况下毛囊干细胞处于静息状态，但在新发周期过程中其会快速激活（当新头发生长开始发生时），毛囊干细胞的静息状态往往受到多种因素的调节，在特定的情况下其往往并不会激活，也就意味着个体会出现脱发。

加州大学洛杉矶分校的研究人员开发了一种新方法，能够激活毛囊中的干细胞使其促进头发生长，相关研究或为后期研究人员开发新药来促进脱发或秃顶人群的头发生长；脱发的发生往往和多种因素直接相关，比如机体激素失衡、压力、老化或化疗等。研究人员发现，毛囊干细胞的代谢不同于皮肤中的其他细胞，其细胞代谢涉及破碎营养物质促进细胞分裂，产生能量并且对环境产生反应；随着毛囊干细胞不断消耗来自血液中的葡萄糖，干细胞往往会加工葡萄糖来产生名为丙酮酸盐的代谢产物，随后细胞就会将丙酮酸盐传输至线粒体中，或者将丙酮酸盐转化成为乳酸代谢产物。研究人员发现，当遗传性地增加小鼠机体中乳酸的产生时，能够加速毛囊干细胞激活，增加生发周期。随后研究人员鉴别出了两种药物，当药物作用于小鼠皮肤时，研究者发现，药物能够以不同的方式来影响毛囊干细胞从而促进乳酸生成；第一种名为RCGD423的药物能够激活名为JAK−Sat的细胞信号通路，将细胞外部的信息传输到细胞核中，研究者表示，JAK−Sat的激活能够增加乳酸的产生并且驱动毛囊干细胞激活以及头发生长；而另外一种名为UK5099的药物则能够阻断丙酮酸盐进入线粒体中，从而驱动毛囊干细胞中乳酸的产生，并且加速小鼠头发的生长。通过研究人员更多深入的研究，未来或许能开发出彻底治疗脱发的新型疗法。

（三）运动医学领域

1. 反应力训练提高寿命

英国伦敦大学学院流行病学和公共卫生系的一项新研究发现，反应快的人更长寿，反应慢的人早亡风险可能增加。研究人员选取5000多名年龄在20～59岁的成年人，对他们进行了为期15年的追踪随访。数据分析发现，与反应时间处于平均水平的人相比，反应较慢的人早亡概率高出25%。研究人员在控制了其他风险因素（如年龄、性别、种族、社会经济背景和生活方式）后，上述结论依然成立。

伦敦大学学院的研究者认为，反应速度的快慢，首先，可以透露出身体中枢神经和其他生理系统的运行状况；其次，来自爱丁堡大学和英国医学研究理事会格拉斯哥分会的研究者称，反应速度能体现一个人的思维敏捷度，并测出智力状况，而智力又是人整体健康指数的重要标志；最后，反应速度集中体现了身体各部位的协调能力。

澳大利亚反应能力训练中心教练安东尼·凯利建议，生活中可以通过一些有意识的训练来提高反应速度。如：

（1）练习单腿站立或蹲马步。让身体保持稳定的姿势，能锻炼全身的协调性和平衡感，这是提高反应力的基础，但年纪较大的人应谨慎采用。

（2）快慢交替练肌肉。肌肉能够控制人体动作的速度和力量，通过快慢运动交替，反复练习来培养肌肉的“运动记忆”，例如快慢交替跑，练习哑铃时快几下慢几下。

（3）踢毽子、跳绳练协调力。踢毽子既能锻炼大脑和眼睛的反应能力，又能训练四肢的协调性和平衡力。相比毽子，跳绳的运动强度更大一些，它能够增强心脑功能，锻炼大脑的灵活性和协调性。但要注意，跳跃对膝关节和踝关节冲击较大，要穿有弹性的鞋，保护好关节。

此外，慢跑、健走等舒缓、安全的有氧运动可让老年人保持和提高反应力。美国伊利诺伊大学研究发现，有氧运动可协调四肢，活化小脑，提高认知和信息处理的速度。只要每周健走3次、每次50分钟就能让反应更敏捷。日本京都大学和美国哈佛大学的学者研究发现，莫扎特舞曲能提高老年人的认知能力和反应速度。研究人员安排65—75岁的老人在不同音乐背景下进行测试，结果显示，老人在听莫扎特小步舞曲时反应速度较快，出错率较低。

2. 高强度有氧运动提高认知水平

得克萨斯大学的研究人员发现了高强度有氧运动对一种蛋白质——BDNF（brain derived neurotrophic factor，脑源性神经营养因子）的影响。BDNF有着促进脑细胞存活和修复、情绪控制和认知能力，例如学习和记忆。如果BDNF处于低水平，可能会导致抑郁症、狂躁症和精神分裂。研究表明，所有健康的成年人，BDNF的水平都是处于较高水平，这和定期的高强度运动是密切相关的。随着年龄的增长，线粒体作为“细胞能量储存装置”的工作能力会逐步下降，从而导致运动能力下降。

HIIT（高强度间歇性训练）有着比正常运动更显著的健康改善效果，有助于扭转衰老细胞的迹象。在梅奥诊所的研究中，对18～30岁和65～80岁的人群分别进行了测试，研究进行了3项测试（高强度间接性训练、力量训练和低强度训练）对细胞功能、心血管适应力、胰岛素敏感性和肌肉质量的影响。完成了12周的测试训练，经过了高强度间接性训练的人员表现出在血液循环、心跳和肺部健康上都有了明显的改善。然后，在18～30岁的人群进行了HIIT训练后，他们的线粒体能力增加了49%；而同样进行了如此训练的65～80岁组别，他们的线粒体功能增幅达到了69%，比年轻人组别有着更明显的提高。（老年组别高强度运动员的胰岛素敏感性也得到了改善，胰岛素是糖尿病风险的指标）

（四）元素医学领域

我国科学研究工作者运用“元素疗法”或称“元素医学”对脑血管病、阿尔茨海默病、癫痫、红斑狼疮、再障贫血、帕金森氏综合征、癌症、糖尿病等疾病和失眠、神经衰弱等亚健康的治疗取得很好的效果。近年来，研究者以元素科学技术为主，结合中医、西医、细胞学、人体基因学和营养学等理论，并通过元素—基因—细胞—疾病—健康的倒置排列方式，针对一些顽固的慢性病，如糖尿病、肿瘤等，开发出新的治疗方法。

李喜贵团队运用“微量元素健康云计算系统”对500名糖尿病患者的微量元素进行了分析、比较，发现糖尿病患者与锌、铬、钒、铜、镁、锰、锶、硒、锗、铅等元素有关，与锌、铬、钒、硒的偏低更为密切。针对糖尿病人缺乏锌、铬、钒、铜、镁、锰、锶、硒、锗等元素群（谱）的特点，用富含上述元素的食物如灵芝、猴头菇、金茶花、牡蛎、绞股蓝、海藻、苦瓜、南瓜子等利用猴头菌进行生物转化。并运用元素科学技术——元素平衡食疗方法和糖尿病元素谱组方，配制成产品，能准确针对血糖问题进行“靶向”调节。针对肿瘤，该团队开发的食疗产品以硒元素为君（主要元素），以锗、镓、镧、铷、钴、铌元素等为臣（辅助元素），以锌、锶、锰、铜、钡、钛、铬元素等为佐（佐助元素），以铁、镁、钙、钼、钾、钠、氯、磷、钒、镍元素等为使（引经元素），对控制癌细胞生长和扩散、手术后伤口愈合等均有很好的效果。还能大大减轻放、化疗的副作用。

六、结论

预计未来30年内，我国健康服务产业仍有相当大的增长空间。互联网医疗、商业健康保险、康养旅游和运动健身等新兴服务领域是近期的主要增长点，金融保险与医疗、医药、健康管理及促进和养老服务的产业融合、大数据支持下的城乡适老化建设改造及精准化社区健康服务、中医药服务现代化和国际化等，已成为近期的主要研究课题。全力推进和完善我国健康服务产业的政策体系、产业体系、标准体系及监管体系建设，打造具有示范作用和品牌效应的大健康产业集群，优化产业结构，建立健全监管机制，都是当前迫切需要得到解决的问题，需要政府、企业、学术界及广大从业者携手并进，深入开展相关研究和实践，探索适合我国国情的健康服务产业转型升级之路。

加强抗衰老健康医学的学科建设、人才培养、研发投入和成果转化，对于促进健康服务高新产业集群的形成，推进“中西医并重”的健康产业发展战略，完善“医养结合”保障模式以及提高我国健康服务产业自主创新能力和国际竞争力，可起到不可替代的关键作用，应得到充分重视和政策支持。

参考文献

［1］蔡江南. 2015—2016中国健康产业创新平台奇璞蓝皮书：政策产业 创新互动［M］.上海：上海科学技术出版社，2016.

［2］中国医学科学院《中国医改发展报告》编写委员会. 中国医改发展报告（2016）［M］.北京：中国协和医科大学出版社，2016.

［3］黄开斌. 健康中国：大医改新思路［M］.北京：红旗出版社，2017.

［4］王琼. 我国养老服务综合配套改革实践与创新［M］.成都：西南交通大学出版社，2017.

［5］邹文开，赵红岗，杨根来. 全国健康养老保障政策法规和标准大全［M］.北京：化学工业出版社，2017.

［6］中国老年学和老年医学学会. 健康老龄化：医疗模式和生活方式的转型［M］.北京：中国社会出版社，2016.

［7］胡宏伟. 城镇居民基本医疗保险与国民健康：政策评估与机制分析［M］.北京：人民出版社，2016.

［8］孔静霞. 医疗体制改革与健康保险产业链的构建［M］.杭州：浙江工商大学出版社，2014.

［9］熊志国，阎波，锁凌燕. 中国商业健康保险发展模式探索——兼论医疗保障体系发展的价值与取向［M］.北京：北京大学出版社，2012.

［10］邓斌菊. 社区健康管理专业建设——基于“宽基础、活模块”理论［M］.合肥：安徽大学出版社，2015.

［11］李旭辉. 生命健康产业发展［M］.沈阳：东北大学出版社，2017.

［12］郑群明. 森林保健旅游［M］.北京：中国环境出版社，2014.

［13］［美］Jason Kelly. 健身经济［M］.郑成雯，译. 北京：清华大学出版社，2017.

［14］［加拿大］David A.Fennell. 生态旅游［M］.张凌云，马晓秋，译. 北京：商务印书馆，2017.

［15］［美］EricJ. Topol. 颠覆医疗：大数据时代的个人健康革命［M］.张南，魏薇，何雨师，译. 北京：电子工业出版社，2013.

Upgrading and Transforming of Health Service Industry in China & A New Perspective of Anti-aging Medicine

Yuanping Chen, Majie Zhou

Abstract

As the division of service sectors and integration of industrial chain are becoming a main trend, Chinese health service industry starts to move from its extensive growth stage to a new period of upgrading and transforming with green-intensified growth. Relative laws, regulations and policies actualized in recent years are helpful to improve the incompletes in the industrial pattern, industrial chain and talents supply of health service so that the diversification of health service industry will be promoted. The upgrading and transforming of Chinese health service industry need the common advancement in all sectors including policy system, industry system, standard system and supervision system as well as the participation of government, enterprises, academic communities and practitioners.

We should pay attention to the latest development in the anti-aging medical research such as the innovations in genomics and stem cell regeneration. The transformation of achievements in anti-aging medical studies that play a key role in China's "healthy aging" deserves support from policies.

Keywords

Health Service Industry, Upgrading and Transforming, Policy System, Industry System, Standard System, Supervision System, Anti-Aging Medical Studies

Introduction

As the economic growth, structural readjustment and advantaged policy are steadily promoted, the health service industry in China maintains a relatively rapid growth rate and starts to move from its extensive growth stage to a new period of transforming and upgrading with green-intensified growth with increase of people's health demands and health consciousness.However, the health service industry in the second-biggest economy of the world, the head of high-end service industry, lags fairly far behind in compare with developed countries and areas. The non-rational "heavy treatment and light prevention" structure, shortcoming in industrial chain and insufficient supply of service personnel are restricting factors in further development of health service industry in China that restrain the rational allocation and utilize of social resource.The key to these problems is the promotion of laws and policies in order to guide and to support the orderly standardized development of health-related businesses in recent years.The multiple development trends of healthcare service industry, healthcare product industry, pharmaceutical Industry, health management industry, pension service industry, health insurance industry and fitness industry as well as the integration of health insurance industry and other health-related service will improve the structure adjustment of health service industry.The coordination of health-related policies and other relevant policies for social security, urban planning, environmental protection and cultural education will promote the extension of health service industry into other economic fields under the long-term mechanism “integrate health into all policies” that create new opportunities.

“Health Aging”is the necessary response to the challenges from the aging population situation in China. The development of anti-aging medical studies such as genomics research and regeneration technology based on stem cell research in China and abroad is an effective guarantee for quality of life, good health and longevity. These front line subjects with increasing fund in R&D could be the new growth points for Chinese health service industry through the cooperation of enterprises and research institutes as well as commercialization of research findings.

作者简介

陈元平

中国人民大学健康管理学院创院院长，国家中医药管理局“治未病”工作顾问专家，科学技术部“十二五”国家科技支撑计划“中医预防保健（治未病）服务技术研究与示范”项目评审专家组成员。

周马杰

北京中康本源医学研究院研究员。科学技术部“十二五”国家科技支撑计划“中医预防保健（治未病）服务技术研究与示范”项目之“中医预防保健（治未病）规范及技术标准制定”课题组成员。

第二篇
Chapter.02

理论篇

健康管理的预防意义

曾强　谢朝辉

摘要：

现代医学已从“疾病医学”向“健康医学”发展，从重治疗向重预防保健发展，坚持“预防为主”的健康管理，非常符合当下国民对健康的消费需求，健康管理已经受到国家的高度重视。健康管理是指一种对个人或人群的健康危险因素进行全面检测、评估与有效干预的活动过程。其主要的预防意义是通过改善或改变健康服务的手段，提高公众健康的有效组织行为，以最小的投入来获取最大的健康改善效果。健康管理就是要将科学的健康生活方式提供给健康需求者，变被动的护理健康为主动的健康管理，更加有效地保护和促进人类的健康。健康管理是一个很好的落实手段，应用范围广泛。

关键词：

健康管理　预防　意义

2009年《中共中央国务院关于深化医药卫生体制改革的意见》确立了新医改方向，树立以健康为中心的理念，明确以预防为中心的手段，建立覆盖全民的基本健康保障体系[1]。国务院于2013年发布了《关于促进健康服务业发展的若干意见》[2]，健康服务业已成为我国经济发展的新增长点。加快发展健康服务业，是深化医改、改善民生、提升全民健康素质的必然要求，对全面建成小康社会具有重要意义。2015年“健康中国”上升为国家战略[3]；2016年习近平总书记在“卫生与健康大会”上再度强调指出：“没有全民健康，就没有全面小康”，最大限度满足人民群众不断增长的健康需求[4]。2016年6月12日“健康服务业发展改革联盟”在北京成立，这一联盟的成立有助于整合大健康行业产、学、研各方资源，加速推动相关技术产业化应用，集中社会力量推动大健康产业经济发展[5]。2017年《中国防治慢性病中长期规划（2017—2025年）》的出台更是将健康管理预防思想放在了前所未有的重视高度[6]。

一、健康管理预防思想的溯源

2000多年前的《黄帝内经素问·四季调神大论》[7]"圣人不治已病治未病，不治已乱治未乱，此之谓也。夫病已成而后药之，乱已成而后治之，譬犹渴而穿井，斗而铸锥，不亦晚乎"已经孕育着"预防为主"的健康管理思想。《吕氏春秋·尽数》所载"流水不腐、户枢不蠹，动也"就含有生命在于运动的哲理[8]。中医养生十分重视饮食补益和锻炼健身防病，如《黄帝内经》指出："毒药攻邪，五谷为养，五果为助，五菜为充，气味合而服之，以补精益气。"1800多年前的医学家华佗说："动摇则骨气得消，血脉流通，病不得生，譬犹户枢，终不朽也。"[9]而"上医治未病，中医治欲病，下医治已病"[9]则与健康风险评估和控制的思路不谋而合。

西方古代医学文献中也蕴含着健康管理的思想。古希腊医学代表人物希波克拉底指出"能理解生命的人同样理解健康对人来说具有最高的价值[10]。"古罗马医生盖仑（Galen）[11]认为，健康和疾病与人本身的意愿和行动能影响的六个因素有关，即空气、运动和休息、睡眠和觉醒、食物和饮料、满足和撤离、情绪性兴奋。一世纪的《罗马大百科全书》学者西尔斯（Celsius）[12]指出，医学实践由三部分组成：通过生活方式治疗、通过药物治疗和通过手（术）治疗。生活方式治疗就是在营养、穿着和对身体的护理，进行锻炼和锻炼的时间长度、按摩和洗澡、睡眠、合理限度内的性生活方面提供健康方式的处方和建议。

早在20世纪60—70年代，健康管理最早出现在美国[13]，最初由全科医师和健康保险业以及健康体检发展共同衍生而来，特别是后来由于健康保险的积极参与从根本上解决了健康管理的付费问题以及健康信息技术的支持而得以快速发展和壮大。随后，英国、德国、法国和日本等发达国家也积极效仿和实施健康管理[14~15]。健康管理研究与服务内容也由最初单一的健康体检与生活方式指导，发展到目前的国家或国际组织（如欧盟）全民健康促进战略规划的制定、个体或群体全面健康检测、健康风险评估与控制管理。

进入21世纪后，健康管理开始在发展中国家逐渐兴起与发展。健康管理目前在众多国家快速兴起与发展的主要原因是：近几十年世界范围内城镇化速度加快，老龄化加速，疾病谱变化明显，即感染性疾病与母婴疾病发病的减少、慢性非传染性疾病死亡占总死亡比例持续上升，成为威胁人类健康的主要问题[16]。慢性非传染性疾病与不良行为、生活方式密切相关，要控制慢性非传染性疾病的上升，传统的临床医疗模式（诊断、药物和手术）和传统的预防医学（预防接种和母婴保健）都难以解决问题，因此出现了以健康教育与咨询、健康危险因素监测与控制、健康体检与评估以及不良行为干预为主要内容的综合健康服务行业，并以此催生和带动了健康管理新兴行业的发展与学术理论的进步。

二、健康管理蕴含预防思想的内涵

1. 国外学者有关健康管理概念的表述

健康管理是指一种对个人或人群的健康危险因素进行全面检测、评估与有效干预的活动过程。健康管理是指围绕旨在改善健康而制定、实施政策以及组织服务而展开的活动。其重点是人群健康状况的改善、相关机构组织的服务提供和有效改良。其主要目的是通过改善或改变健康服务的手段与产品提供以及与提高公众健康的有效组织行为等方面的最小投入来获取最大的健康改善效果[17]。健康管理就是要将科学的健康生活方式提供给健康需求者，变被动的护理健康为主动的健康管理，更加有效地保护和促进人类的健康。健康和生产力管理是对围绕雇员健康的所有方面而设计的多种不同类型服务项目的协同管理。包括疾病预防的服务项目，也包括当员工患病、受伤以及处理工作生活关系时而需要的服务项目[18]。这些服务项目包括医疗优惠、残疾和员工补贴项目、带薪病假、健康促进和职业安全项目。

2. 中国较早的健康管理概念表述

1994年，在中国科学技术出版社出版的《健康医学》[19]专著中指出："健康管理是运用管理科学的理论和方法，通过有目的、有计划、有组织的管理手段，调动全社会各个组织和每个成员的积极性，对群体和个体健康进行有效的干预，达到维护、巩固、促进群体和个体健康的目的。"《健康管理师》[20]培训教材中关于健康管理的定义是："健康管理是对个体或群体的健康进行监测、分析、评估，提供健康咨询和指导以及对健康风险因素进行干预的全过程。健康管理的宗旨是调动个体和群体及整个社会的积极性，有效地利用有限的资源来达到最大的健康效果。健康管理的具体做法就是为个体和群体提供有针对性的健康科学信息，并创造条件采取行动来改善健康。"《亚健康学》[21]中关于健康管理的概念是："按照现代健康理念与医学模式要求，采用先进的医学科学技术和经验，结合运用现代管理科学的理论和方法，有目的、有计划、有组织的管理手段，调动全社会各个组织和每个成员的积极性，通过对群体和个体的整体健康状况、健康素质、身心状态、健康危险因素进行全面检测、监测、分析、评估、预测、预警和跟踪干预管理，以达到维护、改善、促进群体和个体健康，提高生活生命质量，延长健康寿命之目的。"中华健康管理学杂志发表的有关健康管理的概念与内涵的专家共识[22]："健康管理学是一门集生命科学、管理科学和信息科学为一体的综合学科。它源于和依赖于现代医学科学技术的发展，但并不同于传统的预防医学和临床医学。更加注重人的健康素质的提高，不良生活方式及行为改善，是预防为主、中西医并重卫生工作方针实实在在的体现。”

三、健康管理预防思想在国外的发展

健康管理源自美国“健康管理”模式，美国有记录的健康管理研究只有20多年的历史，但健康管理的思路和实践却可追溯到70多年前[23]。美国蓝十字和蓝盾保险公司在1929年进行了健康管理的实践探索[24]。20世纪60年代，美国保险业最先提出健康管理的概念[25]，医生通过健康评价，指导病人自我保健，力求降低医疗费用，控制保险公司风险。1969年，美国联邦政府就出台了将健康管理纳入国家医疗保健计划的政策。尼克松政府降低了医疗保健中的政府职能，将健康管理服务推向市场，并且使原来单一的健康保险赔付担保转变为较全面的健康保障体系，并于1971年为健康维护组织提供了立法。1978年，美国密执安大学成立了健康管理研究中心[26]。

美国企业对员工实施健康管理，帮助个人控制疾病危险因素，改善健康状况，如美国太平洋联合铁路公司实施了“健康轨道”项目健康管理在中国还处于起步阶段[18]，还有很多相关的政策法规、大众认知度、信息技术等方面的问题亟须解决。近年来，通过政府的积极引导，新医改政策的激励，健康管理取得了较大的进步，通过综合考虑健康体检数据指标和健康调查问卷，对员工的健康进行评估，探讨影响健康的相关因素，为制定健康管理方案提供依据，切实做到关口前移，形成由被动治病到主动防病的观念转变。

四、健康管理预防思想在中国的发展

而健康管理在我国的真正兴起是自2000年以来，受西方发达国家，特别是美国等国发展健康产业及开展健康管理的影响，以健康体检为主要形式的健康管理行业开始兴起；发达国家健康管理的理念、模式、技术与手段开始传播及引入；相关产品技术开始研发和应用（如体检软件等）。特别是2003年后，随着国民健康预防的意识和健康需求的进一步提高，健康管理（体检）及相关服务机构明显增多，行业及市场化推进速度明显加快，并逐步成为健康服务领域的一个新兴朝阳产业。健康管理行业的快速兴起与发展，催生并推动了健康管理新的医学学科与相关学术机构或平台的建立。自2005年以来，有关学会、协会相继申请成立了健康管理相关学术机构，如中华医学会健康管理学分会、中华预防医学会健康风险评估与控制专业委员会等，全国各省市已经相继成立了中华医学会省级健康管理学分会或协会；《中华健康管理学》杂志也于2007年创刊发行。但由于健康管理在中国发展的时间不长，学科理论体系与相关技术方法不够完善，完整的健康管理医学服务模式还没有形成，缺乏系统的技术标准和行业规范。

五、健康管理预防思想在实践中的应用

1. 健康管理预防思想在疾病早筛中的应用

疾病发生发展过程遵循由量变到质变的规律，在身体没有表现出疾病症状或体征前，体内已发生了许多病理变化。现代健康的概念认为健康和疾病是不能截然分开的，如果说它们是同一序列的两极，那么两极之间必然存在着一种过渡状态，二者所谓的过渡状态也必然存在两种发展趋势，或趋向健康，或导致疾病，如有些处于生理指标临界值的人，会出现工作、学习效率低下，对社会、环境的适应能力降低，人体免疫功能也明显下降，常常自感身心有许多不适症状，到医院就诊时，检查不出任何器质性病变和代谢异常，无法确诊，如此时还不参加健康管理，最终会导致器质性病变。因此，得了病之后治疗不如病情初起时的治疗，病情初起时的治疗不如得病之前的预防，这也就是我们医学界一直在强调的“上医治未病，中医治欲病，下医治已病”[7]的说法。

现阶段，医保基金的投入模式与方法主要以疾病治疗为主。但从经济学的成本效益分析角度看，在医保基金使用的框架下开展“治未病”服务，既可以盘活基层医院尤其是社区服务中心的资源，同时又可有效分配基金投入渠道，节约大笔重大疾病的治疗投入。更重要的是，在我国民众经济基础仍很薄弱的背景下，吸引大批“未病”患者就医，在健康管理师的指导下建立健康档案，进行风险评估，开展疾病早期筛查，针对疾病危险因素进行干预，防治疾病的发生，可以大大降低医疗费用。

WHO早在1981 年癌症顾问委员会曾宣布[27]：约有1/3 的癌症是可以预防的；通过早发现、早诊断和早治疗约30%的癌症能够治愈。对育龄妇女实施宫颈癌的普查和对高危人群的追踪随访，对于早期发现宫颈癌及癌前病变，降低宫颈癌的发病率和死亡率极其重要。多项研究显示HPV检测与TCT联合检测可以提高宫颈癌前病变及宫颈癌筛查的敏感性，明显降低了宫颈癌的发病率和死亡率[28]。此外，还有体适能的测试：通过对心肺耐力、肌肉力量和耐力、柔韧性、身体成分、骨骼适能、平衡适能、人体能量等的综合评价，并据此制订个性化的饮食运动处方和调理方案；幽门螺旋杆菌的检查，可促进胃癌的早期发现；基因多态性检测结合蛋白组学检查来确定患病风险；对高危人群进行定期筛查是实现“三早”预防的重要策略。

2. 健康管理预防思想在慢病管理中的应用

影响我国人民身体健康的常见慢性病主要有心脑血管疾病、糖尿病、恶性肿瘤、慢性呼吸系统疾病等[29]。2015年6月底，国家卫生计生委公布了《中国居民营养与慢性病状况报告（2015年）》[30]显示：2012年全国18岁及以上成人高血压患病率为25.2%，糖

尿病患病率为9.7%。40岁以上人群慢性阻塞性肺病患病率为9.9%。2013年癌症发病率为2.35‰。2012年慢性病死亡率为5.33‰，占总死亡人数的86.6%，导致的疾病负担已占总疾病负担的70%，是群众因病致贫返贫的重要原因。由于国家资源有限，医疗卫生服务供给能力不足，慢性病及其风险因素流行持续飙升，慢病“存量”与“增量”竞相增加，医疗费用上涨过快，必然导致医保费用收支难以平衡。

决定慢病发生与否的主要因素是一直被忽略的生活方式[31]，那么后天的健康管理就非常重要。实施健康管理是变被动的疾病治疗为主动的管理健康，达到节约医疗费用支出、维护健康、降低员工的缺勤率和医疗费用开支。在美国和其他西方国家，生活方式项目已经开展很长时间。最早可以追溯到1877年，在美国的密执安[26]建立的疗养院就是一个健康生活方式中心，是一个医学革命的典范。在那里，以改变生活方式来促进健康取得了很大的成功。那时候有许多伟人、名人和富翁到那里去求医。其中包括汽车大王福特、煤油大王洛克菲勒、发明家爱迪生、美国医学会会刊的主编费希曼博士、英国文豪萧伯纳、美国总统塔夫托和俄罗斯生物学家巴甫洛夫等。现在在美国有很多生活方式教育中心，这些中心和它们的生活方式教育项目使许许多多患慢性病患者通过不同的指导而获得改变。

在我国，近些年来虽然也开展了一些单项的生活方式健康教育工作，如戒烟和预防吸烟教育、营养教育等，但还没有一个地方开展专门的、综合性的生活方式教育项目。我国的健康教育资源虽然不足，但并不匮乏。这是因为我国的健康教育的主要资源是在一线工作的从医人员，无论是临床医师、防疫医师，还是广大的护理人员，在一线岗位上都实实在在对健康教育对象（患者及其家属）进行着行之有效的健康教育工作。

3. 健康管理预防思想在心理健康管理中的应用

随着时代和社会的变迁，传统的生物医学模式正在向生物—心理—社会模式转变。世界卫生组织将健康定义为：“健康是一种完整的躯体、心理以及社会的美好状态，而不仅仅是没有疾病或身体虚弱[32]。”该定义引导人们从生物、心理、社会适应三个维度，对健康状态的把握更加科学和全面。西方企业界目前盛行的“员工协助计划”[33]正是帮助企业员工解决心理问题，帮助企业降低经营风险和提高生产率的有效方法。该方法可追溯到1917年美国纽约梅西（Macy）百货公司所建立的员工咨询系统[33]。当时企业经营者面临许多劳动力问题，如高流动率、怠工、装病等。为了处理这些问题，梅西百货公司首创社会服务部门，由专人担任询问及精神治疗角色，协助公司员工及眷属解决问题。但当时，员工协助方案并不流行。1960年美国推行“工业戒酒方案”[33]帮助酗酒员工戒酒以后，越来越多的企业主开始采用员工协助方案，帮助处理更广泛的员工个人心理问题，并培养员工掌握独立处理问题的能力。

4. 健康管理思想在促进基层首诊中的应用

坚持“预防为主”的健康管理，非常符合当下国民对健康的消费需求，健康管理是一个很好的落实手段。疾病早筛可以促进居民充分利用基层公共卫生资源，并且带动家庭成员加入疾病的预防中，真正做到疾病筛查在社区、小病就医在社区的基层首诊制。因此，健康管理预防思想的深远意义不仅是一个个人行为，更是一个社会行为。基层首诊：实施签约家庭“人头费”[34]制度。可在基层卫生机构中采取“从门诊到住院”分步实施按人头付费，改革公立初级卫生保健运营机制和医生职业管理制度，重构初级卫生服务体系，完善财政、医保等相关配套制度。初级卫生保健服务主要由自由开业的全科医师提供，居民必须选择一名全科医生签约首诊，初级卫生保健服务费用由国家卫生部门通过预算拨付给初级卫生服务机构，由初级卫生服务机构对全科医生按人头付费。具体支付方式是：根据一个区域签约人群的性别比、年龄构成、健康状况、解约人数、新签约人数等因素，按一定公式计算出人均费用，并进行总额预付。经全科医生转诊到医院就医的患者，其经费由初级卫生服务机构经全科医生转诊才能到医院就医，初级卫生服务机构向医院按病种付费。

患者出于健康乃至生命安全的考量，总是选择大医院和名医，从而出现大医院拥挤、小医院冷清的尴尬局面。病人非理性选择的结果，导致高等级医疗机构的医疗资源过度利用，低等级医疗机构的医疗资源利用不足。为引导患者合理就医，建立患者的激励约束机制，实施“在基层首诊筛查疾病可医保支付，到大医院就医需要自付部分费用”的机制，从经济利益角度约束患者行为。

5. 健康管理预防思想在管理式医疗保险模式中的应用

管理式医疗保险模式就是事先与医生以一笔约定的金额负责某个签约病人的全部医疗保健，医生相应地承担了一定的风险，就会努力抑制医疗资源的过度浪费，在权衡医疗资源的利用与费用的控制方面做出对病人进行健康管理的选择。首先医生会收集病人的信息，了解其家族疾病史等进行疾病风险预测；然后医生会在健康评估的基础上对病人提供有针对性的建议，改善其健康状况。保险者与医疗提供者形成了利益共同体，从源头上减少了医疗费用。由此，保险者可以将事后的被动赔偿转化为事前的主动预防，有效地控制医疗费用的支出，抑制了医疗资源的过度浪费。

6. 健康管理预防思想在健康管理信息化中的应用

健康风险评估软件的应用是健康管理预防思想在健康管理信息化中应用的最好体现。20世纪70年代，随着计算机技术的发展，美国和加拿大总结了10年来健康风险研究的成果，研发了第一代美国成年人健康风险评估软件[35]。第一代健康风险评估方法可用于识别健康风险高危人群。80年代，美国推出了用于个人计算机的第二代健康风险评估软件[36]，对第一代软件进行了修改和升级，风险评估的疾病种类上升到44种。伴随着美国第一、第二代健康风险评估软件的研究和推广，发达国家（如美国、加拿大）造就了一批以健康风险评估为基础，开展健康管理、健康促进活动的公司和研究机构，如美国密西根大学健康管理研究中心。80年代，美国大部分健康风险评估机构、健康管理公司，为企业提供服务，以企业员工健康风险评估为基础，以健康教育、健康促进为手段，以遏制企业医疗卫生费用飞速上涨和提高企业员工生产力为目的，健康管理在企业和事业单位蓬勃发展[36]。以美国密西根大学健康管理研究中心的健康风险评估系统为例，其问卷涉及的健康问题更加广泛、风险因素问题更加深入。

李克强总理在2015年政府工作报告中提到"互联网+"行动计划[37]，互联网的发展推动了健康管理信息化的变革，积极应用移动互联网、物联网、可穿戴设备等新技术推动全民健康信息服务和智慧健康管理服务，逐步转变服务模式。随着经济社会的发展，健康服务行业有望成为新的发展引擎：根据国务院2013年发布的《关于促进健康服务业发展的若干意见》[2]，健康服务业总体规模在2020年有望达到8万亿元以上，届时健康服务产业GDP占比约达8.7%，将接近全球均值10%。由此可见，"互联网+健康管理"拥有着很好的行业发展前景。就"互联网+健康管理"本身来讲，其并非是简单地在健康管理中运用互联网技术，而是要以互联网思维引导健康管理的变革，实现健康管理的创新。因此，互联网大背景下的健康管理会更多地趋向于开放和协同，并以二者为核心构建起一个健康管理的生态系统。其中，开放的健康管理预防生态系统会融入更多的资源，可以通过资源的相互结合产生更多的新业态，也可以为云平台的健康服务提供大量的资源支持。而协同的健康管理生态系统则会有机地将健康数据参与人、医护人员、健康服务购买方以及健康管理团队结合在一起，一方面由重治疗到重预防保健，实现疾病医学向健康管理发展的变革；另一方面可以有机结合健康管理与疾病管理，通过内外数据的融合进行健康与生产力的综合评估，进而实现以健康促进生产效率的提高。互联网与健康结合：专家在线咨询服务，医疗健康知识获取，医生患者交流，健康终端平台结合健康APP应用，围绕健康管理业务领域探索商业模式的创新。智能移动终端、社交媒体网络、云计算、可穿戴设备、内存数据和大数据分析产品、技术与健康数据结合、智能健康监测与预警、远程健康咨询与远程诊疗、运动及营养个性化产品服务，搭建健康管理资源行业平台，整合中医、西医、营养咨询、运动健身机构、心理健康咨询。从初诊到健康维护提供一站式完整健康管理服务。通过O2O模式，创建从线上延伸线下的实体健康管理机构。

总之，现代医学已从疾病医学向健康医学发展，从重治疗向重预防保健发展，从针对病源的对抗治疗向健康管理发展即"4P"医学模式[38][预防性（Preventive）、预测性

（Predictive）、个体化（Personalized）和参与性（Participatory）]。“4P”医学模式更强调人的主动性，强调人的正常生活行为对疾病发生发展的重要性，从而强化对个体生活行为的干预，以达到预防疾病、控制发展的目标。

参考文献

［1］国务院办公厅关于印发医药卫生体制五项重点改革2009年工作安排的通知［EB/OL］. Available at http://www.gov.cn.

［2］国务院关于促进健康服务业发展的若干意见（国发〔2013〕40号）［EB/OL］.Available at http://www.gov.cn.

［3］中共中央国务院印发《“健康中国2030”规划纲要》. Available at http://www.gov.cn.

［4］学习贯彻习近平总书记在全国卫生与健康大会重要讲话. Available at http://www.xinhuanet.com.

［5］健康服务业改革联盟将成立 . Available at http://health.people.com.cn.

［6］国办印发《中国防治慢性病中长期规划（2017—2025年）》.Available at http://news.163.com.

［7］高庆元. 浅谈治未病［J］.中国医药指南. 2013，11（13）：670-671.

［8］熊常初. 略议导引养生［J］.湖北中医药大学学报. 2013，15（3）：49-50.

［9］郭教礼，杨世忠，尹德辉.《黄帝内经》养生保健学理念初探（下）［J］.光明中医. 2013，28（11）：2249-2250.

［10］Hippocrales. The Oath, in Great Books of the Western World［J］.William Benton,1980.

［11］Heath J. Book Review: Galen, Method of Medicine［J］.Expo Times, 2013,124(10):510-511.

［12］Sven Hungerer, Michael Ebenhoch, Volker Bu Hren. 17 Degrees Celsius Body Temperature—Resuscitation 17 Degrees Celsius Body Temperature—Resuscitation［J］.High altitude medicine & biology. 2010,11(4).

［13］Kongslvedt PR. Essentials of managed health care. Catihersburg Maryland: Aspen publishers［J］. Inc. 1997,3-16.

［14］Department of Health in UK, Annual Report and Accounts［S］.UK, March,2012.

［15］Callahan CM, Boustani MA, Unverzagt FW, et al. Integrating care for older adults with cognitive impairment［J］. Curr Alzheimer Res, 2009, 6(4):368-374.

［16］Hader, Richard. The changing face of chronic illness management in primary care: a qualitative study of underlying influences and unintended outcomes［J］. Nursing Management, 2012,43(1):6.

［17］Zhao Y, Ash A, Ellis RP, et al. Disease burden profiles: an emerging tool for managing manged care［J］. Health Care Manag Sol, 2002,5(3):211-219.

［18］Burton. WN, Conti DJ. The role of health risk factors and disease on worder productivity［J］. J Occup Environ Md,1999,41:863-877.

[19] 苏太洋. 健康医学[M].北京：中国科学技术出版社，1994：447.
[20] 陈君石，黄建始. 健康管理师[M].北京：中国协和医科大学出版社，2007：11–55.
[21] 孙涛，王天芳，武留信. 亚健康学[M].北京：中国中医药出版社，2008：312.
[22] 中华医学会健康管理学分会. 中华健康管理学编委会. 健康管理概念与学科体系的中国专家初步共识[J].中华健康管理学杂志，2009，3（3）：141–147.
[23] McAleamey As.Population health management:strategies for health improvement [M]. Health Administration Press, 2002.
[24] Blue Cross Blue Shiekl.History of Blue Cross Blue Shield. Available at http://www.bcbs.com/history/index.html.
[25] Wikipedia.Health maintenance organization.Available at http://en.wikipedia.org/wiki/Health_maintenance_organization.
[26] University of Michigan Health Management Research Center. Overview of 15 years of research. Available at http://www.umich.edu/_hmre/.
[27] 王书伦，郑香玲，刘曙正等. 群体防癌普查的重要意义[J].肿瘤防治杂志，2001，8（2）：207.
[28] 章文华. 宫颈癌筛查方法与我国宫颈癌筛查面临的新问题[J].中华肿瘤杂志，2008，30（12）：881–884.
[29] 王洪国，陈红敬，钱军程. 我国慢性病流行趋势及应对策略[J].中国健康教育. 2011，27（5）：390–392.
[30] 徐赫男. 从中国居民营养与慢性病状况报告看到了什么[J].糖尿病临床. 2016，10（4）：142–145.
[31] 王林，帅平，刘玉萍. 成都市成年人慢性病相关生活方式和行为习惯的调查[J].中华流行病学杂志. 2015，36（8）：799–802.
[32] 世界卫生组织. 什么是世界卫生组织关于健康的定义？Available at http://www.who.int.
[33] 王雁飞. 国外员工援助计划相关研究述评[J].心理科学进展. 2005，13（2）：219–226.
[34] 王建忠，王晓玲，张文. 英、德医保“人头费”制度及经验借鉴[J].中国医疗保险. 2016，10：69–72.
[35] Foxman B,Edington DW. The accuracy of health risk appraisal in predicting mortality [J]. Am J Public Health. 1987,77(8):971-974.
[36] Greenwood PJ,Ellis LB,Gross CR. Knowledge gains from a computer-based health risk appraisal [J]. Proc Annu Symp Comput Appl Med Care.1991:173-176.
[37] 2015年政府工作报告[EB/OL].Available at http://www.gov.cn.
[38] 罗旭，陈博，罗莉娅等. 4P医学理念下医院健康管理体系重构思考[J].中国医院，2014，18（7）：61–63.

Preventive Significance of Health Management

Qiang Zeng, Zhaohui Xie

Abstract

Modern medicine has been developed from “disease medicine” to "health medicine", from “medical treatment” to “preventive health care”. Adhere to the prevention-based health management in line with the current national consumer demand for health health management has been highly valued by the state. Health management refers to the process of comprehensive examination, assessment and effective intervention for the health risk factors of an individual or a population. Health management refers to activities that are designed, implemented, and organized around the goal of improving health. The focus is on the improvement of population health, the provision of services by relevant institutions and effective improvements. Its primary significance in prevention is to improve the effective organizational behavior of public health by improving or changing the means of health services, and to maximize the effect of health improvement with minimal input. Health management is to provide scientific health lifestyle to health needs, to change passive nursing health into active health management, and to effectively protect and promote human health. Health management is a good means of implementation and a wide range of applications.

Keywords

Health management, Prevention, Significance

作者简介

曾强

老年心血管内科专业医学博士，教授，博士生导师，老年医学、健康管理专家。现任解放军总医院健康管理研究院主任，中国健康管理协会副会长，中国老年医学学会副会长，中华医学会健康管理学分会主任委员，联合国教科文组织生命技术研究院（亚洲区）副主席，国际心脏代谢风险学会会员。《中华健康管理学杂志》总编辑，国家科技部人口健康领域专家以及国家自然科学基金委评审专家等职。

谢朝辉

女，流行病学与卫生统计学（健康管理方向）医学博士，主任医师；北京大学国家发展研究院客座研究员；中国健康管理协会理事；中华健康管理博士联盟副秘书长；中华医学会健康管理学分会秘书；《中华健康管理学杂志》专家；北京市科学技术奖、北京市自然基金委评审专家；中国管理科学研究院健康中国研究中心健康产业发展研究部副主任；国家电网公司北京电力医院健康管理专家等。

国民健康意识及消费行为调查

——“中医预防保健（治未病）规范及技术标准制定”课题基线调研报告

张健 陈博 周马杰 粟杨静 陈元平

摘要：

科技部“十二五”国家科技支撑计划“中医预防保健（治未病）规范及技术标准制定”课题组（课题编号：2012BAI41B03）在课题期间，针对国民健康意识等内容进行了基线调研工作。

基线调研通过在东部地区和中部地区进行问卷调查，采集国民当前健康意识、消费行为特点和需求等信息，然后通过整体、性别、生理阶段和地域四个因子进行统计、解读和分析，并依据解读结果就如何开展“中医预防保健（治未病）规范及技术标准制定工作”提出建议。

关键词：

治未病 预防保健 健康意识 消费行为 调研报告

随着我国健康服务业的蓬勃发展和城乡居民健康意识的提高，以“治未病”为核心的中医预防保健理念深入人心，社会对中医预防保健服务的需求日益增长，“中医养生”“中医调理”“中医保健”等各种形式的中医预防保健服务逐步展开。

但是在中医蓬勃发展的过程中，也存在一些不利因素，特别是由于市场需求的推动，一些服务技术在作用机理、适应症、适用人群尚未明确，有效性、安全性未经评价的情况下付诸实践，存在人为夸大调理效果或降低风险的情况。总之，各种古今中外技术手段百花齐放，但是处于无序的状态，令消费者和希望投身“治未病”事业的人员难以抉择，制约了中医的良性发展。

为了维护广大消费者的权益，促进中医预防保健服务的可持续发展，推动中医预防保健服务技术的规范化管理、标准化操作和定量化评估，根据国务院印发《关于促进健康服务业发展的若干意见》（国发〔2013〕40号文件）、《中医药健康服务发展规划（2015—2020年）》《国家中医药管理局关于积极发展中医预防保健服务的实施意见》和《“治未病”健康工程实施方案（2008—2010年）》要求，课题组在2014—2015年完成了“中医预防保健（治未病）规范及技术标准制定”课题的基线调研工作，并在此基础上广泛征求了中国标准化研究院、中国中医科学院等各方专家及相关从业机构专业人员的意见，结合研究参考文献，起草了《中医预防保健（治未病）服务技术要求》，对中医预防保健服务技术分类和技术要求进行了整理和规范，为从事中医预防保健服务的各级各类医疗卫生机构与保健机构合理选用中医预防保健服务技术提供了依据。

此外，为了将《中医预防保健（治未病）服务技术要求》真正转化为生产力，课题组针对《中医预防保健（治未病）服务技术要求》的推广与实施，对各方意见进行了整理和归纳，同步起草了推广实施建议书，以供参考。

下文为基线调研统计数据及分析建议，重点聚焦调查国民当前健康意识、消费行为特点和需求。

一、调研问卷结构

设计调研问卷共14题，专注被调研人员以下方面：

1. 对自身健康的态度；
2. 对于健康、亚健康等常识的认知和体验；
3. 自我健康管理能力和期望；
4. 自身健康状况的判断和期望；
5. 健康消费中的评判依据；
6. 对健康产业标准化管理有效性的预期；
7. 年健康消费状况。

二、调研实施

1. 按照地域统计

本次调查涉及地区包括：北京、广东、河南和湖南。详见表1和图1。

表1 被调研人员地区分布

地区	回收问卷	有效问卷
北京	102	86
广东	54	35
河南	58	51
湖南	41	41
合计	255	213

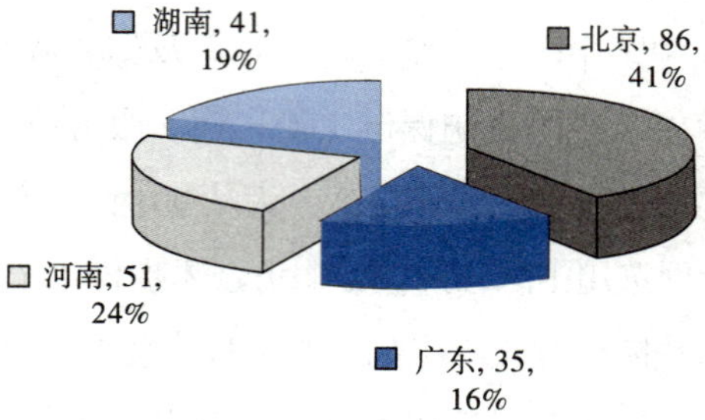

图1 被调研人员地区分布

我们在整体评估分析外，还通过性别、生理阶段和地域三个视角进行对比评估分析。

2. 按照性别统计

表2 被调研人员性别分布

性别	有效问卷	百分比（%）
男	94	44.1
女	119	55.9

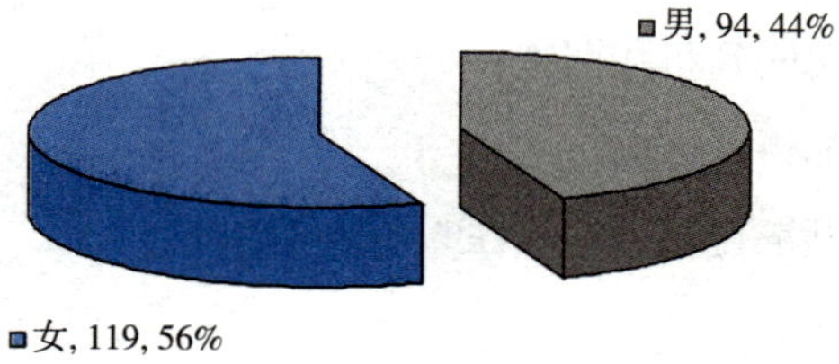

图2 被调研人员性别分布

3. 按照生理状态统计

本次调研人员的最低年龄为16岁，最高年龄为73岁。

依据《黄帝内经·素问》上古天真论篇，“女子……五七，阳明脉衰，面始焦，发始堕。丈夫……五八，肾气衰，发堕齿槁”[2]。我们以女子35岁、男子40岁划分为“上升”和“下降”两个阶段。

表3 被调研人员男性生理阶段分布

生理阶段	有效问卷	百分比（%）
上升期	60	63.8
下降期	34	36.2
总数	94	100

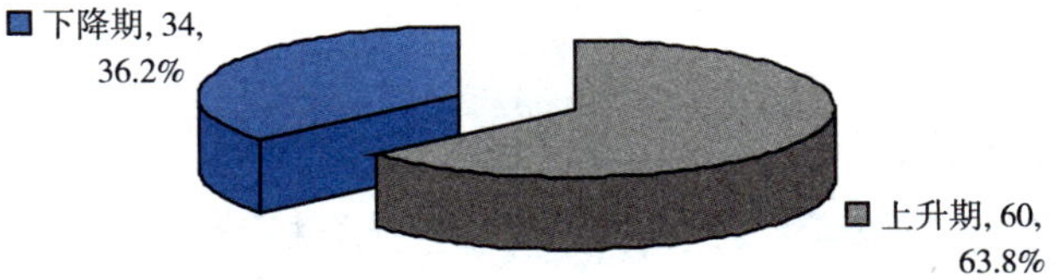

图3 被调研人员男性生理阶段分布

表4 被调研人员女性生理阶段分布

生理阶段	有效问卷	百分比（%）
	57	47.9
下降期	62	52.1
总数	119	100

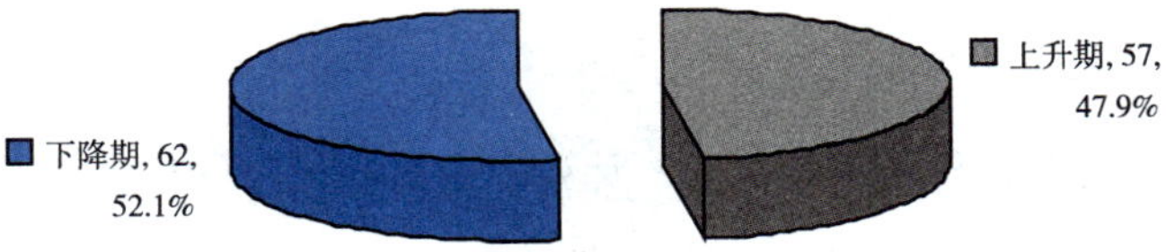

图4 被调研人员女性生理阶段分布

合并上述两表：

表5 全部被调研人员生理阶段分布

生理阶段	有效问卷	百分比（%）
上升期	117	54.9
下降期	96	45.1
总数	213	100

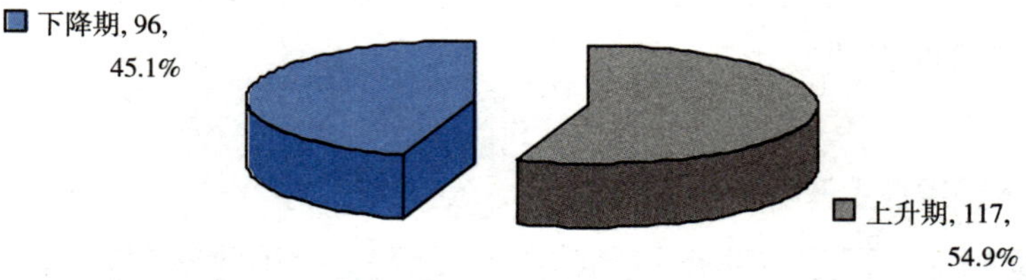

图5　全部被调研人员生理阶段分布

4. 按照地域统计

北京、广东属于东部地区，河南、湖南属于中部地区。

表6　被调研人员地域分布

地域	有效问卷	百分比（%）
东部	121	56.8
中部	92	43.2

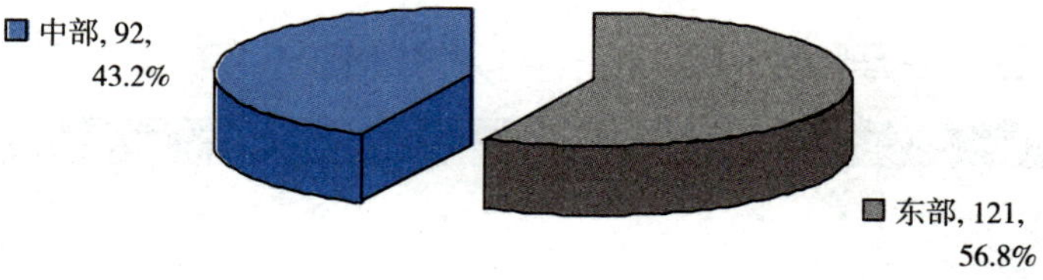

图6　被调研人员地域分布

三、调研结果初步分析

部分题目为多选题，列表中的百分比计算中除数均使用总有效问卷数213，仅表示相对占比多数，并非表中数据彼此之间的占比关系。

（一）对自身健康的态度

题一：健康应主要由谁负责管理（多选）

1. 整体分析（不区别性别、生理阶段、地域）

表7　自身健康主要负责人

选项	实例数	百分比（%）
自己	192	90.1
医疗机构的医生	13	6.1
健康服务机构（如会所的私人管家）	8	3.8
家人	2	0.9

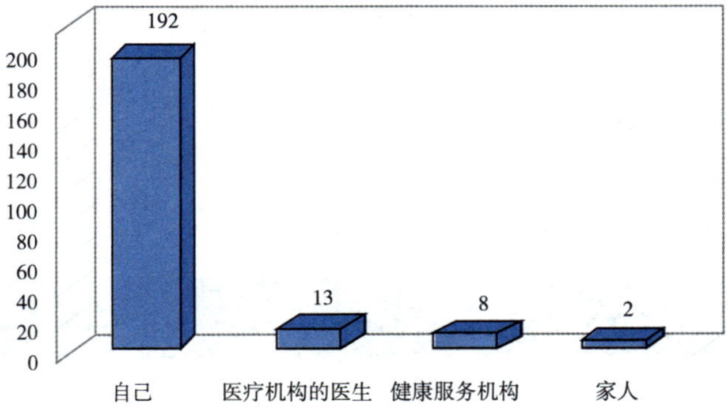

图7　自身健康主要负责人

初步结论：

绝大多数（90.1%）的被调研人员认为自己应对自身健康承担主要责任，而依赖他人或机构的只占9.9%，特别是依赖医生的只占6.1%。

2. 按照性别统计和对比

表8　自身健康主要负责人（按性别区分）

选项	男性		女性	
	实例数（人）	百分比（%）	实例数（人）	百分比（%）
自己	84	89.4	108	90.8
医疗机构的医生	4	4.3	9	7.6
健康服务机构（如会所的私人管家）	5	5.3	3	2.5
家人	2	2.1	0	0.0

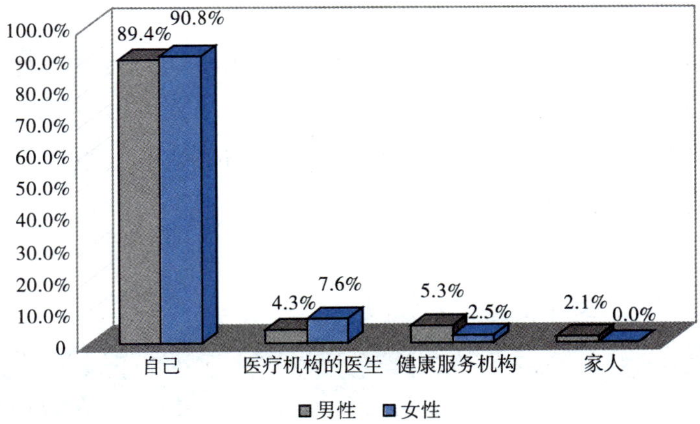

图8　自身健康主要负责人（按性别区分）

初步结论：

对比百分比数字，绝大多数的被调研人员认为自己应对自身健康承担主要责任。

在依赖医生或机构的人群中，女性更偏向于依靠医生，男性则偏向于依靠健康服务机构。男性会依赖家人，而女性则不会。

3. 按照生理阶段统计和对比

表9　自身健康主要负责人（按生理阶段区分）

选项	上升期		下降期	
	实例数（人）	百分比（%）	实例数（人）	百分比（%）
自己	102	87.2	90	93.8
医疗机构的医生	9	7.7	4	4.2
健康服务机构（如会所的私人管家）	6	5.1	2	2.1
家人	2	1.7	0	0

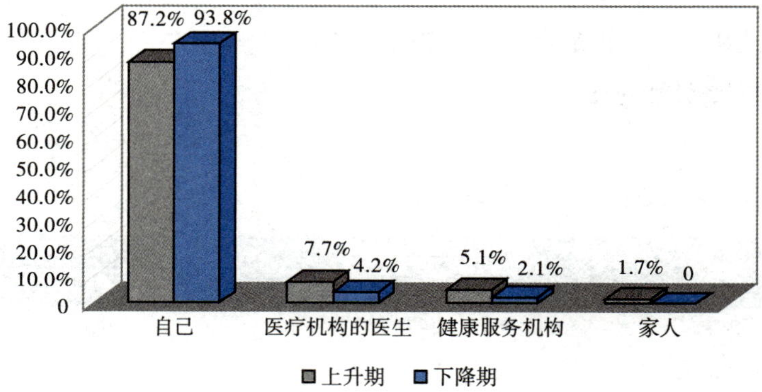

图9　自身健康主要负责人（按生理阶段区分）

初步结论：

对比百分比数字，生理下降期的被调查人员更认为自己应对自身健康承担主要责任。在依赖医生或机构的人群中，全部人员首先偏向于依靠医生，其次是健康服务机构。生理下降期的人员不会依赖家人，而生理上升期还存在这个情况。

4. 按照地域统计和对比

表10　自身健康主要负责人（按地域区分）

选项	东部		中部	
	实例数（人）	百分比（%）	实例数（人）	百分比（%）
自己	108	89.3	84	91.3
医疗机构的医生	9	7.4	4	4.3
健康服务机构（如会所的私人管家）	4	3.3	4	4.3
家人	1	0.8	1	1.1

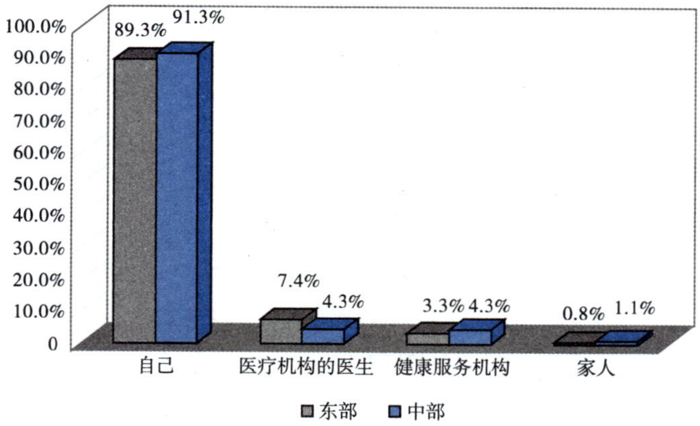

图10　自身健康主要负责人（按地域区分）

初步结论：

对比百分比数字，中部地区更认为自己应对自身健康承担主要责任。

在依赖医生或机构的人群中，东部地区人员首先偏向于依靠医生，其次是健康服务机构。而中部地区的选择比例是相同的。

两地区都存在依赖家人的情况。

（二）自身对于健康、亚健康等常识的认知和体验

1. 整体分析（不区别性别、生理阶段、地域）

（1）题二："健康"包含的内容（多选）

表11　对"健康"概念的理解

选项	实例数	百分比（%）
躯体健康	206	96.7
心理健康	207	97.2
社会适应性	106	49.8
道德健康	141	66.2

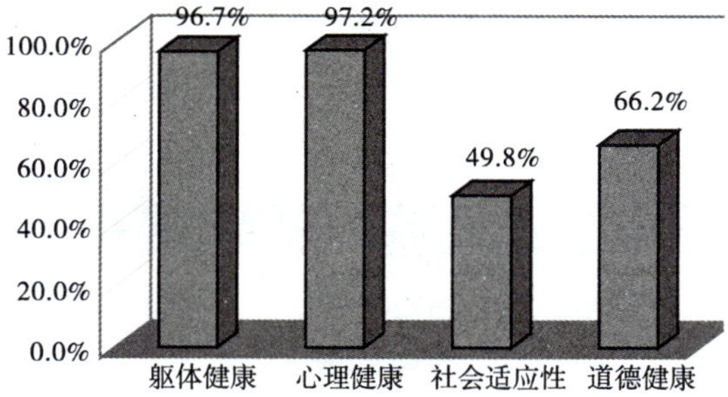

图11　对"健康"概念的理解

初步结论：

绝大多数（96%以上）的被调研人员对“健康”的定义，已不再停留在单纯的躯体健康，而同时关注心理健康。但是只有49.8%的被调研人员了解“健康”还应包括社会适应性和道德健康。

（2）题三：知道疾病和亚健康的区别（单选）

表12　对“疾病”和“亚健康”概念的理解

选项	实例数（2）	百分比（%）
清楚	38	17.8
知道但不了解具体内容	165	77.5
完全不清楚	10	4.7

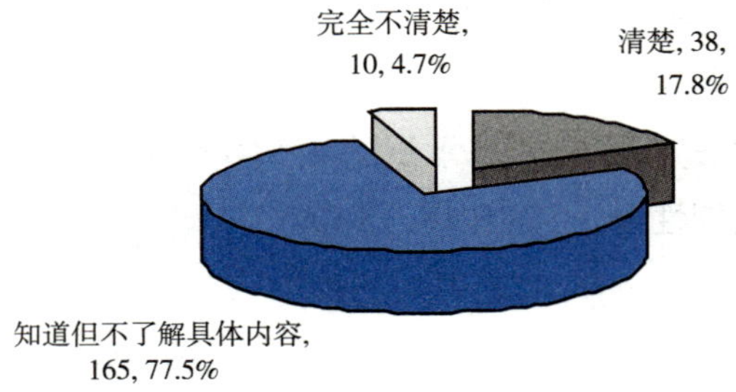

图12　对“疾病”和“亚健康”概念的理解

初步结论：

绝大多数（95.3%）的被调研人员知道“疾病”和“亚健康”名词，但是只有17.8%的被调研人员表示明确两者之间的区别，还有4.7%的被调研人员对此完全不清楚。

（3）题四：知道存在“个体差异”（单选）

表13　对“个体差异”现象的了解

选项	实例数（人）	百分比（%）
知道	170	79.8
不知道	43	20.2

注：个体差异指对大多数人有效的治疗方案，对某人可能失效。

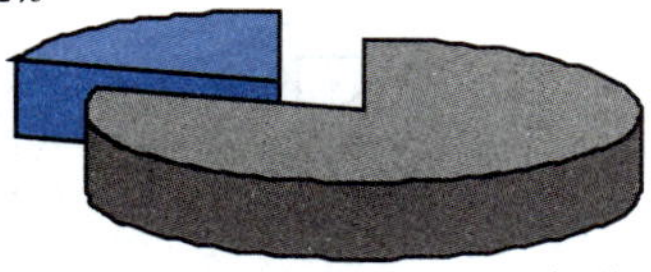

图13　对“个体差异”现象的了解

（4）题五：知道健康体检的评估标准是临床标准（单选）

表14　对健康体检评估标准的了解

选项	实例数（人）	百分比（%）
不知道	132	62.0
知道	81	38.0

注：健康体检指在医疗机构进行的临床生化和临床科室检查，如血常规、X光、B超等；临床标准是疾病检查标准，非亚健康检测标准。

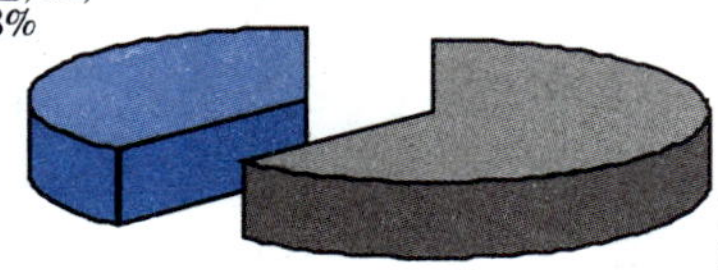

图14　对健康体检评估标准的了解

初步结论：

被调研人员参加健康体检，但是知道健康体检的评判标准是临床标准的被调研人员只占38%。

（5）题六：参加过亚健康检查（非健康检查）（单选）

表15　亚健康体验情况

选项	实例数（人）	百分比（%）
有	47	22.1
无	150	70.4
不清楚	16	7.5

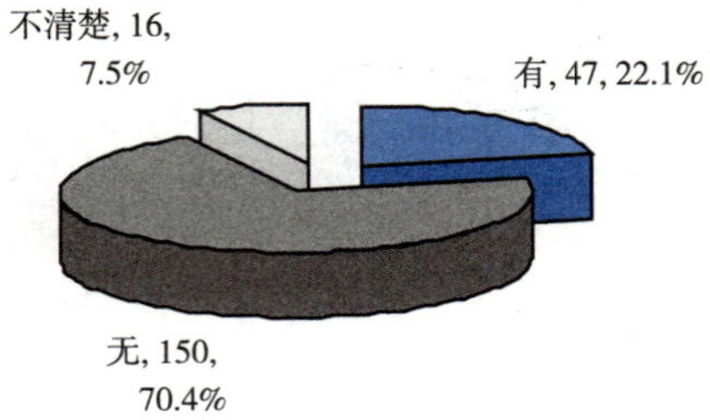

图15　亚健康体验情况

初步结论：

未参加过亚健康检查的被调研人员占70.4%，明确知道自己参加过亚健康检查的只有22.1%。

2. 按照性别统计和对比

（1）题二："健康"包含的内容（多选）

表16　对"健康"概念的理解（按性别区分）

选项	男性		女性	
	实例数（人）	百分比（%）	实例数（人）	百分比（%）
躯体健康	91	96.8	115	96.6
心理健康	90	95.7	117	98.3
社会适应性	47	50.0	59	49.6
道德健康	73	77.7	68	57.1

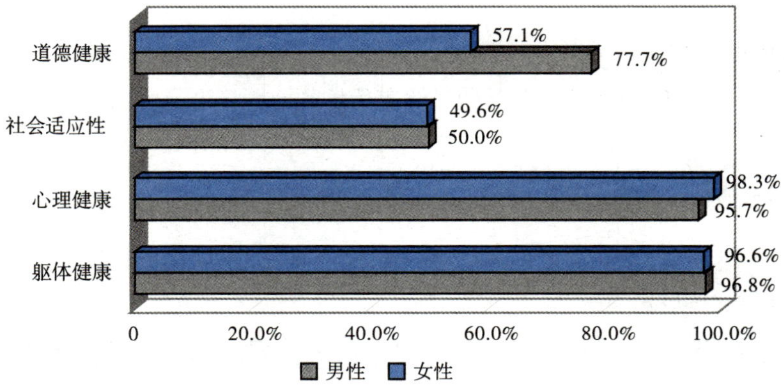

图16　对"健康"概念的理解（按性别区分）

（2）题三：知道“疾病”和“亚健康”的区别（单选）

表17　对“疾病”和“亚健康”概念的理解（按性别区分）

选项	男性		女性	
	实例数（人）	百分比（%）	实例数（人）	百分比（%）
清楚	15	16.0	23	19.3
知道但不了解具体内容	74	78.7	91	76.5
完全不清楚	5	5.3	5	4.2

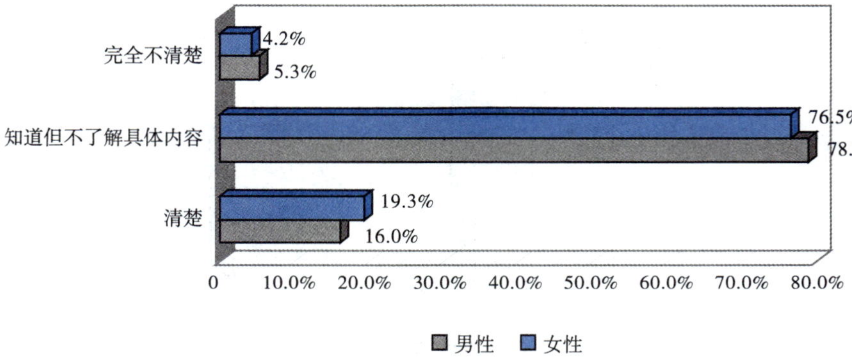

图17　对“疾病”和“亚健康”概念的理解（按性别区分）

（3）题四：知道存在“个体差异”（单选）

表18　对“个体差异”现象的了解（按性别区分）

选项	男性		女性	
	实例数（人）	百分比（%）	实例数（人）	百分比（%）
知道	70	74.5	100	84.0
不知道	24	25.5	19	16.0

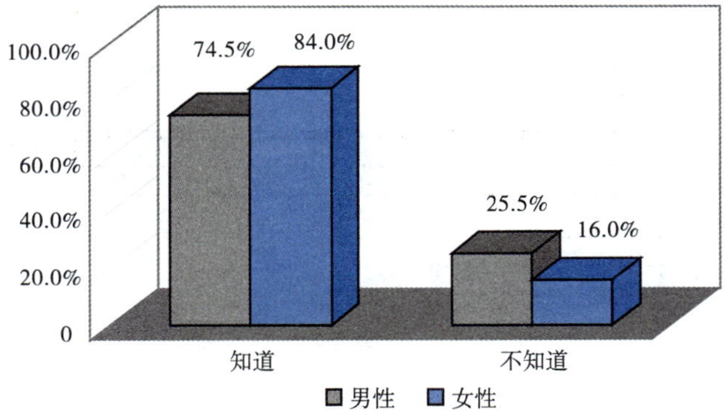

图18　对“个体差异”现象的了解（按性别区分）

（4）题五：知道健康体检的评估标准是临床标准（单选）

表19 对健康体检评估标准的了解（按性别区分）

选项	男性		女性	
	实例数（人）	百分比（%）	实例数（人）	百分比（%）
不知道	61	64.9	71	59.7
知道	33	35.1	48	40.3

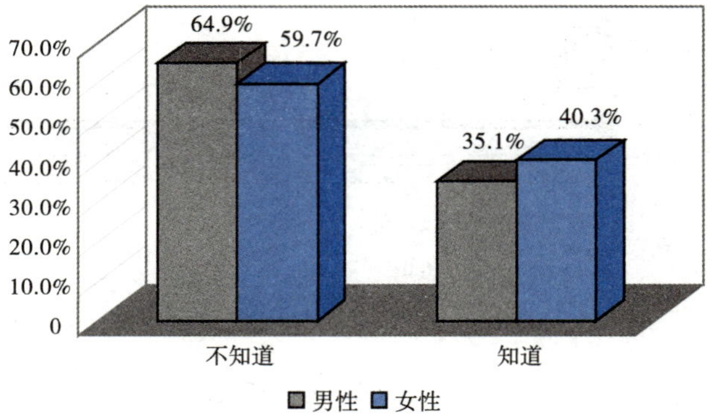

图19 对健康体检评估标准的了解（按性别区分）

（5）题六：参加过亚健康检查（非健康检查）（单选）

表20 亚健康体检情况（按性别区别）

选项	男性		女性	
	实例数（人）	百分比（%）	实例数（人）	百分比（%）
有	26	27.7	21	17.6
无	63	67.0	87	73.1
不清楚	5	5.3	11	9.2

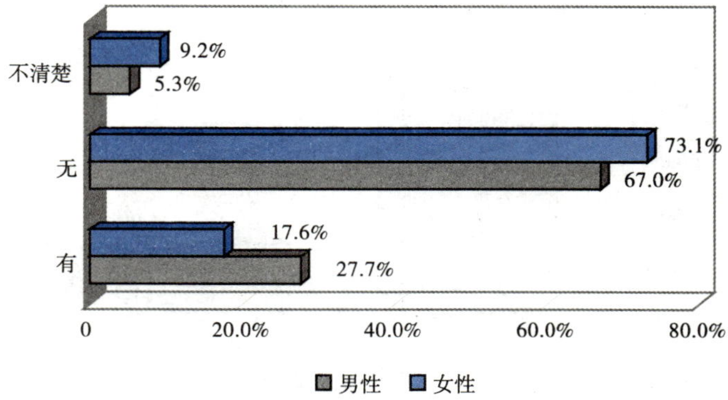

图20 亚健康体检情况（按性别区别）

初步结论：

对比百分比数字，女性对健康、亚健康常识掌握情况较好，但是女性亚健康体检较少。

大多数男性（77.7%）认为“道德健康”是“健康”的一部分，高出女性20.6%。

3. 按照生理阶段统计和对比

（1）题二：“健康”包含的内容（多选）

表21　对“健康”概念的理解（按生理阶段区分）

选项	上升期		下降期	
	实例数（人）	百分比（%）	实例数（人）	百分比（%）
躯体健康	113	96.6	93	96.9
心理健康	115	98.3	92	95.8
社会适应性	59	50.4	47	49.0
道德健康	82	70.1	59	61.5

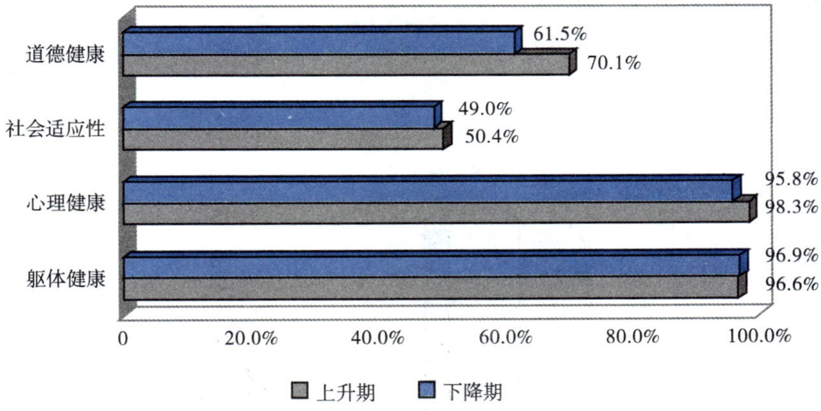

图21　对“健康”概念的理解（按生理阶段区分）

（2）题三：知道“疾病”和“亚健康”的区别（单选）

表22　对“疾病”和“亚健康”概念的理解（按生理阶段区分）

选项	上升期		下降期	
	实例数（人）	百分比（%）	实例数（人）	百分比（%）
清楚	19	16.2	19	19.8
知道但不了解具体内容	91	77.8	74	77.1
完全不清楚	7	6.0	3	3.1

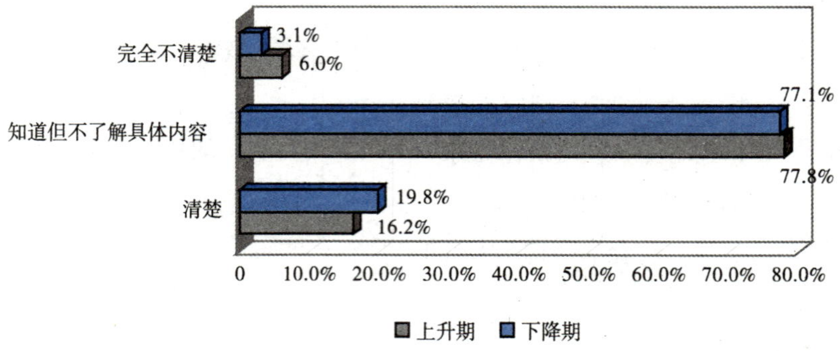

图22　对“疾病”和“亚健康”概念的理解（按生理阶段区分）

（3）题四：知道存在“个体差异”（单选）

表23　对“个体差异”现象的了解（按生理阶段区分）

选项	上升期		下降期	
	实例数（人）	百分比（%）	实例数（人）	百分比（%）
知道	88	75.2	82	85.4
不知道	29	24.8	14	14.6

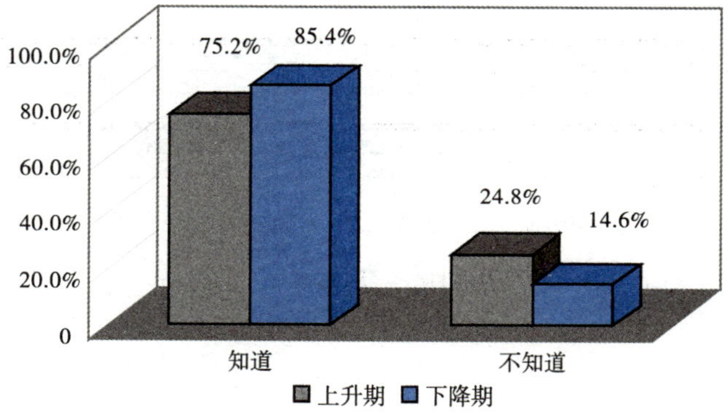

图23　对“个体差异”现象的了解（按生理阶段区分）

（4）题五：知道健康体检的评估标准是临床标准（单选）

表24　对健康体检评估标准的了解（按生理阶段区分）

选项	上升期		下降期	
	实例数（人）	百分比（%）	实例数（人）	百分比（%）
不知道	77	65.8	55	57.3
知道	40	34.2	41	42.7

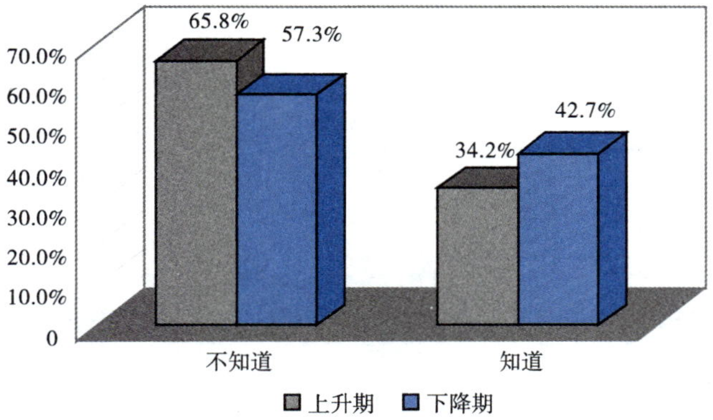

图24　对健康体检评估标准的了解（按生理阶段区分）

（5）题六：参加过亚健康检查（非健康检查）（单选）

表25　亚健康体检情况（按生理阶段区别）

选项	上升期		下降期	
	实例数（人）	百分比（%）	实例数（人）	百分比（%）
有	30	25.6	17	17.7
无	79	67.5	71	74.0
不清楚	8	6.8	8	8.3

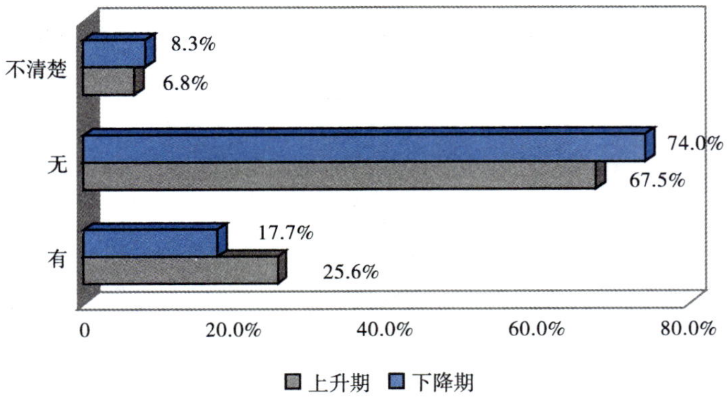

图25　亚健康体检情况（按生理阶段区别）

初步结论：

对比百分比数字，下降期人员对健康、亚健康常识掌握情况较好，但是亚健康体检少。

下降期人员“健康”定义的认识低于上升级人员。

4. 按照地域统计和对比

（1）题二：“健康”包含的内容（多选）

表26 对“健康”概念的理解（按地域区分）

选项	东部		中部	
	实例数（人）	百分比（%）	实例数（人）	百分比（%）
躯体健康	117	96.7	89	96.7
心理健康	118	97.5	89	96.7
社会适应性	64	52.9	42	45.7
道德健康	77	63.6	64	69.6

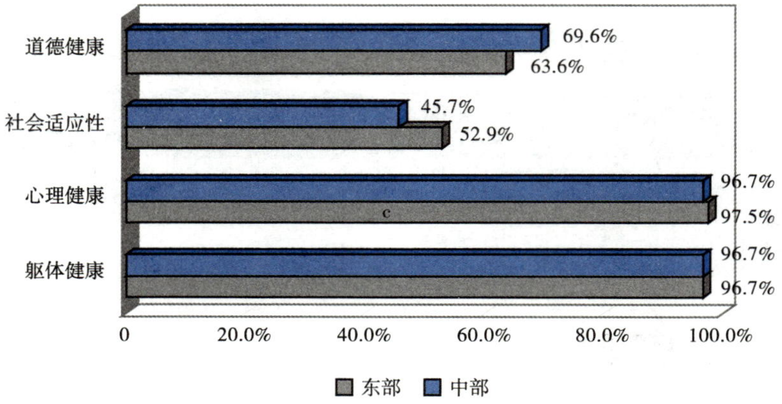

图26 对“健康”概念的理解（按地域区分）

（2）题三：知道“疾病”和“亚健康”的区别（单选）

表27 对“疾病”和“亚健康”概念的理解（按地域区分）

选项	东部		中部	
	实例数（人）	百分比（%）	实例数（人）	百分比（%）
清楚	21	17.4	17	18.5
知道但不了解具体内容	93	76.9	72	78.3
完全不清楚	7	5.8	3	3.3

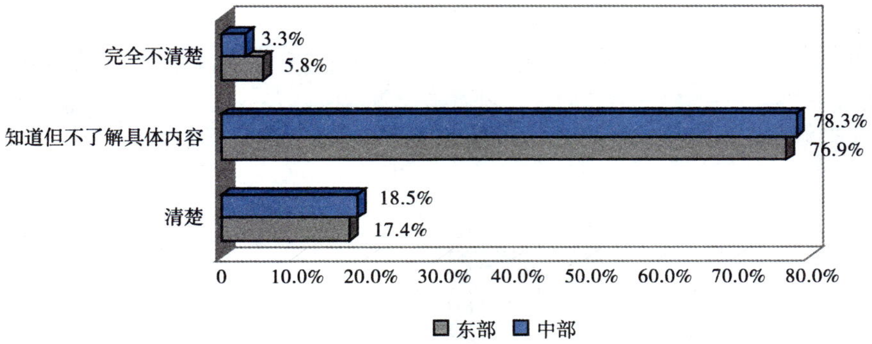

图27　对“疾病”和“亚健康”概念的理解（按地域区分）

（3）题四：知道存在“个体差异”（单选）

表28　对“个体差异”现象的了解（按地域区分）

选项	东部		中部	
	实例数（人）	百分比（%）	实例数（人）	百分比（%）
知道	93	76.9	77	83.7
不知道	28	23.1	15	16.3

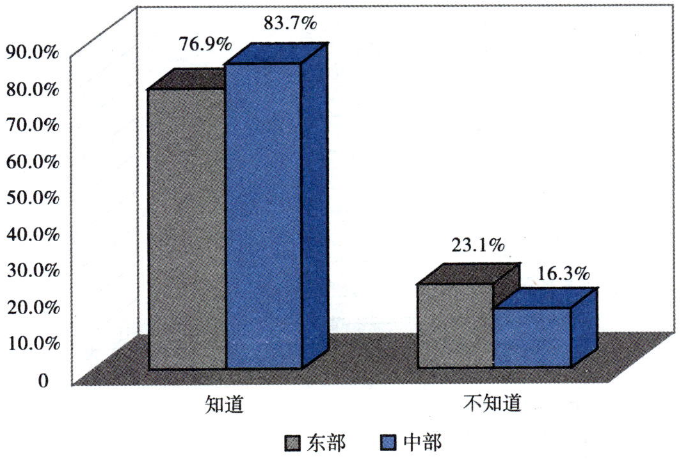

图28　对“个体差异”现象的了解（按地域区分）

（4）题五：知道健康体检的评估标准是临床标准（单选）

表29　对健康体检评估标准的了解（按地域区分）

选项	东部		中部	
	实例数（人）	百分比（%）	实例数（人）	百分比（%）
不知道	73	60.3	59	64.1
知道	48	39.7	33	35.9

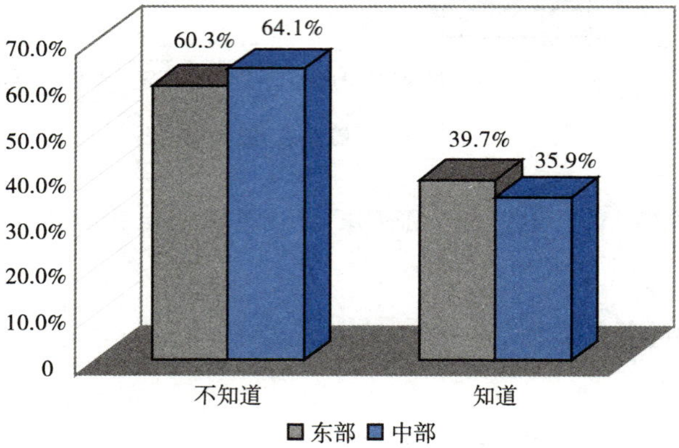

图29　对健康体检评估标准的了解（按地域区分）

（5）题六：参加过亚健康检查（非健康检查）（单选）

表30　亚健康体检情况（按地域区别）

选项	东部		中部	
	实例数（人）	百分比（%）	实例数（人）	百分比（%）
有	27	22.3	20	21.7
无	88	72.7	62	67.4
不清楚	6	5.0	10	10.9

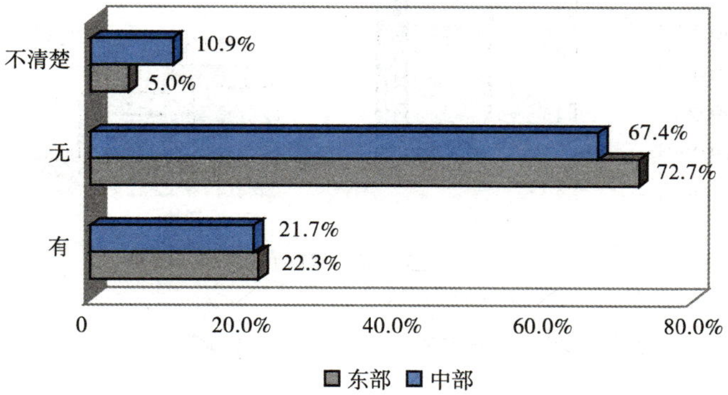

图30　亚健康体检情况（按地域区别）

初步结论：

对比百分比数字，两地区人员对健康、亚健康常识掌握情况和亚健康体检基本相当。中部地区人员对“健康体检”的评估标准和亚健康检查的认知上弱于东部地区人员。

（三）自我健康管理能力和期望

1. 整体分析（不区别性别、生理阶段、地域）

（1）题七：愿意参与自我健康管理（单选）

表31　参与自我健康管理意愿

选项	实例数（人）	百分比（%）
不愿意	18	8.5
愿意	195	91.5

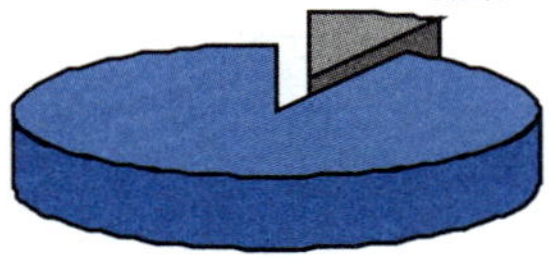

图31　参与自我健康管理意愿

（2）题八：拥有全面自我健康管理的工具（多选）

表32　拥有自我健康管理工具

选项	实例数（人）	百分比（%）
无	199	93.4
有	14	6.6
明确说明工具	8	3.8

注：自我健康管理指随时可以自我检测评估、获得针对个人的指导建议、进行自身历史数据对比等。

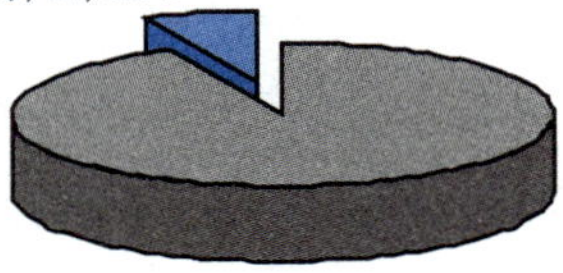

图32　拥有自我健康管理工具

（3）题九：认为充分了解自身健康状况、合适的检测频率（不包括因病就医检查）（单选）

表33　理想的体检频率

选项	实例数（人）	百分比（%）
每周一次	0	0.0
每月一次	18	8.5
每季度一次	18	8.5
半年一次	59	27.7
一年一次	111	52.1
随便	7	3.3

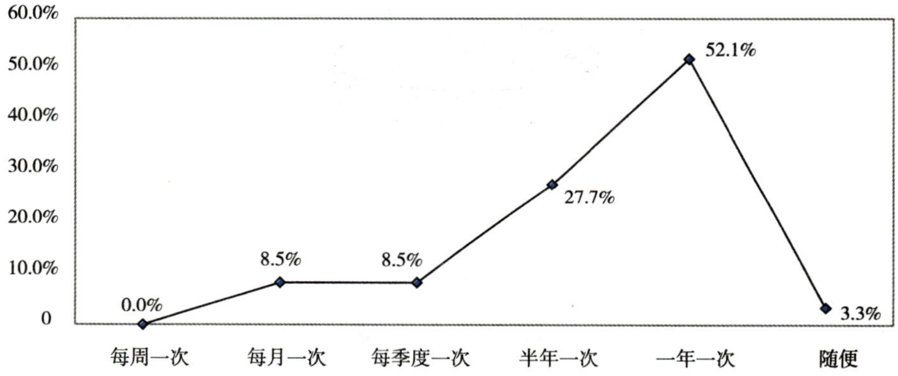

图33　理想的体检频率

初步结论：

尽管绝大多数（93.4%）被调研人员没有全面自我健康管理的工具，但91.5%的被调研人员愿意参与自我健康管理。

在8个明确说出的全面自我健康管理工具中，只有2个具有全面自我健康管理工具的特征，其他如拔罐器、足浴器、拉筋操、定期体检等均不符合。

虽然52.1%的被调研人员依然选择了一年一次的检测频率，但是44.6%的被调研人员认为应该提高检测频率，才能确保充分了解自身健康状况。

2. 按照性别统计和对比

（1）题七：愿意参与自我健康管理（单选）

表34 参与自我健康管理意愿（按性别区分）

选项	男性		女性	
	实例数（人）	百分比（%）	实例数（人）	百分比（%）
不愿意	12	12.8	6	5.0
愿意	82	87.2	113	95.0

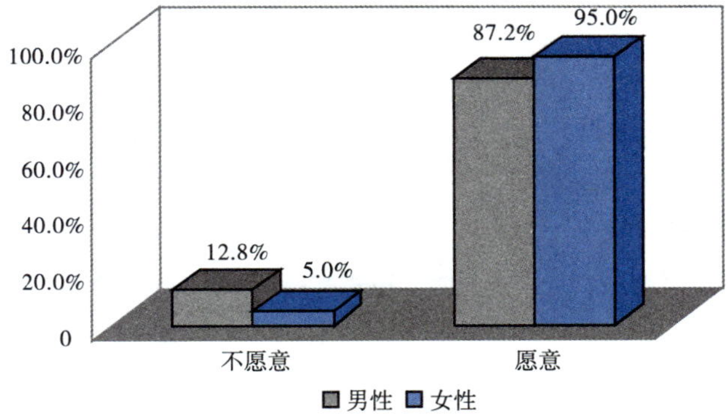

图34 参与自我健康管理意愿（按性别区分）

（2）题八：拥有全面自我健康管理的工具（多选）

表35 拥有自我健康管理工具（按性别区分）

选项	男性		女性	
	实例数（人）	百分比（%）	实例数（人）	百分比（%）
无	87	92.6	112	94.1
有	7	7.4	7	5.9
明确说明工具	2	2.1	6	5.0

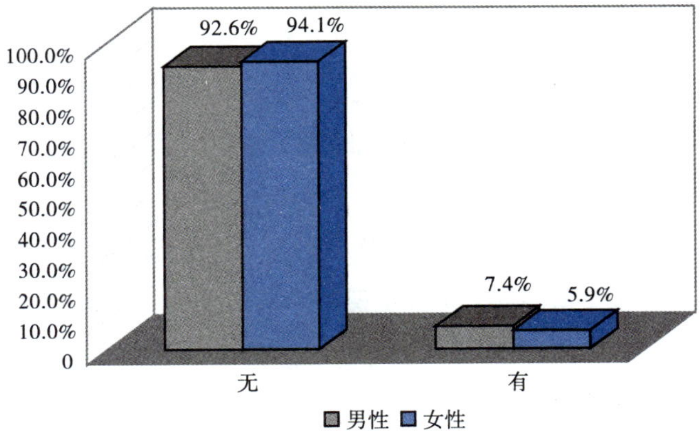

图35 拥有自我健康管理工具（按性别区分）

（3）题九：认为充分了解自身健康状况，合适的检测频率（不包括因病就医检查）（单选）

表36 理想的体检频率（按性别区分）

选项	男性		女性	
	实例数（人）	百分比（%）	实例数（人）	百分比（%）
每周一次	0	0	0	0
每月一次	10	10.6	8	6.7
每季度一次	4	4.3	14	11.8
半年一次	24	25.5	35	29.4
一年一次	52	55.3	59	49.6
随便	4	4.3	3	2.5

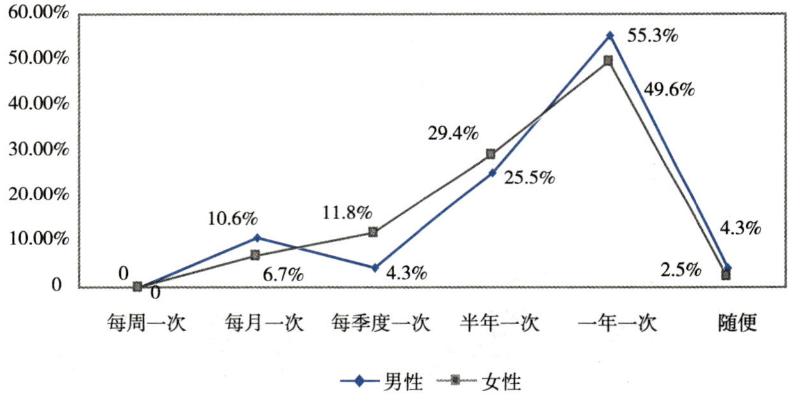

图36 理想的体检频率（按性别区分）

初步结论：

对比百分比数字，女性更愿意参与自我健康管理。

女性有6人能够说出自己目前使用的全面健康管理工具名称，并有2人的答案基本符合标准，达到33%。男性只有2人说出名称，但无1人正确。

检测频率对比，两性均未选择每周一次，而且女性比男性更希望增加检测频率。男性选择检测时间更激进（每月一次）或更保守（半年或一年一次），而女性相对平稳保守（每季或半年或一年一次）。

3. 按照生理阶段统计和对比

（1）题七：愿意参与自我健康管理（单选）

表37　参与自我健康管理意愿（按生理阶段区分）

选项	上升期		下降期	
	实例数（人）	百分比（%）	实例数（人）	百分比（%）
不愿意	11	9.4	7	7.3
愿意	106	90.6	89	92.7

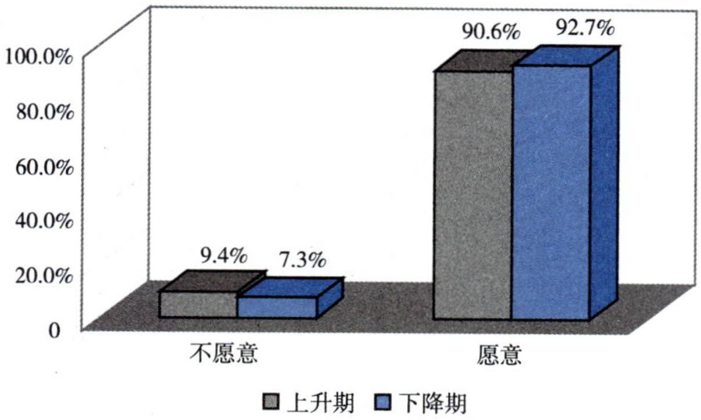

图37　参与自我健康管理意愿（按生理阶段区分）

（2）题八：拥有全面自我健康管理的工具（多选）

表38　拥有自我健康管理工具（按生理阶段区分）

选项	上升期		下降期	
	实例数（人）	百分比（%）	实例数（人）	百分比（%）
无	109	93.2	90	93.8
有	8	6.8	6	6.3
明确说明工具	5	4.3	3	3.1

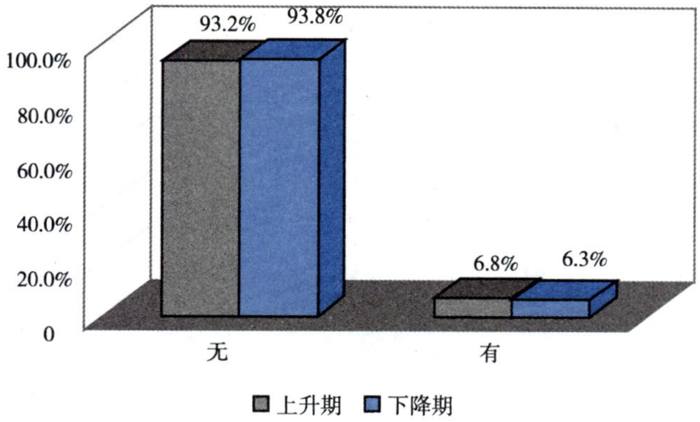

图38　拥有自我健康管理工具（按生理阶段区分）

（3）题九：认为充分了解自身健康状况、合适的检测频率（不包括因病就医检查）（单选）

表39　理想的体检频率（按生理阶段区分）

选项	上升期		下降期	
	实例数（人）	百分比（%）	实例数（人）	百分比（%）
每周一次	0	0	0	0
每月一次	11	9.4	7	7.3
每季度一次	13	11.1	5	5.2
半年一次	31	26.5	28	29.2
一年一次	58	49.6	53	55.2
随便	4	3.4	3	3.1

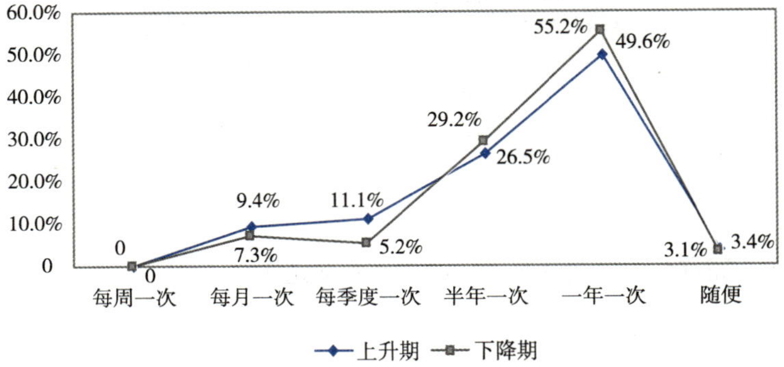

图39　理想的体检频率（按生理阶段区分）

初步结论：

对比百分比数字，上升期人员更愿意参与自我健康管理。

下降期人员有3人能够说出自己目前使用的全面健康管理工具名称，并有1人的答案基本符合标准，达到33%。上升期人员有5人说出名称，但只有1人正确，占比20%。

检测频率对比，下降人员依然选择传统频率（一年一次）的超过55%，而上升期人员不足50%。

4. 按照地域统计和对比

（1）题七：愿意参与自我健康管理（单选）

表40　参与自我健康管理意愿（按地域区分）

选项	东部		中部	
	实例数（人）	百分比（%）	实例数（人）	百分比（%）
不愿意	9	7.4	9	9.8
愿意	112	92.6	83	90.2

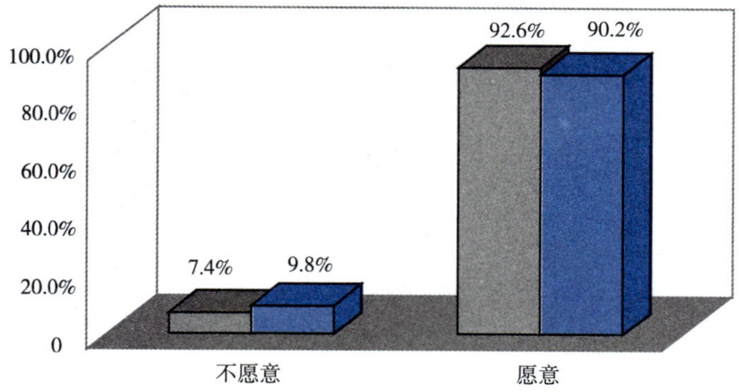

图40　参与自我健康管理意愿（按地域区分）

（2）题八：拥有全面自我健康管理的工具（多选）

表41　拥有自我健康管理工具（按地域区分）

选项	东部		中部	
	实例数（人）	百分比（%）	实例数（人）	百分比（%）
无	111	91.7	88	95.7
有	10	8.3	4	4.3
明确说明工具	5	4.1	3	3.3

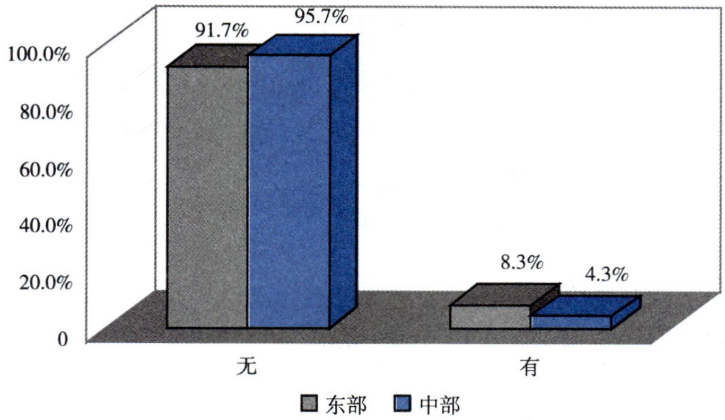

图41　拥有自我健康管理工具（按地域区分）

（3）题九：认为充分了解自身健康状况、合适的检测频率（不包括因病就医检查）（单选）

表42 理想的体检频率（按地域区分）

选项	东部		中部	
	实例数（人）	百分比（%）	实例数（人）	百分比（%）
	0	0	0	0
每月一次	11	9.1	7	7.6
每季度一次	11	9.1	7	7.6
半年一次	31	25.6	28	30.4
一年一次	67	55.4	44	47.8
随便	1	0.8	6	6.5

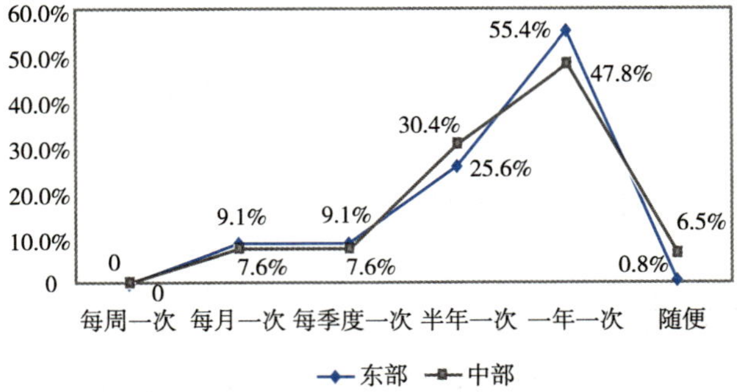

图42 理想的体检频率（按地域区分）

初步结论：

对比百分比数字，两地区人员绝大多数愿意参与自我健康管理。

东部地区人员有5人能够说出自己目前使用的全面健康管理工具名称，并有1人的答案基本符合标准，达到20%。中部地区人员有3人说出名称，但只有1人正确，占比33%。

检测频率对比，两地区人员的选择频率趋同，但是东部地区人员选择传统频率（一年一次）的超过55%，而中部地区人员不足48%。

（四）对自身健康状况的判断和期望

题十：近期自身生命状态（多选）

1. 整体分析（不区别性别、生理阶段、地域）

表43 调研者近期自身状态

选项	实例数（人）	百分比（%）
健康	59	27.7
亚健康（睡眠、疼痛、疲劳、抑郁、焦躁等）	152	71.4
疾病	6	2.8
慢病（指高血压、高血脂、糖尿病等）	9	4.2

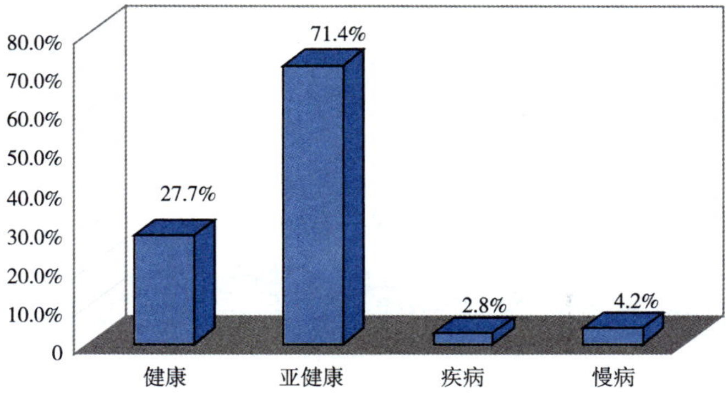

图43　调研者近期自身状态

初步结论：

近期，被调研人员71.4%处于亚健康状态，而疾病、慢病状态的人较少。

2. 按照性别统计和对比

表44　调研者近期自身状态（按性别区分）

选项	男性		女性	
	实例数（人）	百分比（%）	实例数（人）	百分比（%）
健康	34	36.2	25	21.0
亚健康	59	62.8	93	78.2
疾病	1	1.1	5	4.2
慢病	4	4.3	5	4.2

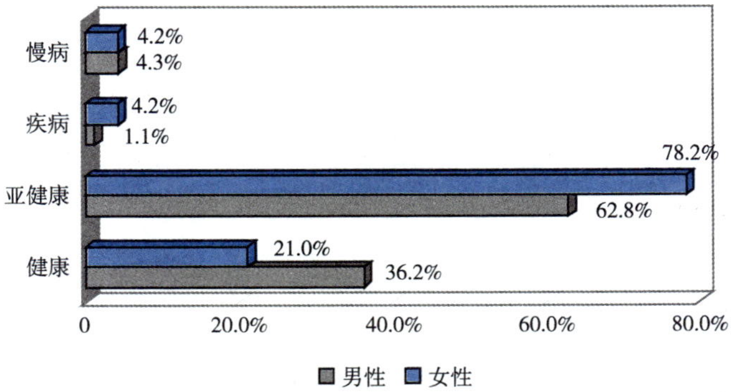

图44　调研者近期自身状态（按性别区分）

初步结论：

对比百分比数字，女性健康状态差于男性，表现在亚健康、疾病人数比例均高于男性，而慢病比例基本一致。

此题不排除男性粗心（自认为健康）造成的统计误差。

3. 按照生理阶段统计和对比

表45　调研者近期自身状态（按生理阶段区分）

选项	上升期		下降期	
	实例数（人）	百分比（%）	实例数（人）	百分比（%）
健康	30	25.6	29	30.2
亚健康	87	74.4	65	67.7
疾病	3	2.6	3	3.1
慢病	2	1.7	7	7.3

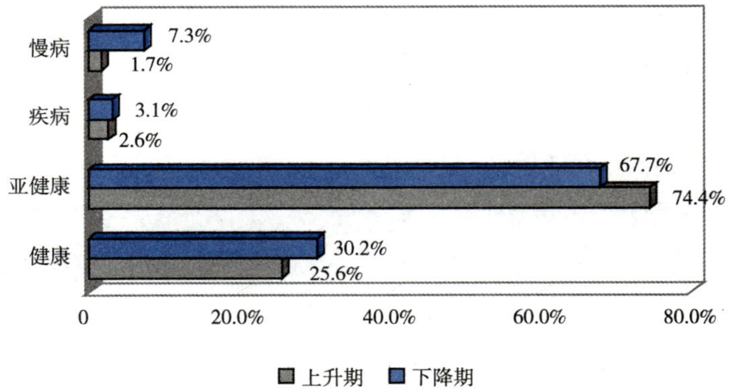

图45　调研者近期自身状态（按生理阶段区分）

初步结论：

对比百分比数字，上升期人员健康状态差一些，表现在亚健康人数比例高于下降期人员。但上升期健康人员、疾病人员和慢病人员比例均低于下降期人员。

4. 按照地域统计和对比

表46　调研者近期自身状态（按地域区分）

选项	东部		中部	
	实例数（人）	百分比（%）	实例数（人）	百分比（%）
健康	34	28.1	25	27.2
亚健康	86	71.1	66	71.7
疾病	5	4.1	1	1.1
慢病	7	5.8	2	2.2

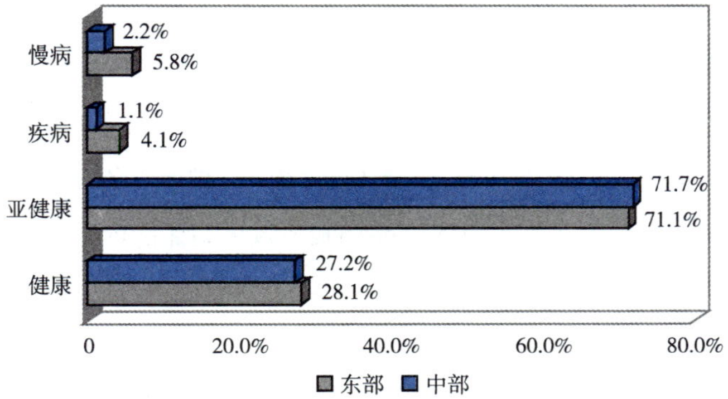

图46　调研者近期自身状态（按地域区分）

初步结论：

对比百分比数字，东部地区人员健康状态差一些，表现在疾病、慢病人数比例高于中部地区人员。但两地区健康人员、亚健康人员比例基本一致，均有71%的人员处于亚健康状态。

（五）健康消费中的评判依据

1. 整体分析（不区别性别、生理阶段、地域）

（1）题十一：挑选健康服务商或商品的选择依据（如：购买营养品、加入健康会所、选择调理手段等）（多选）

表47　服务商和产品的选择依据

选项	实例数（人）	百分比（%）
自我感觉	82	38.5
服务商宣传	15	7.0
权威机构建议	91	42.7
听其他人的评价	52	24.4

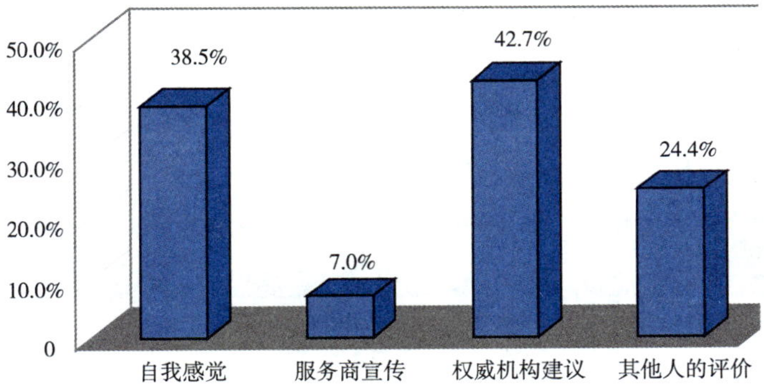

图47　服务商和产品的选择依据

初步结论：

在挑选健康服务商或商品时，非理性（凭自我感觉）进行采购的被调查人员达到38.5%，而理性（其他听取建议后）进行采购的被调研人员，首先相信权威机构（42.7%）的建议，其次是其他人的评价（24.4%），而只有7%的人相信服务商的宣传。

（2）题十二：对健康服务商提供的产品和服务效果的评价依据（多选）

表48 服务商和产品效果的评价依据

选项	实例数（人）	百分比（%）
亚健康服务商提供的检测数据	47	22.1
自我感觉	92	43.2
自己在第三方进行检测的数据对比	83	39.0

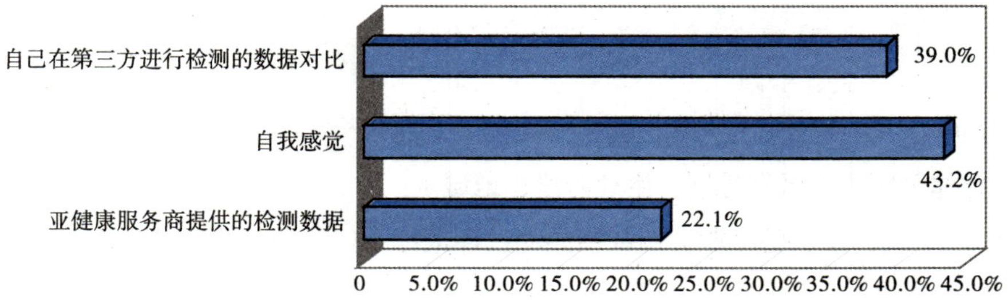

图48 服务商和产品效果的评价依据

初步结论：

在享受了健康服务商提供的产品和服务后，被调查人员对产品和服务效果的评价，43.2%的人依赖自我感觉（感性认识），更多的人（56.8%）选择通过检测数据衡量判断，而且优先选择第三方检测数据（39%），而不是服务商提供的检测数据。

2. 按照性别统计和对比

（1）题十一：挑选健康服务商或商品的选择依据（如购买营养品、加入健康会所、选择调理手段等）（多选）

表49 服务商和产品的选择依据（按照性别区分）

选项	男性		女性	
	实例数（人）	百分比（%）	实例数（人）	百分比（%）
自我感觉	37	39.4	45	37.8
服务商宣传	5	5.3	10	8.4
权威机构建议	40	42.6	51	42.9
听其他人的评价	15	16.0	37	31.1

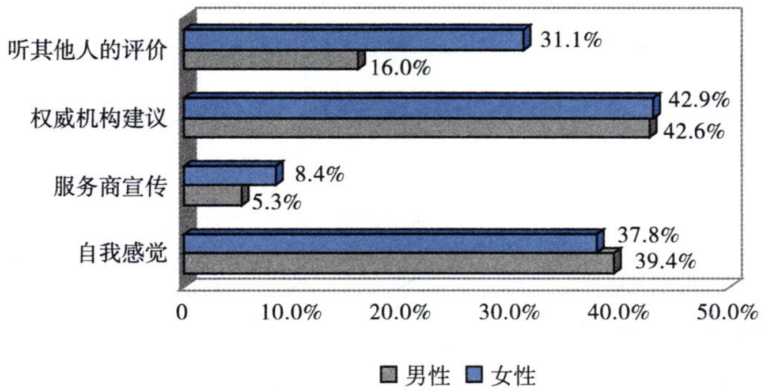

图49　服务商和产品的选择依据（按照性别区分）

初步结论：

对比百分比数字，男性非理性采购比例稍高于女性。

在理性采购行为中，权威机构的建议对两性影响最大。此外，女性比男性更愿意听取其他人的评价。

但无论男女，只有低于9%的人员愿意听取服务商宣传。

（2）题十二：对健康服务商提供的产品和服务效果的评价依据（多选）

表50　服务商和产品效果的评价依据（按性别区分）

选项	男性		女性	
	实例数（人）	百分比（%）	实例数（人）	百分比（%）
亚健康服务商提供的检测数据	16	17.0	31	26.1
自我感觉	35	37.2	57	47.9
自己在第三方进行检测的数据对比	45	47.9	38	31.9

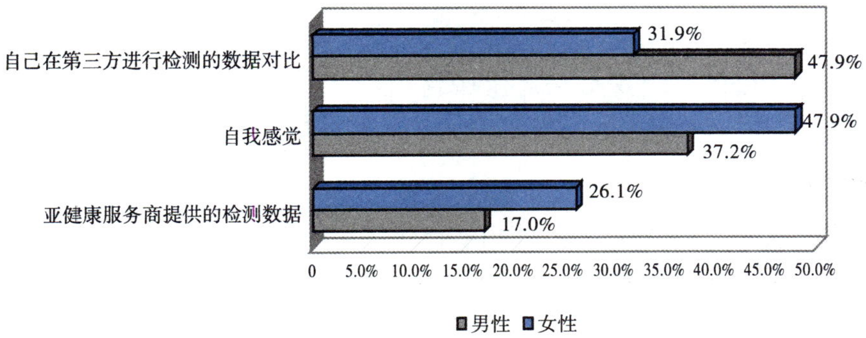

图50　服务商和产品效果的评价依据（按性别区分）

初步结论：

对比百分比数字，在享受健康商品或服务后，对效果的评价，通过感性判断的女性比例高于男性。但无论男女，他们更多（超过57%）的是选择相信检测数据，而男性更为理性（达到64.9%）。在选择服务商提供的检测数据或第三方检测的数据来做判断依据时，男性选择比例接近1：2.8，女性比例接近1：1.2，显示男性更愿意使用第三方意见作为参考。

3. 按照生理阶段统计和对比

（1）题十一：挑选健康服务商或商品的选择依据（如：购买营养品、加入健康会所、选择调理手段等）（多选）

表51　服务商和产品的选择依据（按照生理阶段区分）

选项	上升期		下降期	
	实例数（人）	百分比（%）	实例数（人）	百分比（%）
自我感觉	46	39.3	36	37.5
服务商宣传	11	9.4	4	4.2
权威机构建议	47	40.2	44	45.8
听其他人的评价	29	24.8	23	24.0

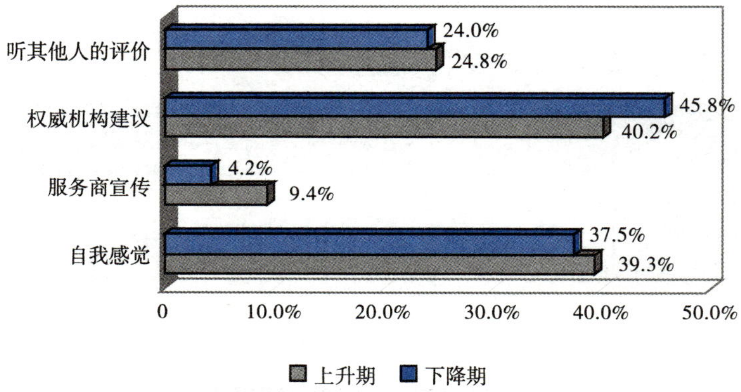

图51　服务商和产品的选择依据（按照生理阶段区分）

初步结论：

对比百分比数字，上升期人员非理性采购比例稍高于下降期人员。

在理性采购行为中，权威机构的建议对被调研人员影响最大，其次是第三者的评价。

上升期人员更愿意听取服务商宣传，但人员比例也不超过10%。

（2）题十二：对健康服务商提供的产品和服务效果的评价依据（多选）

表52　服务商和产品效果的评价依据（按生理阶段区分）

选项	上升期		下降期	
	实例数（人）	百分比（%）	实例数（人）	百分比（%）
亚健康服务商提供的检测数据	28	23.9	19	19.8
自我感觉	50	42.7	42	43.8
自己在第三方进行检测的数据对比	46	39.3	37	38.5

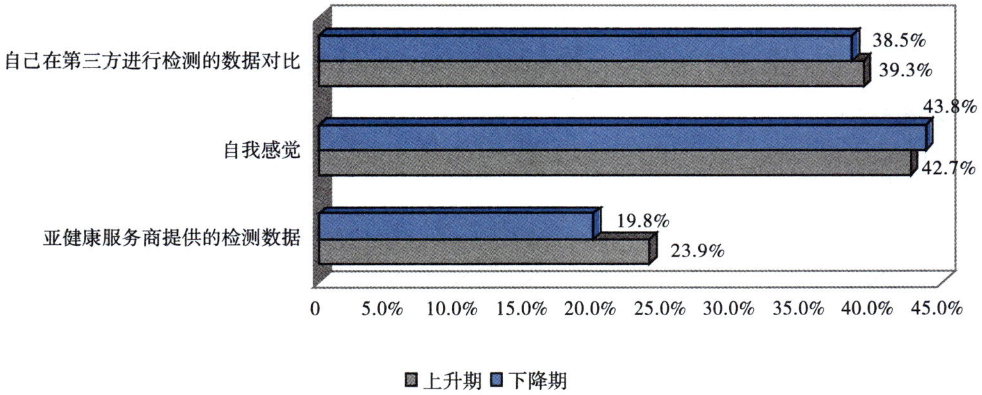

图52　服务商和产品效果的评价依据（按生理阶段区分）

初步结论：

对比百分比数字，在享受健康商品或服务后，对效果的评价，通过感性判断的比例均不超过44%，选择理性判断的人员更加愿意选择第三方检测的数据来做判断依据。

4. 按照地域统计和对比

（1）题十一：挑选健康服务商或商品的选择依据（如：购买营养品、加入健康会所、选择调理手段等）（多选）

表53　服务商和产品的选择依据（按照地域区分）

选项	东部		中部	
	实例数（人）	百分比（%）	实例数（人）	百分比（%）
自我感觉	44	36.4	38	41.3
服务商宣传	9	7.4	6	6.5
权威机构建议	58	47.9	33	35.9
听其他人的评价	27	22.3	25	27.2

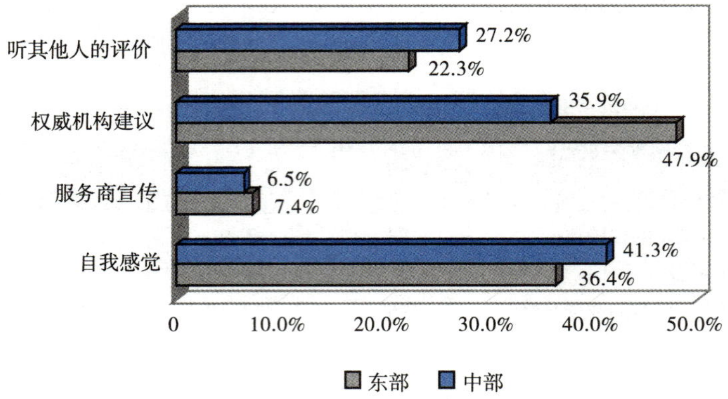

图53　服务商和产品的选择依据（按照地域区分）

初步结论：

对比百分比数字，中部地区人员非理性采购比例高于东部地区人员约5%。

在理性采购行为中，权威机构的建议对两地区人员影响最大，其次是第三者的评价。

东部地区人员更愿意听取服务商宣传，但人员比例也不超过8%。

（2）题十二：对健康服务商提供的产品和服务效果的评价依据（多选）

表54　服务商和产品效果的评价依据（按地域区分）

选项	东部		中部	
	实例数（人）	百分比（%）	实例数（人）	百分比（%）
亚健康服务商提供的检测数据	27	22.3	20	21.7
自我感觉	54	44.6	38	41.3
自己在第三方进行检测的数据对比	45	37.2	38	41.3

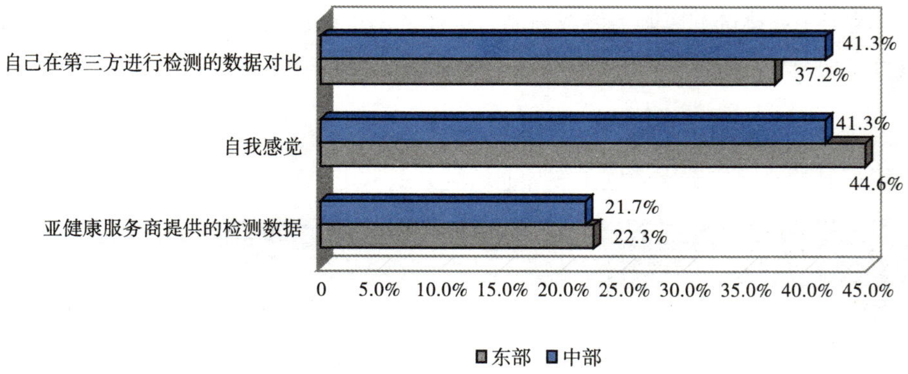

图54　服务商和产品效果的评价依据（按地域区分）

初步结论：

对比百分比数字，在享受健康商品或服务后，对效果的评价，两地区人员通过感性判断的比例均不超过45%，选择理性判断的人员更愿意选择第三方检测的数据来做判断依据。

（六）对健康产业标准化管理有效性的预期

题十三：健康服务产品和服务商进行标准化管理是否对消费者有帮助（单选）

1. 整体分析（不区别性别、生理阶段、地域）

表55　对标准化管理的认识

选项	实例数（人）	百分比（%）
有	128	60.1
无	11	5.2
说不好	74	34.7

注：标准化管理指评级制度、服务内容公示制度、服务人员上岗资质考核等。

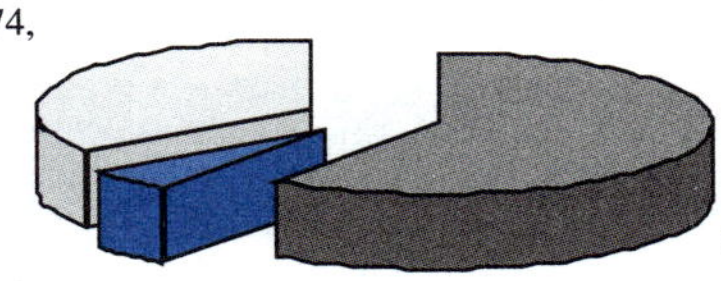

图55　对标准化管理的认识

初步结论：

大多数（60.1%）被调查人员认可：对健康服务产品和服务商进行标准化管理，可以让他们受益。但是还有34.7%的人员对此心存疑虑。

2. 按照性别统计和对比

表56　对标准化管理的认识（按性别区分）

选项	男性		女性	
	实例数（人）	百分比（%）	实例数（人）	百分比（%）
有帮助	56	59.6	72	60.5
无帮助	5	5.3	6	5.0
说不好	33	35.1	41	34.5

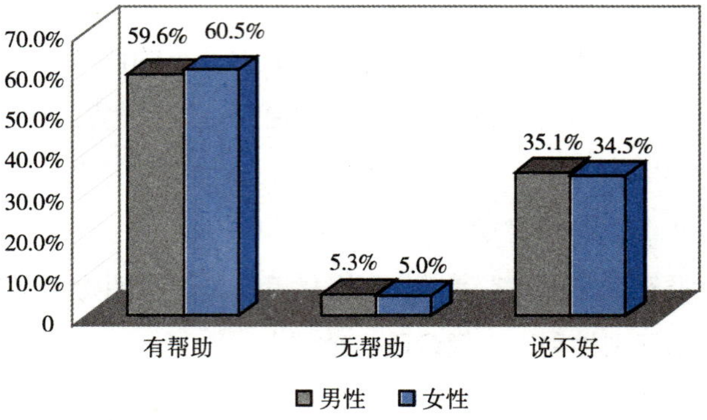

图56 对标准化管理的认识（按性别区分）

初步结论：

对比百分比数字，男、女性约60%表示同意：标准化管理能让消费者获益。同时两性约35%表示怀疑。两性观点趋同。

3. 按照生理阶段统计和对比

表57 对标准化管理的认识（按生理阶段区分）

选项	上升期		下降期	
	实例数（人）	百分比（%）	实例数（人）	百分比（%）
有帮助	74	63.2	54	56.3
无帮助	9	7.7	2	2.1
说不好	34	29.1	40	41.7

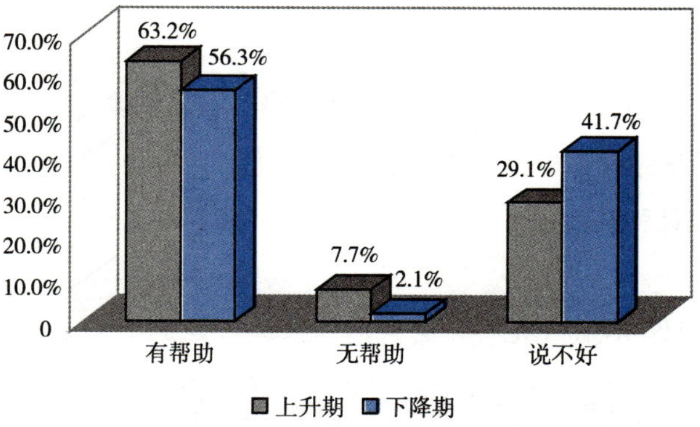

图57 对标准化管理的认识（按生理阶段区分）

初步结论：

对比百分比数字，上升期人员更多表示同意：标准化管理能让消费者获益。而下降期人员则多表示怀疑。

4. 按照地域统计和对比

表58 对标准化管理的认识（按地域区分）

选项	东部		中部	
	实例数（人）	百分比（%）	实例数（人）	百分比（%）
有帮助	78	64.5	50	54.3
无帮助	3	2.5	8	8.7
说不好	40	33.1	34	37.0

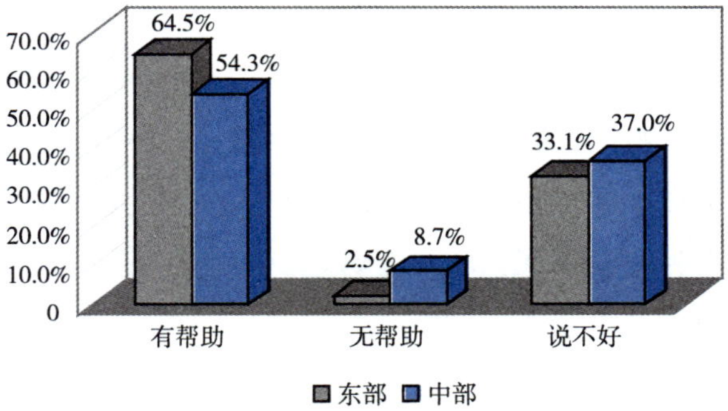

图58 对标准化管理的认识（按地域区分）

初步结论：

对比百分比数字，东部地区人员更多（64.5%）表示同意：标准化管理能让消费者获益，超过中部地区10%。而中部地区人员则多表示怀疑（37%）。

（七）年健康消费状况

题十四：一年中购买的健康服务或商品价值（单选）

1. 整体分析（不区别性别、生理阶段、地域）

表59 年健康消费

金额（元）	实例数（人）	百分比（%）
0	19	8.9
小于500	62	29.1
500～1000	52	24.4
1000～2000	37	17.4
2000～5000	27	12.7
5000～10000	12	5.6
大于10000	4	1.9

注：健康服务或商品包括足疗、按摩、健身、SPA、汗蒸、周边旅游等，不包括购买健康保险或远途旅游。

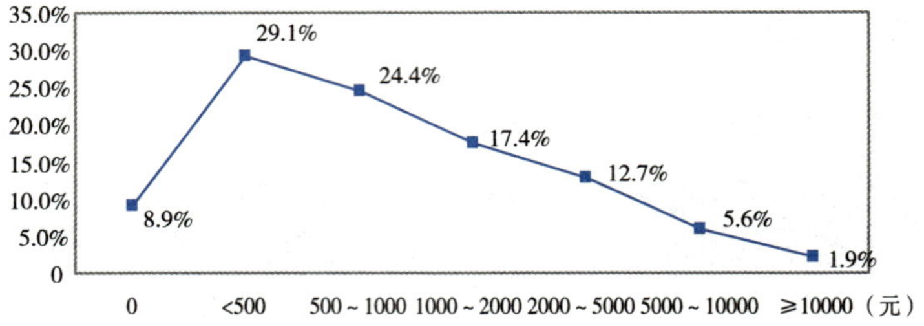

图59　年健康消费

初步结论：

8.9%的被调查人员年健康消费为零。

存在健康消费的人群中，53.5%人群年消费金额小于1000元，即月消费不足100元；30%人群年消费金额在1000～5000元，即月消费100～400元；7.5%人群年消费金额在5000元以上，即月消费超过400元。

2. 按照性别统计和对比

表60　年健康消费（按照性别区分）

金额（元）	男性		女性	
	实例数（人）	百分比（%）	实例数（人）	百分比（%）
0	9	9.6	10	8.4
小于500	26	27.7	36	30.3
500～1000	21	22.3	31	26.1
1000～2000	21	22.3	16	13.4
2000～5000	12	12.8	15	12.6
5000～10000	4	4.3	8	6.7
大于10000	1	1.1	3	2.5

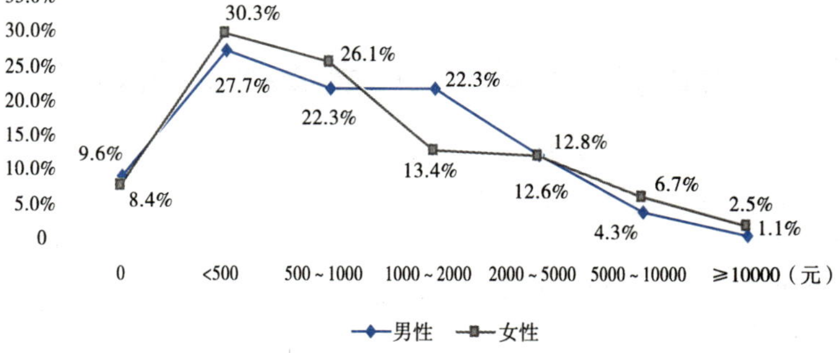

图60　年健康消费（按照性别区分）

初步结论：

对比百分比数字，年健康消费5000元以下，两性相近。但是超过5000元的高额消费，男性消费低于女性。

按照折线面积计算，女性消费总额高于男性。

3. 按照生理阶段统计和对比

表61　年健康消费（按照生理阶段区分）

金额（元）	上升期		下降期	
	实例数（人）	百分比（%）	实例数（人）	百分比（%）
0	8	6.8	11	11.5
小于500	41	35.0	21	21.9
500～1000	27	23.1	25	26.0
1000～2000	21	17.9	16	16.7
2000～5000	13	11.1	14	14.6
5000～10000	4	3.4	8	8.3
大于10000	3	2.6	1	1.0

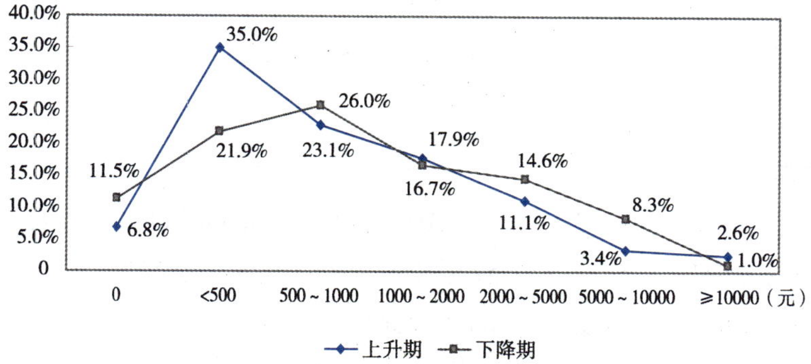

图61　年健康消费（按照生理阶段区分）

初步结论：

对比百分比数字，小于500元的年健康消费，上升期人员多于下降期人员。但是消费额为0或超过500元的健康消费，下降期人员消费高于上升期人员。

按照折线面积计算，下降期人员消费总额高于上升期人员。

4. 按照地域统计和对比

表62　年健康消费（按照地域区分）

金额（元）	东部		中部	
	实例数（人）	百分比（%）	实例数（人）	百分比（%）
0	11	9.1	8	8.7
小于500	31	25.6	31	33.7
500～1000	31	25.6	21	22.8
1000～2000	23	19.0	14	15.2
2000～5000	15	12.4	12	13.0
5000～10000	8	6.6	4	4.3
大于10000	2	1.7	2	2.2

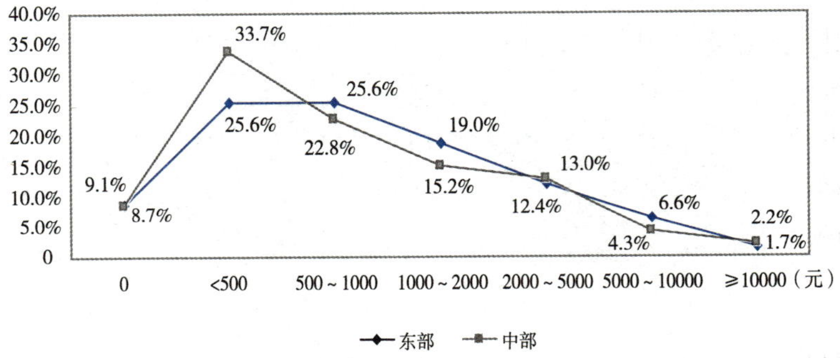

图62　年健康消费（按照地域区分）

初步结论：

对比百分比数字，中部地区年健康消费小于500元、2000～5000元和大于10000元的人员比例高于东部地区，而在其他消费范围的人员比例小于东部地区。

但是，中部地区0消费人员比例低于东部地区。

按照折线面积计算，东部地区消费总额高于中部地区。

四、调研分析汇总

综上所述，汇总结论如下。

1. 被调研人员对自身健康的态度

绝大多数（90.1%）的被调研人员认为自己应对自身健康承担主要责任，生理处于下降期的被调查人员和中部地区人员更认为自己应对自身健康承担主要责任。

依赖医疗机构医生的被调研人员只占6.1%，依赖健康服务机构的占3.8%，依赖家人的占0.9%。女性更偏向于依靠医生，而男性则偏向于依靠健康服务机构且会依赖家人；生理处于下降期的被调查人员不会依赖家人；东部地区人员首先偏向于依靠医生，其次是健康服务机构，而中部地区的选择比例相同，两地区都存在依赖家人的情况。

2. 被调研人员自身对于健康、亚健康等常识的认知和体验

无论性别、生理阶段和地域分别，绝大多数被调研人员对“健康”的定义，已不再停留在单纯的躯体健康，而同时关注心理健康。但是了解“健康”还应包括社会适应性和道德健康的被调研人员只占近50%。

无论性别、生理阶段和地域分别，绝大多数被调研人员知道“疾病”和“亚健康”名词而不清楚内涵，只有17.8%的被调研人员表示明确两者之间的区别，其中女性、中部地区、下降期人员较好。对此完全不清楚的被调研人员为男性、东部地区和上升期人员。

无论性别、生理阶段和地域分别，大多数被调研人员知道存在“个体差异”现象，其中女性、中部地区、下降期人员较多。

被调研人员参加健康体检，但是无论性别、生理阶段和地域分别，知道健康体检的评判标准是临床标准的只占约40%，其中女性、东部地区、下降期人员较多。

未参加过亚健康检查体验的被调研人员占70.4%。其中，女性、东部地区、下降期人员较多。明确知道自己参加过亚健康检查的只有22.1%。其中，男性、东部地区、上升期人员较多。

3. 被调研人员自我健康管理能力和期望

绝大多数（93.4%）被调研人员没有全面自我健康管理的工具。但91.5%的被调研人员愿意参与自我健康管理，其中女性或生理处于上升期的人员比例高。虽然52.1%的被调研人员依然选择了一年一次的检测频率，但是接近半数（44.6%）的被调研人员认为应该提高检测频率，才能确保充分了解自身健康状况。其中，女性、上升期人员和中部地区人员更为主动。

4. 被调研人员对自身健康状况的判断和期望

近期，被调研人员大多数（71.4%）处于亚健康状态，健康状态为27.7%，疾病状态为2.8%，慢病状态为4.2%。其中，女性亚健康、疾病人数比例均高于男性，而慢病比例基本一致，健康状态则男性比例高，上升期人员亚健康人数比例高。但健康人员、疾病人员和慢病人员则多于下降期人员；东部地区人员疾病、慢病人数比例高于中部地区人员，而健康人员、亚健康人员比例基本一致。

5. 被调研人员在健康消费中的评判依据

在挑选健康服务商或商品时，非理性（凭自我感觉）进行采购的被调查人员达到

38.5%，其中，男性、上升期人员、中部地区人员比例高；理性（听取建议后）进行采购的被调研人员，首先相信权威机构的建议，其中女性、下降期、东部地区人员较多；其次是听取其他人的评价（24.4%），其中女性、下降期、中部地区人员较多；最后，只有7%的人员相信服务商的宣传，其中女性、上升期、东部地区人员较多。

在享受了健康服务商提供的产品和服务后，被调查人员对产品和服务效果的评价，43.2%的人群依赖自我感觉（感性认识），其中女性、下降期、东部地区人员比例较高。

更多的人群（56.8%）选择通过检测数据衡量判断，而且他们优先选择相信第三方检测数据（占39%），其中男性、上升期、中部地区人员比例较高；而相信服务商提供的检测数据只占22.1%，其中女性、上升期、东部地区人员比例较高。

6. 被调研人员对健康产业标准化管理有效性的预期

大多数（60.1%）被调研人员认可：对健康服务产品和服务商进行标准化管理，可以让他们受益。但是还有34.7%的人对此心存疑虑，明确持否定态度的占5.2%。其中，生理阶段处于上升期的人员或东部地区人员更多的表示认可，而下降期人员或中部地区人员则多表示怀疑。此外，持否定态度的人员为生理阶段处于上升期的人员或中部地区人员。

7. 被调研人员年健康消费状况

被调查人员中年健康消费为零的比例为8.9%。在有健康消费的人群中，53.5%的人群年消费金额小于1000元，即月消费不足100元；30%的人群年消费金额在1000~5000元，即月消费100~400元；7.5%的人群年消费金额在5000元以上，即月消费超过400元。

女性消费总额高于男性，下降期人员消费高于上升期人员，东部地区消费总额高于中部地区。

8. 特别说明

按照性别对比分析，明显差异表现在：（1）女性更希望提高检测频率以了解自身生理状况。（2）女性疾病人员比例远高于男性。（3）两性在健康消费后对服务商或产品的评价标准，女性首选凭自身感觉，其次选择通过第三方检测获取数据对比来进行判断；而男性则相反。但两性都把服务商提供的检测数据排在最后。

按照生理阶段对比分析，明显差异表现在：（1）生理处于上升期阶段的人员更希望提高检测频率以了解自身生理状况；（2）生理处于下降期的人员患疾病和慢病比例高于上升期人员。

按照地域对比分析，明显差异表现在：（1）中部地区人员更希望提高检测频率以了解自身生理状况；（2）东部地区人员患疾病和慢病比例高于中部地区人员；（3）在健康消费前对服务商或产品的选择标准，东部地区人员首先听取权威机构建议，而中部地区人员则依靠自我感觉，但两地区人员都把服务商的宣传放在最后考虑。

五、结论与建议

结论如下：

（1）普遍认识到自己对自身健康负有责任。

（2）普遍认识到健康不仅包括躯体健康，还要包括心理健康；对健康常识了解不足；亚健康检测体验少，需要加强健康教育。

（3）绝大多数愿意进行自我健康管理，但几乎没有自我健康管理的工具；近半数人员希望提高检测频率，而不再是一年一次，自我健康保护意识在不断加强。

（4）大多数人处于亚健康状态，随着年龄增长，慢病和疾病人员比例增高，亚健康问题是需要解决的首要问题。

（5）无论消费前还是消费后，自我感觉一直是评价依据之一。但大多数人员相信权威机构的宣传，相信第三方检测数据，而不是服务商的自我介绍和自我检测结论。大众愿意相信权威机构和第三方“数据”。

（6）60%的人认为标准化工作可以令他们受益，但35%的人心存疑虑，需要树立公众信心。

（7）90%的人有健康消费，消费市场巨大。

依据上述分析结果，我们建议：

（1）加强健康理念和常识的普及传播，让人们了解最新的健康理念和健康常识。

（2）为人们提供全面自助的健康管理工具，而非临床疾病自查工具。提高检测频率，使他们时刻可以了解自身生理状态，及时进行自我干预调理，让大多数人减轻或消除亚健康状态。

（3）标准化工作不仅要执行，还要尽快完成落地实施并向民众开放，维护权威机构的声誉，树立第三方独立检测评估机构的地位。

（4）健康消费市场巨大，应引导消费者依靠独立第三方的检测数据作为客观评判依据。既避免不良商家依靠虚假宣传和作弊数据欺诈消费者，也避免消费者仅凭自我感觉不佳（个体差异造成）而可能给健康服务商带来的不公评价和负面影响。

六、未来展望

“中医预防保健（治未病）规范及技术标准”的制定和推广之路前景光明，但道路曲折。

我们认为：未来“中医预防保健（治未病）规范及技术标准”的推广，首先建立一个技术管理平台，然后围绕这个技术平台形成政府监管；权威专家团队评判；产业投资人、技术拥有者、技术使用者、技术宣传者、技术服务的受益人（最终客户）参与监督的格局。

在这个技术管理平台上，全部信息透明公开。技术拥有者按照标准格式发布自身技术内容（推广宣传）；权威专家团队对技术内容予以客观评价并签字背书（专家个人声誉与技术捆绑，也有益于后期追责）；产业投资人可根据偏好选择投资项目（了解技术细节及专家评价）；技术使用者可以选择适宜自身发展的技能（了解技术细节及专家评价）；技术宣传者可以避免发布虚假信息；技术服务的受益人（最终客户）可以根据在享受技术服务前判断是否采购该服务，在享受技术服务后又可根据自身体验对该技术进行满意度评价。

通过一定时间的沉淀和筛选，各种技术将完成“优胜劣汰”。但必须指出：必须配备一个独立第三方的全面健康管理工具与这个技术管理平台共同使用，如在本皮书2015版中提及的第六代健康测评与管理技术“生命健康管控系统”。对技术效果的评价是通过大量人群的测评数据来完成，而不是单纯依据最终客户的满意度调查完成，这可以避免出现最终客户因个体差异带来的逆向选择，影响了对技术效果的真实评价。例如，A客户享受某技术服务后，由于自身个体差异原因感觉没有明显效果，因而认定该技术无效，在满意度调查中给予差评。但是使用第三方的全面健康管理工具测评后，发现通过100人、1000人、10000人，甚至更多人在享受该技术前后的测评数据对比，大比例人群测评数据或评分正向变化，说明A客户的情况仅是个案，不具有普遍性，该技术总体而言是有效的，从而保护“真正”有效的技术。

我们无法准确预测上述愿望何时实现。但是，我们坚信：中医预防保健（治未病）事业的发展需要“规范”“标准”“透明”“共赢”。

注释

（1）治未病："上医治未病"最早源自于《黄帝内经》所说："上工治未病，不治已病，此之谓也。""治"，为治理管理的意思。"治未病"即采取相应的措施，防止疾病的发生发展。其在中医中的主要思想是：未病先防和既病防变。未病先防重在于养生。主要包括：法于自然之道，调理精神情志，保持阴平阳秘这三个方面。既病防变，顾名思义，已经生病了就要及时治疗，要能够预测到疾病可能的发展方向，以防止疾病的进一步进展。疾病的发展都有顺逆传变的规律，正确预测疾病的发展则能够及时阻断疾病的加重或转变。在中医理论基础中，脏腑之间有阴阳五行相生相克的关系，所以在疾病的发展传变中主要包括五行传变、表里内外的传变。（百度百科：http://baike.baidu.com/view/126904.htm?fr=aladdin）

（2）《黄帝内经·素问》上古天真论篇，"帝曰：人年老而无子者，材力尽邪？将天数然也？岐伯曰：女子七岁肾气盛，齿更发长。二七而天癸至，任脉通，太冲脉盛，月事以时下，故有子。三七肾气平均，故真牙生而长极。四七筋骨坚，发长极，身体盛壮。五七阳明脉衰，面始焦，发始堕；六七三阳脉衰于上，面皆焦，发始白；七七任脉虚，太冲脉衰少，天癸竭，地道不通，故形坏而无子也。丈夫八岁肾气实，发长齿更。二八肾气盛，天癸至，精气溢泻，阴阳和，故能有子。三八肾气平均，筋骨劲强，故真牙生而长极。四八筋骨隆盛，肌肉满壮。五八肾气衰，发堕齿槁。六八阳气衰竭于上，面焦，发鬓斑白。七八肝气衰，筋不能动，天癸竭，精少，肾藏衰，形体皆极。八八则齿发去。肾者主水，受五脏六腑之精而藏之，故五脏盛，乃能泻。今五藏皆衰，筋骨解堕，天癸尽矣，故发鬓白，身体重，行步不正，而无子耳。"（百度百科：https://baike.baidu.com/item/上古天真论/8129602）

中医预防保健（治未病）技术服务标准制定
调查问卷

您好！

本问卷是“国家‘十二五’科技支撑计划·中医预防保健（治未病）服务技术研究与示范”项目的调查问卷。

请您根据自己的实际看法如实填写，本问卷所有数据仅供学术研究分析使用。

感谢您在百忙之中填写问卷。祝您健康！

一、基础信息

姓名：__________________男 / 女________________年龄：________________

身份证号：____________________________________手机：________________

二、主观选择

1. 您认为自身健康应主要由谁负责管理？

A.自己　B.医疗机构的医生　C.健康服务机构（如会所的私人管家）　D.家人

2. 您知道“健康”包含的内容？（多选）

A. 躯体健康　B.心理健康　C.社会适应性　D.道德健康

3. 您知道疾病和亚健康的区别？

A. 清楚　B.知道但不了解具体内容　C.完全不清楚

4. 您知道“个体差异”的存在？（如：对大多数人有效的治疗方案，对某人可能失效）

A. 知道　B.不知道

5. 您知道健康体检的评估标准是临床标准？（健康体检指在医疗机构进行的临床生化和临床科室检查，如血常规、X光、B超等；临床标准是疾病检查标准，非亚健康检测标准）

A. 不知道　B.知道

6. 您参加过亚健康检查？（非健康检查）

A. 有　B.无　C. 不清楚

7. 您愿意参与自我健康管理？（随时可以自我检测评估、获得针对个人的指导建议、进行历史数据对比等功能）

A.不愿意　　　　B.愿意

8. 您有全面自我健康管理的工具？

A.无　　　　B.有（请说明：　　　　　　　　）

9. 您认为充分了解自身健康状况，检测频率应是多少合适？（不包括因病就医检查）

A.每周一次　　　　B.每月一次　　　　C.每季度一次

D.半年一次　　　　E.一年一次　　　　F.随便

10. 您认为近期自身状态？（多选）

A. 健康　　　　B.亚健康（睡眠、疼痛、疲劳、抑郁、焦躁等）

C.疾病　　　　D.慢病（指高血压、高血脂、糖尿病等）

11. 您在挑选健康服务商或商品时选择依据是（如：购买营养品、加入健康会所、选择调理手段等）？（多选）

A. 自我感觉　　　　B.服务商宣传　　　　C.权威机构建议　　　　D.听其他人的评价

12. 您对健康服务商提供的产品和服务效果的评价依据？（多选）

A. 亚健康服务商提供的检测数据　　　　B.自我感觉

C.自己在第三方进行检测的数据对比

13. 您认为健康服务产品和服务商进行标准化管理对您是否有帮助？（如评级制度、服务内容公示制度、服务人员上岗资质考核等）

A.有　　　　B.无　　　　C.说不好

14. 您在一年中购买的健康服务或商品价值？（包括足疗、按摩、健身、SPA、汗蒸、周边旅游等，不包括购买健康保险或远途旅游）

A. 0　　　　B. 小于500元　　　　C. 500～1000元　　　　D. 1000～2000元

E. 2000～5000元　　　　F. 5000～10000元　　　　G. 大于10000元

Research on Populace's Health Awareness and Healthcare Service Consumption Behaviors

——A Baseline Research Report for the Project "Development of Specifications & Technical Standards for Chinese Medicine Prevention and Healthcare Service (Preventive Treatment) "

Jian Zhang, Bo Chen, Majie Zhou, Yangjing Su, Yuanping Chen

Abstract

The Research Group "Development of Specifications & Technical Standards for Chinese Medicine Prevention and Healthcare Service" (project number: 2012BAI41B03) belongs to the National Key Technology R&D Program from the Ministry of Science and Technology conducted a baseline research on populace's health awareness and health service consumption behaviors in Eastern- and Central China via questionnaires. According to Interpretation and analysis on statistical result covering 4 factors (overall, gender, physiological stage and geographical), the Research Group made recommendations on the development of the above specifications and standards.

Keywords

Preventive Treatment of Disease, Prevention and Healthcare Service, Health Awareness, Consumption Behaviors, Research Report

作者简介

陈元平

中国人民大学健康管理学院创院院长，国家中医药管理局治未病工作顾问专家，科学技术部“十二五”国家科技支撑计划“中医预防保健（治未病）服务技术研究与示范”项目评审专家组成员。

张健

中国人民大学健康管理学院院长助理。科学技术部“十二五”国家科技支撑计划“中医预防保健（治未病）服务技术研究与示范”项目之“中医预防保健（治未病）规范及技术标准制定”课题组成员。

陈博

北京中康本源医学研究院研究员。科学技术部“十二五”国家科技支撑计划“中医预防保健（治未病）服务技术研究与示范”项目之“中医预防保健（治未病）规范及技术标准制定”课题组成员。

周马杰

北京中康本源医学研究院研究员。科学技术部“十二五”国家科技支撑计划“中医预防保健（治未病）服务技术研究与示范”项目之“中医预防保健（治未病）规范及技术标准制定”课题组成员。

粟杨静

女，北京中康本源医学研究院研究员。科学技术部“十二五”国家科技支撑计划“中医预防保健（治未病）服务技术研究与示范”项目之“中医预防保健（治未病）规范及技术标准制定”课题组成员。

中国足部反射健康服务的发展概况与规范化建设需求

周马杰　廖海涛　马东华　张健　陈博　刘怡呈　何勇

摘要:

足部反射疗法有着悠久的历史。其发展过程继承了西方的自然疗法和反射理论，本土化过程中与中医学相结合，形成诊疗一体的保健方法。基于足部反射疗法的足部保健服务，其应用推广促进了足疗行业的发展壮大。同时，与足部按摩、足浴、沐足等概念的混淆以及从业者的职业素质都制约着足部反射健康服务的发展。足部反射健康服务的规范化可持续发展需要强化学科建设和监管机制，推动自身的转型升级。

关键词:

足部反射疗法　足疗行业　规范化

一、足部反射疗法的发展历史

足部反射疗法作为一种自然保健治疗方法既有着悠久的历史，同时又是一门年轻的学科。反射疗法的起源可以追溯到古埃及时代甚至更早。距今4500年历史的金字塔壁画中，有医者用手对患者手部和足部进行刺激治病的图像。在古印度和印加文明遗留下来的史料中也有类似发现。《史记·扁鹊仓公列传》中记载的上古时代神医俞跗，被后世认为是非药物疗法，包括反射疗法的宗师。然而长期以来，与药物、针灸等技术相比，以按摩为主的手足疗法未能成为主流，发展较为缓慢。直到20世纪初，欧美医生开始用现代科学对这种古代流传下来的手足按摩术进行整理研究，逐渐将它发展为一门基于神经反射理论的独立学科——反射学（reflexology），又称区域疗法（zone therapy），它是建立在与体内每一个器官和腺体相关联的足部反射区的理论基础之上。通过对这些足底反射点或区施加压力，来影响人体的内部器官和循环系统，从而达到强身健体的目的。

区域反射疗法的理论最早是在1913年，由美国耳鼻喉科医师威廉·菲兹杰拉尔德（William H. Fitzgerald，1872—1942）与替代疗法倡导者艾德温·鲍尔斯（Edwin F. Bowers，生于1871年，卒年不详）提出。威廉·菲兹杰拉尔德声称，他发现在按压手脚上的特定区域时，能带来麻醉的效果。1917年，两人合著《区域疗法》（*Zone Therapy*）一书，开始推广这一学说。此后，法国医师以区域反射疗法的原理找出耳部反射区，发展出了耳针疗法。20世纪80年代以来，人们日益关注药物副作用、耐药菌、过度医疗等问题造成的恶果，开始寻求替代疗法（alternative therapies）或补充疗法（complementary therapies），特别是不使用化学合成药物和不造成开放性损伤的自然疗法（natural therapies）。在这一形势下，反射学的研究和应用得到了广泛的重视，在欧美和亚洲都得以迅速传播。我国著名生物学家张颖清受反射学理论启发，进一步发展出全息生物学理论，在国内外学术界受到广泛关注。

改革开放以来，反射学逐渐通过港台地区经江苏海门传入我国内地。1990年4月在北京首次举办了足部反射区疗法健康研讨会。1991年7月，经国家卫生部、民政部批准，成立了中国足部反射区健康法研究会，开始有组织、系统地普及推广足部反射疗法，在全国各省、市、自治区培训了数以万计的反射学研究者和工作者。运用足部反射疗法的保健服务机构已遍及全国，形成了一个新的健康行业。在大量实践的基础上，反射学理论与中医学相结合，催生了具有中国特色的反射学理论，即中华反射学。

二、足部反射疗法的基本原理、技术特点与发展现状

（一）基本原理

反射疗法（reflexotherapy）是反射学在医疗保健领域的实际应用。反射疗法是建立在现代反射理论基础上，采用手法或其他方法，对人体体表各全息元中的反射区（点）施加刺激，引起人体内部生理调整的自然疗法。我国足疗行业运用的足部反射疗法是基于20世纪90年代形成的中华反射学理论，其理论核心是承认和依靠机体内固有的自我调节能力（自我治疗和自我修复能力），治疗原则是运用适当的刺激使机体做出适应性的反应，从而启动机体的自我调节机制，发挥机体潜在的防御能力、自疗和自愈能力，克服内外病理因子的干扰，取得防病治病的效果。中华反射学在反对过度依赖药物和滥用手术的同时，并不否定常规医学手段，而是将自身定位成常规医学的补充或辅助手段。

（二）技术特点

足部反射区疗法最显著的特点是调动人体内部的潜能战胜疾病，不服药，又无副作用，所以意味着是不破皮的针灸。还有一个显著的特点是诊断、治疗和评估密切结合，

与中医学的辨证论治、内病外治等理论一脉相承。通过反射区的敏感点发现某个反射区的疾病信号，可以起到预防的作用；也能够确定病灶加以治疗，使病变的器官得到良性的刺激，起到治疗的作用。在治疗的过程中，又可以通过敏感点的反应不断感觉病情的变化，做到对症治疗。这种诊疗一体、动态评估的技术特点十分适合中医预防保健服务的模式，安全有效且经济简便，可在基层、社区、乡镇医疗服务和医养结合等领域发挥作用。

（三）发展现状

足部反射疗法在我国历经20多年的发展，作为足部保健的核心技术，在全国各地得到了迅速推广和普及，推动了足疗产业的崛起。足疗行业自20世纪90年代中期以来不断发展壮大，在为广大城乡居民提供养生保健服务的同时，也实现了可观的经济效益，并提供了大量就业岗位。

据不完全统计，2014年足疗行业年产值为2160亿元，较2013年增长10%。截至目前，全国从业人员超过1500万人，按照每人每天服务2名客户，人均消费30元，每人全年工作300天计算，保守预计2017年行业总产值有望超过2700亿元。

同年9月，国内足疗业规模最大的品牌——重庆富侨在澳大利亚证交所成功上市，为足疗服务行业的发展注入了新的活力。

三、足部反射健康服务发展中的主要问题

足部反射健康服务当前主要面临两个方面的问题：与足部按摩、足浴、沐足等概念的混淆；从业者职业素质亟待加强。

（一）与足部按摩等概念的混淆

中国足部反射区健康法研究会通过近年来在全国各地的调查发现，不仅是消费者群体，即便在足疗从业者群体中，绝大部分人都把足部反射疗法与足部按摩混为一谈，能够明确两者定义和区别的，仅限于曾接受过中国足部反射区健康法研究会培训指导的技师。这一问题的形成有着历史原因。

我国的足部反射保健概念最早是从港台地区传入的。而港台地区足疗业的兴起则始自瑞士籍神父吴若石推广的足疗法。20世纪80年代初，在我国台湾地区传教的神父吴若石（Josef Eugster）以欧美流行的足部反射为理论基础，结合自身实践经验，撰写了介绍足部反射疗法的《病理按摩法》一书，当时发行的中文版将“foot reflexology”译为“脚底按摩”。“吴神父脚底按摩”在台湾地区产生了很大影响，其传播促成了八九十年代中国港澳台、日、韩和东南亚地区的足疗热潮。但问题也随之而来，“脚底按摩”这一通俗的译名使得传统按摩范畴的“足部按摩”（foot massage）与反射疗法范畴的“足部反

射”（foot reflexology）在海内外华语区混淆成了一个概念，且流传甚广，以至不仅是公众和媒体，如今就连很多从业者也道不清两者之间的区别。

实际上，足部反射疗法与足部按摩在原理和操作层面上都有区别：足部反射疗法旨在通过刺激特定的反射区来促进和改善相关脏器、器官的自我修复、自我疗愈功能。足底按摩则是以按摩手法改善足部微循环，使足部和小腿的肌肉、软组织得到充分的放松，进而改善周身的血液循环，使身心得到放松和休整。

可惜的是，这一问题在2007年开始实行的行业标准《足浴保健经营技术规范》（SB/T 10441—2007）中仍未得到解决。如该标准中“足浴保健”的英文名称其实是足部按摩的英文名称“foot massage”，定义中却提及了与足部反射理论有关的“生物全息理论”。在“足浴保健人员资格”中规定上岗人员应具有“足部按摩师职业资格证”，而在“足浴保健人员技能要求”中规定要掌握“足部反射区的分布规律和准确定位”。可见“足部反射疗法”与“足部按摩”这两个概念缠杂不清的程度。

“足浴”概念的兴起和相关行业标准的实行固然在客观上对足部保健服务的市场化、规范化发展及行业整合起到了一定的推动作用，但“足部反射疗法”与“足部按摩”的混同，无论是对于两者的学科建设和专业人才培训，还是对足部保健服务质量的评价和监管都是不利的。事实上，以足部反射和全息生物学为名而以足部按摩等其他服务为实的“足疗”“足浴”“沐足”服务如今比比皆是，其实际效果无法与正规的足部反射疗法相提并论，然而其泛滥却对足部反射疗法的口碑造成了不折不扣的损害，也给从业者和消费者造成很多不必要的误解。

（二）从业者职业素质亟待加强

与上文所提到的问题相比，足疗从业者职业素质对服务质量的影响更为直接，也是公众和媒体关注的重点。为此，中国足部反射区健康法研究会与北京中康本源医学研究院合作编写了《足疗行业人力资源调查问卷》，并于2017年9月1—20日对国内多家大型足疗服务机构从业人员进行微信在线调研，共获得问卷340份，其中有效问卷337份。以下为统计结果和简要分析。

1. 不同性别从业人员生态

表1 受教育情况

X/Y	初中及以下	中专	高中	大专	本科及以上
男	38（31.67%）	19（15.83%）	32（26.67%）	26（21.67%）	5（4.17%）
女	98（45.16%）	21（9.68%）	40（18.43%）	54（24.88%）	4（1.84%）

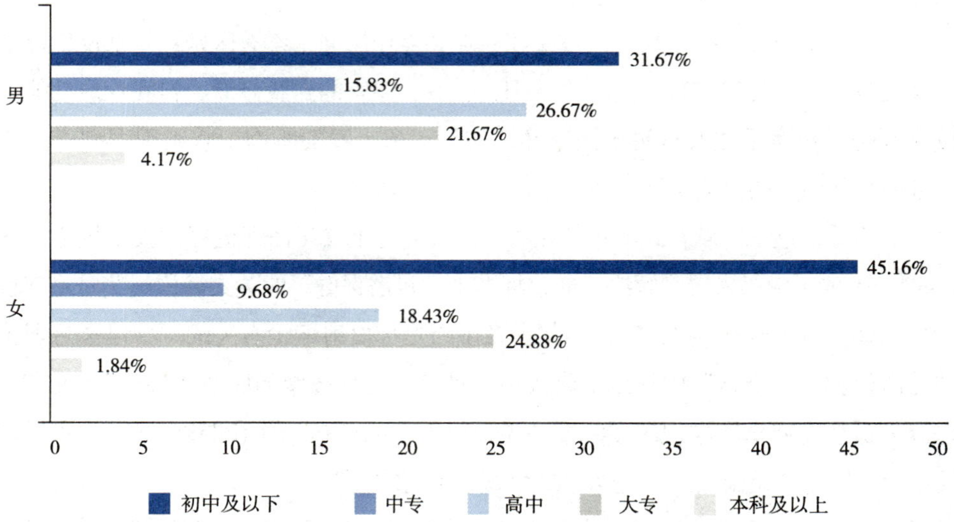

图1　教育情况

表2　从事足疗工作的时间

X/Y	小于等于半年	半年至一年	一年至两年	两年以上
男	11（9.17%）	7（5.83%）	13（10.83%）	89（74.17%）
女	59（27.19%）	16（7.37%）	30（13.82%）	112（51.61%）

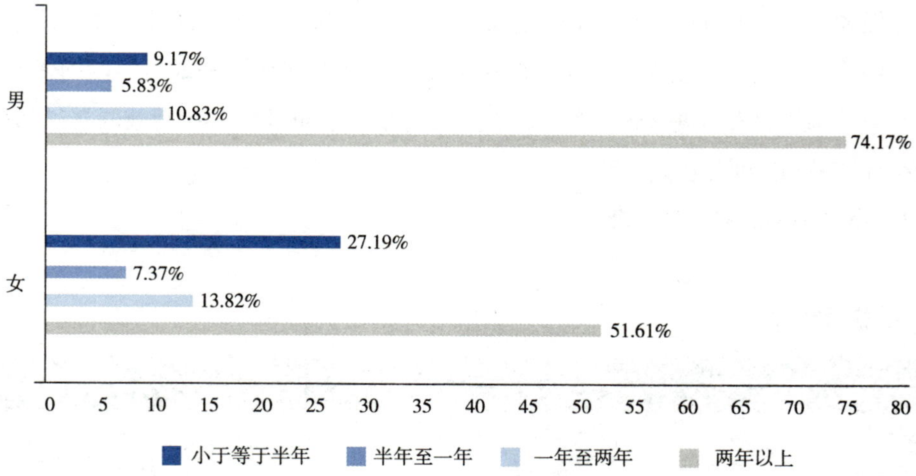

图2　从事足疗工作的时间

表3　初次上岗前学习足疗技术的时间

X/Y	无专时培训，边干边学	≤5	6～10	11～30	>30
男	20（16.67%）	13（10.83%）	15（12.5%）	30（25%）	42（35%）
女	39（17.97%）	20（9.22%）	34（15.67%）	74（34.1%）	50（23.04%）

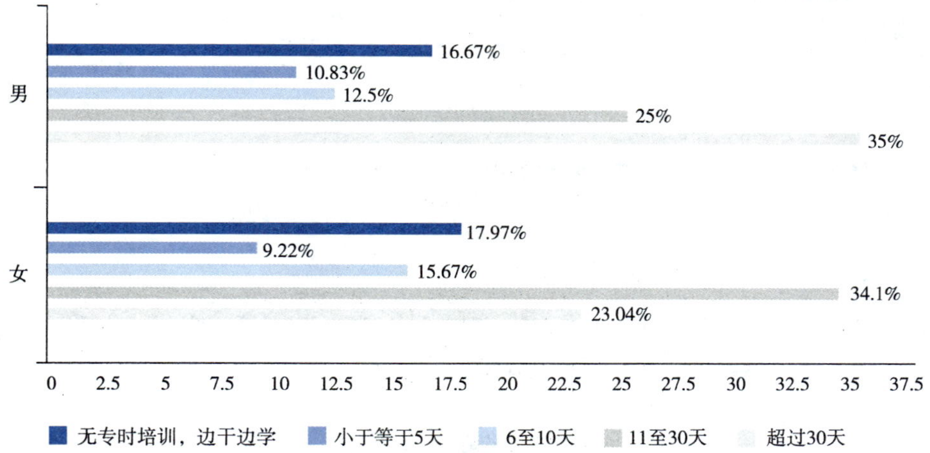

图3　初次上岗前学习足疗技术的时间

表4　拥有与足疗技术相关的毕业证书或职业培训证书

X/Y	无	有
男	54（45%）	66（55%）
女	152（70.05%）	65（29.95%）

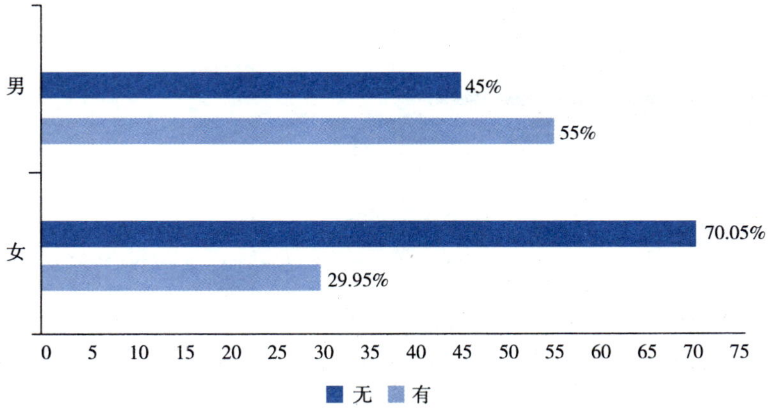

图4　拥有与足疗技术相关的毕业证书或职业培训证书

表5　当前工作岗位

X/Y	初级技师	中级技师	高级技师	其他岗位
男	16（13.33%）	36（30%）	29（24.17%）	39（32.5%）
女	55（25.35%）	61（28.11%）	56（25.81%）	45（20.74%）

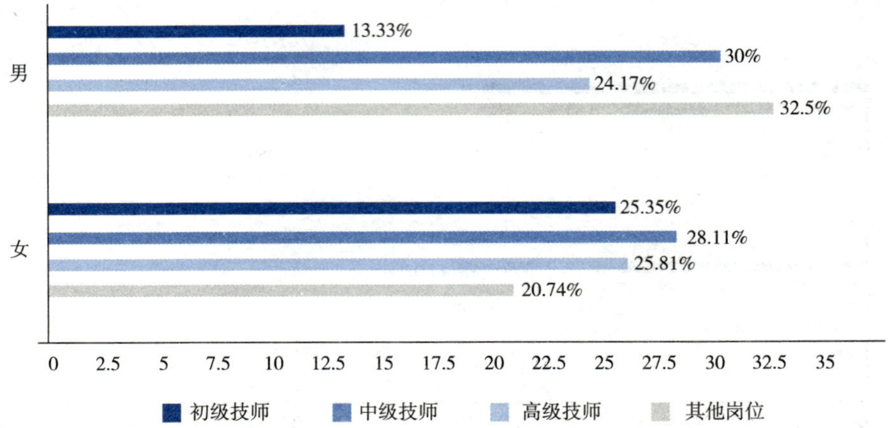

图5　当前工作岗位

表6　当前月收入水平（元）

X/Y	<1500	1500～2500	2501～3500	3501～5000	5001～10000	>10000
男	7（5.83%）	4（3.33%）	13（10.83%）	37（30.83%）	43（35.83%）	16（13.33%）
女	41（18.89%）	7（3.23%）	14（6.45%）	48（22.12%）	87（40.09%）	20（9.22%）

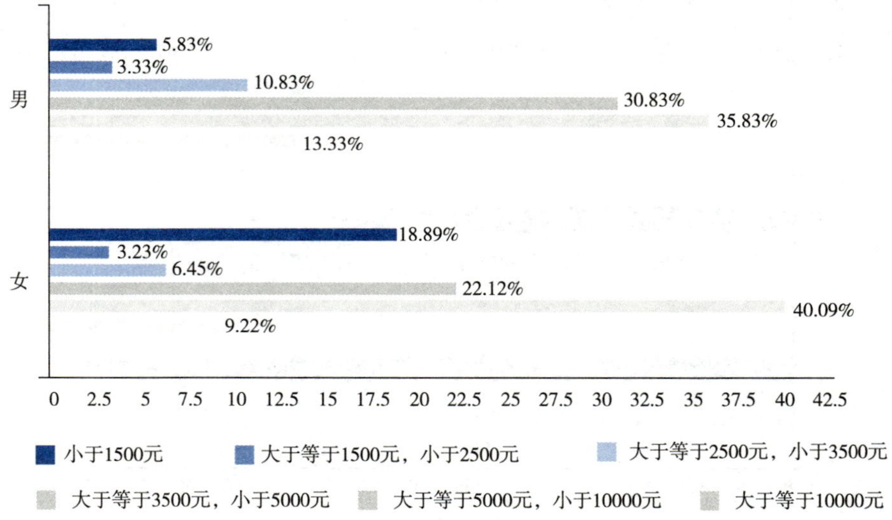

图6　当前月收入水平

表7　当前工作城市级别

X/Y	省会城市	地级市	其他城市
	62（51.67%）	33（27.5%）	25（20.83%）
女	99（45.62%）	45（20.74%）	73（33.64%）

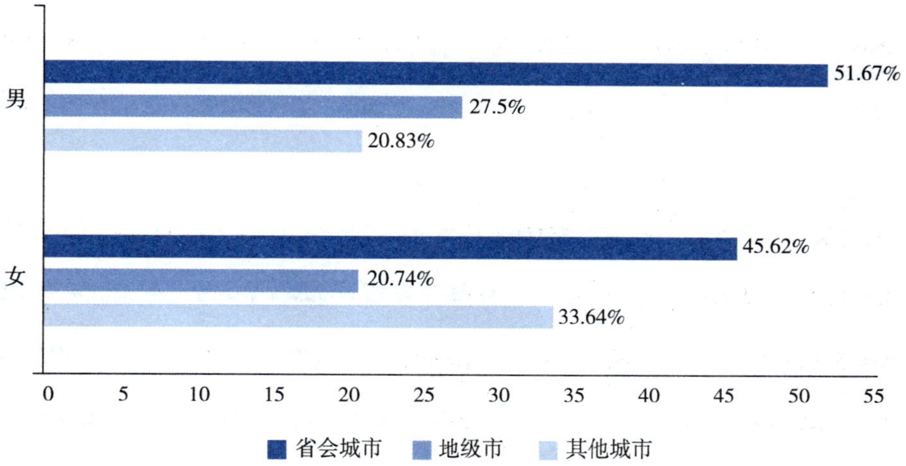

图7　当前工作城市级别

按照性别对照统计分析，男性从业人员的职业素质和收入水平均占优势，表现在：男性教育背景整体高于女性；从业时间两年以上的人员比例高于女性；初次上岗前学习技能时间长于女性；通过学习和进修拥有相关证书的比例高于女性；更多处于中级及以上岗位或管理类岗位；月收入3500元以上的人数占比高于女性，特别是月收入超过10000元的人数占比高于女性。从业人员中男性尽管人数比例低于女性，但是业内个人职业发展大多优于女性。很多从业者认为，女性足疗技师在不同程度上受到了社会偏见的影响。

此外可见基础教育、技能学习时间和在职进修、工作经验积累等因素，与职业岗位和收入水平呈正相关。

2. 不同年龄段从业人员生态

表8　教育情况

X/Y	初中及以下	中专	高中	大专	本科及以上
≤20岁	7（12.28%）	1（1.75%）	7（12.28%）	42（73.68%）	0
21～25岁	29（51.79%）	7（12.5%）	7（12.5%）	12（21.43%）	1（1.79%）

续表

X/Y	初中及以下	中专	高中	大专	本科及以上
~30岁	39（45.88%）	12（14.12%）	26（30.59%）	6（7.06%）	2（2.35%）
31~40岁	50（50.51%）	13（13.13%）	23（23.23%）	11（11.11%）	2（2.02%）
41~60岁	11（28.95%）	7（18.42%）	9（23.68%）	8（21.05%）	3（7.89%）
>60岁	0	0	0	1（50%）	1（50%）

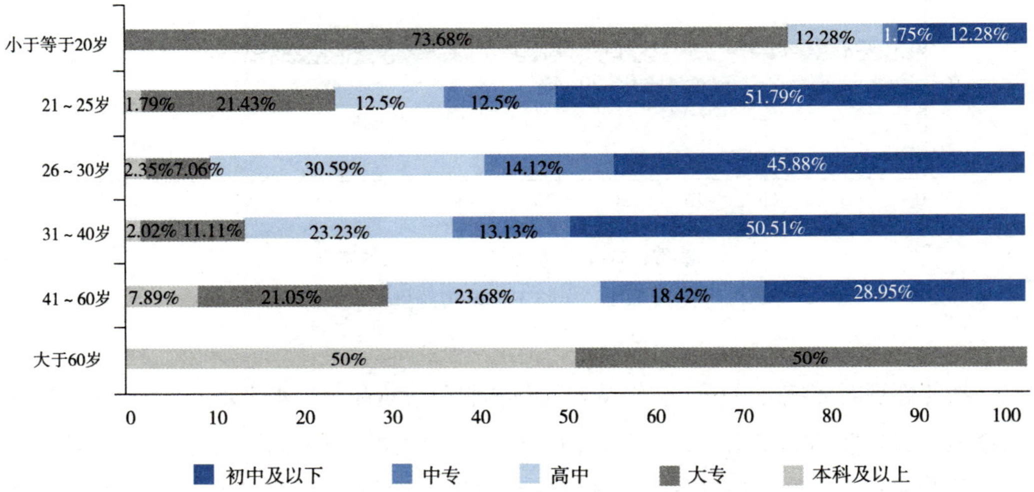

图8　教育情况

表9　初次上岗前学习足疗技术的时间（天）

X/Y	无专时培训	≤5	6~10	11~30	>30
<21岁	26（45.61%）	18（31.58%）	4（7.02%）	4（7.02%）	5（8.77%）
21~25岁	8（14.29%）	3（5.36%）	12（21.43%）	25（44.64%）	8（14.29%）
26~30岁	7（8.24%）	4（4.71%）	16（18.82%）	34（40%）	24（28.24%）
31~40岁	10（10.1%）	4（4.04%）	13（13.13%）	33（33.33%）	39（39.39%）
41~60岁	7（18.42%）	4（10.53%）	4（10.53%）	8（21.05%）	15（39.47%）
>60岁	1（50%）	0	0	0	1（50%）

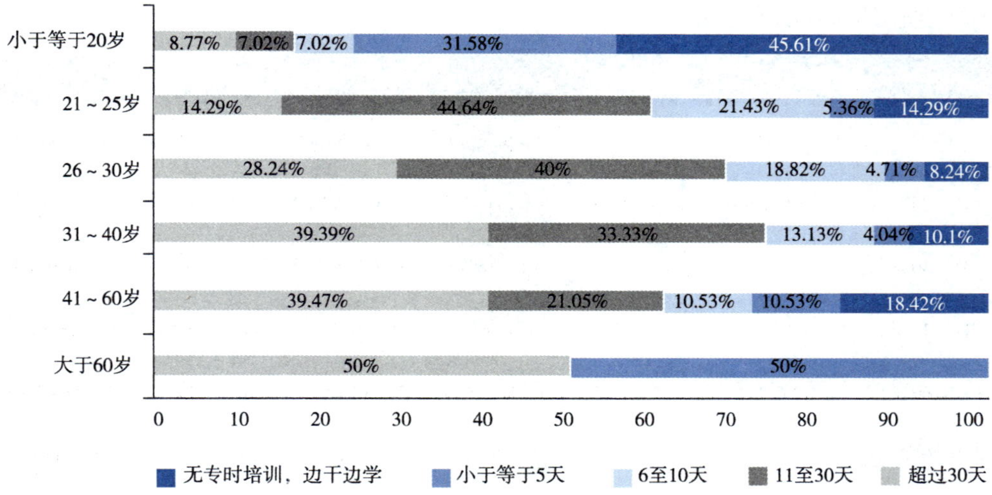

图9　初次上岗前学习足疗技术的时间

表10　拥有与足疗技术相关的毕业证书或职业培训证书

X/Y	无	有
≤20岁	53（92.98%）	4（7.02%）
21～25岁	45（80.36%）	11（19.64%）
26～30岁	52（61.18%）	33（38.82%）
31～40岁	47（47.47%）	52（52.53%）
41～60岁	9（23.68%）	29（76.32%）
>60岁	0	2（100%）

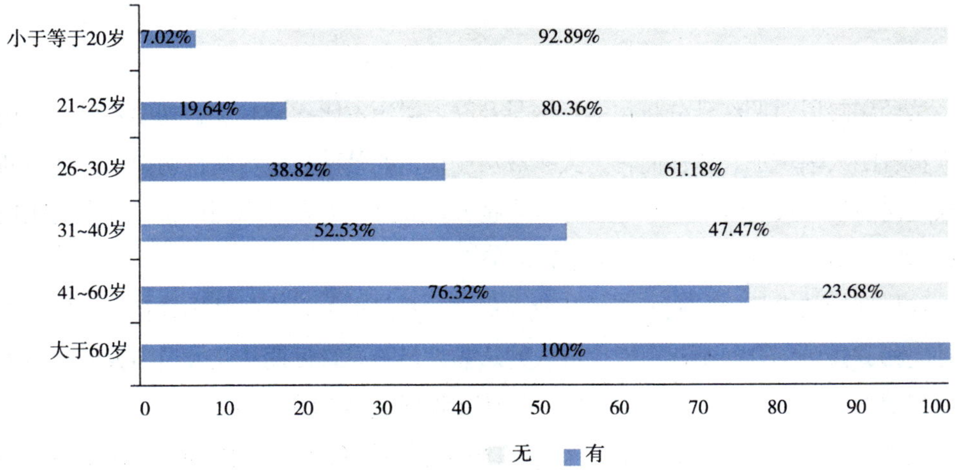

图10　拥有与足疗技术相关的毕业证书或职业培训证书

表11 当前月收入水平（元）

X/Y	<1500	1500～2500	2501～3500	3501～5000	5001～10000	>10000
	41（71.93%）	0	3（5.26%）	6（10.53%）	3（5.26%）	4（7.02%）
21～25岁	6（10.71%）	4（7.14%）	9（16.07%）	19（33.93%）	14（25%）	4（7.14%）
26～30岁	0	3（3.53%）	5（5.88%）	32（37.65%）	40（47.06%）	5（5.88%）
31～40岁	0	1（1.01%）	6（6.06%）	21（21.21%）	56（56.57%）	15（15.15%）
41～60岁	1（2.63%）	3（7.89%）	4（10.53%）	7（18.42%）	16（42.11%）	7（18.42%）
>60岁	0	0	0	0	1（50%）	1（50%）

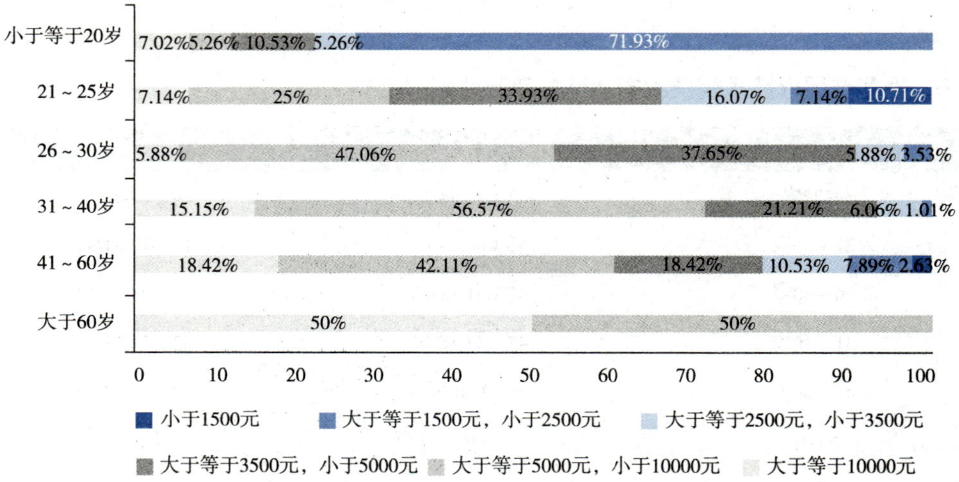

图11 当前月收入水平

按照年龄段对照统计分析可知：本科及以上学历占比逐渐减少，初中及以下学历从业人员占比大幅增加。整体而言，大多数从业人员的基础教育水平普遍提高；低龄新人初次上岗前学习技能时间越来越短；年龄越大，通过学习和进修拥有相关证书的比例越高；随年龄增加，收入水平基本呈上升趋势。

较早开始从事足疗行业的大龄从业人员（30岁以上）无论在基础教育、上岗技能学习时间和进修培训方面都优于近期进入的从业人员（尽管近期从业人员中大专学历人员比例在增加），可见近年来从业人员的职业培训要求标准有所下降。

此外，本次统计结果显示，尽管有约39%的从业者拥有相关毕业证书或职业证书，但职业证书种类繁多且良莠不齐，其中有国家职业资格证书和相关管理部门的培训证书，如健康管理师、反射疗法师、中医预防调理师；同时也有某些社会培训机构的证书，其中相当一部分证书现已被管理部门取消、取缔或本身不具有合法性。

四、足部反射保健服务的规范化建设

面对以上两大问题，以及经营模式粗放、同质化竞争激烈等保健服务行业普遍存在的问题，足部反射保健服务业该如何应对？我们认为应从以下三方面着手，进行规范化建设。

（一）加强学科建设，建立技术规范体系

中国足部反射区健康法研究会及各地区协会将与教育机构、科研机构和医疗机构合作，在中华反射学基础上，致力于足部反射疗法的理论体系研究、临床经验总结，在学术期刊上发表相关的研究成果。同时也要加大在媒体，尤其是网络媒体上的宣传力度，通过向公众普及反射学的应用知识，为足部反射疗法正本清源。此外，将着手推动足部反射疗法技术标准的制定，首先制定基本术语和技术要求，逐步形成完整的技术规范体系，以便从根本上解决足部反射疗法与足部按摩纠缠不休的历史问题。

（二）完善监管机制，建立服务规范体系

为了加强足疗行业监管力度和完善从业人员的职业培训及考核认证制度，中国足部反射区健康法研究会将与广大足疗服务机构和有关部门合作，制定足部反射健康服务基本规范、职业资格考核认证标准和服务质量评价标准，以构建完整的服务规范体系，从而为足疗行业服务质量提供保障，为从业者创造良好的职业发展前景。此外，借助智能移动网络和大数据技术手段，加强对市场需求的动态跟踪和分析，发展线上职业教育平台，也是当前服务规范化建设的工作重点。中康本源医学研究院开发设计的足部保健系统，就是一次足疗行业的技术创新和服务创新，不仅可以为客户提供“足部保健”的科普知识，而且提供便利的在线健康测评和个人定制化干预调理方案；同时也为行业从业人员提供中医养生与健康管理、反射疗法技能和健康服务规范流程等方面的实时在线辅助指导，协助服务人员从单纯“足疗师”向全面“健康保健师”转变。

（三）以反射疗法为本，推动行业转型升级

中国足部反射区健康法研究会将与有关部门研究反射疗法作为中医适宜技术进行推广的可行性。从行业的长远发展来看，反射疗法技师有必要纳入中医保健技师的范畴，这将有助于提升从业者的职业社会地位，避免人才流失。广大足疗服务机构应以中医养生保健服务机构为发展方向，同时开展商业模式创新，例如，建立在客户体验感基础上的多元化发展策略、线上线下结合的服务模式，保健产品乃至于智能家电、高端卫浴、护理用品等相关产品的体验销售等。

五、结论

足部反射疗法是足疗行业的核心技术和发展壮大的根本。足疗行业作为一个劳动密集型和技术密集型产业，是我国健康服务产业的重要组成部分之一。对足部反射健康服务而言，要想解决定位不清晰和从业者职业素质有待加强等问题，规范化发展是必由之路，建立技术规范体系和服务规范体系是当务之急，产、学、研、用相结合是可持续发展的有力保障。

参考文献

[1] 马东华．健康新科技［M］.银川：宁夏人民教育出版社，2003.

[2] 徐晓寅．足部反射疗法［M］.南京：东南大学出版社，2015.

[3] 刘德周．反射区理论研究实践［M］.北京：民族出版社，2014.

[4] 苏均平，姜北．学科与学科建设［M］.上海：上海第二军医大学出版社，2014.

[5] 邓泽民．职业教育教学设计［M］.北京：中国铁道出版社，2016.

Foot Reflexotherapy in China: Development and Standardization Construction

Majie Zhou, Haitao Liao, Donghua Ma, Jian Zhang, Bo Chen, Yicheng Liu, Yong He

Abstract

The foot reflexotherapy which inherited naturopathy and reflexology from the West in its long history combined with traditional Chinese medicine in the process of localization. The foot care service basing on foot reflexolotherapy that integrated diagnosis and treatment promoted the expansion of pediluvium industry in China. Meanwhile, the development of foot reflexotherapy service was restricted by the confusion with foot massage and by the low professional quality of some practitioners. A transformation-upgrading that including of standardization construction, discipline construction and supervision mechanism is necessary for sustainable development of foot reflexotherapy service.

Keywords

Foot Reflexotherapy, Pediluvium Industry, Standardization

作者简介

廖海涛

中国足部反射区健康法研究会常务副会长、秘书长，历任国家卫生部人才交流服务中心副主任、卫生部人才培训中心主任兼卫生部职业技能鉴定指导中心主任。组织编写《反射疗法师国家职业标准》《足疗机构服务管理体系标准》等部委、行业实施标准。

马东华

中国足部反射区健康法研究会副会长、专家委员会主任委员，宁夏职业技术学院健康管理与社会服务系、健康管理教育中心主任，主持的《人体足部反射区诊疗原理及治疗机原理样机设计研发》与军工企业合作项目获得宁夏回族自治区2009年度科技进步三等奖。

刘怡呈

女，中国足部反射区健康法研究会常务副秘书长，曾任国家卫生部人事司专业人才管理处处长。参与编写《反射疗法师国家职业标准》《足疗机构服务管理体系标准》等部委、行业实施标准。

张健

中国人民大学健康管理学院院长助理。科学技术部“十二五”国家科技支撑计划“中医预防保健（治未病）服务技术研究与示范”项目之“中医预防保健（治未病）规范及技术标准制定”课题组成员。

周马杰

北京中康本源医学研究院研究员。科学技术部“十二五”国家科技支撑计划“中医预防保健（治未病）服务技术研究与示范”项目之“中医预防保健（治未病）规范及技术标准制定”课题组成员。

陈博

北京中康本源医学研究院研究员。科学技术部“十二五”国家科技支撑计划“中医预防保健（治未病）服务技术研究与示范”项目之“中医预防保健（治未病）规范及技术标准制定”课题组成员。

何勇

兰州市第十四届人大代表。兰州新家园投资有限公司和兰州大足神农企业管理服务有限公司董事长。

1990年就职于原甘肃省计划委员会（现省发展改革委）。1997年开始自主创业，先后创立了兰州千子莲足道、大足神农足道。2001年组织撰写中国足疗企业《足疗店铺运营管理手册》，2007年发起并组织中华足道高峰论坛。2009年就读于中国人民大学健康管理学院健康管理硕士研修班。

中国养老服务人才培养现状与对策研究

成绯绯

摘要：

我国老龄化程度正在持续加深，养老服务需求日益增加。2013年以来国家密集出台了加快发展养老服务业和健康服务业的政策，我国养老服务人才培养力度明显加大，社会各界参与主体多元化，各类养老服务人才有明显增长。但也应看到，我国养老服务人才短缺的整体格局没有改变，特别是养老护理人才供给严重不足，与加快发展养老服务业的要求不相适应，与当前急迫的养老服务需求不相适应。制约我国养老服务人才队伍建设的因素仍然存在，具体表现在三个方面：1.现有培养方式力度较弱，职业化、市场化发展不足；2.国家政策聚焦程度不足，补贴机制尚未全面建立；3.一线养老护理员“三低三高”现象突出，专业化水平欠佳。目前，我国有1.5亿65岁以上老年人，护理需求巨大。根据日本3461万65岁以上老人配备149万名护理人员的经验，我国至少需要600多万养老护理员。

急需调整我国养老服务人才培养体系建设的基本方针，从实际出发，确定依托于社区、以职业培训为重点、加快推进专业养老服务人才供给体系建设的战略，尽快实现年度培训养老服务专业人才达到百万并在几年内基本满足养老服务的目标。

关键词：

养老服务人才　职业培训　对策

我国老龄化程度正在持续加深，养老服务需求日益增加。2013年以来国家密集出台了加快发展养老服务业和健康服务业的政策，我国养老服务人才培养力度明显加大，社会各界参与主体多元化，各类养老服务人才有明显增长。但也应看到，我国养老服务人才短缺的整体格局没有改变，特别是养老护理人才供给严重不足，与加快发展养老服务业的要求不相适应，与当前急迫的养老服务需求不相适应。

一、我国养老服务人才总体需求大、类型多、专业化要求高

老年人口结构决定养老服务人才需求。我国老龄化形势日益严峻，截至2016年底，全国60岁以上老年人已达2.3亿人，占总人口的16.7%；65岁以上老年人已达到1.5亿人。根据日本经验，2016年日本65岁以上老人3461万人，所需要护理的老人约207万人，有149万养老护理人员。以此推算，我国将有89多万65岁以上老年人需要护理，至少需要养老护理员600多万人。我国老年人口除了基数大、增速快之外，老龄化还呈现高龄化、空巢化、失能化的特征。

高龄化严重：在2010年我国80岁及以上高龄人口为1900万人，到2015年底，高龄（80岁及以上）老年人口占到老年人口的13.9%，达到约3100万人。高龄化还体现在部分地区集聚，尤其是大城市老旧城区。

失能刚需亟待快速解决：第四次中国城乡老年人生活状况抽样调查结果显示，我国失能、半失能老年人约4063万人，占老年人口的18.3%。未来，我国失能老年人将持续增长，到2020年约为4200万人，2030年约为6168万人。

“空巢”凸显老人精神需求：第四次中国城乡老年人生活状况抽样调查结果数据显示，目前“空巢”老人比例达到51.3%，未来该比例将达到70%。特别是针对“421结构家庭”，我国“空巢”和独居老年人将持续递增，到2020年约为1.18亿人，2030年将达到约1.8亿人。

失独问题：由于“421家庭结构”和计划生育，到2050年，没有子女、需要养老服务的老年人将有约7900万人。

中低龄健康活跃老年人口规模巨大，将推动健康养老业发展。从第四次中国城乡老年人生活状况抽样调查结果来看，低龄（60~69岁）老年人口占56.1%，达到约1.25亿人。在全国老年人口中，去除4063万失能、半失能老人以及3100万高龄老人，全国至少有1.5亿中低龄健康活跃老人。

与以上各类老年人群的需求相对应，养老人才体系首先是偏重于医疗、康复、护理、健康监测管理等专业照护服务，其次是心理疏导、法律咨询、休闲娱乐等精神和生活服务。养老专业技能人员需求达到千万，同时健康老年人的养老理念与养老方式正在转变，对高素质、高技能养老服务人才的需求会日益增加。

二、现有养老人才供给缺口大、分布不均

从全国来看，我国各类养老服务人才的统计制度尚未建立，现有的养老服务人才数

据存在统计不全、统计分类过粗等问题，依据相关政府部门统计口径，目前仅能对养老机构和设施的人员配置进行粗略分析。

（一）养老机构专业护理人员缺口显著、地区差异大

从专业养老服务人才配备较为集中的养老机构来看，根据《2017中国民政统计年鉴》，2016年全国养老服务机构在院老人2198087人，其中介助437849人，介护262339人，两者合计700188人，如果按照不能自理老人与专业护理人员1∶3的配置标准，仅失能、半失能老人至少需要23万多名专业护理人员；此外还有1365087名自理老人，按照1∶10的比例配置，至少需要近14万专业护理人员。以上两种情况合计，目前入住养老机构的老年人至少需要37万养老服务人员，而2016年末专业技术技能人员仅21万余人，机构养老服务人才缺口显著。

此外，养老人才在区域分布上差异明显，从目前专业技术技能人员与在院老人的比例来看，河北、天津、上海、广东、广西等地养老机构的养护比突出，在1∶5到1∶6左右，但从专业技术技能人员与床位的比例来看，一些养护比突出的省份也体现出在养老床位的增量建设中，养老人才的配备滞后，养老机构的入住率不高。

表1　2016年地方养老机构专业技术人员配比情况

排序	地区	专业技术技能人员与在院老人比例	专业技术技能人员与年末床位比例
1	北京	1∶8	1∶14
2	天津	1∶6	1∶10
3	河北	1∶5	1∶11
4	山西	1∶8	1∶1
5	内蒙古	1∶10	1∶20
6	辽宁	1∶11	1∶19
7	吉林	1∶10	1∶17
8	黑龙江	1∶16	1∶24
9	上海	1∶5	1∶8
10	江苏	1∶8	1∶16
11	浙江	1∶9	1∶20
12	安徽	1∶14	1∶26

续表

排序	地区	专业技术技能人员与在院老人比例	专业技术技能人员与年末床位比例
13	福建	1：8	1：19
14	江西	1：31	1：37
15	山东	1：9	1：15
16	河南	1：11	1：16
17	湖北	1：16	1：25
18	湖南	1：11	1：16
19	广东	1：6	1：14
20	广西	1：5	1：9
21	海南	1：8	1：14
22	重庆	1：16	1：25
23	四川	1：32	1：45
24	贵州	1：28	1：50
25	云南	1：14	1：24
26	西藏	1：13	1：17
27	陕西	1：11	1：17
28	甘肃	1：12	1：25
29	青海	1：8	1：23
30	宁夏	1：11	1：19
31	新疆	1：7	1：12
32	全国	1：10	1：18

（二）全国养老机构管理人员12万余人，管理水平参差不齐

从养老管理人员的数据来看，2016年末，全国养老机构管理人员126007人，其中以四川、上海、江苏和广东养老机构管理人员最多，均达到8000多人；而海南、青海、宁夏、西藏等地养老机构管理人员较少，都不足500人。从我国养老机构的管理水平来看，差异较大，落后地区敬老院的管理者与东部发达城市民办养老机构的管理者相比，专业化水平差异明显。专业化的养老机构管理人员严重缺乏，已经成为制约养老机构发展的

重要因素。

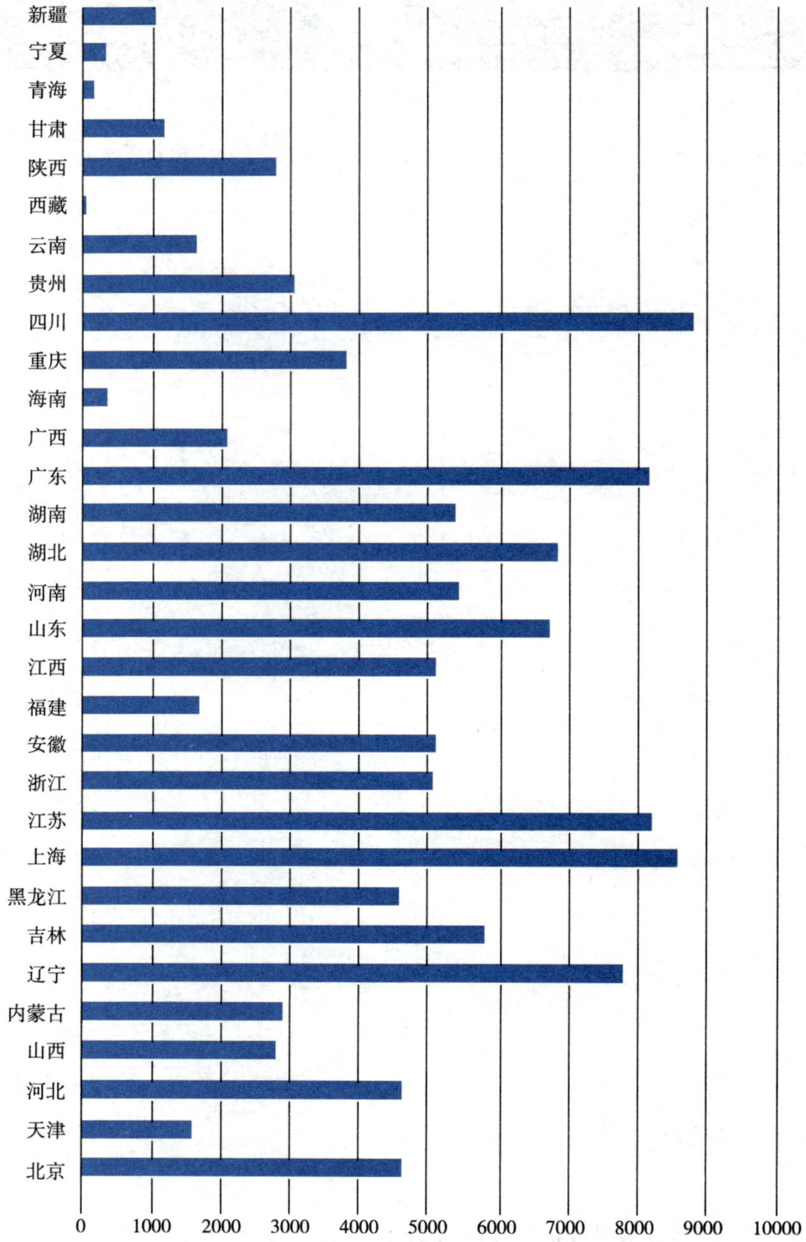

图1　地方养老机构2016年末管理人员数量分布

（三）养老领域社会工作者人数有所增长，但总量不大

近年来，各地对社工的重视程度提升，多地采取“政府购买”的形式购买社工岗位，使得社工的工作环境改善、待遇提高、稳定性增加，社会工作者、特别是专业社工

开始进入养老服务队伍。2016年全国养老服务机构和设施中，助理社会工作师、社会工作师人数分别为8047人和4077人，分别占全国助理社会工作师、社会工作师人数的3.7%和5.9%，相较于2011年的2097人和1256人，养老领域的社会工作者人数有明显增长，养老服务成为社会工作者工作的重要领域之一，但总量上仍有较多增长需求。

此外，由于缺乏统计渠道，我国开展社区居家养老的管理和服务人员、从事养老工作的医护人员尚难以分析供给情况。

三、我国养老服务人才发展面临的挑战

从全国养老机构管理人员和专业技术技能人员数量来看，我国养老服务人才供给明显不足，供需差距巨大，存在增长与短缺共存的局面。这说明制约我国养老服务人才队伍建设的因素仍然存在，需要加大力度应对。

（一）现有培养力度较弱，职业化、市场化不足

2013年国务院35号文发布以来，我国一线养老护理员的培养培训工作主要由两类主体来完成，一类是开设老年服务与管理等养老专业的各类中高职院校，另一类是由民政部门、人社部门、中国社会福利协会等部门主持开办的资格认定和培训教育。从两者的发展现状来看，截至2017年8月，全国共有159所院校开设有老年服务与管理专业，大多是2015年以后刚刚建立，根据教育部高校招生阳光工程指定平台上的统计数据，全国老年服务与管理专业普通高校毕业生规模在1000～1500人；截至2016年3月31日，全国有养老护理员培训基地59家，举办338期养老护理员职业技能鉴定，累计鉴定合格人数24086人（2015年底），两者合计数量十分有限，远不足以满足行业需要。

虽然，2014年6月10日教育部等九部门联合发布《关于加快推进养老服务业人才培养的意见》（教职成〔2014〕5号），要求从相关专业教育体系建设、教育教学质量提升、从业人员继续教育加强、学生从事养老服务业引导等角度提出了国家方面的指导意见，紧接着在2016年选取了64所院校开设首批全国职业院校养老服务类示范专业点，进一步推动了养老服务人才的学历教育。但是，从整个行业发展的巨大缺口来看，如果不激活相关涉老企业、医院、社会组织、专业培训机构等各类社会力量广泛参与，并坚持走职业化、市场化发展道路的话，那么仅《全国民政人才中长期发展规划（2010—2020年）》（民函〔2011〕265号）中2020年养老护理员600万人的要求，我国可能就要许多年才能实现。

（二）国家政策聚焦程度不足，补贴机制尚未全面建立

从国家政策支持的角度分析，目前中央文件涉及养老服务人才规定的主要分为规划指导和专项措施两个类别。规划指导类文件方面，养老服务人才队伍的培养与建设的指

导意见均放置于政策保障板块，并未作为重要任务特别提及；专项措施类文件方面，目前教育部等部门出台的三项政策都重点关注于养老服务人才学历式教育的培养渠道，缺乏明确的职业化引导文件。

表2　涉及养老服务人才队伍建设的各类中央文件

类型	文件名称	文号	出台时间
规划指导	中国老龄事业发展“十二五”规划	国发〔2011〕28号	2011.09.17
	关于加快发展养老服务业的若干意见	国发〔2013〕35号	2013.09.06
	“健康中国2030”规划纲要		2016.10.26
	关于全面放开养老服务市场提升养老服务质量的若干意见	国办发〔2016〕91号	2016.12.07
	“十三五”国家老龄事业发展和养老体系建设规划	国发〔2017〕13号	2017.02.28
专项措施	关于加快推进养老服务业人才培养的意见	教职成〔2014〕5号	2014.06.10
	关于遴选全国职业院校养老服务类示范专业点的通知	教职成厅〔2014〕50号	2014.12.15
	关于公布首批全国职业院校养老服务类示范专业点名单的通知	教职成〔2016〕739号	2016.06.15

从政府专项资金扶持的角度分析，虽然国家政策已有指导性意见，但各地落实效果并不突出，目前仅有北京、天津、上海、江苏、浙江、福建、山东、河南、广东、四川10省份建立了培训补贴制度，补贴对象大体分为机构和养老护理员两个类别；其中，江苏省力度最大，除了省级层面的《江苏省养老护理员培训实施方案（2012—2015年）》（苏民福〔2012〕24号）、《江苏省省级社会养老服务体系建设专项资金管理办法》（苏财社〔2014〕224号）两项规定外，无锡等地还建立了养老护理岗位工作人员入职奖励制度，根据入职时间和学历不同，最高可拿到6万元/人的奖励。不过，从其余地区来看，此类制度还并未全面建立。

（三）一线养老护理员“三低三高”现象突出，专业化水平欠佳

在机构从事护理服务的一线养老护理员是现阶段我国养老服务人才队伍的构成主体，“社会地位低、收入待遇低、学历水平低，流动性高、职业风险高、年龄偏高”的现象几乎成了他们的代名词，直接制约了其专业化水平提升。

1.“三低”现象：社会地位低、收入待遇低、学历水平低

从“三低”的角度分析，社会地位低的现象主要归因于传统观念的影响，人们总

是将服务于人的工作等同于伺候人，表现在老年照护工作方面就是伺候老人，所以普遍认为该行业低人一等，没有前途，每年各类中高职院校老年服务与管理类专业报考率过低与此就有很大关系。仅以北京为例，2016年全市养老机构中养老护理员的月平均工资在3000元左右，最高达到5000元，最低仅与市最低工资水平齐平，不足2000元。民政部2011年《养老服务专业人才队伍现状调查及发展对策研究》课题组调查数据表明，这些过低的待遇使得一些失业下岗人员宁可依靠低保救助金生活，外来务工人员宁愿做钟点工，也不愿意从事老人照护工作；学历水平方面的情况同样如此，民政部调查还显示，养老护理员的来源多为外来务工人员或下岗职工，其中小学及以下文化占21.7%，初中文化占45.2%。

2.“三高”现象：流动性高、职业风险高、年龄偏高

从“三高”的角度分析，流动性高与社会认可度不足、老年照护工作强度大、工作环境待改善、薪酬福利制度不完善有直接关系，民政部的调查课题还显示，参与调查的15个省份的养老护理员中，从业时间不到1年的占14.8%、1～2年的占25.9%、3～5年的占30.6%，25.9%有正式编制、74.1%为非正式编制，签订劳动合同的占 64.9%、没有签订劳动合同的占27.8%；职业风险高是老年照护工作有别于其他年龄群体照护工作的显著特点，北京社会管理职业学院曾对武汉市养老护理员发展情况做过抽样调查，显示武汉的一线养老护理员每周平均工作时间都在60个小时左右，个别甚至超过80个小时，繁重的为老服务工作导致这些护理员几乎没有固定的休息时间，45.4%的护理员认为“劳动强度大所以不想干”；《2016年中国民政统计年鉴》显示，2015年底全国318240位养老机构职员中，35岁及以下的有81374人，占比仅25.57%，其余全部在36岁及以上。从北京来看，全市养老机构中养老护理员年龄在40～60岁之间的比例达到75%。说明年龄偏高是一线养老护理员队伍的另一个重要特征，不利于行业的长远发展。

四、促进我国养老服务人才培养和发展的政策建议

鉴于此，急需调整我国养老服务人才培养体系建设的基本方针，从中国的实际出发，确定依托于社区、以职业培训为重点、加快推进专业养老服务人才供给体系建设的战略，尽快实现年度培训养老服务专业人才达到百万并在几年内基本满足养老服务的目标。

（一）促进各类中高等院校发展养老职业教育

我国65岁以上老年人口是日本的近5倍，日本拥有专门培养护理人才的老年社会福祉学校达到500余所，且专业学科成熟，而我国养老人才培训学校仅159所，是日本的约1/3。当前，我国养老服务学历职业教育的整体培养能力严重不足，中高等职业院校少、学科建设水平低等问题突出，整体呈现出数量少、质量不高且流失严重的发展特点。

建议充分发挥现有教育资源优势，在全国2596所普通高等学校、10912所中等职业教育学校中，重点依托相关职业院校、开放大学和本科院校，加大对老年护理与管理专业学科建设的政策扶持，扩大教育规模；引导一批普通本科高等学校向应用技术类型高等学校转型，重点举办本科涉老服务专业教育；健全专业设置随产业发展动态调整的机制，通过专业学位研究生的方式逐步培养产学结合的综合型养老产业管理人才。借鉴日本以及德国双元制的职业教育等国际经验，以培养学生的职业能力为导向，加强实践和实训教学环节，调整课程结构，合理确定各类课程的学时比例，规范教学。通过免除学费等方式鼓励学生报考养老服务与管理专业，出台入职奖补政策引导704万普通本、专科毕业生合理就业分流，更多关注老年护理服务领域。

（二）加强以培训基地为重点的多元培训主体发展

根据人力资源和社会保障部公布的数据，2016年末全国共有职业技能鉴定机构8224个，全年开展职业技能鉴定1755万人次，1446万人次取得职业资格证书；全年开展政府补贴职业培训1775万人次，结业考试或鉴定合格总量为1370万人次。可以看出，大规模的培训鉴定是快速培养养老服务人才的有效渠道。然而，目前养老护理员的培训基地数量十分有限，其他新生主体零星开展养老培训，大规模的职业培训能力尚未得到开发。

建议推动以培训基地为重点的多元培训主体全面开展职业培训。在老龄化程度较高的区域性中心城市、地级城市以及经济较发达的县市，提升改造一批职业技能实训基地，面向社会提供示范性技能训练和鉴定服务。支持企业、社会组织及公民个人按照国家有关规定举办职业培训机构、职业学校、职业教育集团，组织开展就业技能培训和岗位技能提升培训。引导职业院校、企业和职业培训机构大力开展订单式培训、定向培训、定岗培训。通过政府购买服务、直接补贴、助学贷款、基金奖励、捐资激励等制度，加强对各类培训主体在招生、收费、培训等环节的支持，推动多元培训主体健康发展。

（三）推动各类养老服务组织开展经常性培训

2015年，人力资源和社会保障部《关于废止〈招用技术工种从业人员规定〉的决定》（人力资源和社会保障部2015年第26号令）取消养老护理员的就业准入，有助于推动相关从业人员从事养老工作。但也应看到，我国养老服务正在从家庭保姆型向专业护理型发展，当前存在很大一部分养老服务在岗人员因所在机构人员不足而导致的无暇参加培训的情况，正在阻碍养老服务的专业化和精细化。

建议推动各类养老服务组织或企业开展学徒制、集中培训等经常性培训，健全企业职工培训制度，加快提升在岗养老从业人员的技能水平。支持建立养老从业人员在职培训误工补贴，促进在职人员参加培训。建立技能补贴等制度，鼓励用人单位建立养老专业技术人员业务进修培训制度和技能等级考核晋升制度，建立培训、考核与使用相结合、与待遇相联系的激励机制。将养老从业人员的在职培训纳入各类养老服务星级评定范围，鼓励各类培训机构与用人单位建立长期合作关系，大力推广订单、定向、定岗培训。

（四）加强养老人才培养的研究、评估等支撑体系建设

推动职业院校与行业企业共建研究机构，加强对养老从业人员的职业教育理论研究和政策研究。发挥行业协会的作用，通过授权委托、购买服务等方式，将养老从业人员以及教师资格标准、培训教材开发等工作交给行业协会，给予政策支持并强化服务监管。指导行业协会组织发布行业人才需求、推进校企合作、参与指导教育教学、开展质量评价等工作，建立养老从业人员供需数据平台，进行需求预测和就业状况定期发布。

加强养老服务人才培养的信息化水平，支持与专业课程配套的虚拟仿真实训系统开发与应用，通过远程培训、在线培训等方式增加养老从业人员的培训渠道。加快建立就业导向的教学质量评价检查制度。坚持以就业为导向、以能力为本位的教学质量评价观，改进考试考核方法和手段，建立和完善定期评价检查制度。以评促建，以评促改，规范教学，促进教学培训质量的提高。

（五）加大政策支持力度，建立养老服务人才发展专项资金

促进专业化养老服务人才队伍的快速扩大，需要加大投入力度。建议中央和地方人民政府增加养老服务人才的职业教育专项经费，继续完善养老服务从业人员的各项职业培训补贴政策，明确补贴经费。将养老人才职业技能培训项目纳入精准扶贫重要领域，设立专项资金开展养老服务人才培训，促进贫困人口尽快通过就业脱贫。各级政府应建立与办学规模和培养要求相适应的财政投入制度，完善财政贴息贷款等政策，健全民办职业院校、养老培训机构的融资机制，对职业培训教材开发、师资培训、职业技能竞赛、评选表彰等基础工作给予支持。

通过税费减免等优惠政策鼓励社会力量捐资、出资兴办养老从业人员的职业培训和教育机构，拓宽培训筹资渠道。养老服务企业要依法履行职工教育培训和足额提取教育培训经费的责任，按照国家规定的比例从职工工资总额中提取教育培训经费，其中用于一线职工教育培训的比例不低于60%。企业职工在岗技能提升培训和高技能人才培训所需费用从职工教育经费列支。

（六）落实社区养老服务的职责，使养老服务人才在社区得到有效使用

当前我国养老服务业面临的一项较大挑战就是，尽管有关4000万左右失能、半失能老人的数据让全社会震惊，但各省、市、县特别是城乡社区并不知道本地究竟是谁有护理服务需求。也就是说，在最为关键的环节上存在着政策目标与基层落实的不对接现象，宏观需求与微观落实不对接，宏观的养老服务人口需求并没有在社区得到落实，社区并没有具体数据，因而也不可能探索解决这类人员生活困难的具体措施。这就出现了

国家着急、全社会着急，而地方政府特别是社区并不着急的尴尬现象。

建议依托社区对有护理服务需求的老年人进行健康等级评估，建立由社区医生、老年社会工作者、康复师、养老护理员等专业人才为主的老年人护理需求等级评估队伍，对老年人的需求和健康情况进行分级分类；设立社区服务规划师岗位进行服务资源协调，根据老年人的服务需求和健康等级匹配社区服务、居家上门服务或机构服务，将社区变成养老供需衔接的平台，实现养老服务供需之间的有效对接，通过岗位需求吸引年轻力量到养老服务领域就业。

参考文献

[1] 2017年6月10日，沈洁教授在长期照顾保障国际学术研讨会上题为“设计护理保险制度需要充分考虑专业人才培养问题——日本的经验与教训”的演讲PPT.

[2] 邹文开，赵红岗，杨根来. 养老蓝皮书·中国养老产业和人才发展报告（2014—2015）[M].北京：北京师范大学出版社.

[3] 中华人民共和国国家统计局. 中国统计摘要 [M].北京：中国统计出版社，2017.

[4] 中华人民共和国民政部. 中国民政统计年鉴 [M].北京：中国统计出版社，2017.

[5]《国务院关于加强职业培训促进就业的意见》(国发〔2010〕36号).

Research on the Current Situation and Countermeasures of Human Resources in Elderly Care of China

Feifei Cheng

Abstract

With the continuous deepening of population aging in China, there is an increasing demand for services for the aged in our country. Since 2013, China has introduced intensive policies to accelerate the development of elderly care services and health services. More efforts have been put into the training of human resources in elderly care, multiple subject have been involved, and the number of elderly care workers has significantly increased. Meanwhile, it should be noted that the overall situation of shortage of elderly care service workers in our country has not changed, especially the supply of nursing care workers for the old is seriously inadequate, which is incompatible with the requirements of accelerating the development of aging service industry and the current urgent demand for caregiving. Nowadays, the factors that restrict the construction of the caregiving in our country still exist, which are manifested in three aspects. Firstly, the intensity of the existing training mode is week, and the professionalism and the marketization are insufficiently carried out. Secondly, the national policy focuses are inadequate and the subsidy mechanism is not yet fully established. Thirdly, there is a prominent “three low and three high” phenomenon and a lack of specialization among first-line caregivers for the old. At present, there are 150 million people over the age of 65 in China, which brings a huge nursing demand. According to the experience that providing 1.49 million caregivers to 34.61 million people over 65 years old in Japan, at least 6 million caregivers for the old are needed in China.

It is urgent and necessary to adjust the basic policies of the establishment of the training system of human resources in elderly care of China. Based on the reality of urgent demand, it is crucial to confirm the strategy that relying on the community and focusing on vocational training to accelerate the construction of professional caregivers supply system in order to accomplish the goal that training millions of professional elderly caregivers annually and basically meeting the needs of elderly care service in a few years.

Keywords

Human Resources in Elderly Care, Vocational Training, Countermeasures

作者简介

成绯绯

女，北京师范大学中国公益研究院养老研究中心副主任。长期从事养老服务业研究工作，主要研究领域：老龄政策、养老服务、产业发展。曾参与民政部委托的养老服务业研究课题，受北京、安徽、广东省深圳市等省市委托，开展社会养老服务体系发展规划、养老服务业发展规划、养老服务设施普查及养老服务发展政策研究等。持续负责《一周养老动态》《全国养老服务业走势月度分析》和《中国老年人政策进步指数》的研究开发等。

标准人才培训是健康服务业产业可持续发展的核心要素

焦解歌　宋艳

摘要:

本文从当今健康服务业产业发展情况和产业运营状况的中外对比出发，提出人才培训是支撑健康服务业产业可持续发展的核心要素。在健康服务业人才培养体系的构建、人才构成与培养方式、人才培养的办学模式等方面表明观点，制定了与国家职业资格标准对接的标准化人才培养方案，并对人才实践和创造性发挥提出了建议。

关键词:

标准　人才培训　健康服务业　可持续发展　核心要素

一、前言

德国哲学家叔本华说过：“在一切幸福中，人的健康胜过任何其他幸福。我们几乎所有的幸福都取决于健康。”现今，健康产业被绝大多数社会学家、经济学家们认为是“21世纪引领全球经济与社会发展进步的重要产业”，更有专家提出，“健康也是生产力”。越来越多的国家认识到健康在国际竞争中的重大意义，当今世界各国，健康产业发展风起云涌。

健康产业有着巨大的市场潜力，它在许多国家已经成为带动整个国民经济增长的强大动力，在很多发达国家，健康产业的增加值占 GDP 比重已经超过了15%。美国是世界上健康产业最为发达的国家之一，预计到 2020 年，美国的医疗健康产业将占到经济总量的25%。日本是世界第二大天然健康产品市场，日本的健康疗养产业每年产值高达3000亿美元。而德国，在政府的经济刺激计划中，医疗健康产业也成了国家的重点投资方向。

进入21世纪以来，全世界健康产业迅速发展。中国作为全球第二大经济体，高龄老人数量迅速增加，85岁以上的高龄老人由1990年的200多万人，将增加到2050年的5000

万人以上。伴随着中国老龄化进程加快、人们保健意识的增强，社会对养老服务、健康保健等的重视程度与日俱增，国内健康服务产业的发展节节攀升，健康产业已经成为中国经济发展的重要推动力。截至2010年，中国已经成为世界第二大医疗健康市场，并且持续保持着20%的增速。2012年，中国健康产业规模已经超过了45000亿元。着眼未来，健康产业的发展潜力不可估量。可以推断，健康产业必将在中国迎来大跨步发展的新阶段。

然而，受各种因素的影响，现代健康服务产业在我国起步较晚，发展步伐较小。迄今，健康产业仅占我国GDP的4%～5%，这与健康产业较发达的国家存在着明显的差距。我国健康产业仍存在着产业重复发展、产业链短、创新力不足、市场不够集中、流通机制不合理、技术相对落后、专业人才尤其是复合型人才缺乏等问题。因此，我国健康产业要在国际竞争中占据优势，就应该从国家层面制定健康产业的发展战略，优化产业体系，构建有中国特色的可持续发展的健康服务业产业体系。

二、健康服务业产业可持续发展的要素

中国要构建一个规范的健康服务业产业体系，就应该从当前产业发展形势和社会发展环境出发，充分认识自身发展的优缺点，以可持续发展的理念促进全产业链的协作，从而促进健康产业健康快速发展。在健康服务体系的构建中，应该从我国健康服务产业发展中所面临的政策、资金、人才等问题入手，加强对健康服务产业发展的顶层设计。健康服务业要做到产业可持续发展，主要有三个要素起着决定性作用。

（一）国家政策的倾向与支持，法规体系的完善，政府部门监管和引导职能的充分发挥

从政策的角度来看，“十三五”规划的实施、“新医改”的推行、国务院《关于促进健康服务业发展的若干意见》的发布、国家“健康中国”战略的提出，都体现了我国对未来健康服务产业有深远的战略布局。一系列政策向健康产业倾斜，说明我国已将健康产业上升到了国家发展重要层面。因此，政策法规的保障为我国健康服务业可持续发展提供了外部环境。

（二）资金的投入

从全球环境来看，健康产业的发展是与资本市场紧密联系在一起的，资本市场在我国健康产业中发挥着重要作用。随着我国医疗改革的不断深入、人口老龄化加剧和人民收入水平的提高，人们对健康服务业的需求大大增加，资本市场对中国健康服务产业的投资迅猛增长。未来的健康服务业市场的发展机会将会偏向资本实力，健康产业的竞争将会靠实力取胜。因此，资金的投入是健康服务业产业可持续发展的资源条件。

（三）人才培养

我国健康服务产业从业人员数量少、整体素质不高，职业资格认证培训、在职继续教育等力量相对缺乏，健康服务专业师资力量、办学条件较薄弱，人才培养体系、机制不健全。因此，我们必须要构建一个科学的人才培养体系以有力地保证健康服务产业专业人才的供给，全面满足我国健康服务产业市场发展的需求。

三、人才培养是支撑健康服务产业可持续发展的核心要素

以我国养老院的运营现状为例，随机抽样调查320家养老院，统计数据表明，这320家养老院总共拥有养老床位69202张，平均每家养老院有床位216.26张，总共入住老人45221人，平均每家养老院入住老人159.62人，养老床位入住率为65.35%，养老床位的空置率为34.65%。也就是说，有超过1/3的养老床位处于空置状态。据有关方面调研，目前我国养老机构中48.1%的运营状况为基本持平，32.5%的养老机构处于亏损状态，有盈利的养老机构仅占19.4%。另外，126家养老院提供的2014年的利润数据表明，这126家养老院全年的利润总额只有2011.60万元，平均利润只有15.97万元。养老院盈利能力不足，部分养老院亏损运营，已成为影响和制约养老服务业可持续发展的一个突出矛盾和问题。护理人员是养老院最重要的人力资源，是决定养老院服务质量和水平的最重要的因素，也是养老院最核心的竞争力，护理人员的紧缺和流失严重是造成养老机构整体运营不佳的最主要原因。

日本是全球老龄化率最高、老龄化速度最快的国家，在长期应对老龄化的实践中，日本形成了以满足高层次生活、文化需求为目标，向老年人提供商品和服务，主要内容包括房产、金融、家政服务、用品、器械用品、文化生活服务以及其他相关产业等六个方面的民间营利事业即银色产业。现在，日本银色产业已成为最具活力、最有发展前途的产业之一，也是日本今后几年的热点投资产业。研究表明，日本银色产业的良性发展在于日本政府十分重视养老与健康服务人才的专业化水平发展。在日本，健康管理与服务人员都必须接受专业培训，持证上岗，很多大学都开设了老年福利、健康管理等专业，不仅为健康服务机构提供了持续不断的人才供应，还形成了人才培养标准，向国外输送专业人才。因此，要促进健康服务产业的良性运营和可持续发展，就应有意识地进行健康服务业人才的培养、培训和人才储备工作，将人才培养作为支撑健康服务业产业可持续发展的核心要素。

四、健康服务业人才培养体系的构建

构建健康服务业人才体系有助于提升健康服务人才培养质量、优化健康服务人才培

养模式。优质的人才培养结构一般为梯形结构，在人才培养层面上呈现出一定的层次体系。例如，面对人口老龄化，从20世纪80年代末以来，日本形成了包括社会福祉、护理保健、精神保健、健康科学、保健科学等多学科在内的专业体系，现已发展到了355 所大专院校，形成了从研究生、本科、专科、函授、夜大等多层次的人才培养体系。

我国的健康服务业人才培养体系不完善、培养层次单一、专业特色不明显，健康服务业从业人员多是医疗、护理等专业的毕业生或无相关专业背景的待业、失业人员转业而来，其专业水平、服务质量等均不能满足老年人生理、心理等诸多层面的需求。《国务院关于促进健康服务业发展的若干意见》提出："健康服务业应加大人才培养和职业培训力度。支持高等院校和中等职业学校开设健康服务业相关学科专业，引导有关高校合理确定相关专业人才培养规模。鼓励社会资本举办职业院校，规范并加快培养护士、养老护理员、药剂师、营养师、育婴师、按摩师、康复治疗师、健康管理师、健身教练、社会体育指导员等从业人员。对参加相关职业培训和职业技能鉴定的人员，符合条件的按规定给予补贴。建立健全健康服务业从业人员继续教育制度。各地要把发展健康服务业与落实各项就业创业扶持政策紧密结合起来，充分发挥健康服务业吸纳就业的作用。"所以，我们应主要从以下三点来加强健康服务业不同层次人才的培养工作，形成高层次人才引领、中青年人才集聚的人才培养体系。

1. 强化人才培养层次：构建以高职、中专职业教育为主，研究生、本科、专科多层次发展的人才培养体系。

2. 优化专业结构：支持各高等院校增设健康管理、老年服务与护理等专业，引导中职学校办好养生、保健、疗养等服务性较强的特色专业。

3. 拓宽培养方式：充分发挥继续教育、在职教育、远程教育等灵活、高效的人才培养方式，促进专业人才转型，提升基层从业人员素质；创新人才培养方式，引进国内外优质教育资源与国内院校合作，培养具有全球视野、创新能力和战略思维，能够引领未来健康服务产业发展的国际性人才、高级管理人员与创业者。

五、健康服务业人才的基本构成及其培养方式

（一）我国健康服务业人才的基本构成

我国健康服务业的人才构成主要有学历人才、职业资格培训人才、继续教育人才三个方面。

1. 取得各专业各层次学历的人才：主要是全日制在校学生，目的在于获得健康服务业各个相关专业的研究生、本科、专科、高职、中专职业教育等多层次的学历。

2. 取得健康服务业各类职业资格证的人才：主要是获得了包括老年护理师、健康

管理咨询师、康复保健师、营养指导师、中医养生师、心理保健师、食品安全管理师等在内的各类国家职业资格证的人才。

3. 继续教育的人才：主要是健康服务业的从业人员、健康服务产业的创业者和需要继续“充电”、希望更新健康养生知识的社会人士。

（二）我国健康服务业各类人才的基本培养方式

1. 学历型人才培养方式

主要是在大学内进行全日制人才培养，这类人才培养的前提条件是在大学教育体系中设置标准化学科体系，架构标准化的高等人才培养体系，培养不同类型的标准化人才。在这类人才的培养过程中应加强交流与合作，改革人才培养模式，塑造专业特色，提高人才培养质量；提高科研水平，增强社会服务能力，优化机构办出特色；优化课程设置，创设多层次知识结构，培养多元化素质能力；根据市场需求更新学科内涵；增加职业认同感教育等。

2. 获取健康服务业职业资格证的人才培训方式

主要是建立健康服务业职业资格的培训机构，从理论知识和实践技能入手，强化职业技能。对于职业师资的培训，应该根据市场需要合理设置岗位，规范国家职业资格的等级标准，制定职业执行资格的准入标准，提高专业要求，对获得各类职业资格证的人员在学历、专业、职业资格等方面进行规定，从而保障服务质量。

3. 继续教育人才的培训方式

继续教育是健康服务业从业人员在获得了一定工作经验后再提高专业水平的模式，应该为继续教育人才提供技术支持与服务，推动知识的更新换代，提高专业水平，从而达到知识技能与市场需求的无缝对接。还要通过继续教育强化健康服务业从业人员的服务理念，提升职业道德素养，加强职业生涯规划教育，提升其对健康产业的未来发展潜力和事业发展平台的认识。

六、健康服务业人才培养的办学模式

针对健康服务业各层次人才的差异，应该鼓励社会资本办学，丰富办学模式，为不同的人才培养提供不同的培训模式：

1．对于学历人才培养，可以在大中专等高等院校创立跨学科的健康学院、健康研究中心等平台，增加学历教育机构的数量；

2．鼓励社会资本参与办学，为健康产业补充人才，并通过夜校、函授、在职培训等继续教育形式及时更新从业人员知识结构，提高从业人员业务能力；

3．鼓励合作办学，尤其是鼓励学校与政府、学校与企业、本地院校与省外机构、国内机构与国外平台合作办学。

七、健康服务业人才培养标准

（一）人才培养标准的制定

人才培训标准是人才培训质量的依据，没有标准就无法培养出人才，没有标准化的培训过程，就不可能有符合标准的人才质量。标准化的健康服务业人才是能从事标准化健康服务活动和工作的人才，因此，健康服务业人才的培训需要正确的引导，健康服务业人才的发展必须标准先行，人才培训要有序发展，制定人才培训标准是必要手段。

目前，国内健康服务业行业标准不明确，相关资质认证机制不完善，部分从业人员无证上岗，严重影响了健康产业整体服务水平与质量。因此，必须制定健康服务业国家职业资格标准，规范上岗资质，优化和完善职业资格的评价体系。只有制定了国家职业资格标准才能以职业分类为基础，以具体的工种为依据，对岗位从业人员的工作水平提出规范性要求，规范健康服务产业人才培训制度和考核机制，加强对人才的管理，并通过级别认定来保证健康服务业人员的质量和水平。

（二）国家职业资格标准主要特征

从国家已颁布的各类职业资格标准可以看出，国家职业资格标准主要具备以下特征。

1. 岗位针对性：根据当前岗位所需的人才类型来进行设计。

2. 终身教育的目标：国家职业资格标准着眼于培养各行业的高素质技术型人才，它以分级评价为人才评估手段，推动人们接受从教育到从业再到教育的全面的教育和再教育，因而它是以终身教育为理念和目标的。

3. 标准化的工作技能要求：由劳动和社会保障部组织制定并统一颁布的，以职业分类与分级为基础、以岗位的具体生产活动为内容、用以评价职业从业人员工作能力和水平的规范。

4. 特定岗位的工作标准：属于特定行业、特定岗位的工作标准，是从业人员从事职业活动、接受职业教育培训和职业技能鉴定的依据，也是用人单位招聘和录用员工的依据。

5. 开放性的人才评估：国家职业资格标准及其配套的职业资格考试具有开放式管理的特点。即通过面向社会上绝大多数公民的开放式职业资格考试，人们可获取特定国家职业资格标准的认证，可以根据自身经济条件和学习能力，通过接受职业培训的方式或自学的方式来获取职业标准认证所需的专业知识和技能。

（三）健康服务业人才培养标准的实施——人才培养方案

国家职业标准的颁布有利于建立与职业标准相对接的人才培养方案，因此，我们以国家职业标准为导向，主要从以下几个方面来制定标准的健康服务业人才培养方案：

1. 对健康服务业人才培养方案进行合理布局；

2. 设计具有本地特色的健康服务业人才培养专业体系；

3. 设计合理的健康服务专业集群，以实现各个职业岗位间技能的有效衔接；

4. 定制标准的健康服务专业课程教学大纲；

5. 强化健康服务专业实训课程教学工作，提升对国家职业资格标准中实践类标准的执行力度；

6. 制定与国家职业资格认证体系相融合的教学质量评估体系。

（四）国家教育部、民政部、卫计委养老服务、健康管理专业示范点——海南科技职业学院健康科学学院人才培养方案

海南科技职业学院健康科学学院的人才培养方案主要包括公共事业管理（健康管理方向）“3+2”、健康管理、护理、社区康复四个专业。这套培养方案从专业名称、教育类型及学历层次、入学条件、学制、培养目标、就业面向及能力要求、培养方案框架、课程设置、课程考核要求、师资和基本实训条件等方面对在校健康服务人才培养进行规范，是一套会集众多健康服务业专业带头人、专家、骨干教师以及众多知名健康产业企业家集体智慧的结晶，经过多次研讨和反复修改，并通过实践证明行之有效的健康服务业人才培养方案，体现了人才培养的“高大上”原则，具有高水平、高质量和较强的指导性，值得大力推广。

以海南科技职业学院健康科学学院公共事业管理专业（健康管理方向）高职本“3+2”分段培养方案为例（此培养方案包括3年专科与2年本科学段，具有代表性）。

1. 专业名称及代码

专科：健康管理

本科：公共事业管理（健康管理方向）

2. 招生对象与学制

（1）招生对象

应届高中毕业生，经高考由省考试局统一在高职高专批次择优录取。

（2）学制

学制五年。前三年在海南科技职业学院健康管理专业学习，完成学业并取得大专毕业文凭。后两年在海南医学院学习，完成学业取得公共事业管理（健康管理方向）本科文凭。符合《中华人民共和国学位授予条例》和《海南医学院关于授予学士学位的若干规定》，可授予管理学学士学位。

3. 培养目标及规格

（1）培养目标

培养掌握符合现代人群健康需求的管理理论、技术和方法的知识和技能，掌握健康管理理念，具备医药卫生知识，熟悉健康管理的基本特点、评估方法、管理体系和运作规律，能在健康、休闲、文教、体育、卫生、社会保险等企事业单位从事健康管理与服务工作，适应社会主义市场经济和社会发展需要的高级应用型人才。

（2）培养规格

①知识结构：专业口径比高职专科口径更宽，专业基础理论更深，发展潜能与创新能力更大。

②能力结构：运用科学理论知识分析解决问题的综合能力与实际应用能力。根据实际工作知道做什么、为什么做、怎么做，具备高于专科水平的创造能力。

③素质结构：坚持用“三严三实”培养学生热爱本职，敬业爱岗，遵纪守法，团结协作，诚信负责。

（3）就业面向

①取得健康管理专业专科毕业证及相关职业证书，可在健康管理、健康促进、健康评价机构和养生养老服务以及社区医疗单位从事工作。

②取得公共事业管理（健康管理方向）本科毕业证及相关职业证书，除可在上述岗位就业外，还可在相应的教学、科研、疾病控制、卫生监督、与健康促进相关的企业、商业机构及临床（医院、社区卫生院等）单位就业。

（4）职业证书

学生在校期间可获取的职业技能证书有：健康管理师、营养师、心理咨询师、亚健康调理师、保健按摩师、公共卫生执业医师等。

4. 课程设置

表1 课程体系的基本框架说明

层次	核心课程	实践课程
健康管理专科	1.基础医学　2.健康管理概论 3.健康诊断与评估　4.临床医学概论 5.中医学　6.营养与食品卫生	在实习基地将在校学习的课程运用于实习基地具体工作，并写出心得笔记，根据同学们反应的问题由老师下基地进行讲座与答题
本科衔接	采用PBL教学方法和自学辅导方法，按照本科核心课程的要求和培养目标，加强专科课程的薄弱方面，使专科顺利过渡到本科。 1.基础医学：分子生物学	采用PBL教学方法，根据医学院本科毕业证和学位证获取条件及培养目标要求，强化以下实践课程： 1.用200学时进行英语强化培训

续表

层次	核心课程	实践课程
本科衔接	2.基础医学：病理学概要串讲 3.卫生统计学4.流行病学	2.用50学时进行计算机强化培训 3.用40学时进行图书情报检索培训
公共事业管理（健康管理方向）本科	生理学、生物化学与分子生物学、病原生物学、医学免疫学、病理学、实验诊断学、内科学、感染病学与热带病学、卫生统计学、流行病学、卫生毒理学、环境卫生学、营养与食品卫生学、职业卫生与职业医学、儿童少年卫生学、健康教育进展	临床实习20周，专业实习20周［含毕业设计（论文）8周］

5. 保障与措施

（1）教学设施保障

本校健康科学学院现有多媒体教室5间，普通教室8间（64座），实验（实训）室22间。已建成可使用实训室有：基础医学实训室、标本室、体质健康保健模拟实训室、社区护理实训室、老年护理实训室、康复实训室、营养护理实训室、健康评估实训室、基础护理实训室、内科护理实训室、母婴护理实训室、儿科护理实训室、急救护理实训室、急救医学实训室、多媒体示教室、推拿按摩实训室、ICU室、门诊中心、医生诊疗室等，教学设备价值300多万元。

（2）教学资源保障

①人才培养模式改革探索取得积极成效。

本专业成立了有各级医疗护理机构、养老机构等企业专家参与的专业建设指导委员会，构建了“校企合作、工学结合”的人才培养模式，建立了“边学边做、学中做、做中学”的顶岗实训体系，强化学生职业道德和职业素质教育。及时听取学生与企业意见，认真制订与修订人才培养方案。利用寒暑假集体组织学生到企业顶岗一个月以上，实行与企业、社会、服务对象零距离接触，练就用得上的职业技能，从根本上提高人才培养质量。

②专业和课程建设取得显著成果。

坚持以就业为导向，能力为本位，紧紧围绕培养“能用、实用、好用”的高素质技术技能型人才为目标，积极推进专业及其课程建设体系改革。在专业建设方面，及时了解掌握国内外对本专业的需求和进展。2016年，海南科技职业学院健康管理专业经过国家教育部、卫计委和民政部联合评审通过为全国养老服务专业示范点。

③教学实训基地建设。

专业以琼海天来泉养生俱乐部和医学院挂牌的公共事业管理（健康管理方向）教学基地为实训基地。琼海天来泉养生俱乐部是海南科技职业学院合作办学单位，具有58万平方米的养生养老住房，有康复疗养院（卫计委批准建立）和适应本专业实训的基本条件，具有医养经验的教学专业人士，是海南省教育厅、卫计委和民政厅会签成功申报并通过国家三部委评审的中国养老服务专业示范点的组成部分。

（3）师资队伍保障

加强“双师（既有教师资格证，又有国家职业资格证或技能证）”型队伍建设，并注意老中青、高中初、博硕本的科学合理搭配，绝大多数教师均有“双师”资格。根据专业特点，聘请企业高管授课，并引进“海归”博士、教授等任教。此外，学校聘请了多名医学院校有关预防、护理专家，完全胜任本专业全部课程的教学。海南科技职业学院与海南医学院师资相互支持配合进行多方面合作，开展课程开发编写教材，申报科研与专利，均产生了实际效果。

（4）教学管理

按学校教学运行制度，规范本专业教学运行，确保本专业教学管理水平和教学质量。

①教学管理体制。

a. 学校实行校与二级学院两级管理体制，并建立《两级教学管理规程》；

b. 学校教学指导专门委员会研究和决定教学改革与教学管理中心的一些重大问题；

c. 教务处负责做好全校教学的计划、组织、指导、协调、监控、服务；

d. 健康科学学院院长（或教研室主任）负责组织本学院各单位教学管理和教学研究，办公室主任、教学秘书处理日常行政教学工作，掌握教学状态、教学质量等信息，并及时向本二级学院院长反馈信息。

②教学运行的基础环节管理。

a. 人才培养方案的制订与执行。人才培养方案是学校保证教学质量和人才培养规格的重要文件，是组织教学、安排教学任务的基本依据。教务处根据《海南科技职业学院人才培养方案制订（修订）制度》《高职本“3+2”分段培养一体化人才培养方案（样板）》，统一组织制订人才培养方案，本学院严格遵照执行，不得随意变动。

b. 教材的选用。本专业教学用教材采用由任课老师推荐，其中思政课、公共课教材由思政部与公共课部主任审定、专业课教材由本二级学院院长审定，教务处统一征订。由于本专业是全国首办专业，有的教材靠本学院教师自编或翻译国外教材，如《健康管理概论》就是根据英国教材翻译的。公共事业管理（健康管理方向，“3+2”）则拟采用合作两校共同选用的优秀教材。

c. 教室与实验室管理。根据学校《教室、实验室使用管理办法》进行管理，前三年由教务处统一调配，健康管理学院负责管理，开学前和期末结束课程后分别进行两次检查验收与修缮，确保教学工作正常运行；后两年在海南医学院上课，由海南医学院进行管理。

③课堂教学环节的组织管理。

a. 课表的编制：课表由本学院及相关教学单位在教务处统筹下进行编排。思政课与公共课由教务处协调思政部、公共课部安排任课教师，于每学期期末放假前一周编排到位。实验课由本学院及相关教学单位与实训中心统筹安排。

b. 课表的执行：任课教师要严格遵守，不得随意调整。如因公、因事、因病需要临时调课，应由本人提前办理审批手续。

c. 课堂教学组织：上课前，任课教师根据课程教学大纲拟订本学期的教案、教学进度与授课提纲等教学文件，经本学院及相关教学单位负责人审批后执行，并留存备查。

④教学质量的监控管理。

a. 以定期和随时抽查相结合的方式组织教学检查。期初、期中、期末组织三次定期教学检查。教学检查由教务处组织，本学院负责落实。定期召开教学座谈会听取学生对教学质量和教学工作的意见。

b. 建立教学督导制度。本学院建立了督导、同行与学生三级教学督导队伍，并定期对教师教学情况进行评教，及时掌握教学动态，对本学院的教学质量进行监控；按照学校规定，本学院各级教学管理者都必须听课，并将教学评价结果作为聘请教师、评价教师教学工作的重要依据。

⑤考试环节的组织管理。

任课教师根据课程教学大纲的要求，拟出难度适中、覆盖学期或学年教学内容的两套试卷（A、B卷），同时拟出标准答案和评分标准，经教研室主任批准，于考试前20天各教学单位统一将纸质版试卷送交教务处。教务处负责抽卷及印制试卷，并严格做好保密工作。各考场监考教师于该课程开考前20分钟到相关考务办公室领取试卷并进行监考，考试结束后监考教师收齐、核查试卷，并将试卷交给课程任课教师。有条件的课程应组织教师集体阅卷。

（5）顶岗实习管理

学生顶岗实习安排在第六学期。顶岗实习由学校、企业、学生三方共同参与完成。其中，学生是顶岗实习的主体，学校处于主导地位，是学生顶岗实习活动的组织者；企业是教学三方中最关键的一方。

本专业的顶岗实习由健康科学学院牵头，建立顶岗实习教学指导小组，具体负责顶岗实习全过程工作；本学院选派具有实践工作经验的“双师”型教师作为校方指导教师，具体分工负责本专业学生在各个企业的顶岗实习的安排、联系、检查、指导和协调等管理工作；企业选派符合条件的技术人员作为顶岗实习指导教师，负责实习现场教学和管理。健康科学学院负责编制学生顶岗实习的实习大纲和实习手册，通过与企业充分协商，与企业签订实习协议书，并制订出针对不同企业具体岗位的实习计划（明确指导教师、学生、工作岗位、实习内容要求、实习具体时间、学校企业双方的责任和义务等内容）。

（6）校企合作制度

海南科技职业学院健康科学学院已与英国爱德华海南公司、普亲养老机构、天津爱在六零养老服务中心、海南医学院附属医院、农垦总医院、琼海市人民医院等签订了合作教学合同并已有第一批实习生毕业，挂牌了若干家教学实训实习基地。教学实施过程中努力做到“理论与实践、仿真模拟与实际操作、课堂与实训室、教师与企事业师傅”四结合，实现教学、实习、就业、工作的紧密结合，提高职业技能水平。

（7）教学环节

①第1～2学期为职业雏形期：完成公共基础课、基础医学课和专业基础课的教学。通过实训室、仿真模型和器材以及教学基地见习方式，掌握人体形态与功能，认识职业特点，并形成初步职业认识与职业能力。

②第3～4学期为专业技能训练期：主要在学校进行专门技术知识的学习训练，并进行职业技能证的考试就行训练，要求每位学生都通过健康管理师的考试，争取获得国家“高级健康管理师”技能证。

③第5～6学期为有酬顶岗期：学生在养老养生机构和医院进行顶岗工作，并有师傅指导，逐步适应未来职业生涯。

④第7～8学期为专业冲刺期：从专科到本科，该专业学生基础理论与实践已较扎实，但从健康管理专业到公共事业管理（健康管理方向）专业是不小的转折，需加强多方面能力：如英语、计算机运用能力，图书情报检索能力和公共事业管理（健康管理方向）专业工作能力等。因此，对学生要进行全方位的强化训练，包括进实训室、教学基地、图书馆、语言室等。

⑤第9～10学期为成熟成才期：采取缺什么补什么、做什么精什么的原则，对应学生本人谋求的职业岗位提出具体要求，进行共性与个性相结合的实训教学，其中，要打破课程之间、计划之间和统一组织间的许多束缚，允许并支持学生在实践中创新就业。

（8）两校合作制度

①以就业为导向：根据职业教育的特征，共育办学事宜，确保本届高职本“3+2”分段培养试点专业达到预定培养目标。

②两校教师互聘：根据课程标准和教学质量要求，打破两校的各自规定，双方精选互派教师授课，谁讲的好就选谁。

③教学资源共享：双方均为该班学生提供包括教学基地的最好的教学资源，且互不

收费。

海南科技职业学院健康科学学院的人才培养方案既体现了“以市场为导向、以素质为基础、以职业能力培养为核心”的办学模式，又符合国家职业标准强调的“以职业活动为导向、以职业能力为核心”。这套培养方案通过技能等级鉴定，对从业人员的专业知识、职业道德、职业能力和工作业绩进行全面的评估。按此方案培养的人才既满足了胜任健康服务业相关职业所需的能力，又反映了企业和用人单位的要求。

这套培养方案体现了在健康服务业中，标准化人才培养方案应该具备的几点特质：

1.既重视健康服务业人才实践经验的培养，又注意人才培养与市场需求的衔接；

2.除了与健康服务业职业资格标准的对接，最终落脚点还在于如何培养出健康服务业所需的标准化人才；

3.积极推进健康服务专业设置与产业需求对接、课程内容与职业标准对接、教学过程与服务过程的对接；

4.积极与医学院校、养老护理院等开展合作，设立培养高层次健康养老医务、护理人员的专业人才培养机构、人才培训及实训基地；

5.“产教结合，校企合作”，根据企业和市场需要来确定人才培养的专业结构和非专业素养的要求，全面培养健康服务业人才高质量的综合素质和实践能力。因此，这套培养方案获得了国家教育部、民政部、卫计委三部委的推崇和同行的青睐。

（五）健康服务业人才培养标准的评估

1.制定人才培养课程评价标准；优化课程考核办法；构建课程评价多元化主体结构；建立公平、公开、公正的人才培养课程评价体系。

2.在学历教育与继续教育中，增加相关职业资格证书培训与考评，如健康管理师、生活方式指导师、食品安全师等的培训及考核。

3.鼓励龙头企业、地方和行业协会参与上岗资质认定工作，推进人员管理的专业化、职业化。

4.建立与国际健康服务教育等效的健康服务专业认证制度，对接国际通行模式，优化和完善健康管理专业人员评价标准，提高健康服务业从业人员的整体素质。

八、健康服务业人才实践和创造性发挥

（一）健康服务业人才实践

1. 在实践过程中，通过“产教结合，校企合作”全面提高健康服务业人才综合素质和实践能力，培养合格的实用型人才

“产教结合，校企合作”是培养高素质的健康服务业人才的有效途径，有利于学校

和企业实现资源共享、优势互补。校企合作主要有两条实现途径。(1)学校结合自身优势，自办企业。(2)校企合作，联合办学。学校可以根据健康服务业企业和行业的需要制定人才培养方案，设置专业结构和课程体系，使人才培养更好地适应市场和社会的需求。而企业则可以参与到学校的人才培养和专业建设中来，为健康服务业各个专业的学生提供顶岗实习和实训的机会，为学生提供就业信息，使学生在实践过程中熟练掌握专业技能技巧，培养其职业素能和创新能力。

2. 健康服务业人才在实践过程中必须具备职业胜任力

健康服务业人才在实践过程中应具备较强的专业技能并能熟练运用；具备较好的管理协作能力，能够实施比较有效的客户管理；能够与其他工作人员建立良好的工作关系，并进行有效合作；具备专业价值观：遵守职业道德，主动维护客户利益、尊重客户权利；注重专业成长：建立个人专业发展目标，具有较强的专业责任感，重视自我学习，促进个人专业持续发展，具有利用一切机会向公众宣传健康服务业在维护和促进人类健康中的作用和价值的意识。

3. 健康服务业人才在实践过程中必须树立“以人为本”的基本理念，加强职业素养的培养

健康服务业的本质是“以人为本”，它必须凸显人情化、人性化和人道主义。健康服务产业的定位其实质应着眼于人，着眼于人们获取服务的体验过程，只有在此基础之上，健康服务产业才能真正地可持续发展。因此，健康服务业人才在实践过程中必须不断提高自身水平，了解顾客的心理和需求，增加自己的灵活性，采用个性化服务方式为客户服务。时时树立“为他人服务”的思想意识，对每一位服务对象付出爱心，体现其人文主义关怀的精神。我们在人才培训过程中也应重视学员职业道德、交流沟通等人文素养的培养。

4. 健康服务业人才在实践过程中应树立诚信、创新的行业精神

《国务院关于促进健康服务业发展的若干意见》指出：“健康服务业的可持续发展应加强诚信体系建设，引导企业、相关从业人员增强诚信意识，自觉开展诚信服务，加强行业自律和社会监督，加快建设诚信服务制度。”任何一个行业要可持续发展，都必须树立良好的行业精神和行业形象。与硬件条件相比，精神文化在一定程度上对健康服务业人才培养更具决定性意义，因此，健康服务业人才培养中应该树立人才诚信、创新的行业精神。“诚信为本，诚实守信”是健康服务业人员在工作中应遵循的基本准则。创新人才是健康服务业发展的不竭动力，在健康服务业，通常一个好的“想法”可能带来可观的收益和良好效益，这就要求健康服务业人才不断开阔视野，开发健康服务的新形式，改进和创新所提供的服务内容和质量，从而满足不同年龄、层次、地位、性别客户群体的需要。

（二）健康服务业人才培养的创造性发挥

1. 促进健康服务业人才培养的国际化

美国、英国的健康管理人才培养，日本的养老服务模式及护理人员专业化培训均对我国健康、养老服务业人才培养有一定指导意义。因此，我国院校应主动与美国、日本等国院校、养老机构合作，在课程设置、培养模式、考核制度、人才培养层次等方面吸取国外经验，在经济全球化大背景下，以国际化视角审视我国健康服务业人才培养的优劣势，探索出符合我国国情的人才培养方式，促进我国健康服务业人才培养的国际化。例如，世界抗衰老医学会于2016年10月授予海南科技职业学院的“世界抗衰老医学会海南培训基地”就是我国打造健康服务业人才国际化培养基地的典范。

2. 健康服务业人才培养向智慧养老健康服务转型

《国务院关于促进健康服务业发展的若干意见》认为：“推进健康服务信息化才能夯实健康服务业的发展基础。”健康服务信息化主要在于创新“互联网+”，运用现代科技手段，进行老年人健康信息化建设，促进电子健康档案、电子病历的互联互通，促进健康养生（老）、健康体检、咨询管理、体质测定、中医保健、医疗旅游等医疗健康服务行业的全面发展，促进“医养结合”服务机构的精细化、动态管理。因此，我们在健康服务业人才培养过程中应树立现代健康理念，用互联网思维升级人才培养机制，加强复合型人才培养；加快促进慢性病管理、居家健康养老、个性化健康管理、互联网咨询、生活照护、养老机构信息化服务等方面人才的培养机制；智慧养老服务从业人员应积极向专业化、职业化方向转化，从而为老年人提供更全面、优质的服务。

3. 重视医疗旅游业中健康服务人才的培养，吸引国际消费群体

医疗旅游是传统旅游与医疗、保健、康复、疗养的有机结合，在医疗旅游业发展过程中，不仅需要大批医疗、护理、旅游、营销等专业领域的技术人才，更需要大量兼具医疗保健和旅游两大领域知识的复合型人才。此外，在为国外客户提供服务的过程中还需要专业的翻译，但我国绝大多数的健康服务业人才英文水平较低，这将大大削减我国在国际医疗旅游市场中的竞争力。因此，我们在健康服务业人才培养中应加快培养适应医疗旅游市场需求的各类人才，特别注重培养具备医疗、健康专业知识，懂外语又熟悉旅游市场规则的复合型人才。

九、总结

健康产业要可持续健康发展需多要素支撑，然而起核心作用的是人才培养。不仅直接为客户服务的专业人员要进行标准化培养，而且间接相关人员也要进行标准化培养。因此，标准化人才培养是健康产业可持续发展的核心要素。

参考文献

[1] 王彦峰. 健康也是生产力 [J].红旗文稿，2009（11）：28–29.

[2] 焦解歌. 老年安全健康百事通 [M].海南：海南出版社，2003.

[3] 李丹青. 中国标准化人才培养问题及对策 [J].高等工程教育研究，2012（6）：84–90.

[4] 王晓迪，郭清. 对我国健康产业发展的思考 [J].卫生经济研究，2012（10）：10–13.

[5] 王莎，何国平，姚菊琴，罗艳. 健康服务业与养老服务业人才培养 [J].中国老年学杂志，2016，36（4）：1767–1769.

[6] 张宇，吕传毅，高厚礼，等. 论高校在我国标准化人才培养中的发展机遇和路径选择 [J].标准科学，2014（5）：29–33.

[7] Hall C M. "Health and spa tourism,"Hudson S. In-ternational sports & adventure tourism,（New York: HaworthPress，2003）.

Standard of Talent Training is the Core of the Sustainable Development of the Health Services Industry

Jiege Jiao, Yan Song

Abstract

From the current development situation of the health services industry and the industry operating conditions of the contrast between Chinese and the foreign, this article put forward the viewpoint that the personnel training is a key element to support the sustainable development of the health services industry. Put forward the views on the cultivation system of personnel training , talent structure and running mode, and the mode of personnel training of health services industry, establish the training program of standardization talents from the national occupation standard docking, finally puts forward some suggestions on the practice and creative play of talent.

Keywords

Standard, Talent Training, Health Services, Sustainable Development, The Core Elements

作者简介

焦解歌

医学博士，教授，博士生导师，长期从事医学教育与健康管理工作，现任海南科技职业学院党委书记，海南省老年健康工程技术研究中心主任，创办健康科学学院并任院长。

宋艳

女，硕士，海南医学院副教授，热衷于运动与健康的教学与科研工作，现任海南省老年健康工程技术研究中心学科带头人。

第三篇
Chapter.03

实践篇

中国商业健康保险发展报告

闪智强　陈乔姗　陈元平

摘要：

2016年是我国保险业里程碑之年：全国保费收入从2011年的1.4万亿元增长到2016年的3.1万亿元，年均增长16.8%，保费规模超过日本位列世界第二名。保险总资产151046.5亿元，同比增长22.2%；支出10481.48亿元，同比增长20.84%。其中，全国健康保险保费收入从2003年的241.9亿元增长到2016年的4042亿元，年均增长23.9%。“十二五”以来，我国商业健康保险发展增速，高于保险业的增速。

我国商业健康保险是具有极强政策属性和广泛民众需求的业务。中共中央政治局2016年8月26日召开会议，审议通过《“健康中国2030”规划纲要》。《“健康中国2030”规划纲要》是贯彻落实党的十八届五中全会精神、保障人民健康的重大举措，对全面建成小康社会、加快推进社会主义现代化具有重大意义。全民健康作为一项重要的国家战略，将融入所有政策。近年来，我国居民可支配收入逐步提高，健康保障需求大幅增加，健康保险产品供给充足，互联网、物联网、科技快速发展，为我国商业健康保险提供了难得的发展机遇。

关键词：

健康保险　健康管理　互联网医疗　税优健康险　健康保险产业链

一、我国商业健康保险的发展概述

（一）商业健康保险的定义

国际金融保险管理学院[1]（Life Office Management Association，LOMA）对健康保险的定义：“为被保险人因疾病、意外伤害或伤残而导致的财务损失风险提供的保险保障。”健康保险有两种主要形式，一是医疗费用保险；二是残疾收入保险。

美国健康保险学会[2]（Health Insurance Association of America，HIAA），对健康保险的定义："为被保险人的医疗服务需求提供经济补偿的保险，也包括为因疾病或意外事故导致工作能力丧失所引起的收入损失提供经济补偿的失能保险。"健康保险分为医疗费用保险、补充医疗保险、长期护理保险、丧失工作能力收入保险、管理式医疗保险五类。

日本保险业法对健康保险没有单独的定义，而是用"第三领域"的概念将健康保险包含其中。日本的《保险业法》中"第三领域"指"约定对意外伤害和疾病给付一定金额的保险金，并对由此产生的该当事人受到的损害予以补偿，收取保险费的保险"。根据该定义，常规意义上的意外伤害保险和健康保险都被包含其中了，去除意外伤害保险部分的险种，健康保险可分为门诊保险、住院保险、疾病医疗保险、护理保障保险和收入补偿保险五类。

2006年，中国保险监督委员会颁布的《健康保险管理办法》中明确了商业健康保险的分类与定名规则。健康保险的定义为，指保险公司通过疾病保险、医疗保险、失能收入损失保险和护理保险等方式对因健康原因导致的损失给付保险金的保险。在我国目前的商业健康保险市场，根据保障范围不同，可以划分为四类：疾病保险、医疗保险、失能收入损失保险和护理保险。这是我国第一次对健康保险的经营做出规范，明确提出在我国发展商业健康保险的要求，这一办法的出台对我国商业健康保险的发展具有标志性意义。目前，我国的健康保险分别以约定的疾病、医疗行为、日常生活能力障碍引发护理需要、疾病或者意外伤害导致工作能力丧失为给付保险金条件而设计。

以上四种定义都是从经济补偿角度给出的健康保险定义，揭示出健康保险与其他人寿保险核保、承保、管理的不同。而从社会属性角度来看健康保险，还应该包括提升全民健康水平、调节就医资源的属性。

（二）商业健康保险的起源

现代意义上的商业保险起源于19世纪的英国，迄今已有约200年的历史。健康保险，最初从意外伤害保险开始。在美国，1798年首次出现了健康服务保险。通过强制性扣除薪水，美国海运医院向符合条件的海员提供了预付医疗。其中，许多保单对特定产业和罹患特定疾病的个人提供保险。第一份健康团体保单是美国蒙哥马利·沃德公司（Montgomery Ward Company）在1910年签订的。目的是为了给其雇员提供由于疾病和意外伤害不能工作时的每周报酬[1]。1886年，瑞士一家保险公司对重大疾病进行承保。此举为后来南非首创的现代重大疾病保险奠定了基础。

19世纪70—80年代，提供医疗受益计划变得更为普遍。20世纪30年代以后，商业健康保险开始独立出现。1929年，美国达拉斯市贝勒大学医院为其1500位大学教师预交了团体住院保险费，此举揭开了商业健康保险发展新的一页，意味着商业健康保险开始作为一个独立的险种业务出现在保险市场上。

我国的健康保险起源于20世纪80年代初，中国保险业复业时期[2]。1981年，人保公司开始修订人身保险条款。1982年开始试办简易人身保险、团体人身保险、人身意外伤害保险和旅客意外伤害保险等险种[3]。1990年以后，随着我国保险市场上保险公司数目的增加和竞争格局的形成，各保险公司相继推出了中小学生平安保险、附加住院医疗保险、计划生育手术、少儿平安保险、女性癌症保险等健康保险险种。但由于经营难度大，多数保险公司在开发健康险险种方面投入有限，商业健康保险发展缓慢。

二、我国商业健康保险的发展历程

我国商业健康保险发展37年，可以分为两个阶段：第一阶段，1980年成立至1998年，健康保险发展的萌芽期；第二阶段，1998年至今，健康保险发展的政策推动期。

（一）我国商业健康保险发展的萌芽期

1980年到1998年，我国的健康保险市场处于缓慢发展的过程，市场环境恶劣。从经济环境来看，我国正从计划经济向社会主义市场经济转型，处于改革开放前期，人民的生活还比较艰难。从社会保障体系来看，这一阶段我国正处于公费医疗、劳保医疗制度为主，个别地区进行医疗改革试点的初期阶段，所有医疗报销体系均为封闭式管理，商业医疗保险毫无用武之地。从保险行业来看，保险发展处于“四缺”状态：缺少管理经验、缺少专业人才、缺少指导政策、缺少保险产品。从1980年到1990年，全国只有中国人民保险公司独家经营。1982年，经上海市人民政府批准，中国人民保险公司上海分公司经办了“上海市合作社职工医疗保险”。到90年代初期，人保、太平洋、平安3家全国性保险公司相继成立，形成三足鼎立之势[4]。市场需求微弱，产品供给单一，成为这一阶段市场的主要表现。在传统医疗保障体系下，人们对于自身疾病及健康保障的需求非常微弱。只有少数企业为职工购买简易人身险附加医疗保险，学校组织学生参加“学生平安保险”。1985年，开始在部分地区试办附加医疗保险和母婴安康保险。市场上保险产品主要是财产保险、运输工具保险、国内货物运输保险、农业保险和海上保险，健康保险不作为保险公司的主要产品。直到1994年，寿险公司推出可供个人购买的重大疾病保险产品，健康保险常年以附加险方式承保的模式才得以改变。

（二）我国商业健康保险发展的政策推动期

1. 政策推动期市场环境

1998年以后，随着我国社会医疗保障制度的逐步建立（见图1），我国商业健康保险在政策推动下稳步发展。在这期间，我国健康保险市场环境也越来越适宜健康保险的发展。

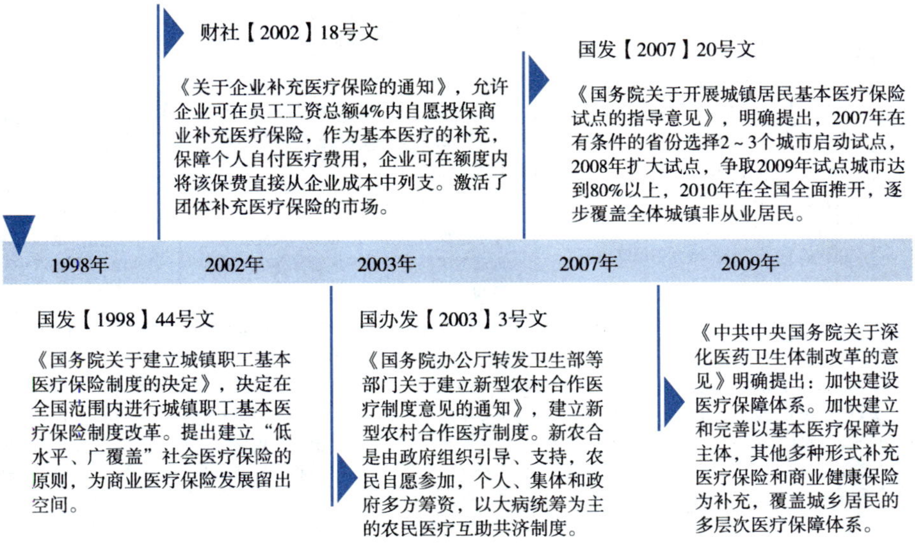

图1　我国1998—2009年社会医疗保障制度（根据国家各部委发文整理）

第一，政策环境向好。医疗制度改革全面铺开，截至2015年底，中国基本医疗保险参保人数达到13.36亿人，覆盖率在95%以上。城镇职工基本医疗保险、城镇居民基本医疗保险、新型农村合作医疗政策范围内医疗费用报销比例分别达到80%以上、70%以上和75%左右。个人支出的医药费逐年提高（见图2），寻求利用保险解决大额医药花费、提高医疗服务水平，成为中高端收入人群的刚需。十八大以来支持商业健康保险政策频出（见图3）。

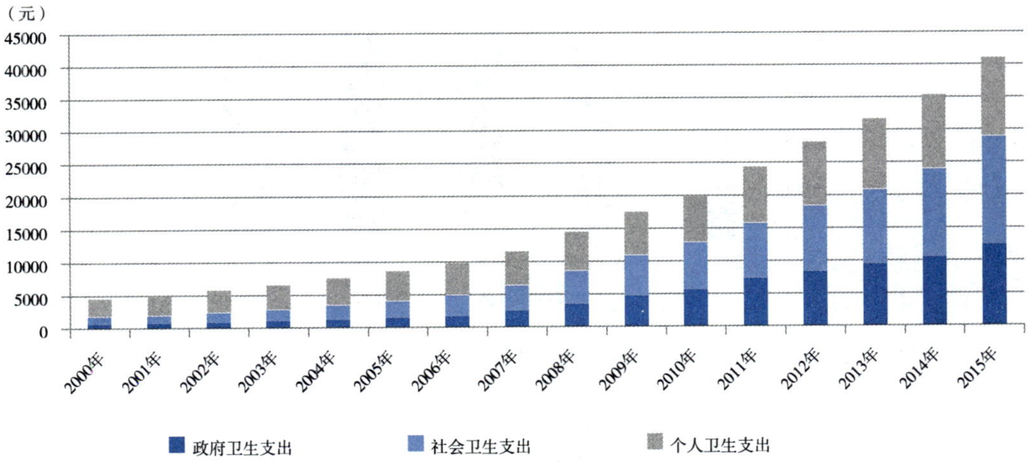

图2　政府、社会、个人卫生支出医药费（根据国家统计局网站及历年《中国卫生年鉴》整理）

图3　我国2012—2017年推动商业健康保险制度（根据国家各部委发文整理）

第二，经济发展与社会结构变化。实证研究发现，家庭生命周期、教育、家庭收入和社会医疗保险是影响健康保险的重要因素[5]。经济发展、收入水平和有效供给促进我国健康保险发展[6]。全国居民人均可支配收入不断增长（见图4），提升多层次健康保险需求。

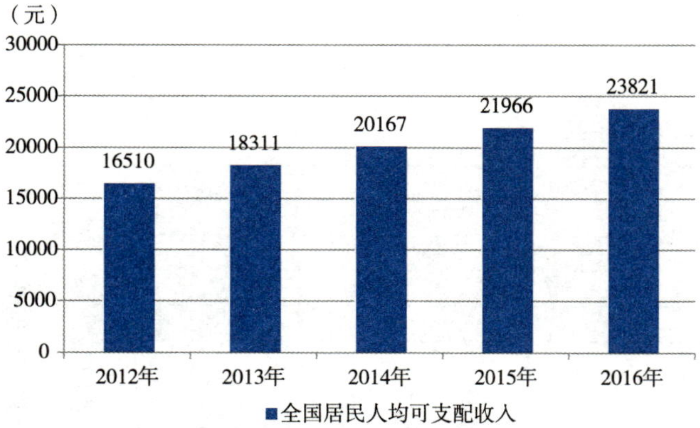

图4　2012—2016年全国居民人均可支配收入（根据《中国统计年鉴》整理）

我国人口老龄化趋势显著（见图5）。从2011年进入老龄社会以来，65岁以上老年人口占比上升到2016年的10.8%[7]。

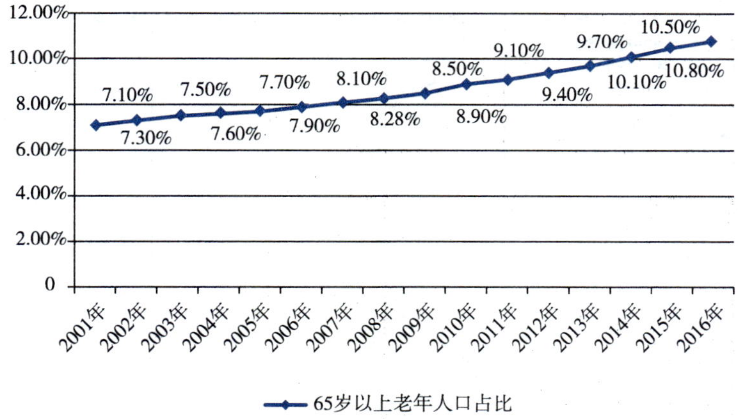

图5　我国65岁以上老年人口占比（根据中国民政部公布数据整理）

第三，大众“重治疗、轻保障”观念改变，多层次健康保险需求旺盛。生存环境变化、自然灾害频发、环境污染、食品安全、重大疾病的发病率越来越高、发病年龄越来越低、慢性病患者占比增加等因素促使大众对健康风险的防范意识有所提高，对健康保险需求不断增加。数据显示[8]：针对老年人健康保险的关注度最高，其次是儿童、青年、少年和中年。青少年对健康保险的满意度最高，其次为少年、儿童、老年、中年（见图6）。（依据中国划分标准，0～6周岁为儿童；7～17周岁为少年；18～40周岁为青年；41～65岁为中年；66岁以上为老年。）

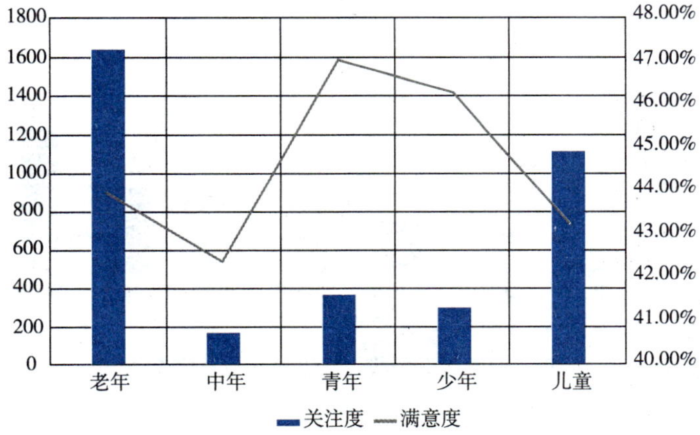

图6　不同年龄段人群对健康保险的关注度和满意度

资料来源：沃德社会气象台。

其中，重大疾病中关注最高的是肿瘤、中风、乳腺癌，其次是白血病、肝癌和肺癌等（见图7）。

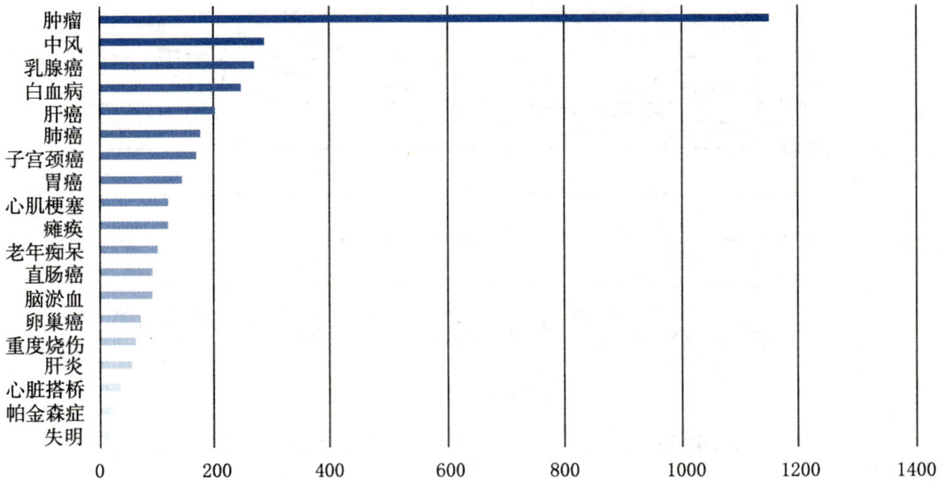

图7　常见重大疾病关注度对比

资料来源：沃德社会气象台。

2. 政策推动期市场表现

（1）保费规模持续增长

图8数据显示，2010年到2016年，健康险保费收入从691.72亿元迅速增长至4042.5亿元，年均增长高达42.3%[9]。

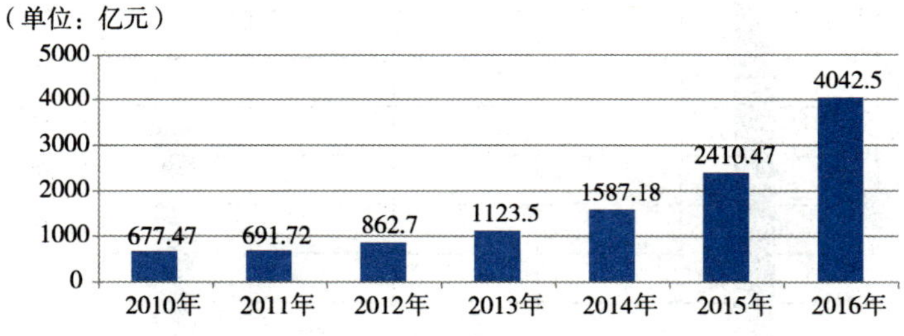

图8　2010—2016年商业健康险保费收入（根据中国保监会网站公布数据整理）

健康险保险费占人身险保费收入比重，从6.37%涨到18.2%。从2011年起，健康保险年增长率高于人身保险增长率（见图9），占全行业保费收入比重从4.66%增长到13%。健康险赔付从264.02亿元增长到1000.75亿元，增长了2.8倍。同时，健康险深度由2010年的0.17%增长到2016年的0.54%；健康险密度由2010年50元/人增长至2016年292.3元/人。

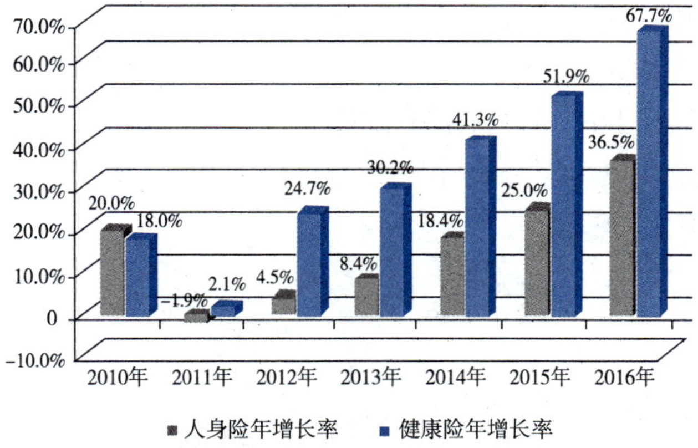

图9　2010—2016年人身险与健康险增长率比较（根据中国保监会网站公布数据整理）

（2）健康保险市场活跃，供给充分

我国健康保险业务经营主体有四种模式：一是专业健康险公司，二是寿险公司，三是养老险公司，四是财产险公司。截至2016年底，开办健康保险的保险公司共有138家，其中6家健康险公司、64家寿险公司、5家养老险公司、63家财产险公司。2014年，互联网保险公司和有专业中介资质的科技公司也加入到健康保险经营中。2003年，全国销售的各类健康保险约300个。目前，在售健康保险产品2200款，备案数量超过3000个，涵盖医疗保险、疾病保险、护理保险和失能收入损失保险四大类。

保险公司开始与健康风险管理公司、第三方委托管理机构、医疗机构、护理机构、体检机构携手创新，积极探索健康保险与可穿戴设备、人工智能、物联网、移动健康管理等新科技的融合，打造以健康保险为核心的健康产业新模式（见图10）。

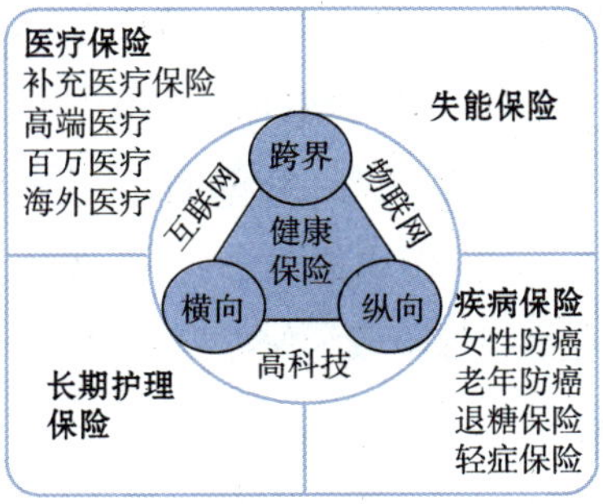

图10　健康产业新模式示意

（3）全国各地区健康险发展不均衡

数据显示，2016年全国各地区健康保险发展不均衡。发展较好的前16个地区，健康保险费总收入占全国总健康险保费的80%。剩余20个地区仅占20%。健康险保费超过100亿元的地区从2014年的4地增加到2016年的15地。“2017中国商业健康保险发展指数”[10]显示：不同区域和不同群体的健康保障存在较大差异。指数分值呈现从东到西、由南向北逐渐降低的趋势。指数分值基本与中国各地区GDP分布一致，这也印证了经济发展是健康保障发展的前提和基础。

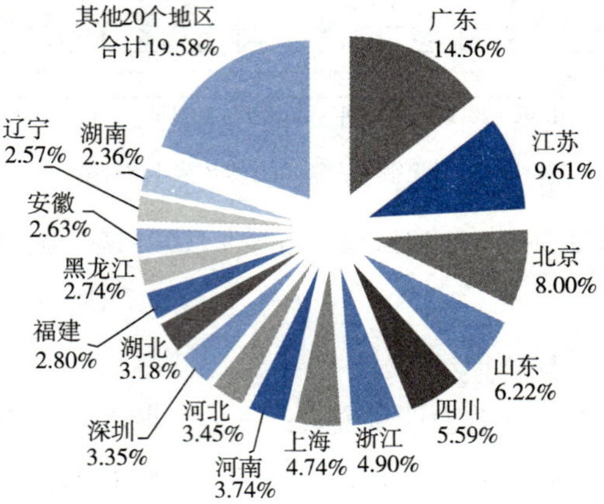

图11　全国各地区健康保险费示意（根据中国保监会网站公布数据整理）

（4）嵌入社会医疗保障体系改革相关领域

商业健康保险面向各类人群提供商业保险产品和服务的同时，还通过参与和经办模式，承接了大量政府委托业务和国家布置的重点工作，服务社会，服务民生。一是大病保险全面推开。2012年启动大病保险试点，2015年全面推开。大病保险覆盖人口9.2亿人，报销比例普遍提高了10%～15%，345万大病患者直接受益。二是在全国327个县市参与经办新农合和城镇居民基本医疗保险，服务人数达8547万人，受托管理资金80.3亿元[11]。三是税优健康保险政策落地。2015年，财政部、国家税务总局、保监会联合下发了《关于开展商业健康保险个人所得税政策试点工作的通知》（财税〔2015〕56号）。2017年国务院第169次常务会议决定，将商业健康保险个人所得税优惠政策由原来在31个中心城市试点，推向全国实施。商业健康保险成为保障社会稳定、改善民生的有力支撑。

3. 政策推动期市场特征

（1）健康保险产品寿险化

我国的健康保险产品定义为四大类：医疗险、疾病险、长期护理险、失能收入损失险。医疗险和重疾险越来越成为市场竞争的主战场，长期护理险和失能收入险刚刚起步。2015年，72家财产保险公司中有63家开展短期健康险业务，销售的健康保险占当年健康险保费的9.4%；71家寿险公司（含人寿保险公司、养老保险公司和健康保险公司）

中仅有1家未开展健康险业务，销售的团体健康保险占比20.2%、销售的个人长期健康保险占比70.3%。短期健康险和团体健康险包括：住院医疗保险、门诊医疗保险、大病医疗保险等产品。个人长期健康保险产品包括：终身重大疾病、长期重大疾病和中短期护理保险等产品，热销产品中都含有身故保险责任或定期返还保费约定。由于健康险专业性很强，对从业人员的专业素养要求高，而健康险公司很多人员是从寿险公司转来，经营寿险的思路成为健康险业务发展的制约因素，这种非专业化的经营理念和管理方式，造成在产品开发、流程设计、风险评估、专业培训上巨大的系统偏差。从产品精算角度来看，此类产品应归为寿险的提前给付形式。因此，我国真正意义上的健康险不足市场的30%，而寿险化的健康险占据市场的70%。从短期看，长期健康险寿险化，可以为保险公司沉淀更多的长期资金用于投资；从中、长期看，未来面临巨大的身故金或返还本金的给付压力。2016年，监管部门连发文件，对个人定期寿险、个人两全保险、个人终身寿险和个人护理保险产品，死亡保险金额或护理责任保险金额与累计已交保费或账户价值的比例应提出要求，严格控制护理保险中、短存续期产品规模。2017年连续发文，强调“保险姓保”，不得以银行理财产品、银行存款、证券投资基金份额等其他金融产品的名义宣传销售。明确健康险核心是保障看病就医。数据显示，2017年前6个月，健康险保费收入2615.9亿元，同比增长10.87%，增速较2016年同期下降78.51%。

（2）健康险总体规模较小

我国的健康保险与人身保险自身发展相比规模尚小。第一，业务规模占比较小，扣除《福利双全个人护理保险》《和谐安赢一号护理保险》《和谐安赢一号护理保险万能型》等多款短期理财型健康险后，近5年健康险保费规模占人身险保费的10%左右。2014年，我国商业健康保险赔付支出在医疗卫生总费用中占比为4.5%，而德国、加拿大、法国等发达国家的平均水平在10%以上[3]。

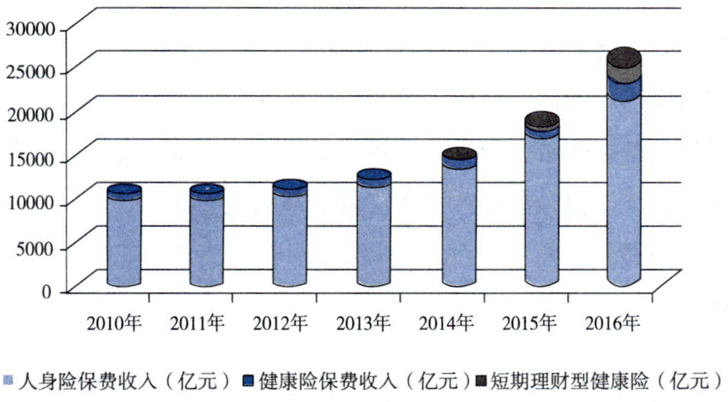

图12　2010—2016年各类健康险与人身险保费示意（根据中国保监会网站公布数据整理）

第二，专业健康保险公司发展缓慢，自2002年12月保监会下发《关于印发加快健康保险发展的指导意见的通知》明确规定：健康保险要专业化经营和管理，15年仅有6家专业健康保险公司成立（人保健康、平安健康、昆仑健康、和谐健康、太保安联、复兴联合），1家瑞华健康获批。近年来，寿险公司实现的健康保险业务收入占全行业的75%，财险公司的健康险保费收入占全行业的10%，专业健康保险公司保费收入仅占全行业的15%。

（3）健康保险处于长期亏损

健康险专业化运作在国际上是通行的做法。发达国家通过立法规范健康保险，只有专业健康险公司可以经营专业健康险，得益于此，涌现出联合健康、安泰、信诺等一大批世界500强企业。而我国有100余家保险公司有资格开展健康险业务，产品同质化；没有良好体验的情况下，商业健康险领域落入无序竞争以及单纯的价格战中，甚至包括一些关乎国计民生、专业性很强的业务领域，如基本医疗、大额补充医疗保险等健康保险业务。由于没有严格的市场准入限制机制，无法有效规范市场行为，很难抑制短期经营行为。这不仅对刚刚起步的专业健康保险公司带来很大的经营压力，而且破坏保险资源，损害了民众利益和保险行业的社会形象。

专业健康险公司的专业优势无从体现，普遍亏损。数据显示，2015年5家专业健康险公司投资收益和保费收入分别产生54亿元和466亿元收入，健康险业务收入占比88%。剔除投资业务收入后，2015年健康险业务亏损10%，其中成本包括退保金、赔付支出、手续费及佣金、业务及管理费。5家专业健康险的赔付支出占比82.6%[12]。究其原因。第一，信息不对称造成的逆选择风险，使得高风险人群占比较多，承保越多赔付支出越高。第二，保险公司无法打通与国内医疗体系的数据共享，更无法介入医疗诊断过程，无法达到控费目的成为商业健康保险“永远的痛”。统计数据表明，在经营医疗险的保险公司中，80%以上的公司赔付率超过80%，其中40%左右的公司赔付率超过100%，个别公司甚至高达200%，远远超过业界公认的70%的盈亏平衡点。第三，健康保险行业处于承担经济补偿和报销管理的简单功能，不具备医疗服务属性和健康管理属性，不能使客户在参保后有任何的健康改善，也无法实现客户患病时、患病后的延伸服务。提供相关服务的健康产品，也属于保险公司购买服务的赠送行为。保险公司付出成本，短时间很难见到效益，没有形成真正意义上的“健康保险+健康管理”的保险产品，更没有形成以健康保险为核心的健康产业链。

三、我国健康管理在健康保险中的应用与实践

健康风险管理与健康险风险控制相结合。通过实施对被保险人的全程健康风险管

理，保险公司可以将单纯的事后理赔转变为全过程的健康风险管理服务。让被保险人少得病、晚得病、不得病；得病后，及时准确治疗、快速康复；不能治愈时，减少并发症、不降低生活品质。

（一）健康管理的概述

1．健康管理的定义

健康管理从广义讲，就是针对健康需求对健康资源进行计划、组织、指挥、协调和控制的过程。韩启德[4]教授，将健康管理定义为："对个人及人群的各种健康危险因素进行全面监测、分析、评估、预测以及进行预防的全过程。"美国职业和环境医学学会（American College of Occupational and Environmental Medicine，简称ACOEM）[5]则把健康和生产效率放在一起考虑，将健康和生产效率管理定义为："针对员工全面健康的各种类型的项目和服务的联合管理，包括所有的预防项目和服务以及员工在生病、受伤或生活和工作关系失衡时会寻求的各种项目和服务，如医疗保险、伤残保险、员工赔偿、员工生活和工作关系失衡协助项目（Employee Assistance Programs，简称EAP），带薪病假、健康促进和职业安全项目。健康和生产效率管理也指所有能够促进士气、减少离岗、增加岗位工作效率的所有活动。"陈君石和黄建始主编的《健康管理师》[13]教科书将健康管理定义如下：对个体或群体的健康进行全面监测、分析、评估，提供健康咨询和指导以及对健康危险因素进行干预的全过程。

健康保险行业对健康管理的定义是保险管理与经营机构在为被保险人提供医疗服务保障和医药费用补偿的过程中，利用医疗服务资源或与医疗保健服务提供者的合作所进行的健康指导和诊疗干预管理活动。通过实施对参保人群的健康管理，保险公司可以将单纯的被动理赔转变为全过程的健康风险管理服务。这样既能够改变传统经营模式下对医疗风险束手无策的局面，变被动应付为主动出击，又能够通过有效手段降低发病率和滥用的风险，提高健康险的盈利能力，推动健康险业务的良性发展。

2．健康管理在健康保险业中的起源与发展

1973年美国颁布的《健康维持组织法案》，正式明确了这种管理型医疗保险的形式。之后美国开展全国健康管理计划"健康人民"。由联邦卫生和社会服务部牵头，与地方政府社区及其专业组织合作。两个主要目标：一是提高健康生活质量、延长健康寿命；二是消除健康差距。降低了心脑血管死亡率，取得显著成绩。到1976年建立1700个健康维护组织，注册4000万会员[14]。1965年至1975年，冠心病患病率下降了40%，脑血管疾病患病率下降了50%。1969年至1978年，心脑血管疾病死亡人数减少了50万人。1978年至1983年，高胆固醇人数下降了2%，高血压人数下降了4%，冠心病发病率下降了16%。管理式医疗的种类包括：健康维护组织（Health Maintenance Organization，简称

HMO）、优先选择提供者组织（Preferred Provider Organization，简称PPO）、专有提供者组织（Exclusive Provider Organizations，简称EPO）、定点服务组织（Point of Service，简称POS），甚至部分政府提供的老年人医疗保险和穷人医疗保险也采用了管理型医疗保健形式。

（二）健康管理与健康保险的关系和作用

健康管理是健康保险业的产物，其目的在于使被保险人更好地保持健康、合理治疗、恢复健康，保险公司达到减少理赔金额、提高经济效益的目的。健康管理主要通过健康测评、健康教育、健康促进手段，降低被保险人患病率、就诊率，使医疗费用得到控制。健康管理针对健康、亚健康、疾病、康复四类人群，提供事前、事中、事后的控制和管理。健康管理在健康保险业的应用，主要通过减低被保险人患病的风险，控制医疗费用支出，从而达到减少赔付的目的。健康管理费用一般是从保费中支付。对于被保险人来说，这种方法提高了个人的健康水平，减少了患病的风险。对于保险公司来说，这种办法有效地减少了医药费用的支出，增加了收益的可能，因此是一种双赢的办法。保险公司通过健康管理控制费用支出，主要有四个方面（见图13）。第一，承保前侧重于个体健康风险数据的收集、测评和分析。例如：基因检测、癌症筛查、中医辨识等。第二，在承保中可以提供参保人动态健康指标数据、分析，并依此给出指导和改善建议。也可以提供给参保人优惠与引导，帮助其建立健康的生活习惯。例如：根据测评提供三餐食谱、运动方案；电话健康咨询、问诊；心脑血管病、糖尿病等慢病管理。第三，对于客户患病需要治疗时，划分二类提供管理。第一类，是对参保人的健康管理。突发急症或意外，启动紧急救援和医药费垫付；患日常疾病，提供及时、准确的就诊服务、陪诊服务。疑难病症或重大病症，推荐优质的医疗资源、药品以及第三方诊疗意见或远程国际专家会诊等服务和管理。第二类，是保险公司对医疗机构和医疗服务提供者的管理。如诊疗服务审核、特定诊疗服务授权、医疗机构绩效考评等。审核不合格的费用支出，通过利益共享机制来管理医疗服务和行为。第四，出险后的参保人更需要适合的康复方案、营养调理以及其他风险的排查。例如：慢性疾病管理、医学指标的监测、康复期的护理等。

健康管理可以为健康保险提供的服务非常广泛，围绕帮助保险公司降低残疾率、发病率，控制疾病风险，可以建立大数据共享、健康护理、养生保健、运动健身、产品供应等与健康保险相匹配的多种支持。美国知名医疗保险公司哈门那（Humana）专门做了调查实验，用数据表明坚持使用APP健康项目两年以上的客户，平均每月减少53美元医疗费，上班的缺勤率也降低56.3%。

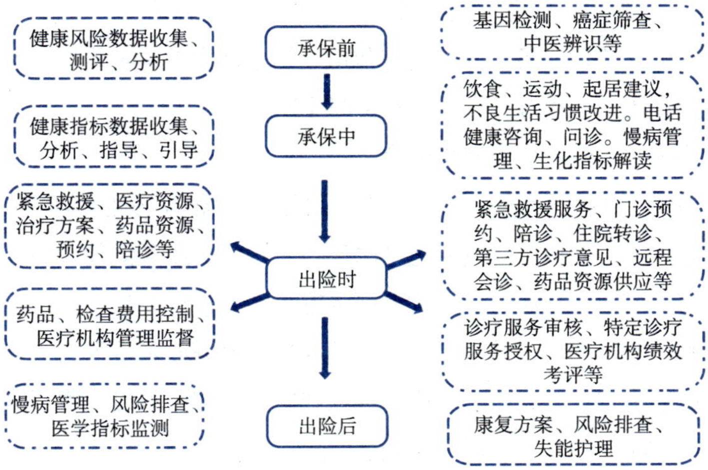

图13　健康保险各阶段健康管理功能和内容

举例来说[6]，Clover Health的系统通过跟进一个80多岁的客户，他在一次跌倒之后进了医院，不仅身体虚弱、下肢溃疡，还有二型糖尿病，这位老人现在用轮椅代步，而且根据Clover Health对其做的健康风险评估，他再次跌倒的概率很高。

老人家刚出院，Clover Health就提示在新泽西的医护团队派一位护理师去他家。护理师发现了一个问题：这个客户晚上睡觉的时候为了方便爬上床，用了一个小孩学步用的塑料梯凳，但显然并不是很好用。当天，护理师就派人在他的床边安了扶手。

作为一家医疗承保公司，Clover Health会为所有参保客户支付账单。这样，公司就能获取每个顾客不断演化的健康情况。由于联邦医疗保险客户就医频率高，在全国的医疗花费占比最大，Clover Health能够积累的数据量也就非常大。系统还能自动从数据中找到非正常情况，比如错过医生预约、错用处方或者进急诊。

公司的这项保险服务已在美国新泽西州包括泽西城在内的一些城市开展，2015年上半年的数据显示，与美国新泽西州其他人群相比，参与Clover Health公司此项保险服务的客户的住院率降低了50%，再次住院率降低了34%。并且如果有病人住院，Clover Health会在其手术后派专业护理人员上门服务，确保患者服用适当的术后药物。

公司的CTO Kris Gale曾表示："我们的核心理念是使用数据和软件打造客户的临床资料数据库，判定治疗手段和实际健康风险之间的差距，并且通过医疗保健缩小差距。我们拥有一个小团队，可以面向特定目标做针对性的健康干预，提高客户的健康程度。这对我们具有积极意义。"

3. 我国健康保险中健康管理的应用情况

我国健康保险中提供健康管理服务的方式有两种：主要采用与独立的健康管理、医疗医药、体检检测等第三方机构进行合作，购买外包服务项目；另外采用自建服务平台，向客户提供健康管理服务。服务内容包括：健康咨询、健康体检、健康评估、预约挂号、专家健康讲座、生活方式指导、养生调理等。

（1）针对个人客户的管理式健康保险

高端医疗保险是我国最早的管理式健康保险。高端医疗保险集门诊、住院医疗保障和健康管理于一身。健康管理内容包括医疗费用直付，还提供优质的医疗资源和舒适的就医环境，有效解决了就医时遇到的好医生难找、等候时间长、就诊时间短、人满为患、无个人隐私保护等痛点，从而赢得了高端人群对家庭成员就医的需求。高端医疗保险摆脱了社保的所有限制，自建医疗服务体系或向第三方服务机构购买服务，从产品定价、客户筛选，到就医指导、医药费控制，全部渗透管理，高端医疗保险率先找到医疗保险经营的突破口。目前，高端医疗保险市场中主要有招商信诺、平安健康、泰康人寿、美亚、太平、永安、保柏等保险公司提供的产品。

长期重大疾病保险产品嵌入健康管理。长期重大疾病保险是一种低频使用产品，投保后参保人的大病风险转移到保险公司。在保险期间，保险公司很难了解参保人的健康变化情况，出险前无从获知客户的健康风险变化数据。投保后，客户也没有因为参加了保险而获得任何的健康改善，即使身患重大疾病获得一定的赔款，怎样获得好的医疗资源、及时的诊断、准确的治疗方案依然是参保人要层层翻越的高山。因此，保险公司在众多的重大疾病保险中附赠健康管理，例如，泰康启动“全球医疗直通车”服务，先期与美国顶级的约翰霍普金斯医疗平台建立国际转诊就医通道。

未来泰康将与美国、德国、瑞士、日本、韩国、新加坡、中国香港及中国台湾等国家和地区排名前列的医院建立战略合作，提供专家远程会诊、海外健康体检、就医诊治、医学翻译等全球医疗一站式直通服务。平安集团雇全职医生、建设万家诊所，为客户提供健康咨询、问诊、导诊等健康服务。人保健康推出一款针对骨质疏松病人的健康保险产品。参保人都是骨质疏松的人，承保后健康管理机构会在前期给参保人做膳食、运动、营养方面的一些指导，给他们做健康维护；同时保险公司会和制药企业合作，提供专门的预防性产品对他们加以保护，这样骨折的概率就会降低很多；因为骨质疏松造成骨折的概率非常高，保险公司还给他们提供骨折配套的医疗保障；如果发生骨折，负责给他们联系好专业的医院和医生，安排治疗。骨折的术后还有康复等一系列问题，保险公司又会跟康复中心合作。把所有与骨质疏松病人有可能的需求做一个有效整合，各方的利益做一个共享[15]。

（2）针对团体客户的管理式健康保险

我国商业健康保险服务的团体客户通常是指，法人、非法人组织缴纳保费，使其员工、家庭成员、客户获得健康保障的形式。企业为员工投保商业健康保险被定义为单位的一种员工福利。保监发〔2015〕14号《中国保监会关于促进团体保险健康发展有关问题的通知》下发后，明确超过3个人的家庭可以投保团体健康保险，增加了个人选择保险的范畴，也为团体健康保险扩展了空间。企业出于提高自身产品或服务的竞争力，为其服务的客户投保商业健康保险也被广泛应用。

2002年国务院颁文，允许企业可在员工工资总额4%内自愿投保商业补充医疗保险，作为基本医疗的补充，保障个人自付医疗费用，企业可在额度内将该保费直接从企业成本中列支，大大提升了企业为员工投保商业医疗保险的积极性。按照政策要求产品要覆盖所有参保人员，包括已患病人员和退休人员。在我国公立医院为主导的体系中，医院处于强势和垄断地位，保险公司很难与公立医疗机构合作。保险公司不能充分分享医疗数据，更无法介入诊疗环节。因此，从医疗保险的产品定价，到医疗成本控制，都无法落实管理。过度医疗浪费成为常态，保险公司赔付率居高不下。为解决这一补充医疗保险的难题，国联保险经纪公司携手中国人民大学健康管理学院和北京中康本源医学研究院，在团体客户端建立“功能社区健康管理服务中心”，应用“生命健康评价课题组和数字化健康管理课题组的科研成果”为团体补充医疗保险客户除提供健康宣传外，还提供检测、评估、干预和动态监控四步骤的健康管理。2009—2013年，连续为某上市公司的服务数据显示，该企业连续5年的员工门诊就医率分别为30%、25%、24%、21%、21%，住院就医率分别为3%、2.4%、2.3%、1.5%、1.7%，门诊和住院人数比例均呈逐步降低趋势，并且低于同期社会平均水平。2015年，增加癌症早期风险筛查项目。在2000例无症状人群中检测中，筛查出阳性120例，在阳性人群中有1例经医学检查确诊为早期癌症。医学研究证明，早期癌症筛查可以提早3～5年发现癌症。每年接受隐血珠筛查一次，连续筛查3年，第1年检出30例癌，第2年检出2例癌，第3年未检出癌，说明只要连续筛查3年是阴性反应，可以预见在5～10年内不会患上消化道癌[16]。这样不但为早治疗赢得时间，而且治疗花费少、治愈率高。2016年，投资爱特吉喜基因科技公司，研发与国际接轨的基因解读系统，为团体客户中的慢性病患者提供安全用药指导服务。研究发现[17]，每年全国至少有250万人发生较严重的用药不良反应，因药物不良反应造成的死亡人数达到20万人。我国居民安全用药形势严峻，致死人数几乎是交通事故的4倍。2015年全国药品不良反应监测网络收到《药品不良反应/事件报告表》139.8万份，较2014年增长5.3%。1999—2015年，全国药品不良反应监测网络累计收到《药品不良反应/事件报告表》近930万份（见图14）。在检测的3800位高血压患者中，有869位日常服用的六大类降压药品有毒副作用，在日常服用的五大类药品无效或疗效差。在检测的2310例糖尿病患者中，有578位日常服用的五类降糖药品有毒副作用，日常服用的五类降糖药品无效或疗效差。在检测的3129位心脏病患者中，有632位日常服用的心脏疾病药品有毒副作用，日常服用的三大类心脏疾病药品无效或疗效差。

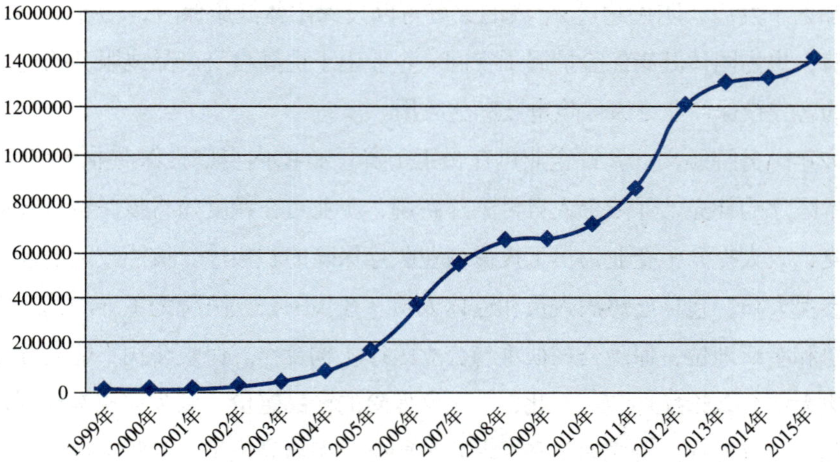

图14 1999—2015年全国药品不良反应/事件报告数量增长趋势

资料来源：2015年《国家药品不良反应监测年度报告》。

2017年，国联保险经纪公司引进中康本源医学研究院“生命健康管控系统”之“五音系列睡眠调理”子系统，针对不同体质辨识的个体提供不同的调理音乐，以达到提高睡眠质量、改善亚健康状态的作用。在参加“五音系列睡眠调理”的183人中，睡眠得到有效调节的人群为78.5%，对健康及医药花费的影响在跟踪研究中。国联保险经纪公司在8年的团体医疗保险客户健康管理实践中，规避难以实现的事后费用控制，加大事前、事中的健康管理介入，以提升客户健康水平为目标，改善客户健康状态为体验。随着健康管理的项目不断增加，服务客户的不断扩大，全体客户的理赔率得以控制，实现了补充医疗保险多赢的模式。最大的受益者是企业，员工的健康状况改善，出勤率、生产率提升，企业保险费保持稳定，企业补充医疗保险发挥了最大效用。保险公司经营补充医疗保险的风险得以调节，保费与赔付逐步形成良性循环。企业员工无论是健康、亚健康还是生病，都可以体验到补充医疗保险带来的福利。

（3）针对社保人群的管理式健康保险

2003年国家出台《建立新型农业合作医疗制度意见》，着重解决农民“因病致贫、因病返贫”的难题。保险业抓住机会积极参与新农合保险的管理工作，同时针对新农合保障水平较低的情况，探索开发与新农合医疗相衔接的大额医疗保险。2012年4月19日，卫生部等四部门联合下发《关于商业保险机构参与新型农村合作医疗经办服务的指导意见》，其中提到“积极提倡以政府购买医疗保障服务的方式，探索委托具有资质的商业保险机构经办各类医疗保障管理服务”，标志着商业保险公司参与新农合已发展到自上而下的推广阶段。2007年国务院颁发《关于开展城镇居民基本医疗保险试点的指导意见》，2009年在全国全面铺开。

从经营情况看，无论是“大病险”还是“新农合”，都很难达到政府预期的“收支平衡，保本微利”的原则。保险公司的经营风险逐步扩大。人保健康作为成立最早的专业健康保险公司，从2009—2015年连续为湛江市城乡居民提供大额医疗补助保险和大病保险的服务。按照“城乡一体、市级统筹、商保参与、诊疗规范、大病保险”的经营思路，走出了一条商保与社保协调发展的“湛江模式”。人保健康探索建立了医保风险管控平台，对所辖参保人的健康数据、就医数据进行统计分析。为参保人提供健康维护指导意见，降低患病率，提高城乡居民健康水平。研发医疗机构巡查电子设备直接社保系统，实时反馈核实入院、出院、患者等信息。同时，开展健康宣教活动，开办“健康管理”专版，印发各种宣传单页，试点开展“家庭医生”服务模式[7]。

4. 我国健康保险中开展健康管理存在的问题

健康保险的盈利主要取决于费差和病差，费差益来源于医疗控费管理，病差益的有效手段就是健康管理。但是，我国目前在健康保险逐步引入健康管理的过程中还存在一些问题。

（1）医疗保险控费模型无法建立

传统意义的保险市场，一般仅存在保险方（供方）和被保险人（需方）两方。传统意义的医疗市场，一般也仅存在医疗提供方（供方）和消费者（需方）两方。当这两个市场交叉以后，就形成了医疗保险市场，其特征为保险对第三方付费。保险方介入医疗市场后，三个主体间形成循环关系（见图15）：保险方收到保费后代付消费者的医疗支出，医疗提供方为消费者服务后向保险方收费，消费者支付保险费后接受医疗服务不再支付费用。保险方完成对医疗提供方服务与收费的控制。理论上，市场趋向博弈均衡的自稳态。

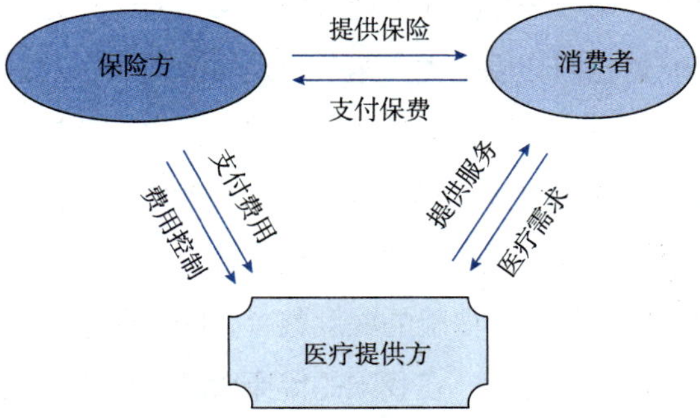

图15　医疗保险三方关系示意

但实际上，一旦三方的信息占有能力不均衡，就会导致市场失灵。卫计委公报显示，2016年公立医院诊疗28.5亿人次（占医院总数的87.2%），民营医院诊疗4.2亿人次（占医院总数的12.8%）[18]。公立医院在我国的医疗市场占主导地位，处于强势和垄断地位，保险公司很难与公立医疗机构合作，加上社会医疗保险控费能力严重不足，按服务项目付费的支付方式，容易诱导需求。而从美国、加拿大、德国大型健康保险公司的实践来看，它们覆盖大量的医药消费者，可以建立与医疗卫生服务提供方、药品供应商的谈判机制，有利于节制不合理的诊疗行为。这也是发达国家商业健康保险快速发展的重要因素。但这种模式在我国商业医疗保险中短时间内很难建立。

（2）健康管理与健康保险处于弱关系

首先，市场上销售的与健康相关的保险产品除了医疗险以外，以重疾险、单病种险和理财型护理险为主。这些产品都是定额给付的疾病保险，简单来说就是大数法则。由于产品单一，近年来价格战明显，为了寻求产品差异，有些保险公司在这些产品中加入了健康管理的元素。健康管理在这些产品中大多表现为一种附加增值服务，健康服务对改变参保人健康风险因子变化不大，对参保人患病率、就医率更不会有显著影响。其次，健康保险中提供的健康管理，对于参保人来讲都是免费的，在选择健康管理时“重治疗、轻管理”的观念严重。找医院、找大夫是刚性需求，对于各种促进健康有关的服务参与度不高。保险公司付出成本购买健康管理，不能从健康管理的过程中获得确定的收益，势必会减少对健康管理的投入。因此，保险公司深刻挖掘客户健康需求，研发健康管理与健康保险高度融合、相互作用、相互依存的健康保险产品是健康保险能否带动健康产业发展的关键。

（3）健康管理行业还需进一步完善

在健康保险中可以提供的健康管理内容非常丰富，根据健康所处的各个阶段，健康管理机构提供的服务包括：提供健康风险管理策略、检测、控制服务；提供诊疗服务发生时的医疗服务和医疗费用控制；提供健康体检、风险筛查服务；提供失能康复服务与老年护理服务；对保险公司理赔和医疗管理方面的第三方委托管理服务等。健康管理按其在健康保险中的功能主要划分成三类：第一类是增值服务，对健康保险定价及理赔率不发生直接影响。包括导医、导诊、电话咨询、健康讲座、票据理算等。第二类是控制服务，有可能改变被服务者的健康风险因子，直接或间接影响健康保险定价和理赔率。包括提供紧急救援、预防干预、风险测评、实施监控、大数据定价等。第三类是联合营销，利用已有的客户群提供与健康保险的深度整合，降低健康保险运营成本。包括糖尿病患者群、孕妈妈群、抗衰老群等。在我国的健康管理行业中，能够为健康保险量身定制的健康管理服务还不多，能够为健康保险起到管理作用的就更少。健康管理行业要打通与健康保险的通路，还需要着眼于帮助健康保险产业链的完整及平稳运转，兼顾健康风险控制的职能，为参保人提供专业而系统的健康服务，有效地控制医疗费用成本。

四、我国互联网健康保险的发展

众所周知，健康产业将是我国下一个万亿级的市场。随着2012年9月11日保监会发布《关于健康保险产品提供健康管理服务有关事项的通知》，2015年《国务院关于积极推进“互联网+”行动的指导意见》《全国医疗卫生服务体系规划纲要（2015—2020）》以及《关于促进社会办医加快发展的若干政策措施》等相关政策的推动，互联网健康保险占到了投资的风口。互联网、物联网、新科技的大量加入，有望实现信息联通，强化商业健康保险在健康产业链中的横向、纵向资源整合能力，最终形成健康保险的良性运转体系。

（一）互联网健康保险发展背景

1. 国家大健康政策推动

2015年政策频出，《国务院关于积极推进“互联网+”行动的指导意见》明确提出：推广在线医疗卫生新模式，发展基于互联网的医疗卫生服务，支持第三方机构构建医学影像、健康档案、检验报告、电子病历等医疗信息共享服务平台，逐步建立跨医院的医疗数据共享交换标准体系。积极利用移动互联网提供在线预约诊疗、候诊提醒、划价缴费、诊疗报告查询、药品配送等便捷服务。鼓励互联网企业与医疗机构合作建立医疗网络信息平台，加强区域医疗卫生服务资源整合，充分利用互联网、大数据等手段，提高重大疾病和突发公共卫生事件防控能力。积极探索互联网延伸医嘱、电子处方等网络医疗健康服务应用，鼓励有资质的医学检验机构、医疗服务机构联合互联网企业，发展基因检测、疾病预防等健康服务模式。《全国医疗卫生服务体系规划纲要（2015—2020）》以及《关于促进社会办医加快发展的若干政策措施》国家对医生多点执业逐步推开，网络处方禁令有待解除，医疗改革战略从重治疗转向重预防，医疗卫生工作“战略前移”，即抓预防、治未病。2015年3月5日，国务院总理李克强在政府工作报告中指出，要健全分级诊疗体系，加强全科医生培养，推进医师多点执业，让群众能够就近享受优质医疗服务。

2. 科技快速发展

互联网、物联网、移动互联网发展迅速，网络化基础设施成熟，信息传送更加快速、稳定。2017年《互联网报告》[19]中显示，微信5月份在日均手机应用使用率达29%，月活跃客户高达9.38亿人。随着“80后”“90后”成为健康保险的主要需求方，互联网渠道的健康险呈现出爆发式增长态势。智能硬件普及率提高，生物传感技术不断进步，智能眼镜、智能手环、智能手表等技术稳定，成本逐步降低。基因组学、分子生物学等基础学科的发展，生物药物与生物制剂正在治疗中发挥越来越重要的作用，越来越多的单抗药物对肿瘤、糖尿病等疑难杂症产生突破性疗效，“重磅炸弹”级新药频出。结合基因测序、治疗、细胞免疫治疗、干细胞治疗、靶向药物等技术手段的精准医疗已逐渐被公认为未来医疗发展趋势。慢性疾病、重大疾病的治愈成为可能。

3. 市场主体增加

进入互联网健康保险时代，除专业健康险公司外，寿险公司、大中型财险公司均设有专门的健康险部门，部分养老险公司也充实了健康管理服务职能。互联网保险公司、外资健康保险公司也凭借自身的专业技术优势，积极开展互联网健康险业务。2016年，有117家保险机构开展互联网保险业务，健康保险在互联网端展开激烈的竞争。市场主体除了传统保险公司和互联网保险公司以外，更多的参与者涌现出来。第一类，有互联网保险销售资格的保险专业中介。例如：向日葵、慧择网、米粒保险网、中民网等。第二类，网上医疗、医药服务平台。例如：挂号网、好大夫、天猫医药馆、平安好医生等。第三类，掌握医学、医疗资源的专项机构。例如：咕咚网、丁香园、华大基因等。第四类，大数据互联网巨头。例如：阿里巴巴、百度、腾讯、京东等。

4. 传统健康保险信息不对称

当前，商业健康保险行业缺乏标准化，行业信息严重不对称。首先，是保险公司与其承保的客户信息不对称，定价时往往加高风险系数，因此抬高了产品价格。其次，保险公司与社会各关联方的信息不对称。消费者容易与医疗提供方合谋对抗保险公司，保险公司增加各种核查、核赔工作，耗时耗力，大大增加了产品的管理成本，赔付率失控时只能被动上调价格。

5. 发病率增长迅速

来自卫生部疾病预防控制部门的数据显示，我国目前确诊的慢性非传染性疾病患者已经超过2.6亿人，因慢性病死亡占我国居民总死亡的构成已经上升至85%。慢性病及其风险因素流行是目前影响人类健康的重大问题。对于商业健康险，正面临这样一个事实：慢性病发病率的增加势必造成医疗费用大幅度持续上升，导致健康险公司赔付率居高不下；小部分人不合比例地用去了大部分的医疗费用资源，使紧张的医疗资源更加不平衡。如何预防和控制慢性病是一个全球性的课题，寻找新的解决方法非常迫切。

（二）国际互联网健康保险的发展模式

尽管中国和美国在社会制度、经济发展水平、医疗卫生制度、居民消费习惯等影响健康险市场的几个重要因素方面存在明显差异，但美国商业健康险市场是最早应用互联网进行健康保险闭环运营的，其发展模式必然对我国发展互联网健康险带来重大启发。

经过30多年的发展，美国健康险的经营模式在20世纪90年代完成了由传统的费用报销型到管理式医疗的转型，完成了真正意义上的打通健康险的商业模式。应用互联网及大数据建立健康产业链走向成熟，也使得健康险在整个医疗健康产业链中起到核心作用。通过互联网，上游整合产业链中健康服务商、医疗服务商、药品资源和信息等；下游对接消费者健康需求、提供整合式服务模式。相应地，产生了新型商业模式："医疗保险+互联网+医疗服务""健康险+互联网+PBM""保险+互联网+健康管理"。

例如，作为美国健康维护组织HMO（Health Maintenance Organization）的鼻祖、现在排名第一的凯撒医疗集团[8]，以医疗保险+互联网+医疗服务的管理模式，成为全球医疗保险的典范。凯撒医疗集团依托互联网打通医疗保险与医疗机构的信息通道，实现了管控型医疗保险运营。当参保人在使用一些费用较高的治疗项目时，都需要获得保险公司的同意，否则保险公司有权拒绝支付此项医疗费用。另外，保险公司还通过管理系统对医疗提供方进行医疗行为的管控，防止医生或医疗机构出于自身利益考虑，滥用医疗、过度医疗，从而防止保险公司支付不必要的医疗费用。系统也可以监控到每一位患者的就医数据，若是因为医生的原因造成患者复发率高，或就医花费高，保险公司可以提出对医生的处理意见，医疗机构可能会解雇医生。若是因为院方或使用器械的原因，保险公司则有权解除与它们的合同。截至2013年，凯撒医疗集团年营收531亿美元，净利润27亿美元。

但是在2017年7月，从美国传来由纽约州最大的医院集团Northwell Health所发起的HMO保险公司CareConnect宣布关闭的消息。这究竟是对HMO浪潮的再次推动还是重大打击，目前还不得而知。据Latitude Health[9]分析，从CareConnect的案例我们可以得出以下三点结论。

第一，以医院集团发起的HMO的难点是可扩展市场严重受制于自身医疗服务网络，做大异常困难。CareConnect虽然是纽约州最大的医院集团，但由于其医院无法像凯撒那样遍布加州，只能局限于几个县（County），这就注定只能在这些地区进行会员拓展。但纽约州是比加州竞争还激烈的市场，全国性的保险公司有4家在此竞逐：Unitedhealth、Cigna、Aetna和Blue Cross。虽然Northwell Health是最为优质的医院集团，但其无法像凯撒那样只为自己的保险客户服务，而是向所有保险计划开放，这就弱化了对客户的吸引力。很多大公司更偏向于全国覆盖的医疗网络，只有本地公司才有这方面的需求，这大大缩小了客户范围。

第二，与个险客户相比，小企业客户确实更为优质一些，特别是风控更容易一些。但一旦规模做大之后，其风险也随之上升。这也是Oxford Health总是能从CareConnect身上获得风险调整的资金。因为与大公司相比，小企业的客户整体健康水平和赔付率也相对更高，这也是为什么几乎所有的公司最后还是不得不开发大公司客户以进行风险平衡。比如为了尽早打平，CareConnect的大公司客户比例也在不断上升。

第三，医疗控费的诸多举措虽然能给保险公司带来一定的控费效果，但前提只是在保险公司可规模化并且能在中短期内开始盈利。一方面，对于新成立的保险公司来说，发展业务规模固然重要，但如果不能获取低风险客户，任何有效的控费举措都不能缓解其财务上的压力，这从Oscar Health和Harken Health等公司面临的高额亏损可以看出。但另一方面，即使获取的客户质量很好，政策限制也至关重要，如果在政策指引的市场上明显处于劣势，还是及早止损方为上策。

（三）我国互联网健康保险发展情况

1．我国互联网健康保险发展的概况

2013年被定义为我国互联网健康保险元年。自2013年首家互联网保险公司众安保险成立以来，又有安心保险、泰康在线、易安保险3家互联网保险公司相继获批成立。互联网的数据联通作用正在成为保险行业强劲的驱动力。

我国的互联保险起源于1997年，主要以“三大门户网站”提供保险资讯为主，“中保信网”成为第一家保险行业门户网站。2004年以后，随着互联网电商的普及，保险公司、保险中介、代理人纷纷抢占网上分销渠道。网上保险业务以车辆保险、飞机保险、货运保险业务为主。2011年保监会制定了《保险代理、经纪公司互联网保险业务监管办法（试行）》，从政策上规范了互联网保险的发展要求。规范后的互联网保险市场，以低“门槛”、收益稳定为特色的短期理财保险应运而生，各类“保宝”短期理财保险产品催高了互联网保险的增长。2015年，中国保监会印发关于《互联网保险业务监管暂行办法》的通知。规范互联网保险发展为两种形式：保险公司或全国性保险中介自营网络平台和为保险消费者、保险机构提供网络技术支持辅助服务的第三方网络平台。大型互联网公司纷纷进入传统的保险服务领域，保险公司在银行渠道业务受限后，加大探索互联网保险业务的发展。2016年，有117家保险机构开展互联网保险业务，实现签单保费2348亿元，新增互联网保险保单61.65亿件（相当于人均4.5件）。其中，有61家人身险公司开展互联网保险业务，占人身险公司总数的80%，其中中资公司39家，外资公司22家。45家公司通过自建在线商城（官网）展开经营，53家公司与第三方电子商务平台进行深度合作，其中43家公司采用官网和第三方合作“双管齐下”的商业模式[20]。2017年上半年，互联网人身保险市场累计实现规模保费1010.5亿元，通过第三方渠道实现规模保费929.9亿元，占互联网人身保险保费的92.0%；承保件数则达到1.1亿件，占总承保件数的67.5%。通过官网所实现的规模保费为80.5亿元，较2016年同期增长79.3%，占互联网人身保险保费的比重增至8%。2017年1—6月实现规模保费29.1亿元，增幅102%。同

时，在政策环境及行业各公司越发重视自有客户发展的氛围下，互联网渠道的健康险保费呈爆发式增长态势。各寿险通过自有平台共实现健康险规模保费12.4亿元，同比增长222%。其中，防癌保险增长最为迅速，同比增加近10倍，护理保险和重大疾病保险增速紧随其后，分别为874%和245%[21]。

2. 我国互联网健康保险发展的模式

互联网巨头的进场大大促进了健康险互联网化的发展，激发了健康保险的活力，也产生了“互联网+医疗管理+医疗保险”“可穿戴设备+健康监测+健康保险”“健康体检+健康保险+就医服务”等模式。

（1）互联网场景化分销模式

2013年9月，《国务院关于促进健康服务业发展的若干意见》发布，明确提出，凡是没有法律法规明令禁止的领域，都可以对社会开放。健康服务产业得以快速发展，特别是在互联网和移动互联网上可以实现的健康服务越来越多。其发展特点是垂直和专一，根据健康服务内容不同分为四类：一是专业人员提供健康服务。包括营养师、美容师、健身教练、陪跑教练、心理咨询师、保健按摩师等。二是药品、保健品销售。如金象、同仁堂、仁和药房、安利等。三是互联网社区。如女性生理健康、医美整形、减肥降脂、运动健身、养生保健等。四是智能设备提供方。如智能穿戴设备、血糖监测仪、健康监测设备、基因检测、饮食营养智能设备，等等。在互联网端的每一类健康服务都聚集了众多的细分人群，这些人具有属性相同、需求相同的特点。健康保险依据这些场景开发专属的健康保险产品，通过互联网进行定向人群销售，形成一种新的保险分销模式。

例如，阿里健康与平安保险推出儿童疫苗保险。2016年3月，疫苗事件惊动全国，疫苗安全成为万千家长的忧虑。契合疫苗事件，阿里健康随之与平安保险推出儿童疫苗保险。疫苗保险没有使用传统的保险销售模式，而是选择了垂直于妇儿健康领域的“妈咪知道”，联合互联网保险特卖平台“小雨伞”进行特定人群的网络销售，产品取名“妈咪保”。“妈咪知道”是一款母婴健康类手机软件，提供备孕、怀孕、育儿全程贴心服务，各种免费咨询解答在线服务。主要客户均为备孕期、孕期的准妈妈和新生儿的新妈妈。抓住妈妈们的需求，“妈咪保”针对出生30天的婴儿到17岁的少儿特别定制，保障25种少儿重疾，包括恶性肿瘤、急性心肌梗死、双目失明、双耳失聪等。“妈咪保”将保险服务和医疗服务进行打包融合，购买保险的客户，也可享受到“妈咪知道”的急诊服务。

垂直的场景化互联网分销模式，合作双方都可以从中受益。保险公司可以销售更多的风险可控的健康保险产品，获得较好的产品利润；健康服务机构可以延伸健康服务的内容或弥补健康服务或有的疏漏，提高产品竞争力的同时，增加了分销的收入。基本模式是以保险公司为特定客户开发新险种，由互联网健康服务机构分销，并提供专项健康服务和管理。

（2）互联网信息化管理模式

阻碍传统健康保险发展的重要因素之一就是信息不对称。互联网的出现使健康保险破除信息不对称变成现实。通过互联网技术搭建健康保险服务平台，使医疗资源的配置实现网络化、信息化。互联网健康保险服务平台可以组建自己的医院、聘请专业医生，改变传统医疗体制的束缚，为被保险人建立全新的健康保险体验。例如，“糖大夫+丁香园+众安保险”推出“糖尿病并发症保险”。糖大夫是腾讯梦工厂孵化器的一个项目智能血糖仪品牌。糖大夫智能血糖仪可与微信连接，具有自动记录和数据分析、互助提醒、在线医疗建议和指导等功能。丁香园生物医药科技网目前汇聚超过350万医学、药学和生命科学的专业工作者，每月新增会员3万名，大部分集中在全国大中型城市、省会城市的三甲医院，超过70%的会员拥有硕士或博士学位。丁香医生是一款面向大众客户的药品信息查询及日常安全用药辅助工具。有了这样的糖尿病专业管理和糖尿病用药的大数据支撑，众安保险成为我国第一家为已患病人群推出大数据健康保险产品的保险公司，为广大糖尿病患者量身定做“糖小贝”糖尿病并发症保险和医疗保障计划，将保险与医疗深度结合，将患者血糖监测结果与保额直接挂钩。患者每次的血糖值达到标准值，就可有一定保额奖励，遇到出现糖尿病严重并发症并发生手术治疗时，众安保险将按照约定的津贴保险金额进行给付，最高可累计2万元。这款保险不仅为患者提供专业的医疗建议，还可通过浮动的保额设计激励患者通过健康生活控制血糖，让患者从源头主动管理健康。平安集团旗下的“平安好医生”推出管理式中端医疗保险产品，打造线上HMO，打通移动医疗的支付闭环，布局以保险公司控费为核心的医疗O2O生态圈；春雨医生进驻中英人寿健康平台，共同探索保费在3000元至5000元的中端医疗商业险，春雨医生将为每位购买保险的消费者配备线上专属私人医生，随时看护客户的健康，并依靠线上与线下数据联动，帮助保险公司解决“风险管控不足”的问题。

互联网健康保险服务平台可以完成客户随时发起的健康咨询、就医指导、用药指导、慢病管理等服务需求，节省了就医的时间，避免就医延误病情加重的风险，医疗资源得到高效利用。平台还可以逐步延展药品采购服务，通过直接招标竞价，取消药品流通的中间环节，在确保药品质量的同时获得更优的价格。基本模式是，互联网健康保险服务平台接入上游客户的医疗需求，如咨询、问诊、就医、用药、风险提示等，接入下游医疗机构、药品、医疗器械公司等服务提供商，形成闭环的健康保险运作模式，从源头控制成本，从过程挤出药品滥用和过度医疗，从末端掌握被保险人健康风险状况，预防为主，主治未病。

（3）互联网互动化产品模式

智能可穿戴设备具有把佩戴者的信息进行采集、记录、存储、显示、传输、分析甚至提出解决方案等功能。目前，可穿戴设备占主导地位的是运动追踪功能和生命体征采集功能，与我们的日常穿戴相结合，成为我们穿戴的一部分。可穿戴设备植入健康保险，给健康保险与客户的互动带来了可能。例如，2013年12月10日，泰康在线宣布与可穿戴设备制造商咕咚达成合作，共同开启全新互动式保险服务——“活力计划”：通过分享自己的运动数据和体验，即可享受个性化的保险服务，甚至是一定的价格优惠。以咕咚网为代表的可穿戴设备制造商，通过便携式设备获得人们的日常运动数据，来帮助客户进行运动和睡眠管理，切入了个人健康管理的广阔市场。而通过咕咚网庞大的开放数据支持，泰康在线首次尝试将保险服务由“售后”转移至“售前”和“使用”，客户不仅可以实时观察自己的健康状况，还能将此转化为实际收益，从而让保险以一种实时可交互的方式融入生活。

北大方正人寿携手妙健康开启与客户的健康管理互动。客户登录APP，上传每天完成的健康任务M值，达到一定值即有机会获得丰厚的礼品奖励，完成全部任务还将有机会获得保险公司代表客户捐献出的爱心物资一份！可穿戴设备把健康数据采集后提供给保险公司，让健康险不再数据缺失，通过健康行为干预让健康险赔付不再频发，真正实现一人一费，为客户提供实惠又质量可控的“健康保险+健康管理”服务变为可能。

对商业健康保险公司而言，盈利的基本逻辑在于实际承保的人群发生的概率小于设计保险时的概率。获得更多的参保人的生命体征及运动的大数据，对保险公司而言具有极大的商业价值，很大程度上意味着对患病概率、患病时间段有更精准的判断。如果参保人在支付同样保费的前提下，能通过保险公司提供的互联网健康管理创新手段，降低患病概率或延迟病情加重时间，那理赔金额自然也会得到下降，最终增加利润空间。

我们已经看到全世界提供健康保险的保险公司，通过不同的商业模式尝试发掘智能可穿戴设备的潜力。基本的模式是保险公司与可穿戴厂商合作，以补贴价甚至是免费为保险客户提供设备，客户佩戴设备收集的健康和运动数据反馈给保险公司，保险公司据此设定保费的奖励或惩罚标准，比如客户达到每天运动的目标就减少其保费。这样客户会为降低保费而尽力改善其健康水平，保险公司因此付出的医疗费用会下降，而可穿戴厂商则获得了客户和市场，形成共赢的局面。

五、建议

（一）快速发展税优健康保险

2013年9月，国务院下发的《关于促进健康服务业发展的若干意见》提出要“借鉴国外经验并结合我国国情，健全完善健康保险有关税收政策"；2014年8月，国务院下发《关于加快发展现代保险服务业的若干意见》提出要"完善健康保险有关税收政策"。2014年10月《国务院办公厅关于加快发展商业健康保险的若干意见》也提出要完善财税支持政策。《"十三五"卫生与健康规划》提出"加快发展商业健康保险，鼓励企业和个人通过参加健康保险及多种形式的补充保险解决基本医保之外的需求"的相关意见，2016年发布的《"健康中国2030"规划纲要》中更是进一步提到"积极发展商业健康保险落实税收等优惠政策"。2015年，财政部、国家税务总局、保监会联合下发了《关于开展商业健康保险个人所得税政策试点工作的通知》(财税〔2015〕56号)。2017年国务院第169次常务会议决定，将商业健康保险个人所得税优惠政策由原来在31个中心城市试点，推向全国实施。随后，财政部、税务总局等部门迅速制定下发相关文件，明确了税收政策和具体操作规定，这项政策从2017年7月1日起全面实施。国家不断给予企业员工福利保障政策支持：从"可以买"到"鼓励买"。税优健康保险是我国健康保险快速发展的转折。

针对个人的税优健康险刚刚开始，面临着多方面的发展"瓶颈"，要快速推动还需要做好几方面的工作。第一，加大对税优健康保险产品政策的宣传。《中国商业保险发展指数报告》调研发现，已实施税优政策城市的居民中，仅有27.5%的受访者知道税优健康险产品，这类人群中仅26.6%的人购买过。在不知道税优健康险产品的受访者中，42.2%的人了解该政策之后表示会考虑购买商业健康保险。39.6%的人认为对相应保险产品不了解是不购买税优健康险产品的原因，39.2%的人认为对税优政策的不了解是不购买的原因。第二，希望社会各个部门加强合作，进一步开展创新，简化购买流程，增强产品的可获性。由于税优健康保险的投保手续和后续理赔手续都具有特殊性，直接影响用人单位的组织建立税优健康保险的积极性。统计数据显示，截至2017年3月31日，全国税优健康险保单总件数为67272件，总保费约为1.18亿元。这表明，如此大规模在全国各重点城市推行的税优健康险还远远没有调动起个人、企业的积极性。第三，尽快建立税优健康保险互联网一站式服务平台，让政策发挥其最大的作用。税优健康保险为长期保险，其责任相对复杂。产品形态包括医疗保险和个人账户。保险责任涵盖四大类：住院医疗费、住院前后门诊费用、特定门诊治疗费用、慢性病门诊治疗费用。疾病、意外、工伤、生育等原因造成的住院都属于保险责任。目前已获得税优健康保险的保险公司有12家，条款中对于自费药品的规定最为复杂，有正面清单、有负面清单，还有无清单的。产品提供的保额和报销比例也有所不同，作为单位HR或个人挑选适合自己的税优产品非常困难。第四，逐步提高税优的额度。目前一年可购买税优健康保险的额度为2400元，这一额度对于高收入人群的税费缴纳影响微弱。按照月收入1万元来计算，扣除五险一金后，税后增加的收入为20元/月，全年节省240元。按照月收入2万元来计算，扣除五险一金后，税后增加的收入为50元/月，全年节省600元。《中国商业保险发展指数报告》调研发现，我国居民的商业健康保险发展指数得分随着个人收入的提升而呈上升趋势。个人年收入在20万（含）至50万元的居民得分最高（69.7），个人年收入在3万元以下的居民得分最低（52.8）。第五，扩大参保人员范围，将参保人父母、子女等家属作为连带被保险人承保。按相关税优健康险管理规定要求，符合参加税优健康保险的人约2800万人。按30%人购买税优健康保险，可以贡献规模保费约200亿元，仅占健康险总保费的4%左右。若为一位连带被保险人投保税优健康险可以增加抵扣一次税金，将会带动100亿元左右的保费增长。

（二）建立以健康保险为核心的大健康产业生态

随着健康产业链走向成熟，健康保险在整个医疗、健康产业链中起到重要的桥梁作用。对上游，整合产业链中健康服务、医疗服务、药品供应和大数据等资源，对下游，对接患者健康需求、提供整合式服务平台。

1. 制定行业控费标准，建立健康保险利益共享链

健康保险利益共享链的核心就是医疗保险与医疗服务提供者成为利益共同体。企业的长期合作建立在利益共享的基础上。比如估算医疗花费、帮助查找医生，提供慢性病管理的指导服务，解答服药与药物选择，教你如何预防疾病发生。在智能医生系统中只要把症状输入并回答问题就能逐步确定病情，并给予处方。合作方向，短期可以帮助控制医药花费、降低成本的健康服务。建议研究商业医疗保险行业控费标准，主动控制过度医疗和药物滥用，兼顾记录参保人的体检数据变化，先在中、高端医疗保险产品中推行，逐步向普通医疗保险及社会医疗保险提供服务。

2. 成立专业准入机构，建立健康保险健康服务链

健康保险健康服务链就是要探索多种形式的管理式医疗模式，推进对健康的全流程管理，确保对健康风险有效控制，涵盖医疗卫生、健康风险管理、营养保健、健身休闲等健康服务功能的完整产业链。向客户提供健康保障和健康管理服务，致力改善客户健康状况，使其不得病、少得病、晚得病，得病后做到早控制、早治疗、早康复。比如针对糖尿病患者开展在线教育，配发可穿戴设备，使用APP和移动医疗设备，配备私人医生系统。指导客户锻炼、饮食营养、高效睡眠、在线缓解压力和焦虑情绪，平衡生活与工作关系。合作方向，中长期服务或使用，可以提升个体健康水平，降低发病率，延缓发病时间，甚至改变发病要素的健康服务或产品。建议成立专业准入评估机构，对进入健康保险行业的健康管理项目进行评估。促进提升健康管理在健康保险中的管理效果，保护客户的合法权益。

3．给予企业税收优惠政策，建立健康保险价值共赢链

健康保险价值共赢链突出健康风险管理特色。健康奖励、运动积分、戒烟降费、消费打折、减肥抽奖等商业模式相结合。甚至于以参与互动方式鼓励客户参与健康管理、养成良好生活习惯。提供服药提醒功能，保证客户按时服药。帮助解决老年病和老年护理问题。用药安全服务，利用基因检测技术达到科学用药、量化用药。合作方向，健康风险测评、筛查、监测、干预等服务。建议健康服务提供机构在为其客户或会员投保商业健康保险时，缴纳的保险费给予企业增值税、所得税减免。鼓励多渠道提升全民的健康保障水平，分担我国社会医疗保险的负担。

4. 构建行业产品技术服务规范体系，完善健康保险服务流程监管链

在现有业内标准的基础上，根据本行业及关联行业的现状和发展趋势，汇总提炼编写行业产品技术服务管理标准，对健康服务链各个环节进行标准化管理。如国家“十二五”课题“中医预防保健（治未病）规范及技术标准制定”课题（课题编号：2012BAI41B03）和世界抗衰老医学会国际健康服务产业联盟“抗衰老与亚健康适宜技术中国应用规范标准研究”的成果等，可提供有益的参照。上述研究成果对适用于我国居民的健康检测、健康状态和风险评估、干预调理、健康促进、健康保险等涵盖健康管理服务各环节的适用技术、服务流程、监督管理等，初步完成了标准体系的设计。

5. 大力发展“实用”型健康保险产品

依托高科技和互联网技术，开发“实用”型健康保险产品，真正使“健康”与“保险”紧密结合。

在保险产品设计中，有部分收入用于客户在保障期内的基本“健康管理”，通过低成本的贴身健康管理工具（利用互联网，具备检测、评估、干预调理建议和动态监控功能），监督规范客户的日常生活行为，以期控制或降低客户的疾病风险，最终实现降低保险公司的整体赔付金额。

同时，保险公司可以通过分析健康管理工具在日常监控中记录的大数据，优化升级保险产品，并依据客户个体的日常自我健康管理行为，来决定在下一个保障期内对其的保障政策——是激励还是惩罚，抑或是维持不变继续考察。

如此，客户投保后，不再是被动等待保险公司出险理赔，反而能够享受到保险公司所提供的日常服务，通过健康管理工具的应用，使保险产品“触手可及”，自身的健康状态得到改善。未来客户选择保险产品，更加注重管理过程、管理服务和管理效果，而不是仅仅关注理赔额度。

六、发展趋势展望

健康产业是一个国家的重要产业，完善的健康产业不仅为保障人群健康可以起到关键作用，也是社会和谐稳定的重要一环。美国著名经济学家保罗·皮尔泽在《财富第五波》中将健康产业称为继信息技术产业之后的全球“财富第五波”。健康产业中的核心就是健康保险，健康保险产业延伸到与医药产品、保健用品、营养食品、医疗器械、休闲健身、健康管理、康复护理等多个与人类健康紧密相关的生产和服务领域，其中新兴的健康风险管理业更成为健康保险的孪生兄弟。健康保险是一个有巨大市场潜力的新兴产业，并且具有抗经济周期的特性，将成为我国经济产业中一大“朝阳产业”和“绿色产业”。

“十三五”时期是我国健康产业发展的重要机遇期，也是我国健康保险快速发展的黄金5年。2015年我国健康保险保费收入为2410.47亿元，较2014年同比增长51.87%。2016年健康保险保费增长到4042.5亿元。受短期理财型护理保险产品调整的影响，预计未来4年（2017—2020）我国健康保险年均复合增长率约为25%左右。健康保险回归保障功能，医疗险完成自主控费体系、税优健康险全面铺开和互联网与物联网及新科技的创新融入，2020年我国健康保险保费收入将突破1万亿元。

注释

（1）国际金融保险管理学院是一个保险和金融服务机构的国际组织。学院成立于1924年，创建目的是为了促进信息交流以及改善会员公司的运作模式。学院以会员公司合作伙伴的身份，提供会员公司高质量的职员培训、调查研究、信息交流以及相关产品和服务，旨在促其改进管理和运作方式。学院所提供的教育计划和产品包括多种语言的译本。截至目前，在全世界70多个国家有1250多个成员机构会员，有400多家的总部设在美国和加拿大以外的60多个国家，会员分布于世界各大洲：欧洲、亚洲、北美洲、非洲、加勒比海地区、拉丁美洲、大洋洲和太平洋区域。会员涉及寿险、年金、退休金、银行、健康服务以及其他相关的金融服务领域。

（2）美国健康保险学会是美国健康医疗保险最重要的行业组织，有公司会员250多家，这些公司为1亿美国人提供各类健康医疗保险。40多年来，学会的医疗保险教育计划为专业人员提供在职自学课程，中国以外地区迄今已有30多万人报名参加学会医疗保险资格考试。参加考试者主要来自健康医疗保险公司和管理式医疗组织，也有健康医疗咨询顾问、第三方管理人、代理人和经纪人。近年来非保险从业人员报考人数有较大增长，包括医护人员、经济学人士、政府官员等。

（3）世界银行（World Bank）是世界银行集团的简称，国际复兴开发银行的通称。是联合国经营国际金融业务的专门机构，同时也是联合国的一个下属机构。

（4）韩启德现任十二届全国政协副主席，九三学社中央主席，中国科学技术协会名誉主席，欧美同学会中国留学人员联谊会会长，中国红十字会名誉副会长，中国和平统一促进会副会长。

（5）美国职业和环境医学学会（American College of Occupational and Environmental Medicine，ACOEM）。

（6）动脉网，医疗领域的专业服务机构，行业研究、媒体传播、投资融资和产业资源整合。

（7）杜文民博士，中国知名医学、药理学专家，上海市药品不良反应监测中心常务副主任。

（8）凯撒医疗集团（Kaiser Permanente）是20世纪30年代由Kaiser与Garfield医师和几名资本家开始酝酿的一种新型医疗保险机构。凯撒医疗集团在美国拥有900万会员，覆盖8个地区、9个州和哥伦比亚特区。其中，78%为公司企业集体参保，17%为政府购买的穷人、老人医疗保险服务，5%为个人参保。凯撒医学集团分布在美国中西部九个州，有16.4万多名员工，其中有1.5万多名医师、4.5万多名护士、医师中有一半为专科医生，一半为家庭医生。

（9）Latitude Health（村夫日记）是一家为大健康领域投资者和从业者提供咨询的机构，主要为医疗行业内的公司提供战略性的咨询和建议。

参考文献

[1][美]詹姆斯·亨德森(James Henderson).健康经济学[M].北京：人民邮电出版社，2008：127.

[2]魏迎宁. 走专业化道路努力推进健康保险跨越式发展[J].保险研究，2003(12)：2-5.

[3]中国保险年鉴编辑委员会. 中国保险年鉴1981—1997[M].北京：中国保险年鉴出版社，2001：4.

[4]中国保险年鉴编辑委员会. 中国保险年鉴1981—1997[M].北京：中国保险年鉴出版社，2001：4.

[5]徐美芳. 上海市调研数据[J].世界经济文汇，2007(5)：30-40.

[6]李琼. 湖北、北京、上海三地2002—2007年宏观数据分析[J].南方金融，2009(7)：55-59.

[7]根据民政部公布数据整理[EB/OL]. http://www.mca.gov.cn/.

[8]沃德社会气象台[EB/OL].https://www.wordemotion.com/.

[9]根据中国保险监督管理委员会网站统计数据整理[EB/OL].http://www.circ.gov.cn/web/site0/.

[10]中国保险行业协会. 2017中国商业健康保险发展指数[R].浙江省绍兴市：2017中国健康保险峰会，2017：1.

[11]中国保险年鉴编辑委员会. 中国保险年鉴2016年[M].北京：中国保险年鉴出版社，2016：20.

[12]根据中国保险监督管理委员会网站统计数据整理[EB/OL].http://www.circ.gov.cn/web/site0/.

[13]陈君石，黄建始. 健康管理师[M].北京：中国协和医学大学出版社，2007.

[14][美]詹姆斯·亨德森(James Henderson)，健康经济学[M].北京：人民邮电出版社，2008：155.

[15]董雨星. 叫好不叫座的商业健康险背后逻辑[J/OL].上海：中欧卫生管理与政策中心举办的卫生政策上海圆桌会议，2017(18).

[16]秦德兴. 1600万人群上消化道癌隐血珠筛查报告[J]. 中国肿瘤临床与康复，2007，14(4)：289-293.

[17]辉美. 安全用药五步走[J]，中外健康文摘，2009(2)：31-31.

[18]中华人民共和国国家卫生和计划生育委员会. 2016年我国卫生和计划生育事业发展统计公报[Z].2017-08-18.

[19]桂畅旎. “互联网女皇”发布《互联网趋势报告》[J]，中国信息安全，2017(6)：10.

[20]保监会. 2016年保险市场发展情况[R].北京：保监会“2016年保险市场发展情况”新闻发布会，2017.

[21]中国保险行业协会. 2017年上半年互联网人身保险市场运行状况报告[EB/OL].http://news.cqnews.net/html/2017-02/14/content_40639440.htm.

China Commercial Health Insurance Development Report

Zhiqiang Shan, Qiaoshan Chen, Yuanping Chen

Abstract

2016 is the milestone year of China insurance industry: national premium income has risen from 1.4 trillion CNY in 2011 to 3.1 trillion CNY in 2016, with an average annual growth rate of 16.8%, overtaken Japan as the second largest in the world. Total insurance assets is 15.10465 trillion CNY, 22.2% year-on-year growth; total expenditure is 1.048148 trillion CNY, 20.84% year-on-year growth. Among total premium income, the national health insurance premium income has risen from 24.19 billion CNY to 404.2 billion CNY, 23.9% annual growth, over 13 years from 2003 to 2016. After the 12th five-year plan, China commercial health insurance has developed faster than the whole insurance industry.

It has highly strong policy property and generally demand that China commercial health insurance has in this industry. On Aug 26th, 2016, the meeting held by Political Bureau Of The Central Committee Of The Communist Party Of China, has approved the outline of "Healthy China 2030" Plan.

"Healthy China 2030" Plan is the implementation of the spirit of CCP 18th 5th-Plenary Session and the guarantee of people's health. It is great significance to build a well-off society in an all-round way and speed up socialist modernization. As an important national strategy, Universal Health will be integrated into all policies. In recent years, Chinese residents' disposable income has gradually increased, therefore, the demand of health care has been increasing dramatically. Consequently, it has provides a rare development opportunity for China's commercial health insurance with adequate health insurance products supply and the rapid development of Internet and the Internet of things.

Keywords

Health Insurance, Healthcare Administration, Online Medical Care, Taxes and Health Insurance, Health Insurance Industry Chain

作者简介

闪智强

首都经贸大学硕士研究生、美国森坦纳瑞大学（Centenary College）工商管理（MBA）硕士。

现任国联保险经纪有限公司总经理，亚太健康产业联盟委员会副秘书长，中国医学救援协会保险分会副秘书长。

具有20多年保险从业经历，是中国第一批尝试商业医疗保险与社会基本医疗保险接轨的先行者，是中国最早创新健康保险与健康管理相结合的实践者。2004年在业内率先提出“I+X模式”——即“保险+延伸服务”模式。2014年再次提出“I×I模式”——即“保险产业链”发展模式。实现健康保险、“互联网+”、健康管理的双轮驱动，研发多款医疗保险、大病保险的升级产品。精通健康保险的运作规律，致力于研究健康保险与健康管理的融合发展，大胆探索健康保险在健康产业链中的应用。

陈元平

中国人民大学健康管理学院创院院长，国家中医药管理局治未病工作顾问专家，科学技术部“十二五”国家科技支撑计划“中医预防保健（治未病）服务技术研究与示范”项目评审专家组成员。

陈乔姗

女，本科毕业于北京物资学院国际采购与供应链管理专业。美国科罗拉多州大学（University of Colorado Denver）市场营销专业硕士（M.S.Marketing）。

2016年回国，参与多项健康管理与健康保险融合产品的研发工作。

温泉旅游业转型升级的核心问题与温泉康养服务的规范化发展思路

周马杰　孙延安　杨晓　谢迪　陈博　粟杨静

摘要：

我国的温泉旅游业在经历过一段高速发展时期之后，开始了从旅游休闲到康养服务的转型，同时也面临如何应对市场需求和竞争环境的变化问题。这一过程也是探索温泉康养服务如何实现规范化、可持续发展的主要途径。温泉企业应改变以资源为中心的传统模式，探索以服务为中心的康养模式，建立以地域文化和养生文化为特色的产品体系。温泉康养服务的规范化发展，关键在于大力推广相关的国家标准和行业规范，引入健康管理的服务模式，行业协会应积极发挥监管职能。

关键词：

温泉旅游业　温泉康养服务　转型升级　规范化发展

温泉文化在我国有着悠久的历史。中华人民共和国成立以来，特别是改革开放以来，随着人民生活水平的提高和旅游休闲需求的增长，温泉旅游自20世纪90年代进入了一个高速发展的时期。而十年高速发展期，温泉旅游资源的大规模开发和商业化运作也造成盲目开发、重复建设、同质化低水平竞争、服务设施配置与服务质量良莠不齐等问题。近年来，随着一系列温泉旅游服务标准、规范的颁布实施和国家康养旅游产业发展政策的出台，温泉旅游作为康养旅游产业的重要组成部分，迎来了新的发展契机。从传统的疗养、旅游休闲，到涵盖养老、养生、医疗、文化、体育、旅游等诸多业态的康养产业，广大温泉企业乃至整个温泉旅游服务业面临着如何转型升级的问题。同时，温泉休旅到温泉康养的转型过程，也是探索温泉康养服务如何实现规范化、可持续发展的主要途径。

一、温泉旅游业在我国的发展历程和主要问题

（一）我国温泉旅游业的发展历程

1. 温泉文化的历史渊源

我国拥有丰富的温泉资源，也是世界上最早利用温泉资源的国家之一。温泉在我国古代也称为汤、汤泉。我国历史上关于温泉的记载始见于《山海经》，如其中的《西山经》把这类地下热水源称作“汤谷”;《大荒东经》称之为“温源谷”。《山海经·海内东经》还有“温水出崆峒……入河，华阳北”的记载。后来的《三秦记》《汉书·地理志》《魏土地记》《华阳国志》和《续汉书·郡国志》等书也有关于温泉的记述。北魏晚期的郦道元在《水经注》中记载了41处温泉，并且将温泉从低温到高温分为5个热度等级，依次为“暖”“热”“炎热特甚（可以将鸡、猪等动物的毛去掉）”“炎热倍甚（能使人的足部烫烂）”和“炎热奇毒（可以将稻米煮熟）”。梁代刘昭在《续汉书·郡国志》桂阳郡郴县条下注引《荆州记》，提到“城南六里，县西北，有温泉。其下流有数十亩田，常十二月下种，明年三月，新谷便登，一年三收”。由此可见，我国是有文字记载的世界上最早利用温泉地热资源进行农业增产的国家。

我国古代对温泉较大规模的利用始盛于唐代对骊山温泉的开发。唐太宗贞观十八年（645年）在骊山建成“汤泉宫”等。唐玄宗天宝六年（747年），又在此基础上兴建行宫用于冬季沐浴、游宴，改名为“华清宫”，规模更为宏大，有二阁、四门、四楼、五汤、十殿。宋代苏轼在诗作中仍尊骊山温泉为天下温泉之最。唐代还设有温泉监这一官职，专门管理京师附近的温泉，并用于种植以使瓜果早熟。

而在此之前，温泉沐浴的治疗和养生功效早在汉代已见诸文字。辛氏《三秦论》记载，秦始皇曾在骊山温泉沐浴。东汉张衡在《温泉碑》中写道:“有病疠兮，温泉治兮。”北魏元苌《温泉颂》碑文称赞温泉“乃自然之经方，天地之元医，出于河渭之南，泄于骊山之下，渊华玉澈，心清万仞，于是左汤谷，右蒙记，南九江，北瀚海，千城万国之民，怀疾沉疴之客，莫不宿粮而来宾，疗苦于斯水。”同时期的郦道元在《水经注》中记载了12处可用于沐浴疗养的温泉，并提到“鲁山皇女汤，可以熟米，饮之愈百病，道士清身沐浴，一日三次，四十日后，身中百病愈”。唐代陈藏器在《本草拾遗》中论述温泉的功效有“主治诸风湿、筋挛缩，及肌皮顽痹、手足不遂、无眉发、疥癣诸疾”。清代赵学敏在《本草纲目拾遗》中论及云南浪穹（今洱源）九气台的硫黄泉，认为“其性大温，补命门、真火虚寒等症”。可见温泉治疗和养生在我国有着悠久的历史，也是我国传统医学和养生文化的重要组成部分。

2. 温泉疗养机构的建立

我国温泉资源十分丰富且分布较广，可用于沐浴的中低温泉地热资源约占全球的8.6%。其中温泉资源最集中的是云南（603处）、西藏（283处）、广东（257处）、四川（220处）和福建（174处），这5个地区的温泉数量约占全国总数的60%。中华人民共和国成立后，政府机关、专业工会、厂矿、部队等相继在温泉地建立了百余所温泉疗养院，主要作为接待公费医疗人员的场所，用于慢性病人群、离退休人员的公休疗养。其沐浴设施多为室内温泉，住宿设施较为简单或没有专门的招待所，也没有旅游度假等娱乐休闲功能。一直到20世纪80年代之前，国内的温泉疗养院都维持着福利性质的辅助医疗功能，没有形成产业化的开发经营。

3. 温泉旅游业的兴起和发展

我国温泉旅游业在改革开放之后才逐渐兴起，并且经历了三个发展阶段。

20世纪80年代后期到90年代初，公休疗养的客源因经济、医疗制度的改革而大幅减少，旅游业发展势头良好。公立的温泉疗养机构开始对外开放，其主要功能由休养、疗养向旅游休闲发展。同时开始探索不同的经营方式以接待游客，如设立旅馆式的高级病房或开设综合门诊强化医疗服务功能（温泉医院）。另外，出现了一批商业性质的温泉疗养机构，如辽宁省熊岳温泉疗养院、大连市安波温泉疗养院等。广东作为改革开放的前沿阵地，率先形成了现代意义上的温泉旅游业，相继建成了一大批温泉旅游度假区，如从化温泉、中山温泉、深圳石岩湖温泉、清远银盏温泉等。这一时期的温泉旅游服务机构规模普遍偏小，主要面向高消费阶层，服务内容较为单一，仍以室内温泉的形式为主，基本上是“泳池+浴室”或“温泉宾馆”“温泉山庄”的开发模式。

1997年建成的广东恩平金山温泉旅游度假区拉开了我国大规模和综合开发温泉旅游资源的帷幕，开创了大型露天温泉公园的新模式，更加突出娱乐、观光和度假功能。随后开发的清新河中温泉、珠海御温泉和中山温泉等均采用此类模式，标志着我国温泉旅游业的发展进入了第二阶段。这一时期形成了“温泉旅游度假区”的概念，开发投资规模大，以大型露天温泉为特色，服务设施和服务项目齐全。除沐浴、住宿、餐饮、歌舞厅外，还设有商场、骑马、游戏室、高尔夫球场、健身房、农家乐等服务设施。而客源也开始多样化，从慢病人群、老年群体扩大到其他社会群体。

近年来，温泉旅游服务开始进入规范化、标准化发展阶段。国家相关管理部门先后出台了行业标准《温泉企业服务质量等级划分与评定》（LB/T 016—2011）、《温泉旅游服务质量规范》（LB/T 046—2015）和国家标准《温泉服务基本术语》（GB/T 33533—2017）。2015年，中国温泉旅游协会和全国温泉星评委根据《温泉企业服务质量等级划分与评定》评选出了13家五星级温泉和1家四星级温泉。国家旅游局于2017年6月下达

《国家温泉康养旅游》和《旅游温泉水质卫生》两项旅游业行业标准制订计划，标志着规范化、标准化建设已成为新时期温泉旅游业发展的主流。一些温泉服务企业还积极引进国际标准，如江西宜春的明月山温泉已通过欧盟标准认证。规范化和标准化建设对温泉旅游业的持续健康发展有着积极的现实意义。与此同时，康养旅游模式的兴起也是一个新的发展趋势。国家旅游局2016年公示的第一批国家康养旅游示范基地中，湖南灰汤温泉和黑龙江五大连池都是著名的温泉旅游景区。

（二）我国温泉旅游业的主要问题

1. “季差”造成的压力

温泉旅游业受季节因素影响非常明显，客流主要集中在深秋至初春。以云南腾冲火山热海温泉为例：2016年旺季（1—3月、10—12月）客流为112081人次，而淡季（4—9月）客流为81464人次，仅为前者的72.3%。在一些服务设施和服务项目较单一的温泉旅游地，这一问题更为突出。

明显的“季差”给温泉服务企业的经营管理带来一定的压力：淡季游客数量不足，导致劳动力相对过剩、设备长期空载运行、温泉水资源浪费等问题；而旺季游客数量激增，造成服务水平有所下降等问题的出现。这对温泉服务企业的运营能力是一个长期的考验。

2. 文化特色不够突出

与欧洲、日本相比，我国的温泉旅游业虽起步较晚，但发展速度快、开发规模大。与此同时，也存在过度商业化、过度娱乐化的问题，没能突出自身的文化特色，所提供的产品和服务也往往大同小异，非但不利于对温泉品牌的塑造，也削弱了自身的国际竞争力。

深深根植于中医养生和国学传统的温泉养生文化，是我国温泉旅游业真正的根基，应得到充分的继承和发扬。温泉旅游地的开发与当地的自然、人文景观应充分融合，在服务设施和服务项目中应适当突出历史和民俗特色，以强化游客的文化体验。

3. 细分市场开发滞后

当前我国温泉旅游的客源结构呈现出多元化的倾向，仍以腾冲火山热海温泉为例：2014—2016年的游客中，儿童占比8.25%，青年占比45.73%，中年占比33.68%，老年占比12.33%。而国内的温泉旅游产品大部分以旅行团和会议、商务团体为主要服务对象，普遍缺少针对自由行、新婚夫妇、家庭群体等的定制化温泉旅游产品。随着消费群体的扩大和消费能力的增长，细分市场是温泉旅游发展的必然趋势。温泉服务企业应通过大数据研究，提炼不同群体的消费需求，跟进开发特色产品，并通过市场检验进一步完善质量、提升品质，形成竞争优势。

4. 缺少与周边产业的互动

国内的温泉旅游地多为独立的景区，很少连同周边区域进行综合性的统筹规划和开发建设。在产业结构上，以温泉相关服务为主，其余仅涉及景区及周边地区的房地产行业，与农业、制造业等缺乏紧密的联系，对地方经济的带动作用有限，也无法形成与周边产业的有效互动。实际上，依托当地资源发展养老经济、生态经济和特产经济，不仅有利于温泉旅游地的环境保护和可持续发展，也可以解决前文提到的淡季客流量下降问题。

5. 忽视公益性建设

20世纪90年代以来，我国温泉资源的开发普遍以消费性、娱乐性为主导，近年来又深受房地产业资本的影响，商业气息浓厚。传统的公益性温泉疗养机构则陷入窘境。而在大规模的商业性开发浪潮中，温泉地及其周边的自然环境、传统村落、人文景观等往往要向短期的商业利益让步，得不到有效保护。此外，受限于拼规模、拼排场、拼容量且高度依赖假日经济的粗放型开发模式，如今面向中低收入阶层的福利性温泉疗养模式已难觅踪迹，一定程度上也动摇了温泉养生文化的社会基础。

二、欧洲、日本温泉旅游业的特点和可借鉴的经验

经过长期发展，欧洲和日本的温泉旅游业都形成了自己的文化特色和经营模式，其经验可以为我国温泉旅游业的发展提供参考和借鉴。

（一）欧洲温泉旅游的特点

1. 以英国、法国为代表的西欧

欧洲的温泉浴始于古罗马的公共浴场。传统的欧洲温泉开发以医疗康复为主，通常都是因为发现当地的温泉或天然矿泉具有某种特殊疗效而吸引游客前来度假静养。现代西欧地区的温泉旅游服务机构通常都向公众提供不同价位的、结合水疗和各种养生、美容和健体内容设计出来的SPA疗程。SPA这个词经常被商家解释为拉丁文Sanus Per Aquam、Salus Per Aquam 或 Sanitas Per Aquam的缩写（水的保健），实际上只是后人的附会。这个词源于比利时的温泉疗养胜地Spa，16世纪频繁造访此地的英国游客把这个地名传入英语文化圈，逐渐演变成温泉疗养的别名。

英国的著名温泉城Bath早在公元前1世纪已有罗马人建成的浴场。17世纪晚期以后，随着英国国家经济实力的增长及都市人群对闲暇生活的需求，逐渐开发兴盛。21世纪初新建的Thermae Bath Spa完整保留了18世纪的Hot Bath、Cross Bath等5座古澡堂，新建的玻璃、石材结构的温泉馆则充满后现代艺术格调。

法国拥有全欧洲20%的温泉，著名的温泉镇有维希（Vichy）、埃维昂（Evian）等。维希的温泉水富含矿物质，医疗功效较为突出。20世纪90年代，维希开始利用温泉水研发温泉疗法，成立了许多专业的医学美容中心，并且研制出一系列维希化妆产品的专利

配方。维希也是法国奥运选手的培训中心，除拥有各式各样的保健疗养场所外，还配备了较完善的体育训练基地。在空间布局上，保健场所、酒店、娱乐设施等与小镇融为一体，成为小镇中心的组成部分，而体育训练基地则相对布局在小镇的外围。埃维昂背靠阿尔卑斯山，位于日内瓦湖畔，是集娱乐、保健、度假、会议于一体的综合性旅游胜地。除了旅游收入，埃维昂的特产“依云矿泉水”为小镇带来的经济效益也非常可观，拥有高达10.8%的全球市场占有率。

2. 以德国、瑞士为代表的中欧

德国温泉一直保持着疗养、保健的传统功能。早在17世纪，德意志地区就建成了很多供病人治疗慢性病用的“温泉疗养馆”，德文名为Kurhaus或Kursaal。德国政府鼓励国民前往温泉疗养馆度假、疗养，并由政府提供相关的保险。20世纪70年代，德国平均每年有8200万人次受惠。90年代以来，德国的温泉开发依托当地的自然和城镇风光，也融入了不少的娱乐和休旅元素。如德国著名的水疗风景区巴登巴登（Baden-Baden），被誉为“欧洲夏都”。当地森林覆盖率61.5%，清净山水汇集成的奥斯河（Oos）贯穿城镇，气候温和，是世界闻名的温泉疗养、旅游度假和国际会议胜地。巴登巴登有欧洲第二大音乐厅，还有大型赌场、购物街和赛马场。自1858年以来，当地每年举行两场国际赛马节，吸引了大量高消费人群。

温泉疗养在瑞士也有着悠久的传统，著名的温泉旅游地有巴登（Baden）、巴特拉加茨（Bad Ragaz）等。巴登位于瑞士北部，距苏黎世仅需坐20分钟火车，是从2000年前罗马时代就已闻名的温泉镇，其原始温度48℃的硫黄泉，富含矿物质，可直接饮用，被广泛用于治疗疾病。巴登温泉兼有经营与福利性质，提供针对医疗疗养和单纯享用温泉两部分的服务。巴登温泉中心的医疗部分设有疾病治疗、健身康体和水疗等三个部门，10个物理治疗室。巴登还有数个剧场、大型音乐会场、现代化的会议中心以及赌场。巴特拉加茨温泉位于阿尔卑斯山脚下，与Quellenhof 和Hof Pagaz两个高级酒店连接在一起。酒店除有室内、室外多个温泉池，还配备了康体美容中心、18洞高尔夫球场、网球场和赌场。阿尔卑斯山地区的一些温泉酒店周边还有滑雪场。

3. 以匈牙利为代表的东欧

匈牙利早在罗马时代到17世纪就已建有面向贵族、妇人、吉普赛人、农民的温泉治疗设施。首都布达佩斯被称为“世界温泉之都”。该城的塞切尼温泉浴场（Széchenyi-gyógyfürdő）是欧洲规模最大的温泉浴场。社会主义建设时期，温泉在工会组织的团体休养及市政温泉热量利用方面发挥了相当大的作用。20世纪60年代，通过温泉疗养获取外汇成为匈牙利当时重要的经济来源。冷战时期，匈牙利的温泉旅游业发展停滞。随着东欧社会主义阵营的解体，温泉开发再次兴起，吸引了来自德国、奥地利及中东的患者。

温泉开发模式也逐渐从单纯的沐浴、疗养功能转向综合开发的温泉旅游产品。21世纪初，匈牙利两年内斥资4.5亿美元兴建了82座温泉设施和8座温泉酒店。

（二）日本温泉旅游的特点

1. 多样的温泉开发模式

日本因丰富的温泉资源、高质量的温泉服务而被誉为“温泉王国”，我国85%左右的出境游客选择日本作为温泉旅游目的地。日本的温泉可分为疗养型、保养型、健康增进型、宴会娱乐型及大型温泉健康中心型。

疗养型温泉的特点是泉质对特定的疾病有医疗效果。这类温泉多分布在山区，因交通相对不便、人口稀少，开发利用程度较低，因而保持了传统温泉作为治疗场所的特点。利用设施较为简单，甚至保持了自饮、半自饮等传统设施。

保养型温泉主要分布在山涧溪谷、田园等自然环境优美的地方。除建有温泉健康馆、温泉保养馆等保养宿泊设施外，还开辟有散步小径、探险道路和展现地域自然、传统文化的博物馆、美术馆等设施。

健康增进型温泉主要分布在山岳、高原、海滨等景区，其特点是将登山、滑雪、海水浴等各种运动和温泉相结合。温泉地有网球场、高尔夫球场、滑冰场等各种运动设施和博物馆、美术馆等文化教养设施，往往是各种体育运动的训练基地。

宴会娱乐型温泉多分布在铁路交通线上，是50—70年代经济繁荣时期伴随着大型团体客的出现而形成的，借鉴了欧美的开发运营模式。除了有大型的温泉酒店外，还有艺妓屋、按摩店、游妓场等娱乐场所。20世纪80年代经济增速下降之后经营变得困难。

大型温泉健康中心兴起于90年代，集温泉、健康、美容、休闲于一体，主要分布在城市及其周边地区，具备大型洗浴中心的多种功能，交通便利、价格亲民，近年来发展迅速。

2. 发达的温泉研究

明治维新时期在东京大学讲学的德国医学博士伯鲁兹（Erwin von Balz）开创了日本温泉医学研究的历史，他对温泉的医疗作用进行了系统化研究，指出温泉疗养中气候疗法、饮泉疗法、浴泉疗法三者并用的重要性。强调温泉地的气候条件，尤其是气温、湿度、气压、日照等因素和自然风光、地形，以及交通、建筑设施等综合化的环境具有重要意义。日本的温泉研究经过一个世纪的发展，居于世界领先水平，研究领域从温泉化学、医学、物理学、地质学、生物学等自然科学领域，逐渐转向人文、社会、自然科学的综合研究领域，近年则更注重对温泉旅游的地域整体研究。日本在人工温泉产品开发方面成果卓著，按天然温泉的成分人工合成制造出2000余种人工温泉沐浴剂，作为外用药品投放市场。

3. 法律政策的保障

日本较为注重温泉的法制管理，在1948年就制定了温泉法，法律对温泉资源的开发利用及保护作出了明确规定。温泉法还规定，温泉经营者对温泉成分、禁忌症、适应症、入浴及饮用的注意事项，必须依据权威机关分析结果在入浴设施处明示。

与德国、瑞士一样，温泉疗养在日本也纳入国民健康保险的范围。1954年，厚生省以增进健康、预防疾病、提高国民身体素质为目的，把一些温泉地指定为国民保养温泉地，充实宿泊设施、开设疗养研究所和医疗机构、增设温泉健康馆、林间小道、温泉公园等运动设施，整备周边文化环境和自然环境。这些温泉疗养机构以较低价格向社会开放。

（三）可供借鉴的经验

1. 突出温泉疗养、保健的核心功能

温泉疗养和温泉医学起源于欧洲，对日本的温泉旅游业也产生了深远的影响。在欧洲国家，温泉疗养广泛适用于医疗保险制度，在维护国民健康方面起到了重要作用，产生了显著的社会效益。当代的欧洲温泉旅游尽管也融入了观光、娱乐、美容等新兴元素，趋于国际化、商业化，但并没有像北美和亚洲一样迅速转型。60—70年代日本温泉旅游的高度商业化、娱乐化虽然带来了大起大落的负面影响，但国民保养温泉地仍得到政策、法规的有力保护，维系了温泉疗养的一方净土。

我国人口结构面临老龄化的问题，城乡慢病人群数量也在不断增长，人均医疗资源严重不足。借鉴欧洲和日本的经验，发展福利性的温泉疗养，具有一定的现实意义。既有的温泉疗养设施应得到保护、再开发和合理利用；广大温泉服务企业在进军高端市场的同时，也应继承和发扬我国温泉养生文化的传统，开发面向老年群体、亚健康及慢病群体的康养旅游产品。

2. 加强和完善温泉研究

欧洲和日本的温泉研究早已形成涵盖医学、化学、地质、环境、历史等不同研究领域的综合性学科体系，并设有大批专业研究机构。相比之下，我国的温泉研究起步较晚，在规模和质量上都有一定的局限，且主要集中在地质学等初级研究领域，在温泉医学、温泉环境研究等方面差距明显。这也影响到对温泉景区科学合理的综合性开发以及相关设施的规划建设。各地的温泉旅游协会应积极助推当地的温泉研究，与科研机构和高校合作建立专业的温泉研究机构，并开展国际合作，使我国的温泉研究尽早形成完善的理论体系和研究方法，缩小和发达国家的差距。

3. 重视温泉及周边环境的保护

欧洲温泉旅游的开发模式极其注重对周边环境的保护和合理开发。其开发历史相对

较长，往往先是依托当地的温泉资源和配套设施，建成小城镇和村落的集合体，随着游客数量的增多再逐渐发展成为一座温泉城或大型温泉度假景区。相比之下，日本经济高速发展时期存在与我国类似的问题，即着眼于短期利益的大规模商业投资和过度开发，对周边环境造成了破坏，也造成了资源浪费、经济结构失衡等诸多问题。20世纪90年代以来，观光型温泉在日本得到了较快发展，也反过来使开发商更加重视环境的保护和修复。我国的温泉服务企业应当从中汲取经验教训，以可持续发展、和谐发展为目标，促进整个温泉旅游风景区的综合发展，向康养旅游模式转型。

4. 开发温泉衍生产品

法国温泉非常注重温泉衍生产品的开发和推广，充分利用温泉水富含的有益矿物质，生产饮用水，研制药品和化妆品，并形成颇具影响力的品牌。埃维昂（Evian）温泉的依云矿泉水畅销全世界。维希（Vichy）温泉的美容养护产品始创于1931年，形成了完整的产品体系，从护肤、洁面、保湿、防晒到护发产品，从药妆、膳食补充剂到药品，应有尽有。温泉衍生产品不仅能使消费者间接地享用温泉，还能通过品牌和产品的推广提高温泉景区的知名度。我国温泉资源丰富，其中不乏治疗保健效果突出的硫黄泉、氡泉等，如能够开发出符合市场需求的衍生产品，必将产生可观的经济效益。

三、发展中国特色的温泉康养旅游产业

（一）继承和弘扬中华文化

欧洲和日本的温泉旅游产品之所以能够在国际高端旅游市场上占据一席之位，不是仅仅依靠法律政策的保护、现代科技的支撑和营销手段，而是因为继承和发展出了根植于自身传统文化基因和地域特色的独特的文化内涵，并且将这些文化元素融入旅游产品的设计和宣传。只有以文化为基础，赋予产品不同的个性，才能创造出别人无法复制的产品价值，从而产生吸引力。缺乏文化附加值、过度商业化娱乐化的温泉服务，很难让消费者保持持久的兴趣。温泉文化需要继承，也需要发展和创新，应吸收、借鉴外部的新文化和新模式，不断挖掘、提炼符合自身发展所需的优秀文化元素，促进温泉产品和服务的创新。

中华文化是取之不尽用之不竭的宝贵精神财富。仅就温泉文化而论，也有着自身的优势和丰富的内涵，尚有广阔的空间可供拓展。如中医养生文化、传统温泉养生文化可以在沐浴、饮食、推拿等方面充实温泉服务的内容。此外，传统建筑和园林、民俗文化、民间传说、风水、佛教、道教文化传统等，可以体现在汤泉产品及配套设施、建筑布局、特色演艺活动等方面，丰富消费者的体验。打造民族品牌，走自主化之路是中国温泉旅游业发展的必然趋势。

（二）构建以温泉养生为核心的康养服务体系

随着国家康养旅游示范基地相关标准（LB/T 051—2016）的颁布施行和一系列健康养老政策的出台，康养旅游产业将成为国内旅游市场发展最为强劲的新兴领域，温泉旅游业也将迎来更多的发展机遇。在传统的娱乐休闲类温泉产品之外，应以温泉养生为核心，构建有中国特色的温泉康养服务体系。

首先应提供绿色、环保、宜居的环境，完善温泉服务设施，充分考虑残障人士、老年人等特殊人群的需求，提供无障碍服务。既有的温泉医院、温泉疗养院可兼顾医养结合服务模式。在产品设计上，应提供标准化和个性化、长中短期相结合的康养服务系列产品，满足不同游客的差异化需求。如开发符合康养理念的特色餐饮，提供具有当地特色的绿色、有机膳食。可依托现代健康管理模式，完善服务内容（饮食、生活起居、物理、按摩、运动等）和优化服务流程（建档、检测、指导、调理、评估、跟踪）。还可以开发有当地特色的养生用品和保健品。可探索温泉康养服务与保险产品相结合的模式，实现优势互补。

基于生命健康管控系统的温泉养生服务规范标准模式在云南腾冲火山热海温泉取得了良好效果，使温泉养生服务首次实现了个性化、精准化和标准化：首先为客户建立健康档案，进行系统化主观和客观检测（如红外热成像、体成分、体适能等），再根据检测结果进行生命状态评价，为客户制定相应的适宜其身体健康状况改善的温泉泡汤、熏蒸等服务方案。沐浴后，客户进入二期调理区完成后续健康测评，根据测评结果获取综述报告与干预调理方案，并根据处方进行传统养生调理。调理效果可通过之后的健康测评得到验证，还有动态的健康监测与持续的健康维护。

（三）建立温泉康养服务标准体系

近年来，各省市的温泉旅游行业协会在温泉服务规范化进程中起到了关键作用。如云南省旅游业协会SPA与温泉分会成立伊始即着手起草了地方标准《旅游温泉标识使用规范》（DB53/T 256—2008），中国旅游协会温泉旅游分会、云南省旅游业协会SPA与温泉分会、昆明市温泉旅游协会、广东省温泉行业协会、重庆市旅游协会温泉旅游分会、海南省旅游协会温泉分会和湖北省旅游协会温泉旅游分会共同起草了行业标准《温泉企业服务质量等级划分与评定》（LB/T 016—2011）。

国家相关管理部门先后出台了行业标准《温泉旅游服务质量规范》（LB/T 046—2015）和国家标准《温泉服务基本术语》（GB/T 33533—2017），对温泉旅游服务的标准化、规范化发展起到了切实的推动作用。《国家温泉康养旅游》和《旅游温泉水质卫生》两项新的行业标准的制定也在紧锣密鼓地进行中。

在此基础上，腾冲火山热海温泉与中康本源医学研究院等科研机构、行业协会和政府管理部门深度合作，借鉴《中医预防保健服务基本规范（草案）》与《中医预防保健服务技术要求（草案）》等相关成果，进一步研究和制定温泉养生服务标准、温泉保健品相关标准，并计划与上述机构携手推进温泉康养服务规范与标准的研究制定，致力于温泉康养服务标准体系的构建，为温泉康养旅游的规范化、可持续发展铺平道路。

四、结论

温泉旅游业的转型升级主要面临“季差”、文化特色不突出、细分市场开发滞后、缺少与周边产业互动和忽视公益性建设等问题，应对上述问题的关键在于改变以资源为中心的传统模式，探索和建立以服务为中心的康养模式，同时也要构建以地域文化和养生文化为特色的产品体系，从而更好地适应日益多元化和个性化的市场需求。而温泉康养服务，其规范化发展首先需要大力推广相关的国家标准和行业规范；其次，温泉企业应引入健康管理的服务模式；从温泉旅游业的层面来讲，行业协会应积极发挥行业监管职能，与政府相关管理机构共同引导温泉康养服务的规范化、可持续发展。

参考文献

[1] 何小芊. 中国温泉旅游的历史地理研究[M].北京：旅游教育出版社，2013.

[2] 中国旅游协会温泉旅游分会. 中国温泉旅游产业发展报告（2012）[M]. 广州：广东旅游出版社，2012.

[3] 谭见安. 温泉旅游之科学[M].北京：中国建筑工业出版社，2011.

[4] 樊亚明. 温泉旅游地可持续发展研究——以广东省为例[M].北京：旅游教育出版社，2016.

[5] 姜莉，李永洁，陈中颖. 欧洲地区温泉的概况与启示[J].国外城市规划，2004，19（6）：53-57.

[6] 朱专法. 日本温泉的旅游开发与经营管理[J].山西大学学报（哲学社会科学版），2008，31（5）：88-91.

[7] 李仲均. 中国温泉开发利用史[J].中国科技史杂志，1982，3（2）：103-106.

[8] 王艳平，山村顺次. 中国温泉资源旅游利用形式的变迁及其开发现状[J].地理科学，2002，22（1）：102-109.

[9] 中华人民共和国国家旅游局. 国家康养旅游示范基地[Z].2016-01-05.

[10] 周马杰，陈元平，孙延安，杨晓. 温泉养生服务业现状及规范化发展建议[J]. 科技指标研究，2017，3：23-24.

Core Issue for Hot Spring Tourism Transformation and Standardized Development of Health-Wellness Service in Hot Spring Area

Majie Zhou, Yanan Sun, Xiao Yang, Di Xie, Bo Chen, Yangjing Su

Abstract

Confronted with the problem of changing market demand and changes in competitive environment, the hot spring tourism in China started to transform from leisure economic into health-wellness service industry after its rapid development in recent years. The standardized sustainable development of health-wellness service in hot spring area asked for a product system of health prevention culture with regional characterics and health management service mode. The promotion of relevant national standards and occupational standards as well as the supervision of trade associations is indispensable.

Keywords

Hot Spring Tourism, Health-Wellness Service in Hot Spring Area, Transformation, Standardized Development

作者简介

孙延安

中国旅游协会温泉旅游分会副会长，云南省温泉与水疗行业协会副会长，云南腾冲火山热海投资开发有限公司总经理，先后参与编写了国家旅游行业标准《温泉企业服务质量等级划分与评定》和《旅游温泉水质特性分类》。

杨晓

女，云南腾冲火山热海投资开发有限公司副总经理，先后参与编写了国家旅游行业标准《温泉企业服务质量等级划分与评定》和《旅游温泉水质特性分类》。

周马杰

北京中康本源医学研究院研究员。科学技术部“十二五”国家科技支撑计划“中医预防保健（治未病）服务技术研究与示范”项目之“中医预防保健（治未病）规范及技术标准制定”课题组成员。

谢迪

女，北京中康本源医学研究院研究员。科学技术部“十二五”国家科技支撑计划“中医预防保健（治未病）服务技术研究与示范”项目之“中医预防保健（治未病）规范及技术标准制定”课题组成员。

陈博

北京中康本源医学研究院研究员。科学技术部“十二五”国家科技支撑计划“中医预防保健（治未病）服务技术研究与示范”项目之“中医预防保健（治未病）规范及技术标准制定”课题组成员。

粟杨静

女，北京中康本源医学研究院研究员。科学技术部“十二五”国家科技支撑计划“中医预防保健（治未病）服务技术研究与示范”项目之“中医预防保健（治未病）规范及技术标准制定”课题组成员。

智慧化健康服务平台助力医养结合模式发展

陈元平　谢迪　张健　陈博　周马杰　粟杨静

摘要：

“健康老龄化”是国家应对人口老龄化的长期规划。医养结合模式是实现“健康老龄化”的必要条件。智慧化健康服务平台可以解决资源统筹分配、服务机构对接、服务人才在岗培训等医养结合模式发展“瓶颈”，并且能够通过不同的终端、应用系统和配套设备支持医疗卫生机构、养老机构、医疗机构与养老机构合作及医养结合进社区、进家庭这四种医养结合模式，还可以带动智能可穿戴设备、看护机器人、物联网等相关产业发展。

关键词：

健康老龄化　医养结合　智慧化　健康服务

一、医养结合模式与“健康老龄化”

（一）我国面临人口老龄化的挑战

我国是世界第一人口大国，且面临着人口老龄化规模大、速度快、持续时间长的严峻挑战。据统计，截至2015年，中国60岁及以上人口已达2.22亿，占总人口的16.1%，65岁及以上人口达1.44亿人，占总人口的10.5%。“十三五”期间（2016—2020年），我国60岁及以上老年人口平均每年增加约640万人，到2020年将达到2.55亿人左右，占总人口的17.8%左右，预计这一比例到2050年将进一步上升到34%。与此同时，失能和部分失能老年人越来越多，残疾老年人逐年增加，2015年失能和部分失能老年人约4063万人，持残疾证老人达到1135.8万人。随着人口老龄化程度不断加深，老年人对于医疗保健、康复护理等服务的刚性需求日益增加。除此之外，老龄化进程与城镇化、家庭小型化、空巢化相伴随，与经济社会转型期各类矛盾相交织，流动老人和留守老人规模不断增加，越来越多的家庭面临照料者缺失的问题。如何满足老年人持续增长的健康服务需求，已成为全社会必须共同面对的一项重要课题。

目前，我国尚未建立起适应老年人健康需求的、集保健、预防、治疗、康复、护理和安宁疗护于一体的综合性、连续性服务体系。可提供相关服务的专业机构，如老年医疗卫生服务机构、康复医院、残疾人专业康复机构、护理院等，数量有限且地区分布不均；失智照护、安宁疗护等专业服务机构严重缺乏；社区和居家老人缺少就近享有健康服务的条件；从事老年健康服务的人员数量不足。

（二）"健康老龄化"是一项基本国策

"健康老龄化"（healthy aging）这一概念最早由世界卫生组织在1990年提出，作为应对全球人口老龄化问题的解决方案，旨在通过促进生理健康、心理健康和社会适应能力，提高老年群体的生存质量和生命质量。1995年10月，我国人口学与老年学家、中国老年学学会会长邬沧萍教授在全国老年医疗保健研讨会上指出："健康老龄化"不仅体现为寿命长度，更重要的是寿命质量的提高，老年人口健康寿命的质量是有客观标准的，也是可以量化的。要把健康的概念引申到社会、经济和文化诸方面。健康老龄化是与各年龄段的人口、各行各业相关的一项社会系统工程，需要全社会长期不懈的努力才能逐步实现。1997年，第15届国际老年学大会提出"科学为健康老龄化服务"。"健康老龄化"实际上已成为长寿时代各国共同的社会发展目标。

"健康老龄化"关系着小康社会的建成和全民健康的实现，也是"健康中国"战略的组成部分。2016年，国务院先后印发了《"健康中国2030"规划纲要》《"十三五"深化医药卫生体制改革规划》和《"十三五"卫生与健康规划》（以下简称"一纲两规"），就提高全民身体素质、加强重点人群健康服务、发展老年健康服务、推动医疗卫生与养老服务融合发展等作出了重要部署。在此基础上，国家卫生计生委、国家发展改革委、教育部、工业和信息化部、民政部、财政部、人力资源和社会保障部、国土资源部、住房和城乡建设部、国家体育总局、国家中医药局、中国残联、全国老龄办等13个部门2017年联合发布了《"十三五"健康老龄化规划》（以下简称《规划》），着眼于老年群体，系统规划与部署了"十三五"期间老年健康整体工作，进一步落实国务院"一纲两规"提出的要求。《规划》以维护老年健康权益和满足老年健康服务需求作为出发点和落脚点，大力推进老年健康服务供给侧结构性改革，实现发展方式由以治病为中心转变为以人民健康为中心，服务体系由以提高老年疾病诊疗能力为主向以生命全周期、健康服务全覆盖为主转变，保障老年人能够获得适宜的、综合的、连续的整合型健康服务，是我国积极应对人口老龄化、维护老年人健康功能、提高老年人健康水平和助力实现健康中国战略目标的有力举措，《规划》的出台标志着"健康老龄化"已成为一项长期的基本国策。

（三）医养结合是实现“健康老龄化”的必要条件

我国老年人总体的健康水平不容乐观。据世界卫生组织统计，全球49个高收入国家人均健康寿命为70岁，而中国只有66岁；发达国家60岁以上老年人口中，身体健康的比例超过60%，而中国只有43%左右。老年人对健康服务的需求明显高于普通人群，需要综合的、连续的、适宜的医疗服务和长期照护体系。而当前各类相关服务机构能够提供的医疗卫生服务能力明显不足，不仅老年病医院、护理医院、康复医院数量有限，从事老年医疗服务的专业技术人员也严重短缺。医疗服务和养老服务的结合，将是我国推进“健康老龄化”的必由之路。医养结合模式可实现社会资源利用的最大化，通过集成健康咨询服务、健康检查服务、疾病诊治和护理服务、大病康复服务等医疗服务内容和生活照护服务、精神心理服务、文化活动服务等养老服务内容，构建“医养一体化”的新型服务模式。

2013年以来，国务院先后印发了《关于加快发展养老服务业的若干意见》和《关于促进健康服务业发展的若干意见》等文件，为医养结合服务奠定了政策基础。“十三五”规划中明确提出“推进医疗卫生和养老服务相结合”，为医养结合模式的发展开拓了广阔的空间。2016年6月，国家卫生计生委联合民政部发布了《关于确定第一批国家级医养结合试点单位的通知》，确定了北京市东城区、海淀区，上海市徐汇区、普陀区，江苏省苏州市、南通市，广东省东莞市、江门市，四川省雅安市、攀枝花市，甘肃省兰州市、庆阳市等共50个区和地级市；于9月发布了《关于确定第二批国家级医养结合试点单位的通知》，确定了北京市朝阳区，天津市南开区、津南区、北辰区，河北省邢台市、保定市，上海市松江区，广东省广州市、深圳市，云南省昆明市、曲靖市、西双版纳州，陕西省西安市，宁夏回族自治区银川市等40个区、市和自治州。医养结合模式的探索发展在全国范围内都取得了阶段性成果，社会效益显著。

二、智慧化健康服务平台的兴起

（一）产生的背景

1. “互联网+”

国务院于2015年7月发布的《国务院关于积极推进“互联网+”行动的指导意见》中提出：“推广在线医疗卫生新模式。发展基于互联网的医疗卫生服务，支持第三方机构构建医学影像、健康档案、检验报告、电子病历等医疗信息共享服务平台，逐步建立跨医院的医疗数据共享交换标准体系。积极利用移动互联网提供在线预约诊疗、候诊提醒、划价缴费、诊疗报告查询、药品配送等便捷服务。引导医疗机构面向中小城市和农村地区开展基层检查、上级诊断等远程医疗服务。鼓励互联网企业与医疗机构合作建立医疗网络信息平台，加强区域医疗卫生服务资源整合，充分利用互联网、大数据等手段，提高重大疾病和突发公共卫生事件防控能力。积极探索互联网延伸医嘱、电子处方等网络医疗健康服务应用。鼓励有资质的医学检验机构、医疗服务机构联合互联网企业，发展基因检测、疾病预防等健康服务模式。”“促进智慧健康养老产业发展。支持智能健康产品创新和应用，推广全面量化健康生活新方式。鼓励健康服务机构利用云计算、大数据等技术搭建公共信息平台，提供长期跟踪、预测预警的个性化健康管理服务。发展第三方在线健康市场调查、咨询评价、预防管理等应用服务，提升规范化和专业化运营水平。依托现有互联网资源和社会力量，以社区为基础，搭建养老信息服务网络平台，提供护理看护、健康管理、康复照料等居家养老服务。鼓励养老服务机构应用基于移动互联网的便携式体检、紧急呼叫监控等设备，提高养老服务水平”。“互联网+医疗”和智慧健康养老产业概念的提出，引起了社会各界的关注，为智慧医疗、智慧养老和智慧化健康管理在我国的发展提供了契机。

2. 智慧医疗

智慧医疗是在“互联网+医疗”基础上的进一步发展，是指通过打造健康档案区域医疗信息平台，利用物联网技术，实现患者与医务人员、医疗机构、医疗设备之间的互动，实现医疗服务的信息化、智能化和精准化，以提高服务效率和质量。智慧医疗平台由智慧医院系统、区域卫生系统和家庭健康系统构成。其中智慧医院可支持行政管理和患者诊疗等信息的收集、存储、处理、提取及数据交换，以及全部医疗过程的信息化管理，并实现远程探视、远程会诊、自动报警、临床辅助决策、智慧处方等超越传统医疗服务水平的功能。区域卫生系统包括区域卫生平台和公共卫生系统两部分。区域卫生平台可收集、处理、传输社区、医院、医疗科研机构、卫生监管部门记录的所有信息，帮助医疗机构开展疾病危险度的评价，制订以个人为基础的危险因素干预计划，减少医疗费用支出，功能可延伸到分级诊疗体系建设、卫生防疫、医学研究和卫生监督管理等不同领域。家庭健康系统可支持针对行动不便的患者及时进行视讯医疗，对慢性病以及老幼病患实施远程照护，对智障、残疾、传染病等特殊人群进行健康监测，以及自动提示患者用药时间、服用禁忌、剩余药量等。智慧医疗的发展带动了中医预防保健、健康管理、健康教育等相关行业的信息化和智慧化转型。

（二）特点和优势

智慧化健康服务平台基于健康大数据、云服务平台和智能移动端等最新的互联网技术，通过线上线下服务相结合，支持群体和个体的健康状态监测、评估和追踪，健康风险防控和慢病管理，干预调理指导及健康促进等功能，可实现覆盖全人群、全生命周期和全方位的健康量化管理服务。以在全国十余个省、市投入运营的生命健康管控系统为例，该系统由九大模块组成，通过综合分析各个模块之间的数据，对人体生命健康状态建立起一张具有逻辑关系的人体十大系统与人体五大脏腑的信息网状图，并通过一系列的信息分析数据与标准量化指标进行科学比对，综合参考地域、环境、饮食习惯、区域文化特性等诸多要素，实现多权重分析评价。系统基于个人计算机终端与互联网技术和“中国人健康大数据库”“中国亚健康级差分类分型大数据库”而建立。任何个人用户均可通过电脑和手机上网的互联网终端登录进入“生命健康管控系统”，并运用医疗机构、健康养生机构现有的监测（检测）数据、该系统配置的客观健康监测（检测）数据以及本系统配置的个人对自身健康状况及感受的自我主观测评系列数据，通过个人电脑和移动通信工具登录互联网与“中国人健康标准大数据库”“亚健康标准级差分类分型大数据库”进行比对和综合分析，获得对个人健康状况的总体评价及分类具体评价。在此基础上，系统为用户提供一对一、点对点的干预调理指导建议，并通过“O2O”（线上结合线下）实施一揽子自我综合健康管控。用户可随时随地在网上回访个人健康历史（检测、分析与干预、调理）数据库。

（三）应用领域

智慧化健康服务平台可广泛应用于健康检查、社区医疗卫生服务、健康管理服务、健康养老服务、中医养生保健服务、康养旅游服务、健康保险服务、健康产品销售、健康教育、运动健身等诸多领域，整合医疗、医药、养老、保险、旅游、健身等健康产业资源，推动大健康产业链的构建，促进健康服务的集约化、规范化发展。

三、打造智慧化的医养结合服务模式

（一）医养结合的四种形式

国家卫生计生委家庭发展司副司长蔡菲在“2015清华养老产业高端论坛”上提出，“医养结合”服务将包括原有医疗机构开展养老服务、原有养老机构增设医疗服务、医疗机构与养老机构协议合作以及医养结合服务进社区、进家庭四种形式。

1. 鼓励原有医疗机构开展养老服务

现有的医院、社区医疗服务中心开办养老服务。结合当前公立医院改革，原来的医疗机构可转变成康复医院或护理医院，为周围社区提供综合的、连续的养老医疗服务。

2. 原有的养老机构增设医疗服务资质

国家卫生计生委办公厅2014年11月印发了《养老机构医务室基本标准（试行）》和《养老机构护理站基本标准（试行）》，对设置在养老机构内的医务室、护理站，从人员、房屋、设备、制度等方面作出规定。只要有一个医生、一名护士就可以申请医务室，“门槛”大大降低。有条件的养老机构还可开设老年病医院、专科医院、护理医院、康复医院等专业医疗机构。

3. 医疗机构与养老机构协议合作

养老院与邻近的社区卫生服务中心可开展合作，社区卫生服务中心定期上门巡诊，处理紧急情况，对病情较重、较复杂的老人进行及时转诊。

4. 医养结合服务进社区、进家庭

通过建立社区卫生服务网络、普及健康管理服务和推行家庭医生签约服务，整合社区和专业机构的健康养老服务资源，实现医疗、家政、照护、心理等多种服务的无缝衔接，为社区老人提供上门服务。

（二）智慧化的医养结合服务

智慧化健康服务平台与上述四种医养结合模式相结合，可实现智慧化的医养结合服务，促进我国的智慧健康养老体系建设。

由于人均医疗和养老资源配给不足、分布不均及产业结构不合理等制约因素，我国当前的医养结合服务在资源统筹分配、服务机构对接、服务人才培训等环节面临着一系列发展“瓶颈”。引入智慧化健康服务平台，可有效整合、调动不同专业服务领域的力量，优化老年医疗卫生资源配置，强化和提升预防保健、医疗救治、康复护理、养生调摄及安宁疗护服务的质量；通过网络媒体推进老年健康促进与教育工作，提升老年人健康素养；提供中医药（民族医药）特色产品和服务，实现老年健康服务的多元化；逐步建立覆盖城乡老年人的基本医疗卫生制度，构建有序衔接、综合连续的老年健康服务体系，为老年人提供公平可及的、全方位的整合型服务，持续提升老年人健康水平。

针对原有医疗卫生机构开展养老服务模式，智慧化健康服务平台可通过引入智慧医院系统或对现有设施进行信息化改造升级，充实中医药（民族医药）特色产品和服务，建立老年常见病、慢性病诊治康复共享数据库，提升“医”的服务质量；通过线上的健康讲座、益智游戏和对接线下的文化娱乐活动丰富“养”的服务内容。

针对原有养老机构增设医疗服务模式，智慧化健康服务平台可通过网络媒体、智能移动终端、物联网技术等优化“养”的服务方式，通过引入中医预防保健服务规范、健康管理规范、慢病防治指南、中医适宜技术等标准化解决方案和药膳食疗、情志调理、推拿按摩、足部反射疗法、理疗康复等干预调理项目强化“医”的服务能力。

针对医疗机构与养老机构协议合作模式，智慧化健康服务平台可在协议合作的社区卫生服务中心和养老院之间搭建起实时的信息资源共享、数据双向传输通道，建立健康风险预警（如雾霾天气、高温、严寒等）和协调联动机制。并且可以引入便携式健康检测设备、生命支持设备和可穿戴健康状态监测设备，对接中医药服务、健康管理服务、健康保险服务等。

针对居家养老模式，智慧化健康服务平台可实现服务资源的合理统筹分配和服务机构的无缝对接，引入养老电商资源，构建线上线下相结合的社区—家庭健康养老服务网络；通过引入可远程控制的看护机器人，和老人进行互动交流，可防止老人认知能力退化，提供精神慰藉；通过远程监测看护系统实时监测老人的生活和健康状况，在老人有任何日常生活需求时，家属和机构可以通过云平台发布需求，并由专业服务机构提供上门服务。通过给老人佩戴便携式定位设备，一旦发生意外或摔倒等情况，养老机构工作人员或社区服务人员可在第一时间提供救援帮助。

（三）创新发展思路

1. 发展可穿戴健康管理终端

在可穿戴健康状态监测设备的基础上，发展基于微传感器、健康大数据、云计算、量化自我、智能语音交互、柔性触控屏等最新技术成果的非拘束式可穿戴健康管理终端，开发智能帽、智能眼镜、智能服装、智能鞋等配套产品，使老年人可对自己的日常生活起居进行量化管理，养成健康的生活方式，并且能够根据需要寻求上门服务或在遭遇紧急情况时自动呼叫救助人员。

2. 打造“没有围墙的养老院”

以智慧化健康服务平台为切入点、以社区信息化建设为抓手、以政府购买服务为推手、以培育社会组织为支撑、以老年人需求为导向，整合社会各类服务资源，构建社区健康养老服务O2O网络平台，为老人提供涵盖紧急救援、家政服务、日常照顾、康复护理、家电维修、心理健康、法律维权和休闲娱乐等服务项目的综合性解决方案，建立多层次的智慧化居家养老服务体系，将社区打造成一个“没有围墙的养老院”。

3. 通过手机APP或微信应用强化医养结合服务培训

针对健康养老服务人才供给不足的问题，除了院校职业教育培训途径之外，还应发展基于智慧化健康服务平台的手机APP或微信应用在岗培训指导系统，为健康养老服务人员提供健康管理、中医药、营养学、心理学、慢病康复护理等专业的在线教学培训，普及相关法律法规、服务规范和操作指南等，从整体上提高健康养老服务人员的职业素质和服务能力。

四、结论

智慧化健康服务平台可有力推动医养结合模式的发展，对优化配置社会资源、提高医养结合服务质量、改善老年人生活环境和促进智能可穿戴设备、看护机器人、物联网等相关产业发展，都有着重大意义。

参考文献

[1] 国家卫生计生委，民政部，国家发展改革委，财政部，人力资源和社会保障部，国土资源部，住房和城乡建设部，全国老龄办，国家中医药管理局. 关于推进医疗卫生与养老服务相结合的指导意见[Z].2015-11-18.

[2] 民政部，卫生计生委. 关于做好医养结合服务机构许可工作的通知[Z].2016-04-08.

[3] 国家卫生计生委，国家发展改革委，教育部，工业和信息化部，民政部，财政部，人力资源和社会保障部，国土资源部，住房和城乡建设部，国家体育总局，国家中医药管理局，中国残联，全国老龄办. “十三五”健康老龄化规划[Z].2017-03-09.

[4] 杨贞贞. 医养结合——中国社会养老服务筹资模式构建与实证研究[M].北京：北京大学出版社，2016.

[5] 郭源生，王树强，吕晶. 智慧医疗在养老产业中的创新应用[M].北京：电子工业出版社，2016.

[6] 许利群. 移动健康和智慧医疗——“互联网+”下的健康医疗产业革命[M].北京：人民邮电出版社，2016.

Development of Medical-Nursing Combined Care Mode Based on Sapiential Health Service Platform

Yuanping Chen, Di Xie, Jian Zhang, Bo Chen, Majie Zhou, Yangjing Su

Abstract

The promotion of medical-nursing combined care is a necessary condition for China's long-term policy "Healthy Aging" that dealing with aging of population. The sapiential health service platform could be a solution to restrictive factors in development of medical-nursing combined care service such as resource allocation, institutions docking and personnel OJT etc. Basing on a variety of terminals, applications and corollary equipment, the medical-nursing combined care in medical institution, in nursing home, in combined care institution and in community/at home will promote the extension of smart wearable devices, nurse robots and Internet of Things.

Keywords

Healthy Aging, Medical-nursing Combined Care, Sapiential, Health Service

作者简介

陈元平

中国人民大学健康管理学院创院院长，国家中医药管理局治未病工作顾问专家，科学技术部“十二五”国家科技支撑计划“中医预防保健（治未病）服务技术研究与示范”项目评审专家组成员。

张健

中国人民大学健康管理学院院长助理。科学技术部“十二五”国家科技支撑计划“中医预防保健（治未病）服务技术研究与示范”项目之“中医预防保健（治未病）规范及技术标准制定”课题组成员。

谢迪

女，北京中康本源医学研究院研究员。科学技术部“十二五”国家科技支撑计划“中医预防保健（治未病）服务技术研究与示范”项目之“中医预防保健（治未病）规范及技术标准制定”课题组成员。

陈博

北京中康本源医学研究院研究员。科学技术部“十二五”国家科技支撑计划“中医预防保健（治未病）服务技术研究与示范”项目之“中医预防保健（治未病）规范及技术标准制定”课题组成员。

周马杰

北京中康本源医学研究院研究员。科学技术部“十二五”国家科技支撑计划“中医预防保健（治未病）服务技术研究与示范”项目之“中医预防保健（治未病）规范及技术标准制定”课题组成员。

粟杨静

女，北京中康本源医学研究院研究员。科学技术部“十二五”国家科技支撑计划“中医预防保健（治未病）服务技术研究与示范”项目之“中医预防保健（治未病）规范及技术标准制定”课题组成员。

医疗与健康管理融合服务的创新实践

——江西健康管理规范模式及平台建设

张诗雨　杨建华　张健

摘要：

在家门口能够方便就医是民之所系、政之所向。家庭医生，这一在20世纪80年代后期才从国外引入的概念，百姓对其不甚了解。相对于大医院的专科医师，全科医生又称为家庭医生，主要在基层承担预防保健、常见病多发病的诊疗和转诊、病人康复、慢病管理和健康管理等一体化服务。本文从如何发挥“人”的首要因素，推进家庭医生签约服务，提高签约覆盖率，同时从如何嫁接互联网平台的便捷性，令家庭医生的服务更加高效、更加便捷、更加全面等几个方面，对江西健康管理规范模式及平台建设方案进行了详述。

关键词：

家庭医生　分级诊疗　健康管理　互联网医疗　平台建设

为贯彻落实国务院医改办、国家卫生计生委等七部门《关于推进家庭医生签约服务的指导意见》（国医改办发〔2016〕1号）和江西省人民政府办公厅《关于推进分级诊疗制度建设的实施意见》（赣府厅发〔2015〕82号）的有关精神，进一步推进家庭医生签约模式，强化基层医疗卫生服务功能，围绕推进健康江西建设、实现人人享有基本医疗卫生服务的目标，以人的健康为中心，促进医疗卫生工作重心下移、资源下沉，结合基层医疗卫生服务机构综合改革和全科医生制度建设，加快推进家庭医生签约服务。

优先以老年人、孕产妇、儿童、残疾人以及高血压、糖尿病、结核病等慢性病和严重精神障碍患者等重点人群为签约对象。2017年，全省家庭医生签约服务覆盖率达到30%以上，重点人群签约服务覆盖率达到60%以上。到2020年，力争将签约服务扩大到全人群，形成长期稳定的契约服务关系，基本实现家庭医生签约服务制度的全覆盖。

一、五大问题，令家庭医生签约流于表面

家庭医生签约服务是当下医改的一项主要任务，是解决医疗卫生领域各种矛盾、优化医改环境的一个主要举措。

但是，目前对居民开展的家庭医生签约服务中，与顶层政策设定的社区卫生服务中心六位一体的服务功能仍然有一定的距离，此外，社区转诊服务的利用率也十分低，不同程度地出现了“只签约不服务”或者“代签”的情况，一些地区不切实际地过于强调家庭医生签约率，不仅影响服务质量，而且很有可能出现弄虚作假的现象。

（一）医师队伍“量不够”

截至2015年底，我国培训合格的全科医生只有18.9万人，全科医生只占医生总数的6.6%。按照目标测算，到2020年我国全科医生数量应达到35万人，这意味着我国全科医生缺口近17万人，离理想数字有着较大的差距。家庭医生编制数量是按社区常住人口数量进行核定，因此远远不能满足社区居民的签约服务需求。

（二）薪酬收入“留不住”

在现行卫生事业单位体制下，家庭医生考核、收入仍然是传统的薪酬制，工作模式也仍然是行政命令导向的。全科医生月平均收入仅为2000～3000元，远远低于专科医生的收入，这是造成家庭医生数量缺口的重要原因之一。较低的收入难以形成较高的职业吸引力，进而导致人才“下不去、留不住”。目前我国全科医学人才主要通过转岗培训而来，家庭医生队伍普遍存在学历低、职称低、知识结构老化、经验欠缺等问题。

（三）考核激励“跟不上”

考核方面，医疗管理部门现有的考核指标更注重于签约的数量，而对签约居民健康管理的质量缺乏细化的考核指标，评估指标体系尚不完善。激励方面，由于未实施社区首诊，家庭医生经费也并未按照签约数量划拨，服务的数量、质量与家庭医生收入没有直接关系；在社区卫生服务实行收支两条线管理的政策下，签约居民的健康管理水平无法与家庭医生的绩效工资水平挂钩；家庭医生缺乏激励的同时，也缺乏开展健康管理、实现防治结合从而节省医疗费用的内在动力。

（四）社区居民“信不过”

现行家庭医生服务仍然停留在以门诊为主的疾病治疗模式，在这样一种工作与服务模式下，居民对于家庭医生的认知十分模糊，信任程度也不高。调研结果显示，有19.4%的社区居民不知晓家庭医生签约服务；有53.6%的社区居民没有签约家庭医生式服务；没有签约的主要原因是社区居民不了解家庭医生签约服务，占未签约居民总数的63.5%。

（五）诊疗信息“连不上”

家庭医生签约系统与现有基层医疗卫生系统之间由于缺乏统筹，存在信息孤岛现象，造成社区卫生服务机构与大部分三级医院之间目前无法实现卫生信息的互联互通、资源共享和有效利用。家庭医生无法在第一时间将转诊患者的基本情况告知三级医院，三级医院医生无法将患者的诊疗情况及时传递给家庭医生。

二、家庭医生从“签约”到“履约”

（一）没有人才支撑，再好的制度也只能停留在纸上

家庭医生是签约服务第一责任人，家庭医生应通过规范化培训、人才引进等途径培养人才，充实家庭医生队伍，提升签约服务水平。

一是转变培养模式，提高家庭医生规范化培训的质量，为社区卫生服务机构培养一批高质量、高素质、能在社区卫生服务工作中起到骨干作用的高层次全科医生；二是加强医学院校本科阶段的全科医学教育，注重全科实践技能的培训；三是增加医疗系统人员流动，探索“请进来、走出去”等多种培养模式，引进高层次的专业人员，充分利用双向转诊平台，网罗三级医院优势资源，纳入家庭医生式团队，建立团队内定期沟通机制，更好、更快捷地解决签约患者的健康问题，满足其就医需求。

（二）丰富家庭医生团队建设

1. “三师共管”团队建设

“三师共管”的“三师”是指1名医院专家、1名社区卫生服务中心的全科医生和1名健康管理师（省级新增“中医医师”）。专科医生负责诊断并制定个体化的治疗方案；全科医生负责执行和监督患者的治疗方案并将病情不稳定和控制不良的患者转诊给专科医生；健康管理师负责日常管理和随访并对不良行为进行干预和健康教育。通过日常互动和定期随访，全科医生和健康管理师与患者建立了责任式和持续的信任关系，加之社区细致的转诊安排都使得慢病管理的效果大大提升，这种精准、连续和责任式的管理模式较好地分担了三级医院慢病复诊的压力。

2. “3+X”方式组建个性化定制健康管理团队

“3+X”个性化定制健康管理团队中的“3”指“三师共管”，“X”指中医医师、药师、心理咨询师、社（义）工、护工等。

“3+X”家庭健康责任团队是以全科医生为主体，以医疗集团医院、社会各方人力资源为支撑，以社区居民健康管理为服务内容，以契约式服务为形式的新型健康服务模式。家庭健康责任团队中的“3”负责团队日常事务，承担主要工作职责；“X”根据自身工作和资源优势，协助团队开展居民签约、帮助居民选择适宜的就医方式、提供健康

咨询指导、上级医院预约服务等。

按照所辖区域的范围、常住人口、服务数量等情况确定，每个社区居委会均考虑建立相对固定的家庭健康责任团队，一般每个团队服务1000户家庭、3000人左右。团队通过全科医生移动工作站等现代化工作手段，采取上门随访、家庭病床、预约服务、在线交流等服务方式，与社区居民建立相对固定、和谐的“熟人医疗保健关系”。

（三）完善签约形式

1. 主动完善签约形式，增加群众签约意愿

江西家庭医生团队不断完善签约形式，方便群众便捷签约，整体按照自愿签约与政策引导相结合、门诊签约与上门签约相结合的形式，在各地因地因情有序签约。同时，建立健全签约服务的内在激励与外部支撑机制，调动家庭医生开展签约服务的积极性，鼓励引导二级以上医院参与，提高签约服务覆盖面和水平。

2. 加大宣传，提高认识

家庭医生团队在组织签约过程中，当地政府、社区等主管部门应持续不断地加强宣传力度，通过多种途径让居民了解家庭医生签约服务，一方面，带动媒体和宣传部门大力支持、合理宣传与解释，引导社会各方正确认识、理解家庭医生；另一方面，家庭医生在为居民诊疗、服务中也要向居民宣传介绍家庭医生签约服务的内涵，从而提高居民对签约家庭医生式服务重要性的认识水平。

3. 扫清心理障碍，需要关键的中间人

开设家庭医生工作室与居民签约，一般农村居民较容易签约，主要是由于每个行政村均有村卫生室，乡村医生与居民非常熟悉，以乡村医生为桥梁联结家庭医生与社区居民，所以签约工作开展更为顺利。但在城镇的居民委员会，因为缺少类似乡村医生这个中介，居民与社区家庭医生相对陌生，签约就很困难。如果能够组建一支“社区志愿者”队伍，这支队伍主要由健康管理师、居委会卫生干部、热心社区公益事业的退休医生组成，在与居民签约时起到宣传、发动、桥梁和纽带作用。在每个居民委员会建立家庭医生工作室，成为家庭医生在社区为居民服务的主阵地，同时配备中医医生、护士、公共卫生人员担任家庭医生助手，用服务来赢得居民的信任。

（四）丰富签约内容，提高签约覆盖率

按照基础服务与特需服务相结合、家庭医生服务与团队服务相结合的原则，江西家庭医生签约健康管理服务模式不断深化，引导居民根据家庭成员的实际身体状况医疗需求来选择不同的签约服务包，设计签约服务免费服务包和个性服务包；免费服务包主要包括基本公共卫生、基本医疗和基本健康管理服务；个性服务包主要包括药膳食疗、功法养生、物理干预、推拿按摩、情志调理、四季调养、运动干预、营养保健、健康旅游

等九大处方。

对健康家庭、慢性病患者家庭、心脑血管疾病、肺部疾病、肿瘤患者、临终关怀患者家庭及失能半失能老人家庭等提供不同签约服务包的服务频次和服务内容，满足居民多样化医疗卫生需求；继续推广中医诊疗保健服务、中医适宜技术和中医健身锻炼，让居民家庭学会中医保健技能，加强日常锻炼，提高健康水平。

（五）完善就医服务，形成就医、康复、健康管理的有序循环模式

实际上，早在2010年，北京就率先在全国提出了“家庭医生”的概念。2015年，北京出台家庭医生服务模式新政，市民一旦签约“家庭医生”，可直接找签约医生预约就诊。就医时也将被“分配”到签约医生处，届时，患者可享受从预约到诊疗的全程“一对一”服务。

完善就医服务，落实“基层首诊、分级诊疗”，形成“大病不出县、康复回社区”的就医、康复、健康管理的有序循环模式。通过给予家庭医生团队一定比例的医院专家号、预约挂号、预留床位等方式，方便签约居民优先就诊和住院。二级以上医院的全科医学科或指定科室对接家庭医生转诊服务，为转诊患者建立绿色转诊通道。对于签约的慢性病患者，可酌情延长单次配药量。对于下转病人，可根据病情和上级医疗机构医嘱按规定开具处方。

通过互联网应用系统（生命健康管控系统）实现家庭日常自助管理，为签约用户提供在线健康测评、个性化健康管理方案定制、居家康复指导等服务项目，使精准化、个性化的“一对一”健康服务实现全人群、全方位的实时覆盖。

（六）围绕“履约”做足文章，离不开标准化互联网解决方案

家庭医生管理云平台、生命健康管理云平台、医联（共）体云平台三大平台，交叉管理，线上线下联通，通过汇聚江西省省内基层医疗卫生机构，汇集省内家庭医生团队，使居民能够方便地在线选择家庭医生，实现线上签约，享受高效的家庭医生服务，最终形成针对家庭医生签约服务的标准化网络平台。

1. 家庭医生管理云平台，高效签约，便捷管理

以家庭医生开展日常工作为主线，真正建立有价值的居民健康信息活档案，围绕家庭医生给居民进行签约管理、建立健康档案，进行健康评估、干预、追踪、随访等一系列公共卫生工作以及基本医疗服务，同时兼顾卫生局主管领导考核需要及居民互动需要的软件。云平台可以实现家庭医生服务在线管理、家庭医生绩效在线管理两大重要功能，适应各种形式的家庭医生工作模式，支持各种形式医患互动，提升健康管理有效性，并在数据统计、信息共享方面打造健康大数据理念，降低人力成本。

居民端——居民免费下载该应用并完善相关个人信息后，可以根据地理位置定位，

快速找到身边的或离家最近的基层医疗卫生机构，同时查看机构中家庭医生团队详情。居民挑选家庭医生团队后，可实现线上签约，并与家庭医生建立联系，享受健康咨询、药事服务等，同时系统会自动推送相关健康资讯，以及个性化的健康管理信息。

医生端——可以与签约家庭进行线上沟通，开展健康教育及干预等。系统会自动标记签约家庭中需要特殊管理的重点人群情况等，自动整理家庭医生每日及当月需开展的日常服务，并以工作日历的形式呈现，方便医生开展工作，提高服务效率和质量。

管理端——可以按照省、市、县不同级别开通权限。管理者可以实时查看所管辖区域的人口基数、签约家庭总数、签约率、重点人群签约率以及各地区签约服务情况，实时掌握第一手签约服务动态。

2. 生命健康管理云平台，系统性健康管理，全流程监控

针对健康体检系统、健康干预系统设置下属功能模块，轻松实现对居民的个人体征基本参数的档案设置。同时，针对基础数据，系统性设置健康干预计划，九大处方系统管理，健康数据动态跟踪，线上随访及时跟进健康管理。

仍以生命健康管控系统为例。通过健康档案、病史管理、主客观检测、健康风险评估、干预指导方案、干预效果评估等形成完整的健康管理服务链，结合智能化可穿戴设备及其他线上线下服务，使签约用户随时随地享有“指尖上的健康管理”。

3. 医联（共）体云平台，强化签约服务技术支撑，落实分级诊疗

一方面，医联（共）体云平台是强化签约服务的技术支撑：通过医联（共）体云平台，整合二级以上医院现有的检查检验、消毒供应中心等资源，向基层医疗卫生机构开放；通过设置独立的医学检验机构、病理诊断机构、医学影像检查机构等，实现区域资源共享，为家庭医生团队提供技术支撑。同时，基层医疗卫生机构对家庭医生团队提供必需的业务和技术支持。

另一方面，医联（共）体云平台发挥了信息化的强大支撑作用：构建完善的区域医疗卫生信息平台，实现签约居民健康档案、电子病历、检验报告等信息共享和业务协同。通过远程医疗、即时通信等方式，加强二级以上医院医师与家庭医生的技术交流。通过移动客户端等多种方式搭建家庭医生与签约居民的交流平台，为信息咨询、互动交流、患者反馈、健康管理等提供便利。积极利用物联网、移动互联网、可穿戴设备等为签约居民提供在线预约诊疗、候诊提醒、划价缴费、诊疗报告查询、药品配送和健康信息收集等服务。

三、都昌县家庭医生签约和健康管理规范建设案例分享

都昌县家庭医生签约平台以都昌县乡镇卫生院/社区卫生服务中心为基础，采用移

动APP、PC等互联网线上签约的方式代替了传统的线下支持签约，实现家庭医生“诊前咨询+诊中治疗+诊后健康管理”一站式移动医疗服务。居民通过手机下载“医联万家”APP或进入公众号就能在签约平台与基层全科医生或村医团队建立家庭医生关系，享受到家庭医生提供的基本的健康评估和监测、健康档案信息服务、健康管理、健康教育、上门服务等个性化的健康服务。平台助力推进家庭医生签约服务，强化签约服务技术支撑，落实国家分级诊疗制度，缓解老百姓“看病难，看病贵”等问题。

参考文献

［1］江西省卫生和计划生育委员会. 江西省推进家庭医生签约服务实施意见［Z］.2017-02-17.

［2］南昌县卫生和计划生育委员会. 南昌县家庭医生签约服务实施方案［Z］.2017-02-22.

［3］中国人民大学健康管理学院，中国标准化研究院，中国中医科学院临床基础研究所，炎黄东方（北京)健康科技有限公司. 中医预防保健（治未病)服务技术标准草案［J］. 科技指标研究，2015，(4)：45-49.

Innovative Practices in Integrated Service of Medical Treatment and Health Management

——Standardized Health Management Service Mode and Platform Construction in Jiangxi Province

Shiyu Zhang, Jianhua Yang, Jian Zhang

Abstract

To realize convenient medical service near home was people's expectation and policy guidance. The general practitioners that provided prevention and health care, referral of common diseases and frequent diseases, rehabilitation, chronic disease management as well as health management service were known as "exotic" family doctors by Chinese people first in 1980s. Based on the standardized health management service mode and platform construction scheme in Jiangxi, this article analyzed how to take people-oriented as a principle to promote family physician so that the coverage of the above-written service integrating internet plus could be improved.

Keywords

Family Doctors, Hierarchical Medical System, Health Management, Online Medical Care, Platform Construction

作者简介

张诗雨

女，江西省健康服务行业协会副理事长兼秘书长，中国健康管理产学研联盟常务理事、世界中医药联合会慢病管理专业委员会常务理事。从事健康产业运营与管理十余年，国家二级健康管理师，专注中医健康管理与家庭医生签约服务的实践与标准化服务流程建设。

杨建华

江西省——保通信息科技股份有限公司副总经理兼移动医疗事业部总经理。

长期从事医疗行业信息化工程管理。主要工作经历：负责医院信息化产品研发，承担南大一附医院、省肿瘤医院、省皮肤病院项目；江西移动BOSS系统、大数据经营分析系统的项目负责人；主持并开发了卫计委远程医疗信息系统、江西省金保工程系统、江西省新农合系统、江西省移动民政系统等软件产品。

张健

中国人民大学健康管理学院院长助理。科学技术部“十二五”国家科技支撑计划“中医预防保健（治未病）服务技术研究与示范”项目之“中医预防保健（治未病）规范及技术标准制定”课题组成员。

社区“中医健康管理+家庭医生”服务模式创新探索

胡江　张诗雨　张健

摘要：

中医健康管理是传统中医药养生保健与现代健康管理方法相结合的中医健康服务。“中医健康管理+家庭医生签约服务”以慢病管理为重点，以“治未病”理念为核心，以家庭医生签约服务为切入点，是一种新的社区健康服务模式，服务内容包括养生保健、基本医疗、慢病控制、康复调养等，可让更多人就近享有多样化的、多种方式的中医药健康服务，促进我国分级诊疗体系的建设。该模式的发展和完善需要地方政府、企业和相关研究机构深化合作，从上下游产业资源整合、专业服务团队建设、服务平台的信息化和中医健康服务标准化等方面寻求突破与创新。

关键词：

中医健康管理　家庭医生　中医药健康服务

随着我国医改政策的不断深化实施和健康服务业的发展转型，分级诊疗制度的完善，尤其是社区健康服务体系的建设，已成为业界研究的热点课题，同时也催生了多种创新服务模式。本文就社区“中医健康管理+家庭医生”服务模式的特点、优势、实施方案和发展前景进行探讨。

一、“中医健康管理+家庭医生签约服务”市场现状

（一）市场现状与需求

1. 健康管理刚需形势

随着人民群众生活水平日益提高和人口老龄化进程的加快，不良生活方式带来的慢

性非传染性疾病已成为紧迫的社会问题。最新的流行病学调查数据显示：我国90%以上的人群都存在不同程度的亚健康问题，慢性病患者人数呈爆发式增长，如高血压患者人数已达3.3亿人，高血脂患者人数超过1.6亿人，糖尿病患者人数约1.14亿人。糖尿病的平均发病率在2003年至2013年期间增长了近7倍，其中城市人口的发病率增长了近3倍，而农村人口增长了10倍之多。

2. 政策助推与市场形态

随着医改政策的有效实施，药品加成、门诊输液的控制等举措出台，居民的健康需求也在不断增长，中医药养生保健受到越来越多的关注。在此形势下，医疗机构开展了多样化保健服务，医院纷纷开设“中医治未病”中心，国家也投入大量资源并提供政策支持。我国自2008年国家中医药管理局组织开展“治未病”健康工程以来，共遴选了3批、103家“治未病”预防保健服务试点单位，涉及30个省市区和局直属直管医院，包括中医医院、中西医结合医院、专科医院和社区卫生服务机构等，推广了一批“治未病”服务方法、技术和设备。中医特色的康复医院、老年病医院、护理院、养生保健机构及中医医疗器械制造企业、中药制药企业等快速兴起，以满足中医预防保健和慢性病调治的健康需求。

在市场需求的推动下，家庭医生签约服务在我国大中城市逐渐兴起，不仅有效填补了社区医疗保健服务的空缺和不足，又通过规范化的健康管理方式切实满足了居民预防保健与慢病管理的需求，也解决了“看病难，看病贵”的问题。

二、“中医健康管理+家庭医生签约服务”发展前景及应用

（一）中医健康管理发展前景

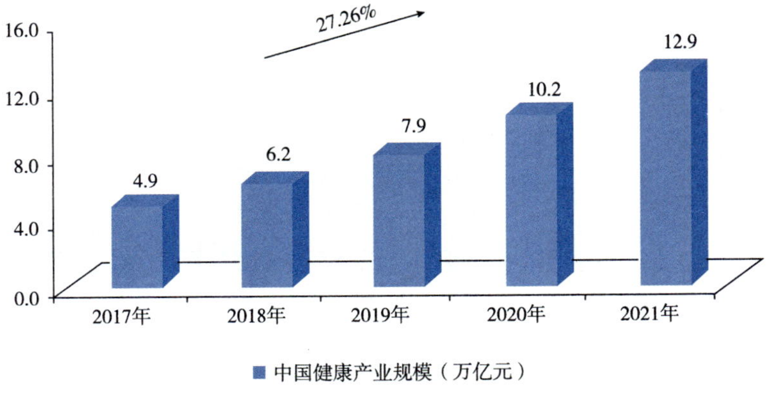

图1　中投顾问对2017—2021年中国健康产业规模预测

资料来源：中投顾问产业研究中心。

据2015年《中国健康服务业发展报告》数据显示，从2009年到2014年，中国健康管理服务市场规模由732亿元迅速增长到960亿元，预计到2020年可达到3177.6亿元。最新数据显示，2017年中国健康产业规模为4.9万亿元，2021年将达到12.9万亿元，未来五年（2017—2021年）年均复合增长率约为27.26%。凭借中医在“治未病”和慢性病调治、康复方面的优势，中医健康管理已进入发展的快车道。在互联网工具助推下，中医健康管理与家庭医生签约服务模式有效结合，有着广阔的发展空间。

（二）我国中医健康管理服务市场的发展趋势

从服务领域看，中医药服务正由主要提供药事服务和医疗服务向提供集药事、医疗、预防、保健、养生、康复于一体，全周期、全方位服务的方向发展；从服务供给看，中医药服务正从主要由政府提供向由政府和市场共同提供发展；从服务模式看，中医药服务正由以疾病为中心向以健康为中心发展；从服务产品来看，中医养生产品、小型保健理疗设备等正越来越多地进入家庭。

一方面，居民收入水平提升与城镇化、老龄化人口结构使国民对医药的消费能力和消费意愿提升，疾病谱的变化也造成了医药消费结构的变化，过去以各类急性传染病和感染性疾病为主的疾病谱患病率逐步下降，被以心脑血管类疾病、消化类疾病为代表的各类与人们不良的生活方式密切相关的慢性病所取代，而中成药对这些慢性病的治疗效果已被实践不断验证，因此国内对中成药的需求在未来将显著提高。另一方面，《中医药发展战略规划纲要（2016—2030年）》提出要加强中医药的国际贸易，随着“一带一路”倡议的稳步推进，中医药的海外市场需求也会逐步上升。

2015年底，全国中药工业总产值为7800亿元。综合以上因素，我们预计，2017年全国中药工业总产值将达到11045亿元，未来五年（2017—2021年）年均复合增长率约为20.27%，2021年将达到23112亿元。

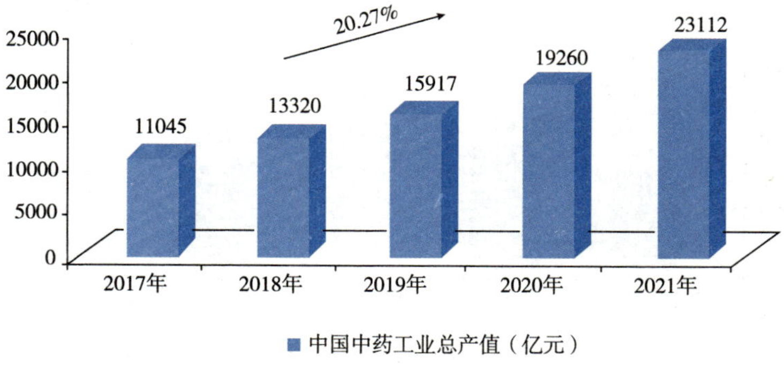

图2　中投顾问对2017—2021年中国中药工业总产值预测

资料来源：中投顾问产业研究中心。

中医医院规模预测：截至2014年底，全国共有中医类医院（包括中医、中西医结合、民族医医院）3732所；截至2015年底，全国共有中医类医院（包括中医、中西医结合、民族医医院）3966所。

综合以上因素，我们预计，2017年全国中医医院规模将达到4406所，未来五年（2017—2021年）年均复合增长率约为5.10%，2021年将达到5375所。

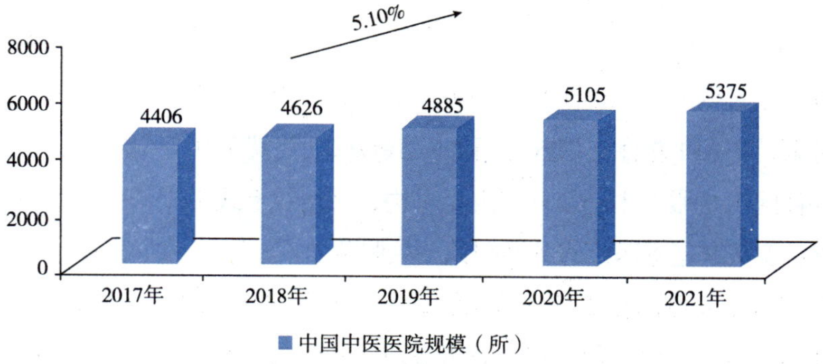

图3　中投顾问对2017—2021年中国中医医院规模预测

资料来源：中投顾问产业研究中心。

家庭医生签约服务是基层医疗保障建设的重点，其政策实施目标为：2016年，在200个公立医院综合改革试点城市开展家庭医生签约服务，鼓励其他有条件的地区积极开展试点。重点在签约服务的方式、内容、收付费、考核、激励机制等方面实现突破，优先覆盖老年人、孕产妇、儿童、残疾人等人群，以及高血压、糖尿病、结核病等慢性疾病和严重精神障碍患者等。到2017年，家庭医生签约服务覆盖率达到30%以上，重点人群签约服务覆盖率达到60%以上。到2020年，力争将签约服务扩大到全人群，形成长期稳定的契约服务关系，基本实现家庭医生签约服务制度的全覆盖。

三、“中医健康管理+家庭医生签约服务”模式

（一）整体构思

打造集家庭医生签约、中医健康管理服务（含居家养老）为一体的标准化创新服务示范基地，以家庭医生签约服务为切入点，将被动式服务转化为主动式上门服务，通过持续健康教育培训，积极应用针刺、艾灸、推拿、拔罐、穴位敷贴、药浴、熏蒸、刮痧、药膳、音疗、光疗、电疗、超声透药等中医“治未病”适宜技术，结合互联网平台支撑，支持开展社区中医门诊（中医健康管理中心）连锁经营，建立健全规范化中医健康管理服务体系，形成针对不同健康状态人群的中医健康干预方案或指南（中医健康

服务包）。建立中医健康状态评估方法，丰富中医健康体检服务。为居民提供融中医健康监测、中医健康评估与指导、中医保健、康复调理、跟踪回访管理于一体，实现高水平、个性化、便捷化的中医健康管理标准服务体系。开展中医特色健康管理，将中医药优势与健康管理结合，以慢性病管理为重点，以“治未病”理念为核心，探索融健康文化、健康管理、健康保险于一体的中医健康保障模式。指导基层医疗、养生保健机构等规范化开展中医特色健康管理业务。

（二）“互联网＋中医健康管理＋家庭医生”服务模式构建

集家庭医生签约服务、中医特色服务（中医健康管理）于一体化管理，应用家庭医生签约服务软件（APP软件支撑PC、手机、IPD移动终端）和智慧中医云服务平台有机结合；协助社区卫生服务中心及基层卫生机构，采用线上线下相结合的服务方式来完成家庭医生签约服务和基本医疗服务及公共卫生服务。

帮助实现线上家庭医生签约、分级诊疗（快速就医）、健康管理服务（终身健康档案、健康评估分析、健康干预方案、健康咨询、健康教育）等健康个性化服务一站式随时随心，高效便捷培养居民依从性，切实可行地促进医改落地工作有效实施。

（三）创新服务模式的信息化平台支撑

借助家庭医生签约软件平台（即医联万家APP软件），以“互联网+医疗+健康管理”手段提高医护人员工作效率，解决基层医疗服务能力弱的问题，让基层医疗重心工作专注于常见病、慢性病管理；借助软件建立的分级诊疗、家庭医生签约和健康管理服务体系，利用线上平台为居民提供365天24小时服务，扎实地完成政府力推、符合市场刚需的“三师共管”（即“三甲医院专科医生＋社区全科医生＋健康管理师”的团队建设）居民健康服务体系，使居民足不出户享受一站式深度健康服务。

（四）经营服务模式图

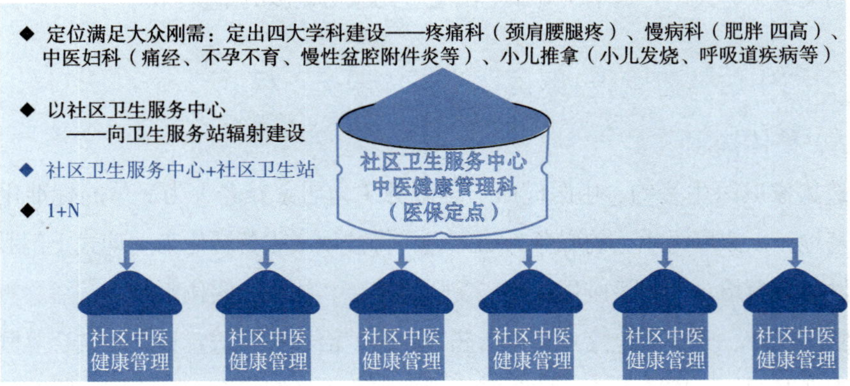

图4　经营服务模式示意

1. 线上服务模式

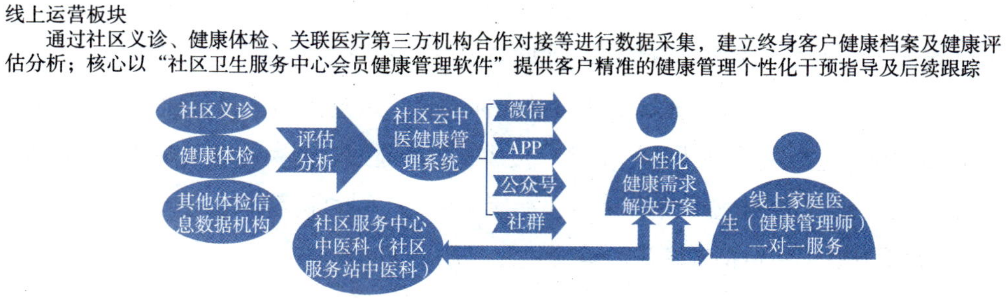

图5　线上服务模式示意

2. 线下服务模式

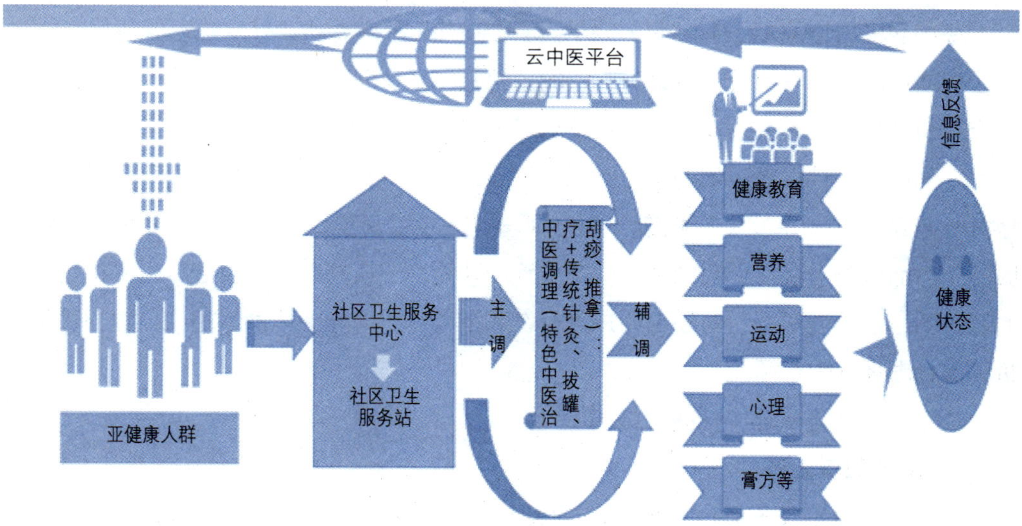

图6　线下服务模式示意

（五）互联网＋分级诊疗医联体、医共体打造“智慧医疗”

1. 利用互联网平台支持基本公共卫生与基本医疗服务

通过互联网平台，支持基层社区卫生服务中心（站）公共卫生和基本医疗服务；从居民健康档案、预防保健到健康教育宣传信息和咨询服务；针对重点人群（儿童、老人、妇女）及慢病管理等基本公共卫生服务由系统建立完整模块化服务执行跟踪、监督考核体系；在APP软件系统平台、基层医疗机构（乡镇卫生院、村卫生室），基层医务人员和家庭医生团队可以通过下载医生服务端软件直接连线三级医院权威专家建立快速就医对接与咨询服务；充分弥补优质医疗资源不足：医疗水平落后、服务质量不高问题；通过平台，家庭医生签约团队在家门口就能享受到三甲医院的优质服务，同时信息化软件平台也可展开长效、远程的技术支持及培训。

2. 利用互联网平台促进慢病规范化管理

服务平台已组建省内三甲医院权威实战型健康管理师团队成立“家庭医生导师团”，针对各市区（县）级家庭医生签约服务团队实施全程指导，重点针对慢病规范化管理的实施落地，对高血压、糖尿病等慢性病进行标准化、规范化的健康管理服务与康复治疗，必要时可快速通过导师团队指引精准转诊就医。通过对慢病管理和对健康人群大数据筛查分析，最后总结出慢病早预防、早治疗和系统控制的服务体系。

3. 利用互联网平台把健康管理做实

所有完成在线上签约的家庭医生团队，对会员建立随身、终生的电子健康档案，动态、真实地记录会员医疗信息数据及体检数据，随时了解其健康状况，及时进行健康管理和疾病治疗。

签约居民可以365天24小时与签约家庭医生团队保持互动，寻求医疗健康服务，健康管理师可以通过平台及时将会员（居民）健康档案及健康风险评估及治疗方案推送到对方手机或邮箱。医患关系也得到大幅提升，从关系紧张到不是亲人胜似亲人的依从关系。如已在多地得到应用的生命健康管控系统，会员用户可使用Web端和手机微信端随时登录系统，均享有健康档案、病史管理、在线主客观测评、干预调理指导、跟踪服务、产品服务对接等便利的全方位健康管理功能。健康管理师和家庭医生可使用系统的服务端，以管理员身份对签约用户进行在线指导，对本社区或群组的统计数据进行分析，更合理地分配资源。

（六）服务人群目标及内容

1. 单点服务人群

每个社区卫生服务中心服务目标：3万～5万人；社区卫生服务站服务目标：3000～5000人。

2. 服务内容

家庭医生团队为签约居民提供基本医疗、公共卫生和约定的中医健康管理服务。

根据服务能力和需求，合理设定包含基本医疗和公共卫生服务在内的基础性签约服务包，如建立电子健康档、优先预约就诊、转诊绿色通道、慢性病长处方等。

同时针对不同人群多层次、多类型的个性化需求，合理设定个性签约服务包，如健康评估、康复指导、远程健康监测等。

四、“中医健康管理+家庭医生签约服务”模式的制约因素

（一）健康宣传教育普及度不高与群众健康意识不足

大部分普通民众对健康管理服务的意义缺乏全面的了解，相关信息知识接收度与其

实际的健康需求不对称。更多人需求关注重点仍然是身体是否患病及如何治病，而对健康的维护和疾病的早期防治认知及重视程度较低。被动就医多于主动防范，参与健康管理的人群不到5%。而健康教育工作更多地停留在之前的传染病防治、戒烟限酒等需求上，没有形成健康管理立体化的科普宣教体系与实施方案。

（二）健康管理与家庭医生团队人才的严重匮乏

对于从事健康管理的专业从业人员，需要具备多学科理论与实践基础，对专业技能、服务意识及结合素养要求较高，已形成了健康管理服务需求与人才供给不足的严重矛盾。目前家庭医生签约服务要求中大部分是健康管理的服务内容，而这一轮家庭签约服务实施过程中，大部分是由全科医生作为首诊制医生，护士、公卫医生参与签约团队服务，而这些人员大多数没有经过系统正规化的健康管理师培训，对政策要求的理解、服务能力、技术水平没有一个可测评的依据和标准。人才先行，这是医改政策家庭医生签约服务首先要重视和解决的问题。

（三）缺乏统一的服务标准与行业规范

目前国内健康管理服务缺乏统一的服务标准和行业规范，特别是中医健康管理，没有历史性参考数据或依据，尚需要一个沉淀与探索实践期，直接影响到中医模式的快速复制与发展。

“十二五”科技支撑计划课题成果《中医预防保健服务基本规范（草案）》与《中医预防保健服务技术要求（草案）》对中医预防保健服务的内容、流程、运营、监管和适用技术、技术要求等进行了较系统化的梳理和规范，并在专业期刊上发表了征求意见稿，相关内容可以为中医健康管理服务规范的研究和制定提供有益的参考。

（四）服务体系的建设与供给关系的支撑不够

由于没有标准化服务体系，很多机构专业度出现权威机构把关，加上机构对人才专业培训与专业化服务体系意识较弱，导致健康服务的质量难以得到保障，比如健康体检，一方面是市场化利益驱动引导过度体检，或是“个性化套餐”专业性、针对性不够；另一方面是体检后健康干预、跟踪回访等全流程的健康管理服务缺失，导致群众对体检本质意义失去信心或产生怀疑。所以健康管理标准化服务流程与质量体系评估建立非常重要。

中医健康管理因服务周期长、技术含量高、服务意识强等特点，其发展需要得到政府、社会与企业各方的支持与协助，其产业所涉面广，需调动产、学、研、金、教等形成立体化的支撑体系。充分地整合资源，实现共享、共生、共赢格局。

（五）成熟的信息化支持平台不够

“中医健康管理+家庭医生签约服务”快速发展需要信息化智能系统的支持、健康数据的共享与实时获取、健康风险评估与指导的模块化建设、动态个性化干预方案的信息库建设、远程咨询与指导、疗效跟踪评估与自动分析、职能部门的有效监管与考核、快速就医与专家预约、体检在线咨询、健康档案的实时更新、家庭医生团队线上指导与咨询、分级诊疗的远程指导等系统化建设。如何利用互联网信息化平台支持实现医疗信息的共享、减少人为内耗及切实可行减轻医保负担。这一系列的工程需要政府统筹引导、社会资本的积极参与及医疗机构的相互配合与支持。

五、“中医健康管理+家庭医生创新服务”模式的发展对策

（一）紧扣政策整合相关平台和资源

围绕国家大的政策方针、医改实施要点，坚持政府主导、社会参与原则，切实可行地整合各方资源，以区域为试点，建立覆盖全生命周期、内涵丰富、结构合理的“中医健康管理+家庭医生签约服务”体系，打造一批具有品牌效益和良性循环的健康管理示范区（县）或标杆企业。通过整合上下游产业资源，减少内耗，通过行业平台精准对接、精准服务，形成“中医健康管理+家庭医生”生态服务链。

（二）加强家庭医生团队与中医健康管理人才建设

紧扣《国务院关于促进健康服务业发展的若干意见》《中医药发展战略规划纲要（2016—2030年）》《关于印发推进家庭医生签约服务指导意见的通知》等政策文件精神，积极地配合各级政府继续开展《家庭医生签约服务能力提升》培训与“健康管理师”（中医健康管理师）、“中医针灸按摩师”等职业技能培训。培训内容重实战训练，强化理论系统化梳理。集专家团队、实战团队、实习团队结合产业发展需求形成梯队式人才建设。培训模式实行线上线下同步结合，满足在职与在校大学生等多层次岗位继续教育需求。

（三）加大立体化健康促进力度

引导群众建立正确健康观念，提高健康意识、改进健康举措。通过上下联动，在政府层面：覆盖各街道、各社区公共服务中心、基层村委会，积极争取社区物业管理等部门的大力支持，在每个门栋、村居等设置宣传牌及宣传标语，并借助媒体公益广告、微信、手机APP、电视、广播等加大宣传效应，向居民公示为其提供健康服务管理及家庭医生签约服务的重要性及其意义，加大健康科普的普及宣传；充分利用义诊，开展健康教育活动、生活方式干预、健康保险、健康风险防控、慢病健康管理等系统性系列主题宣传。通过多渠道促进居民健康档案的建立，培育自我健康管理意识，促进“以疾病治疗为中心”向“健康管理为中心”的意识转变。

（四）建立规范化的中医健康管理服务体系

积极配合政府开展行业规范管理，参考国家相关政策文件精神，组织多方权威资源积极参与行业指南与标准制定，实现中医健康管理法制化、规范化、科学化的有序

推进。（1）加强行业规范标准化建设，将服务细则及相关内容细化、量化、标准化；（2）结合政策导向与市场需求，为行业收费标准提供有效参考依据，形成合理的行业收费标准；（3）推动行业自律，建立自律规范要求与监管体系。

（五）建立支付机制及有效的激励机制

国家层面应尽快实现健康保险机制的转型与购买健康服务的收费体系，形成医保报销与自我保健消费有机结合，通过健康管理服务模式养成健康的生活方式，减少疾病的发生，减轻医保负担。

结合分级诊疗、家庭医生、中医健康管理服务“三位一体”的模式，建立有效的激励机制：（1）针对服务人员服务人数、服务技术水平、服务态度及签约客户评价等进行综合考核；避免纠偏“一刀切”的免费服务，对大部分家庭的服务要设定适当的服务收费标准。现阶段，可参考发展城市以按年打包收费为主，设置立体化的健康服务包，差额由财政、医保等渠道补贴；（2）结合政府补贴规定、市场需求社会化运营，按照政府主导、社会参与原则，依据量价结合模式设定绩效考核与激励机制，充分调动签约人员的积极性；（3）由第三方服务平台紧扣政府政策，提供家庭医生签约+健康管理服务所需的系列配套支持，并提供可持续发展的激励与合作模式。

（六）加大互联网支撑及一体化建设

“中医健康管理+家庭医生签约服务”需充分借助互联网优势，建立医疗信息化共享，实现互联网提供的在线预约、电子病历、医院HIS系统、LIS系统等信息共享，通过分级诊疗医疗信息化的共享，家庭医生签约与健康管理服务能切实可行地落到实处，群众可通过信息化服务平台享有健康管理的线上线下全程服务，即小病不出村、大病不出县，通过家庭医生与健康管理服务软件平台即可实现双向转诊、快速就医、健康咨询、健康管理等一站式健康服务。

参考文献

[1] 郭清. 中国健康服务业发展报告2015 [M].北京：人民卫生出版社，2015.

[2] 中国投资资讯网. 2017—2021年中国大健康产业市场规模预测 [EB/OL].http://www.ocn.com.cn/chanye/chanyefenxi/. 2016-12-16.

[3] 搜狐网. 2017—2021年中医药产业发展及前景预测分析 [EB/OL].http://www.sohu.com/a/192183627_255580. 2017-09-15.

Study on Service Mode "TCM Health Management+Family Doctor" in Community

Jiang Hu, Shiyu Zhang, Jian Zhang

Abstract

TCM health management is a combination of TCM health cultivation and modern health care methods. The new service mode"TCM Health Management+Family Doctor"basing on chronic disease management, preventive treatment and family doctor makes it possible to provide the community multiple services in a variety of ways that complete hierarchical medical system in China. The deep cooperation of local government, enterprises and relevant institutes as well as innovation in integration of industrial resources, service team building, information-based service platform and standardization of TCM health service.

Keywords

TCM Health Management, Family Doctor, TCM Health Service

作者简介

张诗雨

女，江西省健康服务行业协会副理事长兼秘书长，中国健康管理产学研联盟常务理事、世界中医药联合会慢病管理专业委员会常务理事。从事健康产业运营与管理十余年，国家二级健康管理师，专注中医健康管理与家庭医生签约服务的实践与标准化服务流程建设。

胡江

江西健时达健康产业有限公司董事长。从事健康产业投资十余年，旗下分别有江西永保康健康服务有限公司，主营家庭医生、健康管理软件的开发与服务应用支持；江西爱雨康健康管理有限公司，主营中医适宜技术与健康教育培训等。

张健

中国人民大学健康管理学院院长助理。科学技术部“十二五”国家科技支撑计划“中医预防保健（治未病）服务技术研究与示范”项目之“中医预防保健（治未病）规范及技术标准制定”课题组成员。

干细胞技术及其临床转化研究进展

房芳　贾雅丽　周军年　岳文　裴雪涛

摘要:

干细胞被誉为医学界的“万用细胞”，以其为“种子”细胞用于组织工程化器官的构建或进行细胞治疗，将有望用于解决人类面临的大多数医学难题，燃起了人类健康长寿之梦的新曙光。近年来，随着科技的革新，包括3D打印、CRISPR-Cas9、单细胞分析等在内的新技术被广泛应用到干细胞与再生医学研究领域并产生深远影响。干细胞相关临床试验研究也受到世界各国的高度重视，并得以在全球范围内针对多种类型的疾病广泛开展，目前我国干细胞治疗在国家新出台政策的指导下也日趋规范化并将在临床研究方面取得长足发展。

关键词:

干细胞技术　再生医学　临床试验　规范化

一、干细胞基本概念

干细胞具有可控的自我复制能力和多向分化潜能，其在特定条件下可以被诱导分化形成多种类型的细胞、组织和器官，甚至有再生为人体的潜能，因此又被誉为医学界的“万用细胞”。

干细胞实际上是人体发育进化的最小单位，也是维持人体细胞更新及组织器官损伤修复和再生的根本。在特定条件下，干细胞一方面能够被定向诱导分化为临床治疗所需的各种类型的细胞；另一方面能够通过分泌多种细胞因子和信号分子，激活体内处于休眠期的干细胞，从而修复损伤或发生功能障碍的组织或器官。将干细胞作为“种子”细胞应用于组织工程化器官的构建，涉及人体所有的组织和器官，有望用于解决人类面临的大多数医学难题。因此，人们对干细胞寄予厚望，希望可以用干细胞来治疗/治愈疾病，特别是针对一些常规治疗手段效果并不明显的疾病。有关干细胞治疗疾病的研究最早可以追溯到1956年，造血干细胞移植术的奠基人、美国华盛顿大学的多纳尔·托马斯医学专家完成了世界上第一例骨髓移植手术，这也是世界上首例干细胞移植手术，由此开启了干细胞临床研究的先河。目前，干细胞已被应用于治疗多种类型的疾病，包括神经系统疾病、恶性血液病、心血管疾病、肢体缺血性疾病、自身免疫性疾病等。干细胞相关基础与临床研究也早已成为世界各国竞相关注的焦点，多国都重金资助相关研究开展，并将干细胞研究及应用列为国家重点产业化发展对象，进一步在国家层面上加大了政策扶持力度。

二、干细胞技术研究进展

随着科技的发展和进步，越来越多的新技术被应用到干细胞与再生医学领域，为基础研究和临床应用提供潜在的技术手段。

（一）重编程技术

胚胎干细胞（human embryonic stem cells, hESCs）是一类起源于胚胎，可以长期自我分化和自我更新，具有在一定条件下分化形成各种组织细胞潜能的细胞。hESCs虽然具有发育的多潜能性却并不能形成相应的胚外组织。受精卵则具有能够产生胚胎和胚外组织的能力，被认为具有“全能性”，这是在胚胎发育早期阶段唯一能够看见的全能干细胞的状态。根据最新的研究结果显示，来自加利福尼亚大学等机构的研究人员对小鼠胚胎干细胞进行重编程使其能够表现出类似受精卵一样的发育特性。研究者指出，这些全能干细胞不仅能够产生发育胚胎中所有的细胞类型，还能够产生某些特殊类型的细胞，这些细胞能够促进胚胎和母体之间的营养交换。该研究不仅进一步丰富了干细胞所产生的组织类型并且也将有助于研究人员更系统地理解早期胚胎的发育过程。

2012年，诺贝尔生理学或医学奖颁给了在诱导多能干细胞（induced pluripotent stem cells, iPSCs）研究领域做出突出贡献的英国发育生物学家约翰·戈登和日本干细胞研究专家山中伸弥。时至今日，关于iPSCs技术的研究热度不减。从最初使用逆转录病毒作为载体转染4个关键性转录因子来诱导重编程，到后期使用非整合的病毒载体以此来降低细胞的癌变风险，再到使用质粒、mRNA、microRNA、蛋白直接转染诱导重编程，如今已经实现使用特定的小分子化合物组合来诱导获得iPSCs。随着研究的进一步深入，不仅仅皮肤成纤维细胞可以被诱导重编程，血液细胞、内皮细胞、脂肪干细胞、间充质干细胞等多种类型的细胞都可以被诱导重编程。通过不同方式和来源诱导获得的iPSCs也被应用到多项临床研究中。目前，基于iPSCs的临床试验主要集中用以治疗眼部疾病。例如，日本理化学研究所于2016年下半年宣布重启视网膜iPSCs预临床试验研究。类似相关iPSCs临床实验项目的启动也将进一步验证iPSCs应用的安全性和有效性，为其实际临床应用奠定基础。

除了iPSCs技术外，有关谱系重编程的研究也越来越受到人们的关注。谱系重编程是将终末分化成熟的细胞转分化为其他类型的功能细胞或者祖细胞。相对hESCs和iPSCs而言，谱系重编程有着独特的技术优势，该技术不仅避免了伦理道德等问题，还整体简化了诱导分化的流程，缩短了诱导分化的时间。目前，多种类型的细胞均可发生谱系重编程。例如，美国格拉斯通研究所的研究人员采用化学鸡尾酒的方法逐步诱导皮肤细胞重编程为心血管祖细胞[1]和神经干细胞[2]。我国学者也在该领域取得重大突破，中国科学院上海生命科学院生物化学与细胞生物学所科研人员通过小分子化合物诱导人成纤维细胞直接转化为神经细胞。军事医学科学院/华南生物医药研究院研究团队利用小分子化合物技术，成功将人体胃上皮细胞转变成多种潜能的内胚层祖细胞[3]。随着越来越多谱系重编程技术的实现，其必将给再生医学领域带来新一轮的革新。

随着iPSCs技术的日渐成熟，人们也利用重编程的思路开展了组织原位重编程的研究。通过直接在受损组织部位进行重编程，进一步获得功能性的细胞，从而实现组织原位的修复与再生，这项技术的实际应用将必然给疾病的治疗带来一场革新。例如，宾夕法尼亚州立大学研究小组就首次使用小分子鸡尾酒方案，将人类脑细胞（称为星形胶质细胞）转化为功能性的神经元，从而用以修复脑组织。研究人员称这项新技术有望在将来开发成为一种药物，患者通过口服就可以再生神经元并修复外伤、中风或疾病（如阿尔茨海默氏病）后丧失的脑功能[4]。美国加州大学旧金山分校和德国海德堡大学医院的研究人员也在小鼠体内证实在肝脏内产生健康的新的肝细胞是可能的。更为有趣的是，研究者们是在体内将导致肝病的细胞（即肌成纤维细胞）转化为健康的新的肝细胞，这也同时降低了肝脏损伤并进一步改善了肝脏功能[5]。上述这些组织原位重编程技术的研究，将为利用干细胞技术治愈人类重大疾病的再生医学研究带来新的希望。

随着研究的深入开展，越来越多基于iPSCs及其相关技术的细胞和疾病模型将被建立，这为深入研究疾病发病机理，进一步建立药物筛选模型，最终为开展个体化的治疗提供了可能。此外，随着流式质谱分析技术和单细胞测序技术的发展，也为深入研究重编程过程中细胞发生的重编程策略奠定了技术基础。

（二）3D打印技术

个体化医疗是以每位患者的信息为基础开展定制的医疗服务，以此提供最佳的治疗方案，使得临床治疗更具有针对性、高效性和安全性，是未来医疗发展的新趋势。3D打印技术与干细胞研究的结合将极大地推动个体化医疗时代的到来。英国爱丁堡大学的研究团队已成功制造出可以打印病人自身干细胞的3D打印机，通过该机器打印出的干细胞仍保持其正常的生物学功能。我国科学家也使用3D打印支架复合骨髓干细胞，并进一步诱导干细胞向软骨细胞分化获得软骨组织，避免了免疫排斥反应的发生，降低了移植物携带病毒的风险。就目前来看，3D打印技术和干细胞与再生医学领域的结合，将带来病人个体化定制器官、组织的实现，这将极大地促进包括器官移植、组织修复重建等多学科的进步。该技术不仅缓解了病人器官移植要依赖社会捐赠的窘境，还大幅降低了器官移植后的排斥风险，最大程度提高了移植物的存活率，从而提高病人的生命质量。

（三）基因编辑技术

依赖干细胞的基因编辑技术也为疾病的治疗提供了新思路。以CRISPR-Cas9技术为例，随着该技术的研究深入，其在干细胞领域的应用前景也日渐明晰。有越来越多的研究将该技术应用到多能干细胞和成体干细胞中。荷兰科学家利用CRISPR-Cas9技术，在人类肠干细胞中纠正了与囊肿性纤维化相关的基因缺陷，使细胞得到了功能性修复[6]。哈佛干细胞研究所的科研人员首次利用CRISPR-Cas9系统靶向编辑患者的造血干细胞[7]。我国学者也利用该技术修复遗传缺陷白内障小鼠的精原干细胞，从而获得了白内障修复的小鼠[8]。上述这些研究工作为依赖CRISPR-Cas9技术的干细胞基因治疗遗传性疾病、开展个体化的修复病人iPSCs再进行诱导和移植提供了新思路，也为疾病的个体化治疗带来了新希望。

（四）干细胞抗衰老技术

面对全球老龄化趋势越发严峻的客观形势，人类社会为保持健康和生产力对于抗衰老技术有非常迫切的需求。由于人体衰老所表现出的组织器官结构退行性变和机能降低其本质是细胞衰减，而细胞的衰减又与干细胞衰减关系极为密切。因此，通过基于干细胞的细胞替代和组织修复、重建等方式，将有望发挥干细胞对老年性疾病的防治作用，这类疾病多与衰老相关、以自我修复与再生能力降低为特征，包括神经退行性疾病、心血管疾病、退行性眼病、糖尿病等，甚至干细胞相关技术也被应用到整形美容行业，用以延缓或抚平随着年龄增长所产生的皱纹。

随着人口老龄化加剧，神经退行性疾病的患病率呈现逐年增加的趋势。神经退行性疾病是一类大脑和脊髓的神经元细胞丧失的疾病状态。神经元细胞一般不会再生，过度的损害可能是不可逆转的。神经退行性疾病会随着时间的推移而进一步加重，最终出现功能性障碍，给患者和家属带来极大的痛苦，其中发病率最高的两种类型是阿尔茨海默病和帕金森病。世界各国对包括神经退行性疾病在内的神经系统相关科学问题给予了极大的重视和支持。如何修复损伤的神经细胞，从而重建神经功能则是治疗这些神经系统疾病的关键所在。2012年，我国中科院生物物理研究所的刘光慧研究组同美国索尔克生物研究所的胡安·卡洛斯·伊斯皮苏亚·贝尔蒙特（Juan Carlos Izpisua Belmonte）课题组合作，在《自然》杂志上报道首次利用人类干细胞揭示帕金森病衰老机制，证实细胞核缺陷有可能在帕金森病中发挥重要作用，这一研究成果也为治疗该种疾病提供了新的潜在靶点[9]。2014年，瑞典科学家利用hESCs来源的多巴胺能神经元在动物模型上完成了治疗帕金森疾病的临床前安全性和有效性评价[10]。2015年，澳大利亚科学家利用干细胞疗法治愈了一条患痴呆症的狗。由于狗的痴呆症病理与人类痴呆症类似，因此该研究成果可能为治疗人类痴呆症找到新途径。2016年，新加坡研究团队利用干细胞培养出长约2~3毫米的“脑组织体”，这些组织体包含人类中脑的必要标志——多巴胺能神经元和神经黑色素，这是首次在类器官模型中检测到神经黑色素。在临床研究方面，目前多个国家准备或者正在开展相关I/II期的临床试验。2011年，韩国进行了人脐带血来源的间充质干细胞治疗阿尔茨海默病的Ⅰ期临床试验并于次年完成，取得了初步的研究结果。2016年，美国国际干细胞公司启动人孤雌胚胎来源的神经干细胞治疗中度至重度帕金森综合征的I期临床试验的招募工作。我国也在该领域取得重要进展，军事医学科学院/华南生物医药研究院研究团队在阿尔茨海默病治疗的基础研究和临床前研究中，首次证实脐带来源的干细胞及其分泌的关键细胞因子能够显著提高阿尔茨海默病动物的学习、记忆能力、改善脑部微环境、激活内源性神经干细胞，提高受损神经元功能，并证明治疗过程的安全性和有效性。目前相关临床试验研究正在招募入组志愿者，积极推进临床转化研究。除了对阿尔茨海默病和帕金森病的研究以外，干细胞对于治疗其他类型神经退行性疾病也取得重要进展。例如2014年，美国食品药品管理局（FDA）指定间充质干细胞药物NurOwn™为快速通道产品用于肌肉萎缩性侧索硬化症的治疗。上述相关基础与临床转化研究的开展，为干细胞治疗神经退行性疾病带来了新的曙光。

干细胞抗衰老技术不仅仅在神经退行性疾病的预防和治疗领域有潜在的价值，其也给由衰老引起的各种中老年退行性眼病带来了改善或治愈的希望。2010年，美国ACT公司获得FDA许可，利用hESCs衍生的视网膜色素上皮细胞治疗两种退行性眼疾病——干性年龄相关性黄斑变性和少年型黄斑营养不良，这是FDA批准的涉及源自hESCs的第二项临床试验。2012年，该研究机构在《柳叶刀》杂志报道：美国研究人员利用hESCs治疗了两名患有不同退化性眼部疾病的患者，初期数据表明使用hESCs开展治疗安全，而且有数据证实注入的细胞不仅存活了下来，在很大程度上改善了患者的视力。我国利用干细胞技术治疗退行性眼病的研究也走在世界前列。2015年，西南医院成功开展世界首例胚胎干细胞来源的色素上皮细胞视网膜下移植术，用以治疗湿性年龄相关性黄斑变性，术后患者恢复良好。由此可见，干细胞为中老年退行性眼病患者恢复视力开辟了新的治疗途径。

干细胞抗衰老技术和相关研究在抗击全球致病率最高的心脑血管疾病的治疗中也引起广泛重视。据估计，全球范围内目前大约有200多家公司从事或涉足于干细胞治疗心脏病的研究，国际竞争异常激烈。此外，也有利用干细胞抗衰老技术预防或治疗糖尿病及其并发症、骨关节炎和骨质疏松、慢性疼痛等的研究工作。上述大量基于干细胞的临床前研究和临床试验研究结果为干细胞在防治老年疾病和抗衰老中的应用提供了良好契机。相信随着干细胞抗衰老技术的发展，其必将有效推动抗衰老的基础和转化医学研究，为人类"不老泉"注入一股清流。

此外，单倍体干细胞技术、核移植技术与治疗性克隆、单细胞分析、基因修饰的动物模型研究的发展也与干细胞技术的突破密切相关。我们相信，随着科技的进一步发展，干细胞技术研究将有新一轮的突破与革新，这也必将对基因治疗、功能基因组与蛋白质组研究、系统生物学研究、发育生物学模型、新药开发与药效、毒性评估等领域产生重要影响，进一步带动新型生物医药技术和产品的发展与产业化，最终将开启以此为基础的干细胞基础应用研究与临床转化研究的新局面，为人类健康事业做出新贡献。

三、国际干细胞临床研究进展与现状

干细胞基础与临床研究的深入开展，也进一步带动了干细胞相关产业的迅猛发展，由此带来良好的市场应用前景和经济效益。根据《2016—2022年中国干细胞医疗市场分析预测及发展趋势研究报告》的数据，2015年全球干细胞相关市场规模为635亿美元，预计到2021年将达到约1600亿美元，年均复合增长率达19.8%。

Clinical Trails.gov是美国国立医学图书馆（NML）与美国食品药品监督管理局（FDA）开发的临床试验注册与查询平台，也是国际上最重要的临床试验注册机构之一。以"stem cell"或"stem cells"为关键词搜索该机构中干细胞相关临床试验的注册情况，结果显示已注册有5600余项干细胞相关临床试验研究（统计数据截至2017年1月20日）。研究涉及多种类型的干/祖细胞，包括间充质干细胞、造血干细胞、神经干细胞、脂肪干细胞、心肌干细胞、胚胎干细胞、诱导多能干细胞、内皮祖细胞、红系祖细胞、巨核系祖细胞等。相关临床研究被用以治疗多种类型的常规疾病，包括恶性血液病、神经系统疾病、心血管系统疾病、免疫系统疾病、消化系统疾病等。此外，少量治疗也涉及一些非常规领域，例如急性肺损伤、急性肾损伤、斑秃、运动障碍等。

从注册的时间（图1）分析，从2005年开始，全球掀起干细胞临床试验研究的高潮，之后的注册量呈现逐年平稳上涨的态势。2016年一年的注册总量为523例，达到有史以来的新高。这也反映出全球对干细胞临床研究的热度持续上扬。

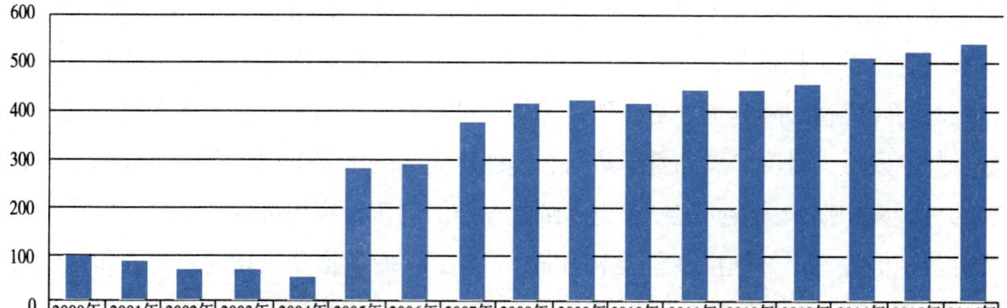

	2000年	2001年	2002年	2003年	2004年	2005年	2006年	2007年	2008年	2009年	2010年	2011年	2012年	2013年	2014年	2015年	2016年
■注册例数	100	88	69	70	54	280	286	374	408	416	412	438	437	450	504	515	523

图1　不同年份干细胞临床试验注册情况

资料来源：www.clinicaltrials.gov，截至2017年1月20日，搜索关键词："stem cell"或"stem cells"。

开展干细胞临床试验注册的国家和地区遍布全球（见图2），多集中在北美洲、欧洲、东亚、中东等经济发展水平相对较高的地区。其中作为干细胞基础与临床转化研究的领跑者，美国干细胞临床试验注册数量已经多达2980余项，占全球注册量总量的一半以上（52.6%），这也在一定程度上彰显美国相关机构对干细胞临床研究的高关注度与支持力度。

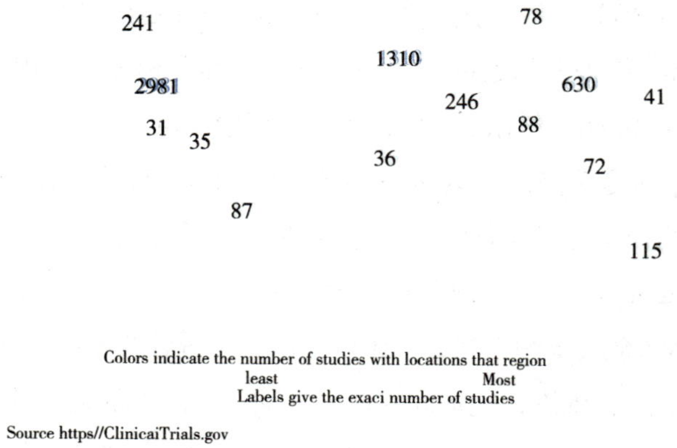

图2　全球干细胞临床试验注册分布情况

资料来源：www.clinicaltrials.gov，截至2017年1月20日，搜索关键词："stem cell"或"stem cells"。

在clinicaltrials.gov上注册的临床试验研究类型分为干预性研究（研究者按照方案干预受试者的研究）、观察性研究（将受试者分配入预定组别，评估其生物医学和/或健康结局的研究；受试者可以接受诊断或治疗性或其他种类的干预，但研究者不对受试者实施特定的干预）和拓展性应用研究（常规治疗无效，但不符合纳入标准或不能参与临床试验的患者，研究者对其使用试验药物或器械的过程进行记录）。从统计分析的结果（图3）来看，目前全球范围内的干细胞临床研究以干预性研究为主、观察性研究为辅，极少量涉及拓展性应用研究。图4的统计数据显示参加临床研究的受试者年龄分布多集中在18～65岁（约50%），老年患者次之（约33%），婴幼儿和青少年仅占约17%。

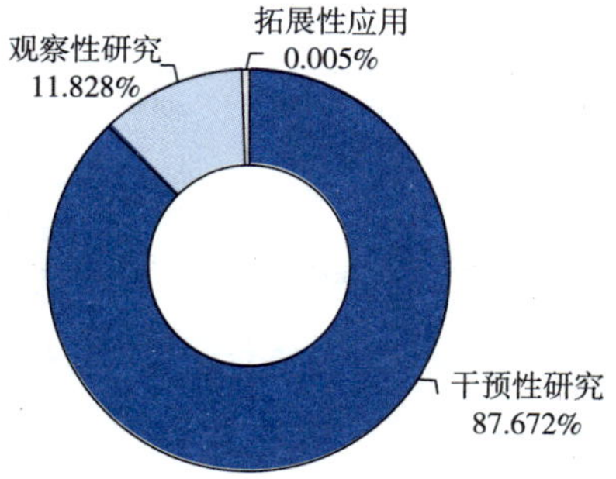

图3　临床研究类型分析

资料来源：www.clinicaltrials.gov，截至2017年1月20日，搜索关键词："stem cell" 或 "stem cells"。

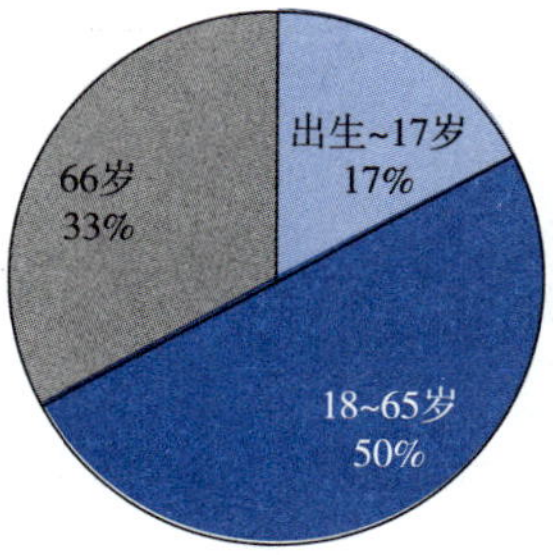

图4　年龄分布情况

资料来源：www.clinicaltrials.gov，截至2017年1月20日，搜索关键词："stem cell" 或 "stem cells"。

虽然干细胞临床试验的注册数量呈现逐年上升的趋势，但是从干细胞临床研究的分布阶段（图5）可以明显看出，超过85%的干细胞临床研究都集中在Ⅰ期和Ⅱ期；处于Ⅲ期的临床研究约占注册总量的11%；Ⅳ期临床研究则更少，不足注册总量的3%。由此可见，干细胞临床研究距离临床实际应用还有很长一段路要走。虽然干细胞临床研究的路途艰辛、时间漫长，但是随着研究的深入开展，目前全球范围内已有十余项干/祖细胞治疗产品获批上市，主要分布于干细胞临床试验注册数量较多的美国、加拿大、韩国、日本、澳大利亚等地区。这些产品包括在美国、加拿大获批上市的异基因骨髓来源间充质干细胞（MSC）治疗儿童急性移植物抗宿主病（GVHD）的Prochymal以及在日本批准上市的用于治疗GVHD的Temcell；在美国批准上市的异基因造血干细胞移植治疗造血系统疾病的产品HEMACORD、Clinimmune和Ducord；在韩国获批上市的用以治疗急性心梗的自体MSC产品Hearticellgram-AMI，治疗复杂性克隆氏病并发肛瘘的自体MSC产品Cuepistem，治疗软骨损伤和骨关节炎的异体MSC产品Caristem；在澳大利亚批准上市的用于骨修复的间质祖细胞产品MESOBLAST以及在欧盟地区获批上市用于治疗成年患者因眼部烧伤所致失明的干细胞产品Holoclar。

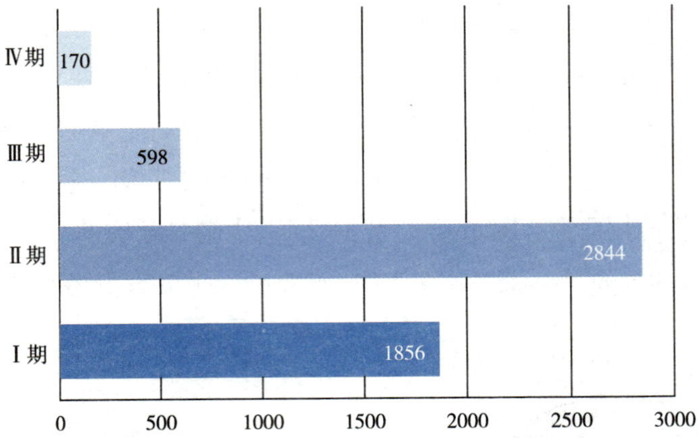

图5　临床试验研究分期情况

资料来源：www.clinicaltrials.gov，截至2017年1月20日，搜索关键词："stem cell"或"stem cells"。

四、我国干细胞临床研究进展及现状

我国干细胞市场社会需求大、应用前景广，目前也已经形成了上、中、下游规模化的干细胞产业链。上游主要开展干细胞采集与保存业务，中游是以干细胞治疗及相关产品研发为主，下游则主要开展干细胞治疗业务。相关统计数据显示，2015年，我国干细胞市场规模为212亿元；2017年，我国的干细胞与再生医学相关领域的市场规模将超过400亿元。

我国在clinicaltrials.gov网站上注册的干细胞临床试验研究共计418项，多以干预性研究为主（约89%），并且大部分研究是处于临床试验研究的早期阶段。

此外，我国也有国家级的临床试验注册网站——中国临床试验注册中心（Chinese Clinical Trial Registry, ChiCTR），是世界卫生组织国际临床试验注册平台的国家临床试验注册中心，也是世界卫生组织国际临床试验注册平台的一级注册机构。在该网站，以"干细胞"为关键词进行搜索，结果显示共计注册有155项干细胞相关临床试验研究（统计数据截至2017年1月20日）。从注册的时间（图6）来看，在该网站上，干细胞相关临床试验从2008年才开始陆续被注册，虽然之后每年都有注册，但是总体注册数量并不是很多，2016年的注册总量为43项，达到有史以来的最高值。

同clinicaltrials.gov网站上的注册情况有所不同，在该网站上注册的干细胞临床试验多以观察性研究为主（约64%），干预性研究有51项，仅占33%。研究所处阶段的统计数据（图7）显示，真正处于临床研究Ⅰ~Ⅳ期的临床试验较少，仅有54项。由此可以看出，相对干细胞产业大国而言，我国的干细胞临床研究还处于起步阶段，需要大力支持与推动。

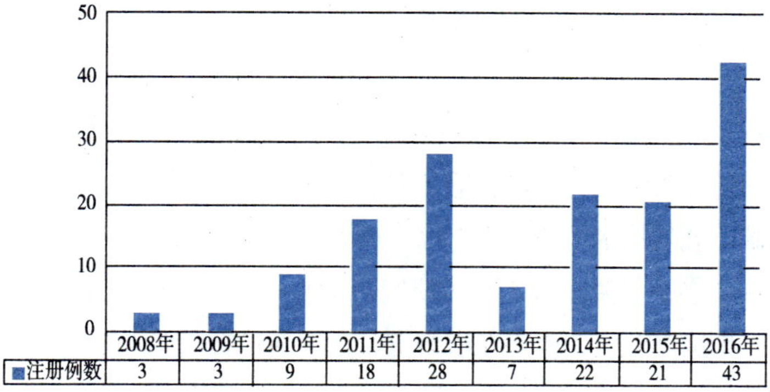

图6　不同年份干细胞临床试验注册情况

资料来源：www.chictr.org.cn，截至2017年1月20日，搜索关键词：干细胞。

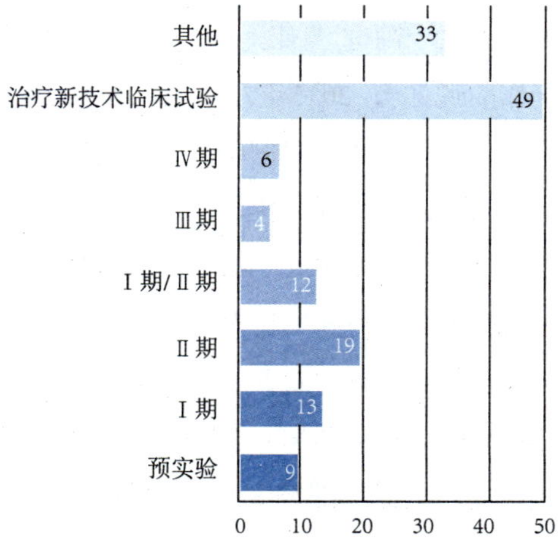

图7　研究所处阶段

资料来源：www.chictr.org.cn，截至2017年1月20日，搜索关键词：干细胞。

虽然目前我国还没有获批上市的干细胞产品，但是我国科学家在干细胞临床研究方面已经取得了一定进展。军事医学科学院/华南生物医药研究院研发的治疗造血系统损伤等的干/祖细胞产品在获得国家食品药品监督管理总局（CFDA）批准后开展临床试验，主要应用于急性白血病化疗后、原发性骨髓抑制和骨髓移植后重建失败等所致的血小板减少等疾病的治疗。临床试验结果表明，该产品具有安全性并初步显示了其良好的治疗效果，相关结果已发表于国际学术期刊。这是我国获得CFDA批准的干/祖细胞产品的临床试验结果首次在国际学术期刊上进行报道，该产品也有望成为较早上市的具有完全自主知识产权的干/祖细胞产品。除此之外，用以治疗缺血性心肌病等的干细胞产品也已获得CFDA的临床试验批文并开展Ⅰ/Ⅱ期临床试验研究。

五、展望

干细胞制品被称为医药史上最为复杂的治疗性产品，其临床研究的开展不仅需要成熟的干细胞基础研究与技术革新作为支撑，还需要国家政策层面的大力支持和法律法规的有力制约，由此多重保障干细胞临床研究规范有序的开展和良性循环的建立。美国、欧洲、韩国等干细胞产业大国也都在政策上对干细胞基础和临床转化研究加以倾斜，并进一步通过相关的规章制度来加强干细胞临床研究的监管力度，确保干细胞临床研究的规范、有序开展。

我国也一直致力于规范干细胞临床研究和应用，从2011年至今，已相继出台一系列相关政策、法规，逐渐形成我国干细胞临床研究的全维度监管体系。2011年12月16日，国家卫生和计划生育委员会（以下简称“国家卫生计生委”）发布《关于开展干细胞临床研究和应用自查自纠工作的通知》；2015年7—8月，先后出台《干细胞临床研究管理办法（试行）》和《干细胞制剂质量控制及临床前研究指导原则（试行）》；2016年3月，为进一步规范并促进我国干细胞临床研究工作，国家卫生计生委与食品药品监管总局共同成立了国家干细胞临床研究管理工作领导小组；同月，两部门又共同成立了由干细胞基础及临床相关专业、干细胞制剂制备和质量控制等领域专家组成的国家干细胞临床研究专家委员会；2016年10月下旬，两部门联合发布《关于首批干细胞临床研究机构名单的公告》，中国医学科学院北京协和医院等30个医疗机构成为首批入选的干细胞临床研究单位；2017年2月，中央军委后勤保障部卫生局公布《首批军队医院干细胞临床研究机构备案名单》，确定解放军总医院等12所医院为首批备案的军队医院干细胞临床研究机构。这一系列国家政策和规章制度的陆续出台为进一步规范化开展干细胞临床研究起到了强有力的推动作用。

我们深信，随着干细胞基础研究的不断突破和干细胞技术的日益革新，在国家政策的大力支持和监管部门的强力监督之下，干细胞临床研究也将取得长足发展，为提升人类未来健康事业和改善患者生命质量做出突出贡献。

参考文献

[1] Zhang Y, Cao N, Huang Y, Spencer CI, Fu JD, Yu C, Liu K, Nie B, Xu T, Li K, Xu S, Bruneau BG, Srivastava D, Ding S. Expandable Cardiovascular Progenitor Cells Reprogrammed from Fibroblasts. Cell Stem Cell. 2016 Mar 3;18(3):368-81.

[2] Zhang M, Lin YH, Sun YJ, Zhu S, Zheng J, Liu K, Cao N, Li K, Huang Y, Ding S. Pharmacological Reprogramming of Fibroblasts into Neural Stem Cells by Signaling-Directed Transcriptional Activation.Cell Stem Cell. 2016 May 5;18(5):653-67.

[3] Wang Y, Qin J, Wang S, Zhang W, Duan J, Zhang J, Wang X, Yan F, Chang M, Liu X, Feng B, Liu J, Pei X. Conversion of Human Gastric Epithelial Cells to Multipotent Endodermal Progenitors using Defined Small Molecules.Cell Stem Cell. 2016 Oct 6;19(4):449-461.

[4] Guo Z, Zhang L, Wu Z, Chen Y, Wang F, Chen G. In vivo direct reprogramming of reactive glial cells into functional neurons after brain injury and in an Alzheimer's disease model. Cell Stem Cell. 2014 Feb 6;14(2):188-202.

[5] Rezvani M, Español-Suñer R, Malato Y, Dumont L, Grimm AA, Kienle E, Bindman JG, Wiedtke E, Hsu BY, Naqvi SJ, Schwabe RF, Corvera CU, Grimm D, Willenbring H. In Vivo Hepatic Reprogramming of Myofibroblasts with AAV Vectors as a Therapeutic Strategy for Liver Fibrosis. Cell Stem Cell. 2016 Jun 2;18(6):809-16.

[6] Schwank G, Koo BK, Sasselli V, Dekkers JF, Heo I, Demircan T, Sasaki N, Boymans S, Cuppen E, van der Ent CK, Nieuwenhuis EE, Beekman JM, Clevers H. Functional repair of CFTR by CRISPR/Cas9 in intestinal stem cell organoids of cystic fibrosis patients. Cell Stem Cell. 2013 Dec 5;13(6):653-8.

[7] Mandal PK, Ferreira LM, Collins R, Meissner TB, Boutwell CL, Friesen M, Vrbanac V, Garrison BS, Stortchevoi A, Bryder D, Musunuru K, Brand H, Tager AM, Allen TM, Talkowski ME, Rossi DJ, Cowan CA. Efficient ablation of genes in human hematopoietic stem and effector cells using CRISPR/Cas9. Cell Stem Cell. 2014 Nov 6;15(5):643-52.

[8] Wu Y, Zhou H, Fan X, Zhang Y, Zhang M, Wang Y, Xie Z, Bai M, Yin Q, Liang D, Tang W, Liao J, Zhou C, Liu W, Zhu P, Guo H, Pan H, Wu C, Shi H, Wu L, Tang F, Li J. Correction of a genetic disease by CRISPR-Cas9-mediated gene editing in mouse spermatogonial stem cells. Cell Res. 2015 Jan;25(1):67-79.

[9] Liu GH, Qu J, Suzuki K, Nivet E, Li M, Montserrat N, Yi F, Xu X, Ruiz S, Zhang W, Wagner U, Kim A, Ren B, Li Y, Goebl A, Kim J, Soligalla RD, Dubova I, Thompson J, Yates J 3rd, Esteban CR, Sancho-Martinez I, Izpisua Belmonte JC. Progressive degeneration of human neural stem cells caused by pathogenic LRRK2. Nature. 2012 Nov 22;491(7425):603-7.

[10] Grealish S, Diguet E, Kirkeby A, Mattsson B, Heuer A, Bramoulle Y, Van Camp N, Perrier AL, Hantraye P, Björklund A, Parmar M. Human ESC-derived dopamine neurons show similar preclinical efficacy and potency to fetal neurons when grafted in a rat model of Parkinson's disease. Cell Stem Cell. 2014 Nov 6;15(5):653-65.

The Advance in Stem Cell Technology and Clinical Translational Research

Fang Fang, Yali Jia, Junnian Zhou, Wen Yue, Xuetao Pei

Abstract

Stem cells are known as multi-potent cells in the medical field. Stem cell-based tissue engineering or cell therapy, may benefit the solutions of most medical problems. With the development of science and technology, new technologies have been widely applied in stem cell and regenerative medicine in recent years, including 3D printing, CRISPR-Cas9 and single cell analysis. And these technologies will exert far-reaching influence on the life science research. Meanwhile, stem cell clinical trials which attract attention all around the world have been widely carried out for treatment of different kinds of diseases. Until now, stem cell therapy has been gradually becoming standardized by means of the establishment of national regulatory policies in China and will get substantial development in clinical research.

Keywords

Stem Cell Technology, Regenerative Medicine, Clinical Trials, Standardization

作者简介

房　芳

女，理学博士，军事科学院军事医学研究院助理研究员，华南干细胞与再生医学研究中心项目负责人。从事造血发育调控研究，发表学术论文6篇，其中以第一作者在JCS（IF:5.432）等杂志上发表SCI文章 2篇，影响因子合计10.81。主持国家自然科学基金青年科学基金一项，参编专著2部，申请国家专利5项（授权3项）。全军第十届医学科学技术委员会生理与病理生理学专业委员会秘书长，2015年获军事医学科学院“优秀青年科技工作者”。

贾雅丽

女，理学博士，军事科学院军事医学研究院助理研究员，华南干细胞与再生医学研究中心干细胞与抗衰老医学研究室主任。从事干细胞对衰老相关脑认知障碍的作用研究。发表学术论文18篇，以第一/通讯作者发表SCI文章7篇，单篇最高影响因子11.665，影响因子合计38.1分。主持国家自然科学基金面上项目、广州市健康医疗协同创新重大专项、北京市科技新星计划等4项课题。申请国家发明专利6项（授权1项）。2014年获北京市科学技术一等奖1项（排名4），2017年获中华医学科技奖三等奖（排名4），2015年入选军事医学科学院科技创新人才战略工程“后备人才培养对象”，2013年入选北京市科技新星，2013年获军事医学科学院首批“周廷冲黄翠芬奖励基金”，2012年获军事医学科学院“优秀青年科技工作者”。

周军年

理学博士，军事科学院军事医学研究院副研究员，硕士研究生导师，华南干细胞与再生医学研究中心干细胞治疗研究室主任。从事肿瘤干细胞及成体干细胞治疗相关研究。发表文章30篇，其中以第一作者在Hepatology（IF:11.711）等杂志上发表SCI文章6篇，影响因子合计26.2。特邀大会报告2次，参编专著5部，申请国家专利5项（授权2项）。主持国家自然科学基金面上项目、广州市健康医疗协同创新重大专项等3项课题。军队优秀人才岗位津贴获得者、军事医学科学院首批科技创新人才战略工程“后备人才培养对象”、中华医学会组织修复与再生分会青年委员、中国输血协会细胞治疗专业委员会青年委员、《中国医药导报》编委，获北京市科学技术奖一等奖（署名第五）和中华医学科技奖三等奖（署名第五）各1项。

岳 文

女，医学博士，军事科学院军事医学研究院研究员，博士研究生导师，华南干细胞与再生医学研究中心副主任。干细胞与再生医学领域专家，长期从事干细胞增殖调控与应用领域的科研工作。先后承担国家973课题、国家自然科学基金、全军重点科研项目等15项课题。在Hepatology、Cancer Research、Blood等期刊发表SCI学术论文62篇，被Cell、Nature Medicine等SCI期刊他引400余次，得到国际同行广泛认可和验证。25项国家发明专利和3项PCT专利获得授权，作为主要完成人的3项干细胞产品获得SFDA临床试验批文并开展临床试验。获北京市科学技术一等奖（2015）、军队科技进步二等奖（2002）、北京市科技进步二等奖（2004）以及中华医学科技奖三等奖（2016-01）。领导团队开展的干细胞制备血细胞的工作入选2016年中国医药生物技术十大进展。获解放军总后勤部科技新星、军事医学科学院拔尖科研人才以及军事医学科学院优秀共产党员，享受军队优秀专业人才岗位津贴。荣立个人三等功1次。

裴雪涛

医学博士，研究员，博士生导师，军事科学院军事医学研究院科技委员会副主任委员，原军事医学科学院野战输血研究所所长，华南干细胞与再生医学研究中心主任，全军干细胞与再生医学重点实验室主任，中国输血协会副理事长，中国细胞生物学会干细胞专业委员会副会长，中国生物医药技术协会再生医学专业委员会副主任委员，国家干细胞与再生医学产业技术创新战略联盟常务副理事长，国家干细胞研究指导协调委员会委员、国家卫计委“干细胞临床研究与应用专家委员会”委员。先后担任“十五”“十一五”“十二五”国家863计划“干细胞与组织工程重大项目”总体专家组组长/首席科学家，北京市/广州市干细胞治疗重大项目首席科学家。主要从事干细胞增殖分化调控、造血细胞工程、干细胞与再生医学技术产品研发及临床转化等研究，获国家科技进步二等奖、军队科技进步一等奖、北京市科学技术一等奖等科技成果奖7项；3项干细胞制品获CFDA临床试验批文，2项干细胞治疗技术获总后卫生部临床新技术批文；获国家专利授权52项，PCT专利3项；在Cell Stem Cell、Hepatology、Blood等国内外学术杂志发表论文330余篇，主编及合作主编干细胞专著9部。先后获国家杰出青年科学基金、中国科协求是杰出青年奖、享受政府特殊津贴、首批新世纪百千万人才工程国家级人选、全国及全军优秀科技工作者等学术荣誉。

中国微量元素研究与元素医学

李喜贵　郭中河

摘要：

中国是世界上开展微量元素研究和应用最早的国家，以炼丹术为核心的中国古代微量元素研究长达2000多年，领先世界600多年。20世纪60年代开始，中国现代微量元素的研究再次崛起，奠定了以微量元素环境医学、微量元素临床医学和微量元素预防医学为核心的中国微量元素医学理论体系。以元素科学技术为主，结合中医、西医、细胞学、人体基因学和营养学等理论，通过“元素—基因—细胞—疾病—健康”的倒置方式，从“根”上找到解决某些疾病的治疗方法，如糖尿病和肿瘤等。

关键词：

微量元素研究　糖尿病　肿瘤　元素医学

一、前言

世界上万物，大到星球、小到微生物都是由元素组成的。太阳由64种元素组成，月亮由66种元素组成，地球上存在94种天然元素。人体也是由元素组成的。目前检出人体内有81种元素，其中宏量元素11种，微量元素70种。身体各器官组织所含的元素种数不同，如全血有78种，红细胞有41种，血清有73种，脑组织有52种，心脏有53种，甲状腺有44种，前列腺有41种……总之，人体是由元素组成的一座生物大厦，人的生老病死无不与体内元素有关。

微量元素是人体内不可缺少的营养物质之一，人体自身不能合成，只能从外界摄取，缺乏微量元素有可能导致多种疾病的生成。如缺铁可以导致贫血症，缺碘可能导致甲状腺肿大等。而适量摄取微量元素可预防癌症、心脏病、骨质疏松症、龋齿等。

目前被确定对人体有益且必需摄取的微量元素有14种，包括铁、铜、锌、锰、铬、钴、钒、锡、镍、钼、碘、氟、锡、硅。当体内进行各种生理活动或者人们参加外界运动时，它们都起到了不同的作用，并且对维护人体的健康至关重要。

在人体七大营养素中，没有维生素，微量元素仍能发挥其功能和作用，而没有微量元素，维生素和酶则完全失去其功能和作用。可见，微量元素对人类健康的重要性。

二、中国是世界上开展微量元素研究和应用最早的国家

中国是世界上开展微量元素研究和应用最早的国家。这方面的研究可追溯到战国初期。以炼丹术为核心的中国古代微量元素研究长达2000多年，领先世界600多年。

1. 中国古代微量元素研究

战国初期，以炼丹术为核心的中国古代微量元素研究，是世界微量元素研究最早的国家。炼丹术重点为帝皇、达官贵人、道士等提供“养生”服务，他们努力地研制“不老、延年、轻身、快活”的灵丹妙药。古代炼的“丹”和“散”主要原料是五金（金、银、铜、铁、锡）、四黄（雄黄、雌黄、硫黄、砒黄）、八石（丹砂、汞、硝石、硇砂、盐、矾、石胆、硼砂）等矿石。如“仙丹”主要由雄黄、雌黄、曾青、慈石等炼制而成，五石散主要由石钟乳、石硫黄、赤石脂、白石英、紫石英等炼制而成，这些均为富集某些微量元素的矿物质。

2. 中国古代微量元素应用

中国古代微量元素的应用主要体现在矿物药上，并取得了丰硕成果。中国最初对矿物药的研究，多用于炼丹术。炼丹的目的就是养生、调病和长生，自然而然与“治病”和“药”融合在一起。明代李时珍所著《本草纲目》记载了222种矿物药（见表1），其中把金石部矿物药称为“身家攸赖、财济卫养、济国却病”之物[1]。

表1 《本草纲目》收录的诸家本草矿物药种数

文献	金石部药	土部药
《神农本草经》	41	2
《名医别录》	32	3
《唐本草》	14	3
《药性本草》	1	0
《本草拾遗》	17	28
《四声本草》	0	1
《开宝本草》	9	1
《嘉佑本草》	8	0

续表

文献	金石部药	土部药
《图经本草》	3	0
《日华诸家本草》	8	0
《证类本草》	1	1
《本草衍义补遗》	0	1
《本草纲目》	27	21
合计	161	61

矿物药除其主成分外，还含有大量的其他微量元素。矿物药的矿物质和微量元素赋存状况，矿物药的自身结构特征，以及矿物药进入人体后的生物物理和生物化学效应，被认为是矿物药的三大药理机制[2]。

中国古代炼丹术技术发展，促进了以矿物药为主体的医药化学的发展，甚至连中国古代的火药、指南针、印刷术和造纸术四大发明都与古代炼丹术和矿物药有着直接或间接的关系[4~5]，如火药成分：硝石、硫黄和木炭粉。中国古代炼丹术和医药化学的发展，促进了中国古代生产力的迅速提高，推动了人类社会的发展和进步，并引领世界科学技术的先进水平。

三、中国现代微量元素的研究和应用[8]

中国古代微量元素研究和应用源于战国初期，止于元朝。随着炼丹术的衰落，中国古代微量元素的研究走向低潮，更可惜的是中国没能形成近代化学科学[3~5]。此时，西方炼金术的出现和发展，特别是公元18 世纪后期氧的发现及燃烧学说的建立，形成了近代化学科学技术。俄国学者威尔纳茨基（1863—1945年）总结了有关生物的化学组成及相关元素生理作用的全部资料，证明地壳中含有的92 种化学元素中，有60余种与生命有着密切的关系[6~7]。19世纪中叶，俄国化学家门捷列夫制定了化学元素周期表。

1. 20世纪60年代开始，中国现代微量元素的研究再次崛起

1984年，中国医科院杨光圻和西安医科大学徐光禄以微量元素硒与克山病的研究成果，荣获国际生物无机化学协会颁发的 Schwarz（施瓦茨）奖 。1996年中国医科院于树玉在硒预防肝癌和西安医科大学莫东旭在硒与大骨节病关系研究中再次荣获Schwarz（施瓦茨）奖 。中国科学院上海生命科学院王福俤第一个发现了人类缺“铁”性贫血易感基因TMPRSS6，独立或参与发现了3个铁代谢重要基因（Monla Sec1511 HR1），并首次发现新基因 Monla 调控巨噬细胞铁再循环机制。其论文在《自然·遗传学》（Nature genetics）

杂志发表，引起世界轰动。20世纪60年代开始，中国的微量元素组学研究风起云涌。

（1）代谢微量元素组学：对疾病的早期诊断和预测，药物或营养干预的评价，药物毒性评价，代谢通道作用等研究，主要集中在医药、卫生和生物科学方面。

（2）头发微量元素组学：有40多项研究报告表明，头发微量元素谱可将癌症病人与健康人正确区分开来；借助头发微量元素谱可相当准确地判别样本的健康属性，可以诊断和预报218种疾病、30多种亚健康状况和14种心情。可以筛选高危人群，对心脑血管病的早发现、早诊断、早治疗具有重要的潜在应用价值。

（3）血液微量元素组学：上海交通大学系统生物医学研究院[9~10]，应用 ICP—MS 分析系统和 OPLS-DA（正交偏最小二乘判别分析模型）数据处理技术进行了骨关节炎和出生缺陷血清微量元素组学研究。

（4）组织微量元素组学[11]：不同病理组织样品的研究可以帮助人们更好地了解微量元素在机体病变过程中的作用机理，有助于揭示疾病病因、标记物的发现以及疾病的辅助诊断。北京大学医药分析中心生命元素组学实验室熊依杰等采用电感耦合等离子体质谱仪、氢化物发生原子荧光光度计和原子吸收分光光度计测定了17 例肺癌癌组织及癌旁组织中的55 种元素含量。

（5）中药微量元素组学：中药微量元素研究从单味中药少数元素测量开始，进而对多种中药多种元素同时测定。据初步统计，至2012年10月，我国已经测定的中药有747种6780味[12]。研究结果表明，中药中的微量元素是传统中药理论量化的物质基础，是中药有效药成分的核心组分。用微量元素可以鉴别中药的真伪、产地、品种和生产方式；可对同种或同类中药实现质量和功能的分类；可寻找或筛选疗效相似的药物；可解析中药组方的组成结构和作用，为中药复方配制、新药开发和临床应用提供科学依据；为生产厂家提供产品质量控制标准和鉴定方法[13]。

（6）基因和蛋白质微量元素组学：近年来，我国有着海外经历的许多科学家在铁、锌、硒、碘、铜、锰等的基因和蛋白质组学研究中取得了一系列（数十项）原创性科研成果。如中国科学院上海生命科学院王福俤发现了第一个人类缺“铁”性贫血易感基因TMPRSS6[14]；在美国康奈尔大学的中国雷新根研究团队在猪、鸡动物模型中，首次克隆、鉴定了十余种新的猪硒蛋白等。

2. 中国现代微量元素取得的成绩[8]

（1）2000年中国营养学会制定的“推荐的每日膳食中营养素供给量”中提出了6种宏量元素及9种微量元素的推荐摄入量[15]。目前微量元素已是妇孺皆知的“健康因子”。

（2）中国微量元素论文数平均每年以12%的速度增加，全国性的微量元素学术会议就达 104 届（次），论文数量1909篇，学位论文1141篇（其中硕士论文985篇），博士论文135 篇；出版微量元素图书243种。

（3）我国已拥有微量元素研究学者13000多人。

（4）2013年止，我国共取得541项微量元素科研成果，处于国内先进水平的111项，国内领先98项，国际先进48项，国际领先8项。

（5）批准微量元素专利603项，属人类生活必需的有240项，化学冶金187项。

（6）我国微量元素研究陆续得到各级组织或政府的基金资助1045项，其中国家自然科学基金最多，其次为国家重点基础研究发展计划、国家科技支撑计划。

3. 中国现代微量元素科学研究水平已经达到世界先进水平

通过三代微量元素科学工作者60多年的艰苦奋斗，特别是近30年的努力，中国现代微量元素科学研究水平已经达到或接近世界先进水平，某些方面已处于领先地位，其标志为:

（1）奠定了以微量元素环境医学、微量元素临床医学和微量元素预防医学为核心的中国微量元素医学理论体系。

（2）形成了以微量元素总量测定、微量元素形态分析和微量元素组学研究为内容的中国微量元素研究技术路线。

（3）取得了以中文论文数为指标领先于英文论文数的中国微量元素研究科技成果。

四、元素医学

矿物质元素（微量元素）是人体生长发育的七大营养要素之一。蛋白质、脂肪、碳水化合物、维生素、矿物质元素、膳食纤维和水，其中矿物质元素以微量元素为核心。

微量元素通过参与人体内的新陈代谢、各种生物和化学反应等，维持机体正常生理活动，例如促进多种酶的合成，并且增强酶的活性，而酶是机体进行各种活动、维持生命运动的基础。此外，它们还具有抑制自由基、抵抗氧化、参与激素合成、进行信息传递、维持细胞生命力以及人体感官功能的正常发挥等作用。

生理代谢是通过酶来完成的，酶的活性组分中心往往是微量元素。如锰是超氧化物歧化酶的组成部分，硒是谷胱甘肽过氧化物酶的组成部分，钼是亚硝酸还原酶的组成部分，它们的活性是分别靠锰、硒、钼元素激发的。同样，锌、铁、铜、镍等元素也有自己相应的酶。

微量元素的不平衡，生理代谢失调，自由基与过氧化物不能及时清除，使细胞、组织及机体衰老，可导致免疫功能下降，从而诱发各种疾病。微量元素在保护人们健康和防病治病方面，不是可有可无的，而是举足轻重的。从机体组织的建造、修复，到生理代谢，到增强免疫功能，甚至有直接防病治病的作用。

1. 微量元素诊断心脑血管、糖尿病疾病

表2 微量元素诊断心脑血管、糖尿病疾病[16]

研究者	病种	诊断方法	准确率/%
陈祥友	心血管病	发钴检测法	97.3
陈丹丹	心血管病	判别分析法	93.4
胡礼珩	中风	Logistic法	90.1
张野	脑血栓	判别分析法	94.4
陈瑞兰	高血压	支持向量机算法	96.2
陈慧	高血压	核Fisher判别法	96.3
李仲谨	高血压	人工神经网络法	96.2
钟广涛	糖尿病	因子分析法	75.0
黄汉明	糖尿病	模式分类器法	93.0
龚建新	心血管病	非参数判别分析法	93.3
李喜贵	心脑血管病	微量元素云健康诊断系统	90.0
李喜贵	糖尿病	微量元素云健康诊断系统	95.0

注：李喜贵头发微量元素组学诊断心脑血管病和糖尿病的某些应用研究是最近的成果。

2. 微量元素诊断恶性肿瘤

表3 微量元素诊断恶性肿瘤

研究者	病种	诊断方法	准确率/%
徐辉碧	肺癌	非线性映照，判别分析法	100
徐辉碧	肺癌	判别分析法	100
李增禧	肝癌	判别分析法	94.0
陈如松	食管癌	非线性映照，判别分析法	85.7
陈君丽	恶性肿瘤	多元分析法	90.0
王小如	癌症	偏最小二乘法，判别分析法	100
朱尔一	癌症	偏最小二乘法，逐步回归法	100
马国中	癌症	头发形态学	96.3
万婷	癌症	偏最小二乘法，主成分分析法	92.3
蔡若冰	肺癌	铜—锌比值比较法	100
徐刚	肝癌	判别分析法	98.5
张卓勇	肺癌	人工神经网络法	100
徐子亮	癌症	量子共振技术	93.3
董社英	消化道癌	人工神经网络法	100

续表

研究者	病种	诊断方法	准确率/%
黄汉明	鼻咽癌	分类识别法	96.0
韩培友	癌症	头发形态特征	100
邓文华	前列腺癌	支持向量机算法	95.7
李喜贵	各种肿瘤	微量元素云健康诊断系统	90

注：李喜贵头发微量元素组学诊断恶性肿瘤的某些应用研究是最近的成果。

3. 具有临床意义的微量元素

表4　有临床意义的微量元素

元 素	与头发异常有关的疾病
	动脉粥样硬化、高血压、静脉炎、骨质疏松、牙周病
镁（Mg）	心律不齐、抑郁、骨质疏松、牙周病、震颤
锌（Zn）	口腔溃疡、免疫力低、抵抗力差、骨发育受损、糖尿病
铜（Cu）	威尔逊病、肝硬化、动脉硬化、心血管病、抑郁
铬（Cr）	心脏病、动脉粥样硬化、糖尿病、低血糖、血脂病
铅（Pb）	智力低下、免疫力差、变态病、骨质疏松
汞（Hg）	抑郁、震颤、记忆力差、协调性差、视力听力受损、肾损伤
镉（Cd）	高血压、肾损伤、贫血、肝损伤、骨质疏松
砷（As）	皮肤病、贫血、神经炎、高血压、心力衰竭、周围神经病、大细胞症
镍（Ni）	皮肤病、肺癌、鼻咽癌、白血病
钠（Na）	儿童囊性纤维性变、蛋白质营养不良症、甲状腺机能亢进、高血压、尿毒症
钾（K）	变态病、乳糜烂、某些代谢性疾病
硒（Se）	克山病、大骨节病、胰腺病、癌症、肝硬化、白内障、免疫功能低下
锰（Mn）	骨骼异常、葡萄糖耐量受损、癌症、动脉硬化、关节炎、早衰
铝（Al）	精神错乱、脑病、骨病、癌症、心脏和胃肠道中毒、抑郁
铁（Fe）	乌脚病、颈椎病、慢性肠炎、暴力犯罪
铌（Nb）	癌症、消化道溃疡、胆结石、贫血
钴（Co）	冠心病、高血压、高血压心脏病、肝炎、白癜风、白内障、胆石症
锂（Li）	心脏病、暴力犯罪、学习能力障碍、狂躁病、抑郁症
锗（Ge）	肝脏病、消化道癌、胃炎、上消化道溃疡、甲亢、白癜风、血液病
锶（Sr）	癌症、高血压、糖尿病、胃溃疡、心血管病、肝脏病、骨质疏松
碘（I）	囊性纤维性变、甲状腺病、甲状腺癌、尿毒症
钒（V）	脑血管硬化、冠心病、高血压、高血脂、胆石症、糖尿病

我国科学研究工作者对元素研究有40多年的经验，集十多万人头发的35种元素分析和40多年临床及近万人的验证，积累了大量的科学理论，取得了许多研究成果。运用“元素疗法”或称“元素医学”对脑血管病、老年痴呆病、癫痫、红斑狼疮、再障贫血、帕金森氏综合征、癌症、糖尿病等疾病和失眠、神经衰弱等亚健康的治疗已经取得很好的效果。用传统医学（中医）或现代医学（西医）无法解释和治愈的疾病，运用元素治疗方法得以解决。

近年来，我们以元素科学技术为主，结合中医、西医、细胞学、人体基因学和营养学等理论，并通过“元素—基因—细胞—疾病—健康”的倒置排列方式，从根上找到了解决某些疾病的治疗方法，如糖尿病和肿瘤等。

4. 糖尿病与微量元素

李喜贵团队运用“微量元素健康云计算系统”对500名糖尿病患者的微量元素进行了分析、比较，发现糖尿病患者与锌、铬、钒、铜、镁、锰、锶、硒、锗、铅等元素有关，与锌、铬、钒、硒的偏低更为密切。

（1）锌：锌与碳水化合物代谢密切相关，可影响葡萄糖在体内的平衡过程，是许多葡萄糖代谢酶的构成成分及脂质和蛋白质代谢酶的辅助因子。糖尿病患者普遍缺锌，锌能纠正糖尿病脂代谢紊乱，加速伤口或溃疡的愈合，对防治糖尿病并发症有积极意义。

（2）铬：作为葡萄糖耐量因子的组分，是胰岛素发挥降糖作用必需的元素。铬与烟酸结合形成GTF，调节胰岛素与细胞膜上的胰岛素受体形成二硫键，促使胰岛素发挥最大生物学效应。临床观察研究表明，补铬对治疗不同类型的糖尿病，包括Ⅰ型糖尿病、Ⅱ型糖尿病、妊娠糖尿病和类固醇引起的糖尿病等均有效。

（3）钒：调节糖代谢中的诸多关键酶发挥类胰岛素样活性，激活GLUT24等转位至细胞膜使胞浆中Ca的浓度改变，促进葡萄糖进入细胞内进行糖代谢；抑制糖尿病巨噬细胞产生一氧化氮，保护胰岛β细胞免受STZ的破坏。钒对于Ⅰ型和Ⅱ型糖尿病动物有降低血糖、胰岛素水平改善糖耐量和胰岛素耐量作用。研究还发现钒盐对糖尿病、白内障有显著的预防和治疗作用。

（4）硒：最近的医学研究表明，糖尿病患者体内普遍缺硒，其头发和血液中的硒含量明显低于健康人。硒是谷胱甘肽过氧化物酶的组成部分，抑制自由基反应；糖尿病患者体内脂质过氧化水平明显升高，SOD水平下降，表明其抗氧化系统受到破坏，而硒元素有清除自由基提高SOD水平的作用。硒的化合物硒酸钠具有类似胰岛素的活性，能促进葡萄糖的转运、激活CaM P磷酸二酯酶、刺激核糖体S6蛋白的磷酸化，防止胰岛β细胞氧化破坏作用。硒可以不依赖胰岛素来降低糖尿病病人的高血糖，它能增强组织细胞吸收血糖的能力，能促进血糖在细胞中转化为糖原，这样既达到了降低血糖的目的，又保证了细胞的能量代谢。补充微量元素硒有利于改善糖尿病病人的各种症状，并可以减少糖尿病病人各种并发症的产生概率。

……

针对糖尿病人缺乏锌、铬、钒、铜、镁、锰、锶、硒、锗等元素群（谱）的特点，用富含上述元素的食物如灵芝、猴头菇、金茶花、牡蛎、绞股蓝、海藻、苦瓜、南瓜子等利用猴头菌进行生物转化。并运用元素科学技术——元素平衡食疗方法和糖尿病元素谱组方，配制成产品，能准确针对血糖问题进行“靶向”调节。其作用机理是通过平衡糖尿病患者的元素，提高与胰脏细胞有关酶的活性，增加外围组织的胰岛素受体，提高抗自由基能力，修复受损、病变的胰脏细胞，恢复胰脏细胞机能和功能。目前，该产品对II型糖尿病患者餐前、餐后血糖100%有效，对Ⅰ型糖尿病患者餐前、餐后血糖有一定作用。

5. 肿瘤与微量元素

“微量元素调理剂”依据倒置排列方式，从引发肿瘤的最深层根源着手，以“抗癌元素谱”为依据，以硒元素为君（主要元素），以锗、镓、镧、铷、钴、铌元素等为臣（辅助元素），以锌、锶、锰、铜、钡、钛、铬元素等为佐（佐助元素），以铁、镁、钙、钼、钾、钠、氯、磷、钒、镍元素等为使（引经元素），调理（治疗）肿瘤有效率达94%（与中山医科大学肿瘤医院鼻咽癌科试验的有效率达94%一致）。并做到安全、高效、无副作用。“微量元素调理剂”对控制癌细胞生长和扩散、手术后伤口愈合等均有很好的效果。还能大大减轻放、化疗的副作用，对100%以上的放、化疗癌症病人有特别明显的增效作用（毒性和副反应减轻、疼痛消失、癌肿块缩小、康复迅速等）。

自2015年6月22日起，在广州市同德医院、无锡亿仁肿瘤医院用“微量元素调理剂”治疗各种中晚期恶性肿瘤53例，有效率达到94%，获得良好的疗效。

（1）治愈：60～90天（2～3个疗程）治愈癌症4人（肺癌2人，结肠癌2人）。

（2）瘤体变化：采用本疗法治疗1～2个疗程（60天）内，按照WHO实体瘤客观疗效评定标准观察结果，基本消失的有4人（即治愈），原发病灶缓解（PR）43例，缓解（MR）5例，不变（SD）或进展（PD）1例。

（3）生活质量变化：按照KARNOFSKY体力状况评分标准观察结果，改善48例，稳定5例。

（4）止痛效果观察：按照WHO标准评分，较治疗前疼痛明显减轻11例，轻度缓解36例，不明显6例。

6. “微量元素调理剂”临床观察案例

（1）周××，男，42岁，肝癌。肿瘤直径15.0cm×9.0cm。曾经介入治疗4次，肿瘤无明显缩小，2015年9月20日开始服用“微量元素调理剂”，10月28日同时接受放疗，两个月后复查，与治疗前比较肿瘤明显缩小，疼痛缓解。癌细胞被抑制或基本消失，生活质量改善，睡眠、食欲也有好的改善，精神状态较好。

（2）尹××，男，41岁，肺癌。诊断：肿瘤直径为3.9cm×3.2cm。胸部有痛感。2015年10月20日开始服用“微量元素调理剂”约两个月（56天），并结合放疗3次。第3天起个人感觉很好，脚有力气，大便正常，睡眠质量改善，食欲增加。7天后疼痛减轻，各种症状开始缓解，睡眠、食欲进一步改善。第10天起，胸部疼痛消失。产品和化疗同时开展，经两次化疗后，肿瘤各项指标回到正常值（已经无癌细胞），肿瘤大小为2.2cm×2.0cm，肿块已经缩小了一半。医生放弃做第4次化疗，改用辅助治疗。2015年12月18日治疗（治疗56天）后，指标全部正常。

（3）丁××，男，56岁，肺癌。诊断：肺癌转移脑（做了珈马刀）、肾、肝、骨、胰腺等，生命危殆。患者3个月前在美国一个医院治疗，花了约100万美元回国后复发。服用“微量元素调理剂”第3天起，个人感觉很好，有力气，大便正常，睡眠质量改善，食欲增加。10天后疼痛减轻，各种症状开始缓解，睡眠、食欲进一步改善。第23天左右，腹部肿胀基本消失。用“微量元素调理剂”时，同时使用“PD-1”，25天后肿瘤肿块基本消失，各项重要指标回到正常值。患者服用产品三个半月后全面康复。

（4）刘×，女，17岁，骨癌。诊断：骨癌转移淋巴、心肺部和乳腺。腹沟两侧各有一处鸡蛋大的肿瘤、双乳亦各有一处鸡蛋大的肿瘤，肺部转移等，刘×已在解放军总医院第一附属医院（304医院），多种办法治疗两个多月，仍没有控制肿瘤发展，医生认为没有治疗价值了，建议放弃治疗。

2016年7月13日开始服用“微量元素调理剂”，第5天，一天排两次黑色、黏稠大便；个人感觉很好，有力气，睡眠质量改善，食欲增加；两天后排黑色、黏稠大便结束，每天一次大便，正常；16天后各种症状开始缓解，睡眠、食欲进一步改善；各项重要指标开始改善，患者2016年7月20日能出外旅游。用“微量元素调理剂”治疗1个月零7天后患者各种症状进一步改善；各项重要指标明显好转，腹沟肿块消失，乳房肿块软化、缩小，治疗效果非常明显。

治疗4个月后，CT报告显示，肺（骨）部已经没有癌肿。304医院的医生认为，刘×的病有望痊愈。

（5）蔡××，女，49岁，骨癌。诊断：肾癌转骨癌。

2016年6月2日开始服用“微量元素调理剂”，没做化（放）疗，没服用其他药品。第5天，排黑色大便。一周起个人感觉很好，脚有力气，大便正常，睡眠质量改善，食欲增加。体重开始增加，到8月中旬增了5斤，平均每个月增重2.5斤。两个月后，肺部结节消失，肿瘤标志物基本正常，已基本康复。

（6）谢××，男，4岁，肾癌。诊断：转骨、淋巴癌。

2016年8月检查出恶性肿瘤，到10月12日前已经做了三次化疗，没有效果，医生认为已经没有治疗的意义，建议家属放弃治疗。

2016年10月14日开始服用“微量元素调理剂”，第3天，排黑色大便。一周内感觉很好，有力气，大便正常，睡眠质量改善，食欲增加。第7天开始第4次化疗，用“微量元素调理剂”前腹膜肿块59mm×87mm，最大淋巴25mm；用“微量元素调理剂”后腹膜肿块40mm×70mm，最大淋巴19mm，病灶明显缩小。医生建议第6次化疗（同时服用“微量元素调理剂”），如果肿块继续缩小，可以考虑做切除手术。

综上所述，利用微量元素对糖尿病、肿瘤的敏感性进行干预，在糖尿病、肿瘤治疗中以微量元素检测数字为“依据”，以微量元素分析、评价为“核心”，以“元素精准饮食”为“手段”，是提高治疗糖尿病、肿瘤效果的一种新路径。

随着人类对微量元素更深入的研究和实践，将能解决人们更多疾病问题，并开启“元素医学”对人类健康应用的大门。

参考文献

[1][明]李时珍. 本草纲目[M].北京：人民卫生出版社，1985：455–685.

[2]孙静均，李舜贤. 中国矿物药研究[M].济南：山东科学技术出版社，1992：302–315.

[3]朱晟，何端生. 中药简史[M].桂林：广西师范大学出版社，1983：193–432.

[4]张觉人，张居能. 中国炼丹术与丹药[M].北京：学苑出版社，2009：1–32，285–298.

[5]汪建平，闻人军. 中国科学技术史纲[M].武昌：武汉大学出版社，2012：171–173，223–230，247–261，408–417.

[6]冯子道. 生命元素地球化学周期表及周期性规律[M].成都：四川教育出版社，1977.

[7]A. A. 德罗布柯夫. 动植物生活中的微量元素和天然放射性元素[M].刘钟钰，译. 北京：科学出版社，1959：1–56，97–154.

[8]秦俊法. 微量元素改变中国的科学面貌[J]. 广东微量元素科学，2014，21（8）：38–56：21（9）：32–52.

[9]李昕. 基于色谱质谱联用技术的出生缺陷代谢组学和金属组学的研究[D]. 上海：上海交通大学，2009.

[10]赵铁. 血清微量元素组学及其在痛风性关节炎病理研究中的应用[D]. 上海：上海交通大学，2009.

[11]朱晓铃，张尚福，姜勇，等. 肺癌组织癌旁组织及良性肺组织七种微量金属水平的研究[J]. 中国肺癌杂志，2004，7（3）：222–225.

[12]李增禧，潘伟健，谭永基，等. 中药微量元素数据（1）[J]. 广东微量元素科学，2013，20（2）：55–70.

[13]秦俊法. 中国的中药微量元素研究[J]. 广东微量元素科学，2011，18（1）：1–10；2011，18（3）：1–20.

[14]王福俤. 中国生物微量元素研究的现状与展望[J].生命科学，2012，24（8）：713–730.

[15]中国营养学会. 中国居民膳食营养素参考摄入量[M].北京：中国轻工业出版社，2000：210–225.

[16]徐辉碧，王万春，高秋华. 云南锡矿矿工肺癌与微量元素关系的研究[J].微量元素，1990，7（4）：36–40.

Trace Elements Study and Elemental Medicine in China

Xigui Li, Zhonghe Guo

Abstract

China is the original country in the world to carry out the research and application of trace elements, the study of trace elements which take alchemy as the core in ancient China lasted for more than 2000 years. The beginning of 1960s, the research of modern China trace elements rise again, It has laid down chinese medical theory system of trace elements which take the clinical medicine of trace elements, environmental medicine and trace elements, and trace element preventive medicine as the core. Mainly based on elemental science and technology, Combined traditional Chinese medicine and Western medicine, cytology, genetics and human nutrition theory, through the element - gene - cell - disease - healthy inversion way, find solutions to some diseases from the root, such as diabetes and cancer.

Keywords

Trace Elements Study, Diabetes Mellitus, Tumor, Elemental Medicine

作者简介

李喜贵

副研究员，现任荣成中食微量元素科学研究院院长、广州市中科微量元素科学研究院院长、广州市微量元素研究所副所长、广州地区微量元素与健康研究会副秘书长、广东省健康养生协会副会长等。曾任广东社会学学会健康研究专业委员会副主任委员兼秘书长、广东省文化学会副秘书长、广州市企业评价协会副秘书长、"中国·广东健康大讲堂"总策划兼办公室主任、广东社会学学会副秘书长、广东省精神文明学会常务理事、广东社会学学会潜能开发研究专业委员会副主任委员等职务。

2013年开发了"微量元素云健康诊断系统"（检测、分析、评价、调理等），能评价人体218种疾病、50种亚健康问题和14种心情。"微量元素云健康诊断系统"填补了我国空白。2014年，"社区科普宣传持续发展思路"论文荣获广州市科协和广州市南山自然科学学术交流基金会奖项。2016年，开发了"产品功能评价系统"软件，根据食品、药品的28个以上元素的检测数据，可以判断该食品、药品的作用和功能。在中国首先提出现代创新农业（元素农业）概念，并在广州从化区实施。

郭中河

现任中食生物科技有限公司总工程师。

曾任广西中医药研究院北海高新区产学研基地主任，参与完成二氧化碳萃取番茄红素国家级科研项目，完成氨基酸螯合纳米珍珠钙、牡蛎多肽应用、果渣液培养纤维素生物膜等专利技术项目研究。

第四篇
Chapter.04

国际篇

全球医疗资源的共融合作推动中国健康产业的规范化发展

郭弋

摘要:

随着全球一体化进程的发展，人们对健康和医疗的需求已经突破了地域性的限制，医疗资源全球共享时代已经到来。特别是人口老龄化以及对健康和生活质量带来的挑战凸显，全球各国应该携手面对这一挑战并提出有效的解决方案。本文论述了人口老龄化以及慢性病问题在中国的发展态势及其影响，从发达国家应对这一问题的办法中，提出中国亟待建立健康服务业管理部门和国际健康产业试点实践/示范基地，从而实现全球医疗资源共融合作，推动中国健康产业的规范发展。

关键词:

抗衰老　大健康　医疗资源　健康服务业　慢性病

健康长寿是人类永恒的话题和追求，也是全球携手合作的核心内容之一。

随着社会经济的发展，健康变得尤为重要，由于健康缺失而产生的问题，不仅仅是医疗问题、经济问题，同时也是社会问题。众所周知，中国对健康长寿的追求贯穿了整个中国文化和文明的发展。健康长寿、长生不老也是东方古老哲学体系的主要组成部分和追求。西方在1946—1964年集中出生的一大批人被称为“婴儿潮一代”，他们占总人口数量的30%，但控制了全球70%的财富。“婴儿潮一代”的成长过程带动了相关产业的发展并产生了一批国际龙头品牌。可以看出，需求是带动经济发展的主要动力。当“婴儿潮一代”处于婴儿时期时，带动了婴幼儿养护等产业，催生了耳熟能详的“强生公司”；处于青少年时期时，带动了汽车工业的发展，出现了如“福特”等品牌；在他们处于育龄时代时带动了房地产产业，继而带动了电讯产业，等等。现在他们的平均年龄超过55岁，必定带动健康产业，尤其是以抗衰老为目标的大健康产业，这是刚性需求、是大势所趋。

随着信息时代的到来和国际进一步合作，这种国际化的共融发展涉及了各个产业，而健康产业作为重要组成部分，特别是具有中国特色的民族医药，更需要通过整合达到高效发展，成为新兴经济增长驱动力。

一、健康成为全球化问题

人口老龄化对社会经济影响源于社会生产力群体的相对下降和资源分配不合理。老化危机的关键问题是与衰老相关的各种慢性疾病的急剧增加，其医疗、护理开支巨大。世界卫生组织在其报告的人口老龄化与健康部分中提出："在没有适宜的政策对应人口老龄化问题时，通常资源会不合理使用""在全球范围内，无论是发达国家还是发展中国家，其公共政策和资源分配都难以满足迅速膨胀的老年人口在医疗、社会和经济方面的需求。"

近30年，西方医疗行业从业人员开始反思现有医疗模式，并逐步认可中医和"自然疗法"，以西方先进科学之技与东方古老哲学之术相结合的"抗衰老医学"模式得到重视和广泛认可。

二、何谓抗衰老医学

（一）抗衰老医学的概念

抗衰老医学是生物技术的尖端科学与先进的临床预防医学相结合的学科，通过超前诊断、早期发现、主动预防、个性治疗和动态监测，来预防、延缓和逆转与衰老相关的生理机能衰退和相关退化性疾病（慢性疾病）。

抗衰老医学创建了"健康医学"的新兴卫生保健模式，并推动了21世纪医学将从"疾病医学"向"健康医学"变革。与重治疗、针对局部病灶进行对抗治疗的传统"疾病医学"不同，抗衰老医学重视预防及改善人体生态环境的整体化治疗，在从医方式上，更是以患者为中心、注重心身的个性化综合治疗。归根结底，抗衰老医学就是摒弃了疾病医学"治已病"的落后观念，建立了"治未病"的先进理念，以人的健康为研究对象与实践目标，帮助广大民众实现"健康长寿"的愿望。抗衰老医学是先进的西方医学技术与东方医学的古老哲学相结合的体系。

目前，关于抗衰老医学，有许多不同的说法，例如"养生保健学""健康管理""年龄控制"等等，其实归根溯源，它们都属于抗衰老医学——健康医学体系范畴，而抗衰老医学是真正系统、全面地研究抗衰老课题的医学学科。

（二）抗衰老医学遵循的原则

1. 科学性：抗衰老诊断和治疗实践以科学研究依据及临床转化医学依据为支撑，绝非是单纯的“概念”。

2. 专业性：抗衰老医生必须拥有行医执照及抗衰老医学科学院资质认证证书。

3. 循证性：抗衰老医学与其他医学学科一样，建立在大量的临床验证基础上，为了科学客观地评估有效的疗法，抗衰老医学拥有一套有序获取数据的程式。

4. 整体性：抗衰老医学采用一套有组织的彻底诊断评估框架，并随后设计治疗方案。

5. 协同性：抗衰老医学认为同时进行多模式和多重治疗方法（包括营养补充剂），可以比单一疗法达到更好的“新生”效果。

6. 可靠性：抗衰老医学的安全可靠性已得到经同行广泛评议的权威刊物的充分肯定。

（三）抗衰老医学的诊疗原理及核心要素

抗衰老医学拥有强大的超前检测手段，通过功能、组织、分子、基因四个层面，对人体的6000多种生物标志物进行检测，并与健康状态的峰值为标准值进行对比，评估人体各项机能以及未来一定时期内的患病风险，进而通过抗衰老医学的先进主动预防及个性化治疗，将指标调整至最佳并维持，恢复及维持在年轻健康水平。

抗衰老医学的12个基石：

1. 老化评估的生物标志；
2. 预期高级诊断学；
3. 抗衰老内分泌学和同源性荷尔蒙平衡替代疗法；
4. 抗氧化分析和优化补充；
5. 免疫功能再造及平衡化；
6. 排毒、解毒；
7. 心脏血管的保护；
8. 认知功能的评估与恢复；
9. 代谢及DNA修复；
10. 皮肤老化的抵制及修复；
11. 生活方式调整；
12. 肌肉与脂肪的优化，骨骼的康复——运动医学调节。

此外，帮助人类实现健康长寿的尖端生物技术还有：干细胞技术、纳米技术、再生医学和基因工程。

抗衰老医学是这些新兴生物科技革命的焦点，它摒弃了“人类正常衰老”的生理学退化理论。衰老将不再是可怕而令人无能为力的难题，再借百年的长寿梦想也定会实现。

三、抗衰老医学在发达国家的实践经验

1. 拥有完整的、标准化的抗衰老医学教育体系、研发及临床专家和精准诊疗体系、先进的设备和人性化管理方法

比如治疗老年性退化性疾病的先进超前诊疗方法与设备，可以通过360° 超前检测（包括功能、组织、分子和基因），将人体的各项生理年龄数字化并形成可测量的生物标志物，为有的放矢的精准治疗提供诊断依据；通过抗氧化分析并给予个性化补充剂，增强体质；通过激素分析并给予同源性荷尔蒙综合平衡补充，修复人体器官的功能性，有效抑制心脑血管疾病及糖尿病；运用运动医学疗程使脊椎复原，肌肉脂肪比例优化，控制疼痛，增强身体柔韧性；通过微创医学美学疗程，使衰老皮肤年轻化；通过大脑修复疗程，提高认知能力；通过重金属检测及螯合疗法治理体内微生态环境，排除重金属、农药、杀虫剂、防腐剂等毒素带来的疾病隐患；通过免疫功能再造提升人体自身的抵抗力；通过细胞及干细胞疗法使各个器官组织再生和年轻化；以人类25～30岁最佳生理峰值为标准，使用以上个性化综合治疗可以使各种器官功能恢复到30岁时的最佳峰值状态；通过多靶向基因修正疗法预防癌症并对50多种晚期癌症治疗效果达到完全有效及稳定控制率70%以上，等等。通过开展国际交流，将这些前沿诊疗方法和技术即时、持续地直接引进中国，可以帮助中国科研人员及临床人员学习、掌握新技术，为创新奠定基础。

2. 拥有独特的生物医学研发及诊疗联合模式，始终处在全球高品质医学的前沿阵地

世界抗衰老医学会在学术上的权威地位吸引着国际医学媒体的密切关注，它同时将临床应用作为研究目标，集中力量预防和治疗功能衰退性疑难病症、退化性疾病：癌症、心脏病、脑血管病、肺病、糖尿病和肝肾疾病、帕金森，等等。在中国建立国际健康产业试点实践/示范基地，该学会的专家会将其研发技术及专利持续带到中国进行合作，并定期来基地教学和诊疗，将他们的发明和研制成果进行转化，形成世界疑难病的专家会诊及治疗中心。

3. 在组织管理上，拥有与各国抗衰老医学专家交流的信息网络

建立国际健康产业试点实践/示范基地，能够即时获得世界各地抗衰老医学最先进的研究成果和信息，及时整合各种创新技术并快速产业化，节约时间及机会成本，每周进行国际专家远程会诊讨论会，通过医师持续学习研究和讨论，持续进步和提升。

4. 具有国际影响力的学术及产业领袖

建立国际健康产业试点实践/示范基地，并逐步形成品牌效益，吸引国际著名科学家前来研发，通过孵化器和加速器将研发成果转化为生产力；吸引国际著名医生前来教

学和工作，从而吸引世界各地疑难病患者来看病，基地可以成为全球医疗旅游目的地，大幅度增加政府的财政收入，给国家创造可观的社会和经济效益。通过先进理念的导入建立完整的有效医疗体系，有助于与公立医疗功能性的区分，形成新兴消费型医疗产业，同时大幅度降低医疗费用，为医疗改革顺利推进开辟一条可行之路。如在美国，通过发展抗衰老医学体系，将最常见老年病的患病率降低了10%，每年给美国节省上千亿美元的卫生医疗开支。

四、建设集全球产学研教资源的“世界中心”平台

在中国建设世界抗衰老医学中心将对中国健康服务业规范发展具有重大意义：

1. 由于世界抗衰老医学会专家资源丰富，医疗技术研发和转化能力在全球居领先地位，如在中国建设世界抗衰老医学中心，它将成为全球健康医学学术和诊疗技术培训的高地，进而成为全球抗衰老医学专家、医生云集的重地，也会成为全球抗衰老医学大会暨再生生物技术博览会的常设会址，能够加速实现当地成为大型国际城市需要建设国际医疗平台的步伐。

2. 由于世界抗衰老医学中心的研发创新能力强、技术水平高，掌握了世界公认的疑难病症安全有效的前沿诊疗技术，将会吸引国内外的大批患者前来治疗，带来十分可观的经济效益。据世界抗衰老医学会认证并支持的泰国曼谷国际医院统计，该医院共有500张床位，一年可接收国内外病人达100多万人，通过自费或与国际健康保险形成闭环，他们的医疗消费超过当地病人的几千倍。如果在中国建立世界抗衰老医学中心，其收入将远远超过泰国国际医院，并成为全球医疗旅游目的地。

3. 世界抗衰老医学中心设立后，将会汇集国内外的著名专家定期在这里举办培训、认证、考试、轮值、交流技术和经验，这将有力地推动全国和世界抗衰老医学的合作创新和发展，中心通过整合中国传统的中医药、民族医药理论和临床方法，对中医药国际化的发展将是一个巨大的贡献。

我们通过10年在中国的调研并经过不懈努力，取得了将全球唯一的世界抗衰老医学中心暨“世界中心”设立在中国的许可。该中心下设医学院、医院，癌症中心、康复中心，研发基地，技术转化基地，创新医疗技术产业园区，医养社区，专家区，医疗保税区等多项设施和机构，成为名副其实的智慧医养新城。

将全球首家世界抗衰老医学中心成功落户在中国，必将使中国成为世界瞩目的生命科学制高点及健康长寿最璀璨的明星，形成健康产业全产业链国际优秀健康品牌和优质企业，形成新兴健康产业的驱动力。

The Cooperation of Global Medical Resources to Promote The Standardization of Chinese Health Industry Development

Stephanie Kuo (Yi Guo)

Abstract

With the development of the global integration process, people's demand for health and medical care has broken through the regional restrictions, the era of global medical resources sharing has arrived. In particular, the aging population and the challenges to its health and quality of life are highlighted, and countries around the world should work together to face this challenge and propose effective solutions. This paper discusses the development trend of population aging and the development of chronic diseases in China. From the developed countries' response to this problem, it is pointed out that China needs to establish the health services management department and the international health industry pilot practice / demonstration base in order to realize global cooperation in medical resources to promote the development of China 's health industry.

Keywords

Anti-Aging, One Health, Medical Resources, Health Service Industries, Chronic Diseases

作者简介

郭弋

女，世界抗衰老医学会大中华区主席；中国医药卫生事业发展基金会国际健康产业发展基金执行主任；中国女医师协会抗衰老医学专业委员会秘书长；国家发展与改革委员会国合国际健康服务业发展办公室创始常务副主任、国际健康产业发展研究所创始执行所长；《2015中国健康服务产业发展报告》执行主编；人民日报《新闻战线》专刊《抗衰老医学科学》编委。

具有25年多的国际合作及管理经验。出身于医学世家，具有医疗、技术产品投资及医疗中心合作和管理的策划能力和成功经验，创建健康医疗管理公司、医生集团、科技产业转化公司及医疗旅游等相关企业。

于2005年被授权为世界抗衰老医学会大中华区首席代表、主席，亚太区秘书长。2006年首次将抗衰老医学带进中国，促成了亚太抗衰老医学会的成立。有效地将国际先进的以人为本健康医疗创新模式精准诊疗体系暨提升人类健康和青春寿命抗衰老医学系统的先进理念、成功经验及前沿技术、人才培训和管理经验引进并落户中国；通过健康教育，技术交流和本土化，加强中西医整合和中医数字化和国际化的活动推进，推动健康产业、生命科技国际互动和合作。自2006年，已经在中国成功举办了11届世界抗衰老医学大会暨再生生物科技健康博览会并担任组委会副主席兼秘书长。翻译出版了8本健康教育丛书《停住时间的脚步》《121招教您活过121岁》《睡眠》《抗衰老临床医学》《大范围传染病》《唛素疗法》等；主编了人民日报新闻战线《抗衰老医学科学》专刊；主编了《2015中国健康服务产业发展报告》，成为健康产业规范发展的指导性报告和产业发展风向标。于2007年促成了中华医学会抗衰老学组、抗衰老医学研究基金的成立，首次将抗衰老医学教育诊疗技术列入国家一类学分课程。自2013年与博鳌亚洲论坛合作，主持了“中国健康服务业国际论坛”。2013年创建了国家发展与改革委员会国合中心健康服务业办公室和国际健康产业研究所并担任常务副主任及执行所长职务。与中国医药事业发展基金会共同创建国际健康产业发展基金，通过“学术带动产业、公益拉动经济”，建立产融结合模式。

肌肉骨骼肌病与障碍

——抗衰老医学与运动医学训练的相互作用

罗伯特·高德曼 / 著

韩淼 / 译

摘要：

当今运动员所获得的成绩在过去是难以想象的。过去，运动员缺乏生理及相关知识基础，仅能通过训练达到激情、汗水以及灵感可达到的最佳状态。正因为运动医学衍生出的抗衰老医学，使运动医学越发引人注目。回顾早期的体育运动，人们并不像现在这样拥有运动医学、营养学、抗阻训练以及生理学的基本知识。现在，我们对身体机能以及如何增强生理机能有了更详细的了解，这令我们的身体机能更加强劲。本文旨在讨论抗阻训练的基本要素，并研究其对运动医学及抗衰老医学的影响。

关键词：

运动医学　抗衰老医学　体育　运动　障碍

大多数运动员对自己的能力和极限都有大致的了解。遗传因素是原因之一，拥有优秀遗传的个体，如阿诺·施瓦辛格以及罗·佛里格诺即是例证，但他们仍然需要极其辛苦的训练方可使身体素质保持在巅峰状态。男性在镜子前通常希望看到自己更年轻、更健硕的身体。这就是矛盾的症结，因为我们在一开始便先入为主，将自己假定为想象中的人。我们需要做的就是将脑海中的形象与我们真正需要应对的挑战以及可以达到的目标这一现实相结合即梦想成真。那么，我们应该如何提高潜力？提高潜力的基本要素又是什么？

在早期体育运动时代，人们并不像现在这样了解运动医学、营养学、抗阻训练以及生理学。现在，我们对身体机能以及如何增强生理机能有了更详细的了解，这令我们的身体机能能够更加强劲。

一、运动——基本的抗衰老干预行为

运动是最基本的抗衰老干预行为。体育运动对于延长预期寿命至关重要。来自哈佛医学院（马萨诸塞州，美国）的李敏（I-MIN LEE）报道称因运动不足导致的全球死亡率超过530万人/年，与吸烟导致的500万人/年死亡率相当，且诸多同行呼吁应立即采纳世界卫生组织（WHO）对于每周进行150分钟适度锻炼（如疾走等）的建议。该团队通过搜集“柳叶刀体育运动系列工作小组”的研究数据，在全球范围进行数个大型分组研究，包括进行基本体育运动人群的患病率、非传染性疾病的发病率及相关死亡率获取体育运动的重要作用的研究。这些数据用于按国家、地区、全球范围对冠心病、Ⅱ型糖尿病、乳腺癌、结肠癌以及全因死亡率取值人群归因分数（PAF）。研究人员发现，去除缺乏体育运动的因素后，全球范围人的预期寿命的统计中间值增长了0.68岁（变动范围0.41～0.95），2008年5700万死亡者中，有530万人缺乏体育运动。研究人员称，在全球范围内完全清除“运动缺乏症”并不现实，但在全球范围内减少10%或25%缺乏运动的人，则全球死亡率将下降，即可分别减少53.3万或130万死亡人数。由此看出：“不运动对全球健康问题影响甚大”，研究者观察到：“减少或消除不健康的习惯可大幅改善健康状况”。

染色体可用于测量细胞年龄，其终端的保护帽，即端粒，可通过有规律的体育运动避免其过早缩短。旧金山/加州大学（UCSF）的伊丽莎白·布莱克本（Elizabeth Blackburn）及其同事报告称心理压力可导致染色体端粒缩短，而运动可避免这种损害。该团队将关注的中心集中在三组人群：照顾患有老年痴呆症的绝经后妇女；患有创伤后应激障碍的青壮成年人；年龄范围在50～65岁健康、不吸烟的女性。研究团队成员对白细胞的染色体端粒、免疫系统内避免身体感染以及细胞损伤的白细胞进行检查。研究团队说：“我们发现，创伤及长期应激状态可缩短免疫细胞染色体端粒，但体育运动则减轻了这种影响。”

保持适度体重的人群寿命要长于那些肥胖的人群。新西兰奥塔哥大学的桑德拉·曼迪奇（Sandra Mandic）及其同事对1986年到2006年进行过平板运动试验、以评估健康状况的4384名中老年人进行研究，项目跟踪时间长达9年。研究人员将参与者分为5个不同健康水平的小组，他们发现，有1/4最不健康的男性及女性在研究期间死亡，而有13%的人群则更健康一些。在最健康分组中，只有6%的人在后续跟踪期间死亡。总而言之，5个组别显示运动习惯对于寿命的影响略有不同，但近年来体育运动对于寿命的影响则有了显著的差异。该研究团队呼吁：“由于当代的体育运动提供了更好的保护措施，因此终生保持有规律的体育运动非常重要。”

锻炼可改善虚弱易感的身体状况，如容易跌倒、患病住院、认知障碍以及心理疾病等。加拿大蒙特利尔大学（Institute Universitaire de Geriatrie de Montreal）的路易斯·贝雷尔（Louis Bherer）及其同事对83名61～89岁的男性及女性其中有些人被判定为虚弱进行调查记录。研究中43名成员进行了团体锻炼（一周三次，为期十二周），剩余的40人划为控制对照组，未参与任何锻炼。在项目开始前，所有参与人员进行了为期一周的身体评估，项目结束后对体力、生活质量以及认知健康进行了检测。与对照组相比，进行训练的参与者体力（功能能力及耐力）、认知表现（执行力、处理速度及工作记忆）、生活质量（总体生活质量、娱乐活动、社会及家庭关系、身体健康）大为改善。结论："体育锻炼对虚弱老年人的生理机能以及心理健康有着极大的改善"，研究人员表示，无论何时进行体育锻炼干预项目都为时不晚。

每周仅两小时的体育锻炼就可有效避免跌倒。美国宾夕法尼亚州匹兹堡大学的克里斯汀·梅茨（Kristen J. Mertz）及其同事对成年人感冒的表现进行了研究，以确定体育锻炼导致的健康心肺功能及步行导致的跌倒之间的关联。该团队对1970—1989年研究搜集的参与有氧运动中心数据进行了分析，并对1990年后跟踪调查中对于跌倒的问题进行了解读。他们发现，有规律的锻炼可减少跌倒的风险，每周两个小时的有氧运动即可发挥最大的保护作用。但研究人员发现，女性在行走中跌倒的概率是男性的2.8倍，而妇女的健康水平与男性相比似乎没什么差异。然而，男性健康水平则是重要因素，因为一旦男性健康水平下降，则跌倒的概率是健康男性的2.2倍。也就是说，"整个成年期内，跌倒非常普遍，但经常进行运动后，同年龄段的跌倒情况则有所不同"，研究团队总结道："身体不健康与缺乏体育锻炼可能会增加行走跌倒的风险。"

"运动游戏"——运动视频游戏——提供特别适合老年男性和女性的轻度到中等强度的体育运动。美国密歇根州密歇根大学的魏鹏回顾了已发表的对于这些游戏的研究，发现轻度到中等强度的运动更适合老年人，使用结构化的运动项目有利于身体的康复。

（一）生活质量

保持体育运动的老年人通常心理痛苦和功能限制较少。澳大利亚研究人员对体育活动和心理与生理功能之间的关系进行了一系列的探究。澳大利亚悉尼大学的格雷戈瑞（Gregory S. kolt）及其同事对65岁及以上的91375名澳大利亚男性和女性、对其中45岁及以上年龄段所收集的数据进行了分析研究。搜集的信息包括报告参与的体育活动、身体功能、心理压力、年龄、吸烟史、教育、身高和体重。研究人员得到的心理痛苦得分显示，8.4%的老年人参与者经历了一定程度的心理波动，经历中度心理痛苦的老年人最有可能遭遇功能限制——几乎是未报告有心理痛苦人群的7倍。研究者观察到："更好的身体机能的老年人往往可以进行更高水平的体育运动。"研究者得出的结论如下："老年人体育活动与生理功能有着更显著、积极的关系，参加更多体育运动的老年人相比久坐不动的同年龄段人不太容易遭遇功能限制。参与体育活动的水平是评估老年人身体机能的重要预测指标。”

以色列特拉维夫大学的研究人员报道，抽空进行日常体育锻炼的员工不太可能面临工作倦怠和抑郁问题。沙龙·托克（Sharon Toker）及其同事对1632名健康个人和公共部门的工人开展研究，通过问卷调查和体检对他们的个人、职业和心理状态进行了为期9年的监测。研究团队发现，随着时间的推移，抑郁的加重预示着工作倦怠情形将反复出现，反之亦然。更为重要的是，研究人员发现，每周超过4个小时体育锻炼的工人可能遭遇精神状态恶化的概率是那些未进行体育锻炼人的一半。研究者建议，在空闲时间开展的体育运动很可能成为行之有效的减压工具。

据报道，参与的体育运动越多，人们更兴奋、更热情。美国宾州州立大学研究员要求190名大学生保持每日记录他们的生活经历，包括空闲时间的体育运动、睡眠质量和数量，以及包括压力知觉和感觉状态在内的心理状态。研究员指示参与者只记录至少15分钟时间的体育运动，并注明体育活动的强度。每天结束时参与者给研究人员发回他们的每日记录，一共8天。随后研究人员将参与者的感情状态分为四个类别：激活愉悦的感觉，如兴奋和热情；未激活愉悦的感觉，如满足及放松；激活的不愉快情感，如焦虑和愤怒；未激活不愉快的感觉，如忧郁和悲伤。研究人员发现，更多参与体育活动的人比那些不常参与体育活动的人拥有更多激活愉悦的感觉。此外，研究小组还发现，在参与更多体育活动的当天，人们有更多激活的愉悦感。

（二）在保持生理机能中所扮演的角色

有氧运动及力量训练在保持大脑及生理健康中发挥了关键作用。美国伊利诺伊州大学的米歇尔·沃斯（Michelle W. Voss）及其同事报告，有氧运动及力量训练在保持大脑及生理健康中发挥了关键作用。研究人员简要回顾了有氧运动和力量训练在111例幼龄到老龄人身上所展现的效果。回顾表明，儿童时期有氧运动是令头脑发育、获取重要的认知能力的关键组成部分。例如，缺乏体育运动可能导致学习成绩较差、标准神经心理学测试得分较低，而锻炼计划可改善儿童记忆力、注意力、决策力等。这些影响也延伸到年轻人和老年人，有确凿的证据证明，进行有氧训练可令包括多重任务执行功能、规划和抑制在内的执行功能受益，并且还将增加大脑容量，有利于人的记忆。虽然很少有研究针对力量训练与儿童大脑健康之间的关系做出评估，但对老年人的研究表明，高强度、高负荷的体育训练有助于改善记忆。此外，研究团队通过对实验室动物（如家鼠和小鼠）进行试验揭示，锻炼可以增强脑功能。动物研究与初级模型对有氧运动的影响做出了测试，揭示了这些影响的多种运行机制。例如，运动可改变大脑结构，促使新神经细胞的增殖和血管的生长。此外，运动还促进了某些化学物质的合成，如脑衍生神经营养因子（BDNF）和胰岛素生长因子-1（IGF-1），这些化学物质可促进脑细胞生长、分化、存活以及修复。

定期的阻力训练计划有助于保持老年人健康的认知状态。加拿大大不列颠哥伦比亚大学的特蕾莎·刘安布罗斯（Teresa Liu-Ambrose）及其同事对力量训练在提高认知功能中扮演的角色进行了一系列的研究。基于脑力的研究表明，12个月每周一次或两次的递增性力量训练可改善65~75岁女性的执行认知功能。在长达一年的随访研究中，研究人员发现，持续的力量训练有助于提高认知力，此外还有两个其他的重大发现。首先，获得持续认知改善的小组每周进行一次力量训练，而非每两周一次；每周进行一次力量训练的受试者，与在原始研究保持同样水平的体育运动的小组相比，在认知方面表现得更为成功。其次，每周一次力量训练的经济效益一直保持到力量训练后12个月才正式消失。具体说来，每周一次力量训练的强度组的受试者医疗资源利用成本更少，相比每周两次力量训练的平衡组以及对照组的受试者更不易跌倒。

锻炼有益于神经，即促进成人关键脑细胞的再生。香港理工大学的Suk-Yu Yau及其同事发现，由于运动带来的减压效应，其有利于神经的生长。在此之前的研究已经表明，运动可改善情绪和认知，也表明成年人神经损伤可能导致抑郁等精神障碍。该研究团队对运动作为抗压方式，以及运动可以促进神经生长这些观点进行了检验。据研究，成人至关重要的大脑区域，即海马"神经组织区"负责记忆和情绪调节。海马功能的新神经元的作用并不能很好地进行定义，但"最新研究结果表明，海马神经在对抗压力的锻炼中扮演了有益的角色"。

二、世界卫生组织（WHO）成年人体育活动建议

世界卫生组织（WHO）报告：缺乏体育运动已被确认为全球第四大导致死亡的危险因素。由于缺乏体育运动的情况在许多国家逐年增长，其对慢性非传染性疾病（NCDs）的患病率有重要影响，并且对全球人口的总体健康状况造成威胁。

因此，在2011年，世界卫生组织发布了倡议，建议成年人开展如下体育活动：18~64岁的成年人每周至少进行150分钟中等强度的有氧体育运动，或至少进行75分钟高强度有氧体育运动，或在一个星期内结合相应等价的中等和高强度体育运动。

1. 有氧运动每次至少应持续10分钟。

2. 为获得更高健康效益，成年人应该增加有氧运动量，达到每周300分钟，或进行150分钟高强度有氧体育运动，或结合相应等价的中等和高强度体育运动。

3. 每周应保持两天进行涉及主要肌肉群肢体舒展运动。

（一）有氧运动

在青年向中年过渡期内，定期体育活动有助于避免中年时体重增加。美国伊利诺伊州西北大学的阿琳·金森（Arlene L. Hankinson）及其同事对18～30岁的3554名男性和女性开展研究，对年轻成年人冠状动脉风险开展了为期20年的前瞻性纵向随访研究。研究小组发现，高强度体育运动使得超重现象逐年减少——男性每年减少5.7磅（2.6千克），女性每年减少13.4磅（6.1千克）——与低运动水平组相比成果明显。即使坚持每天30分钟适度锻炼的政府指导方针，虽然锻炼强度更温和，但在20年的时间内成效也十分明显。研究人员还鼓励人们在青年时期参与有规律的体育活动，因为在青年时期维持较高的运动水平可在青年向中年过渡期间减小体重的增加幅度，尤其是妇女。

相比有规律的体育运动的人，久坐不动的老年人死亡的风险显著增加。美国华盛顿退伍军人医学中心的彼得·科科金斯（Peter Kokkinos）及其同事在超过20年的时间里，跟踪研究了3041名70～92岁男性退伍军人的全因死亡率。受试者在完成了跑步机练习测试后，按照由此获得的峰代谢当量（MET）分成四个小组。在为期20年的研究周期中，1251例全因死亡病例中，研究者对年龄、身体质量指数、心血管疾病危险因素以及药物进行了调整，他们发现，运动能力的强弱是死亡风险的重要预测指标。每100例位于低健康指数的组别中，在下一组测试时有74例死亡，54例死于中等健康组，46例死于十分健康组别。换言之，即每完成两分钟锻炼，死亡率即下降10%。奇基诺博士（Dr. Kikkinos）建议："从总体信息来看，虽然衰老和死亡不可避免，但死亡率可通过在任何年龄段简单地保持体育活动而降低。"

（二）力量训练

在50岁和70岁之间，人们通常会失去30%的肌肉力量，然而随着年龄的增长，保持肌肉力量至关重要，因为其可以保证人们的运动和独立生活。德国波茨坦大学的弗兰克·迈耶（Frank Mayer）及其同事回顾了最近发表的有关老年人开展力量（阻力）训练的研究，研究表明相当强度的锻炼对大于60岁的人群是有益且可行的。研究小组发现，有规律的力量（阻力）训练可增加肌肉力量，减少肌肉萎缩，并且还可增加肌腱和骨骼的强韧程度。这些成果还可避免摔跤和伤害。大强度的训练相比中低强度的训练效果更好。为了增加肌肉群，须达到一次性最大强度的60%～85%。为了迅速增加肌肉力量，则需要更高强度（大于85%）。对于健康的老年人，最优锻炼数量为每周3～4个训练单位。该研究员呼吁："逐级递增的力量训练在老年人中十分有效，即使有更高的强度，也可减轻肌肉减少症，保留运动功能。"

德国研究人员报告："有直接证据证明，体育锻炼有抗衰老功效。"德国萨尔州大学的乌尔里希·劳夫斯（Ulrich Laufs）及其同事发现，体育活动的抗衰老效应体现在细胞层面上，表明锻炼可以防止心血管系统老化。研究团队分别研究了两组训练有素的专业运动员，一组由32名德国国家田径队的职业跑步运动员组成，他们的平均年龄为20岁；而另一组则由年轻时曾经进行过长期耐力训练的中年运动员组成，他们的平均年龄为51岁。将他们的血样与不经常锻炼的健康对照组进行比照，长期参与运动训练的研究对象的血液细胞在分子层面表现出老化速度更慢。乌尔里希·劳夫斯（Ulrich Laufs）评论道："本研究最重要的发现为，进行体育锻炼的职业运动员的关键端粒酶得到激活，因此染色体端粒得以稳定。"他继续道："有直接证据证明，体育锻炼有抗衰老功效。"体育锻炼可以防止心血管系统老化，从分子层面上反映了这一原则。

举重不但能提高肌肉力量，促进心血管健康，并且还能提高生活质量。葡萄牙杜罗大学（Tras–os–Montes e Alto Douro）以及巴西联邦大学的格兰德河德尔·苏尔报告说，12周的力量训练可有效改善功能能力、提高生活质量。研究人员观察到，这样一个为期4个月的长期方案有助于老年男性和女性恢复肌肉强度和质量，有可能恢复如20岁年轻人般的功能能力。研究团队对56名老年妇女进行了研究，研究表明，高速功率训练可显著提高动态和等距强度性能，以及肌肉力量和功能。对26名老人的独立研究显示，耐力训练可增强肌肉工作负荷以及最大有氧负荷。根据这两项研究，研究小组提出，"从50岁开始的定期体育锻炼"是预防和治疗心血管疾病和其他慢性疾病的基础，（它）在预防和治疗功能能力的下降中扮演着重要角色。由此，力量训练可以有效地延缓功能障碍，从而可随着年龄的增长提高生活质量。

三、基本训练原则

运动是普遍的，每个人都能做到。但训练原则的细节又有哪些？首先，需要确定活动强度。当训练达到活动强度时显得至关重要。很多人在进行重负荷训练时达到过接近半抽筋的强度，如不经历这样的活动强度，他们是无法增加自己的力量的。确保能够完成运动全程有助于对抗骨质疏松。在一系列的运动中，也需要平衡运动以及对称运动。只训练单方面也十分常见。网球等体育运动包含在单边运动当中，即单侧手臂非常强劲，而另一只手臂则不那么平衡。对此有所认识显然至关重要。此外，人们通常会锻炼腹部肌肉，因为他们希望腹部平坦，而通常会忘记后背，最后往往造成前屈肌肉痉挛，肌肉向前收缩弯曲，导致肌肉不能正常工作。因此，必须一直努力寻找彼此之间的平衡点以及适当的生物功能。

肌肉收缩的种类各不相同。一种称为等长收缩：等意为相等，长意为长度。因此，肌肉等长收缩是指无论施加多少力，肌肉长度一直保持相同。就如同向一个固定的力施加推力，如推一堵墙等。一种称为等张收缩：等意为相等，张意为张力。因此，肌肉等张收缩是指在整个移动范围内，肌肉施加的张力都是相等的。以上即为肌肉收缩的类型，大多数健身俱乐部内的机器都是依此设计的。

训练的其中一个原则即从最弱的肌肉处开始练起。应经常锻炼最为困难的肌肉群，因为锻炼到最后的时候你会疲劳，然后你可能不想训练那些更加难以训练的肌肉。谨记，对称性不仅是你身体从前到后、从左到右的关键，并且也是从上到下的关键。平衡在训练项目中也是非常关键的方式之一。为了进行正常的体育活动，我们需要获取单边平衡和双边平衡，并且绝不能允许自己失去灵活性。没有力量就意味着僵硬的关节和松散的韧带，也就意味着意外会随时发生。

（一）颈部

头部是身体平衡的中心。当人们移动头部时就会改变了整个身体的重心，也改变了整个脊柱的弯曲程度。颈部肌肉很容易训练，训练内容不只有旋转、低头或仰头，因此等长训练是一种很好的训练方式，只要简单的动作即可。颈部的反应非常强烈，将手按住头部，按照不同的角度和范围运动即可。颈部锻炼可以使用等张和等长收缩训练。拥有一个强大的脖子很重要，因为强大的颈部肌肉会改善你的平衡，在不同强度的运动与不同种类的活动中稳定你的身体。

颈下部的身体中有一块斜方肌。通过全方位的运动，可以锻炼那块肌肉。过去的锻炼和健身阻力设备为链条绳索，通常练习必须做得非常慢——三秒上，四秒下。原因在于速度太快会拉断链条。因此完全没有必要减慢速度，但你想通过一系列全方位的运动，你是能够完全收缩你的肌肉进行锻炼的。斜方肌直接与颈部相连，因此它非常重要，因为它会增加肩胛带的补加强度以及起重能力和抗冲击能力。

（二）肩膀

接下来是肩膀。侧举是本文关注的重点，而重量并不是越大越好。重要的是要意识到任何体重阻力训练，如果我们迅速上推，它会下降，因此我们必须控制它们。如果一个人举起重物，那么这个人需要应对加速度、重力和惯性，将不得不使用关节和韧带承受重量。这就是人们在侧举中受伤的原因。这并非与如何做或多快做完有关，侧举关乎机制、生物力学与速度。你必须控制阻力，而不是让阻力控制你。缓慢可控的运动才是关键，侧举亦然。如果你突然上举，惯性的力量还是会将它带下来。而且，最终你很有可能受伤。再一次强调，除非缓慢、从容地练习，否则不应该进行这样的锻炼，你需要一个强大的肩胛带以应对许多不同类型的体育运动。

锻炼对肩膀的好处在于，侧举可以锻炼肩膀，而推肩训练器有利于肩膀力量的锻炼。我们建议，每次做一套至三套8～12个重复训练。如果你想要健美的肌肉，做6～15个重复训练。如果想要更多肌肉，每星期应该做3～5组；对于训练有素的运动员，应该达到最大训练量（1RM，1 Repetition Maximum，1次重复最大力量）以了解自己的力量增加了多少。所以需要使用推肩训练器，我们建议人们使用哑铃，因为如果光使用举重器材，那么就会局限在某一个锻炼模式中；会局限在某一个特定运动范围，已经无法进行任何调整。而使用哑铃或自由举重器械，你必须稳定肌肉，控制上举动作经过的路径，这与拉线相同。器械组合与自由举重是练习的推荐项目。

（三）手臂

手臂很重要，借助手臂，运动员可以进行抓握、牵拉、击打等动作。三头肌和二头肌是手臂的主要肌肉群。再次强调，手臂全方位的运动非常重要。如果未进行全方位的锻炼，则会面临肌肉拉伤的更大风险。在足球和篮球中这种现象屡见不鲜，在这些比赛中，牵拉身体抢球是必须的。在抢球时如果没有用很大的力量，或只是抓住了其他运动员，但也足以使其受伤。不论男性还是女性，都需要遵守这些有关运动范围的基本原则。

屈伸是一种非常简单和容易的锻炼项目。如果没有杠铃，可以使用砖块、汤罐头以及任何可以使用的物品，以提供额外的阻力。但尚需注意的是，需要进行全范围的运动，应该做的是在提拉时集中精力收缩肱二头肌，放下手臂时弯曲手臂并多伸展一点，以便更多地屈曲肱三头肌。一个简单的动作便可以完成屈伸，通过内翻与外翻可以锻炼肱二头肌的不同部位。头顶拉伸是一种简单的锻炼肱三头肌的方法。人们在成长过程中，胳膊下的肌张力将逐年下降，肌肉也开始变得松弛。然而，练习可以防止这种情况，例如使用前屈位，手臂尽量向后伸展等。

（四）腰背部

背部包含一组非常重要的肌肉群。过去，运动员锻炼背部的时候，通常牵拉脖子后面的肌肉。现如今这是训练禁忌，在牵拉颈部后面肌肉的同时，颈部将过度弯曲，有可能造成颈部严重受伤。因此，正确锻炼背部的方法至关重要，需要牵拉脖子。

训练腰部需要极其小心。上架牵拉是锻炼的首选。通过改变牵拉的角度，可以锻炼背阔肌。划船坐姿可以通过牵拉直接锻炼胸部肌肉。最可能出现的情况是人们不注意头颈部的固定。如果头前俯或向后转动，那么基于生物力学的方法便毫无意义。下拉、前拉与坐姿划船拉伸极富好处。同样也可以用哑铃完成这些练习。前拉运动、牵拉、挥拳、直行出拳或抓住其他运动员的动作将大量使用背阔肌。

（五）胸部

练习胸部肌肉方法有很多：简单的卧推、高推力、高拉力等。再次强调，缓慢、可控的动作才是需要的动作。通过改变卧推的角度，可以训练到胸大肌及胸小肌的不同地区。胸部肌肉练习在首次开始剧中训练的运动员中间十分风靡。使用高推力的不同角度可以替代仰卧起坐。还可以使用平角，以便锻炼胸肌的不同地区。一套至三套6～12次重复的两个高推力和卧推练习，每周2～3次便足以训练胸肌。

过去流行的骤降现在越来越受欢迎的原因在于现如今的器材通过举重的辅助，可以更好地进行骤降训练。骤降是非常好的锻炼方法，因为在全部的运动过程中，它可以锻炼力量及柔韧性。此外，它可以不进行一系列烦琐的过程而对肩膀进行训练，仅仅只用在机器上提拉自己的身体即可。

（六）核心——躯干

我们身体的核心在于躯干。大部分人过度锻炼其腹肌，却忘了脊柱。而腹肌后部加强过度的结果不是腰肌痉挛，就是受某种屈曲性损伤。全身力量汇聚之处即为核心。无论是进行高尔夫球、网球，还是武术运动，这个核心都是至关重要的。如果在进行武术运动，则臀部和躯干必定是需要转动的部位；如果你是网球选手，或是高尔夫球手，你仍需旋转臀部，并通过旋转在肌肉中聚集巨大的力量。所以身体的核心就是身体的发力点，而核心训练也是所有体育训练和体育康复治疗方案的重中之重。也要对腹直肌进行训练，它也是力量点之一。腹直肌呈带状包裹腹腔，而运动员关注他们的手掌、脚掌、手臂和腿部，却往往忽视了锻炼核心系统的必要性。

进行核心系统培训的方式多种多样，通过核心系统培训，人们的身体将出现前所未有的变化。过去，人们习惯于直腿进行仰卧起坐，但这世上没有什么运动比直腿仰卧起坐更有害于背部。要完成这一动作，需要过度拉伸比目鱼肌，结束动作又会伤害到下背部，所以现在绝大多数仰卧起坐都是屈腿完成的。一种常见的核心运动方式如下：坐在长凳上，抬高膝盖，或将膝盖尽量向胸部收缩。

一种名为瑞士球，或者说叫健身球的器材是核心系统培训的好帮手，它在运动医学界广受欢迎。现在它也被引入背部训练体系。人们能用它锻炼脊柱，进行前屈运动、伸展运动和后屈运动。瑞士球还能锻炼人们的身体，通过不同动作锻炼细小肌肉。比如说，用瑞士球做简单的俯卧撑时，若想保持下半身平衡，就必须用到肩部、肘部、手部以及臀部的微小肌肉，因为俯卧撑是一种更具挑战性的动作，为了保持平衡，必须调动其他部分的肌肉。仰卧起坐也是同理，训练中加入瑞士球不仅能锻炼腹肌，还能锻炼臀部和躯干的稳定肌群。

锻炼核心系统方式多样，包括躯干扭转和躯干前屈，这些动作简单易学，或许还是预防下腰痛的最好措施。做躯干前屈动作时不要一直保持坐直的姿势，只需旋转躯干到一定位置来缩短腹直肌即可。弯曲膝部也是一种选择，这样能放松腰大肌。进行躯干扭转时，仅仅需要将最后几节脊椎、腰椎和骶骨抬离地面，保持1～3秒，然后缓慢落下。

（七）下肢训练

下肢训练的重要性数不胜数。病人们极易跌倒，尤其是在天气寒冷、雨雪成冰的地方更易发生，其原因就是缺乏下肢训练，他们少有机会锻炼膝盖以下的部位，其胫骨前肌、身体后部、腓肠肌和比目鱼肌都没能得到充分训练。在用举重法锻炼时预先热身很重要，若不准备完成完整的拉伸模式，就需要活动将要使用的各关节，然后进行阻力训练。如果直接进行举重训练，瞬间增大的阻力会妨害到身体各关节，迅速增加的阻力还会损伤肌肉。

前跨步动作是锻炼腿部的好方法。这种运动风靡全球，因为它不仅锻炼了臀部，还锻炼了腿后部。简单的屈腿练习能通过全身活动来锻炼肌肉。过去的屈腿练习在水平长凳上进行，所以在人们弯腿时，他们的臀部会离开凳面。现在所用的长凳具有一定斜度，臀部不会离开凳面，所有张力和阻力都会集中在腿后部。压腿运动没有过去受欢迎，老年患者使用需谨慎。人们对于器械过度看重，这对于身体锻炼并无益处。

奥林匹克训练中心还有一种简单的器械，其名为平衡木。它和奥运会上体操运动员做手倒立用的器材相似，不过要更细一点。训练方式就是在上面行走。该训练能有效锻炼膝部、足踝、脚掌的微小肌肉。篮球运动员通过在横梁上来回交叉跑动进行锻炼。有时我们会安排两位篮球运动员背对彼此，然后他们将交叉双腿来回跑动，之后向对方来回传球。这样的训练难度更大。我们还在横梁下放上橡胶瓦，当他们来回训练时，横梁随之摇晃，增加他们对平衡的掌控力。这种横梁在武术训练方面也大有可为。

不论体操、橄榄球、足球或其他体育锻炼，下肢训练都相当重要。它能增加平衡力和稳定性，使人们能高效竞赛，避免跌倒，以免与目标失之交臂，它还能使你成功接球，在踢球时稳定下盘等。对腓肠肌群的良好锻炼就是进行坐姿提踝和站姿提踝。再次强调，在锻炼时要控制节奏，避免动作转换过急。但训练方法并非一成不变，对不同适用人群要对症下药。提踝训练法不适用于有下腰痛的人群，我们建议该类人群在训练时将一条腿盘在另一条腿上，将脚尖抬离平面，做上下运动。

结束语

在所有体育活动中，平衡和稳定十分关键，应努力开展等张及等长收缩训练，努力提高自身力量及体能。与过去的运动员进行比较，就能看到现在有多大进步。如今，中等水平的运动员可轻易打败几十年前的精英运动员。借着对营养、训练和饮食更深的了解，我们见证了运动员水平能力的迅速飞跃，这样的例子越来越多。过去，一些运动员甚至不想被人们知道自己是举重运动员。事实上，教练过去不让运动员举重，是因为这会扩大心腔；而医生的说法是会造成肌肉僵硬。而现在，世界上没有哪支体育团队不进行阻力训练。如今的运动员必须刻苦训练、科学训练，并参与全年训练计划。

在中年时参加体育活动的人更有可能在晚年时保持身体整体健康。美国马萨诸塞州哈佛大学公众健康学院工作人员祁阳（Qi Sun）及其同事对护士健康研究中13535名参与人的数据进行了分析，研究中妇女们报告了1986年她们参与体育活动水平（平均年龄为60岁）。在1995—2001年的研究初步阶段，研究小组发现，寿命达70岁或更高年龄的妇女参与体育活动的水平更高，患慢性疾病、进行心脏手术或患任何一种生理、认知或心理障碍的概率更低。研究人员强调："这些数据证明，妇女在中年时期参加高水平的体育活动可以保持很好的健康状态，更加长寿；也证实参加体育活动有助于改善整体健康状况。"

以补贴运动、保健活动的形式，改善中年人身体健康，政府就可以在以后几年里大大减少医疗支出。美国德克萨斯州德州大学西南医疗中心工作人员贾斯廷·巴奇曼（Justin Bachman）及其同事对从库珀中心纵向研究所获得的数据进行了分析，该数据是在过去40年对近10万人进行调查后而形成一个健康数据库。这项研究旨在确认中年期间保持更好的健康状态是否有助于减少老年期间的医疗支出。结果表明确实如此：中年时期身体状况最佳的研究对象在晚年时期的医疗支出比中年时期身体状况最差的研究对象在晚年时的医疗支出明显要少38%。甚至在对比吸烟程度、体重指数、糖尿病、高血压、胆固醇等风险因素后，同样证实了这一点：中年时期保持更好的健康状况有助于减少老年时期的医疗费用支出。研究结果还表明，身体状况最差的男性每年平均医疗支出费用是5134美元，与身体状况最佳的男性每年平均医疗支出3277美元相比，高出了近36%。同时，身体状况最差的女性每年平均医疗支出是4565美元，与身体状况最佳的女性每年平均医疗支出2755美元相比，高出近40%。

进行训练的基本要素和激素替代、保健食品、认知药物及在抗衰老药方面试验的其他药物一样，都是抗衰老方案的重要组成部分。体力训练与脑力训练同等重要。不管是运动员还是患者，都应该对开发自己的能力而充满激情，需要知道如何才能进步、自己的极限到底在哪里。而有些人也确实需要一些额外帮助。

人们对老年化的看法时刻在变。对变老的传统看法不外乎就是患老年痴呆症、骨质疏松、肌肉松弛之类，这也是人们不想变老的原因。而如今，人们对老年化的关注有了新的发展。现在，不分男女，人们都会在老年时做些20几岁时从没想过的事。在当今社会，科技得到了发展，认识得到了更新，对健康的看法也就相应有了改变。人类如今的潜能已经远远超出了几十年前人们的想象，这就是为什么现在的女性运动员能够打破几十年前男性运动员创下的世界纪录。

不论患者年龄多大，抗衰老药物都能提升人们的最大性能，因此，抗衰老医生可以帮助患者完成他们想要做到的事情。由于抗衰老医学及生物医学技术的发展，在不久的将来，人们将看到医学和医疗福利出现突破性进展。

Musculoskeletal Sympathy and Disorder

The Interaction between Anti-Aging Medicine and Sports Medicine Training

Robert Goldman MD.PhD.

Abstract

Nowadays, it is unimaginable that the grades of male and female athletes that they got in the past. In the past. athletes did not have physical conditions and other basic knowledge or training skills to achieve this level of passion, sweat and inspiration. It is precisely because anti-aging medicine derived from sports medicine, therefore, more and more attention be paid on sports medicine. Looking back on early sports, people do not have a basic understanding of sports medicine, nutrition, resistance training, and physiology as they do now. Now, we have a better understanding of body function and how to enhance our physiological function. This makes our body more powerful. This paper aims to discuss the basic elements of resistance training and to study its impact on sports medicine and anti-aging medicine.

Keywords

Sports Medicine, Anti-Aging Medicine, Sports, Exercise, Disorder

作者简介

罗伯特·高德曼（Dr. Robert Goldman），美国

医学博士、哲学博士、FAASP，抗衰老医学创始人，美国抗衰老医学科学院共同创始人；世界抗衰老医学会主席。施瓦辛格体育名人堂创始人兼主席。

高德曼博士如今担任世界健美联合会国际运动医学委员会主席，负责监管超过184个国家的运动医学委员会；还担任美国国家运动医学会名誉主席，创建了国际体育名人堂；多次赢得肯尼迪健美奖，美国商业奖。曾任塔夫斯大学林肯菲林中心高级研究员、哈佛大学教育哲学研究中心和教育研究生院附属机构研究员；目前在中国、印度尼西亚、韩国、巴西多个国家的大学担任客座教授职位。出版36本健康书籍，与科莱兹博士合作30多年，拥有150多项国际专利。

健康产业的问题和解决方案

唐·帕塔纳 / 著

韩淼 / 译

摘要:

随着时代的进步，新兴的以抗衰老医学为核心的健康医学这一术语被大家所熟知。在抗衰老医学的引领下，未来的健康医学医药和精准医疗服务产业也逐渐为大家所关注。本文从未来健康产业的利、弊、不足之处三个角度，讨论什么才是理想的健康医疗业务。高质量的健康产业应从以下方面着手进行——学校健康教育、在职人员的诊疗方法继续教育、医学院和医院的健康医学诊疗技术实践和应用、健康食品产业、健康功能性保健品（特食）产业、替代疗法、政府机构的支持政策。本文对未来健康产业的发展有重要的指导意义。

关键词:

健康医学　健康服务　精准医疗　抗衰老医学　大健康产业

随着人口老龄化的加剧，健康水平受到严重影响。虽然许多先进的医疗技术使病人能够在曾经致命的疾病中幸存下来，但我们的医疗卫生服务仍处于危机状态。以疾病为基础的医疗不仅昂贵，而且效率低下并会给患者造成不必要的痛苦，使得他们和家人的生活质量下降。随着越来越多慢性病患者的增加，从经济的角度来看，日渐增高的医疗卫生成本令国家、社会和家庭无法承担，因病致贫的问题越来越严重，因此医疗治疗也成了许多人奢侈的梦想。

医疗系统的主要问题是医生们通常通过处方药，试图采取“千人一药、万人一方”的器械式治疗方法。现在我们可以看到，很多患有慢性疾病的人都在服用这些药物，医疗系统已经变成了商业链条的一个环节，医疗卫生的目的不再是促进健康，而是说服医生开更多的药，获取更大的利益。由制药公司发起和资助的疾病医学体系，可以帮助医生发布慢性病管理指南，遗憾的是，这些指导方针并无助于促进人们的健康，慢性病的发病率仍然居高不下。相反，有更多服用这些药物的人患有药物并发症，致使医源性和药源性疾病大幅度提高。

为了解决医疗危机，我们需要跳出固有的思维模式。如果想削减医疗费用，人们必须知道如何保持健康。这不是一个不可能实现的梦想，因为科学知识一再证明，好的健康生活方式是长寿和健康的关键。

一、健康服务业的核心学科——抗衰老医学

新的健康促进理念和需求导致了一种名为抗衰老医学的新型学科的诞生。这是一门以先进的科学和医学技术为基础，用于早期发现、预防、治疗和逆转与年龄有关的功能障碍、退化和疾病的学科。这是一种可以延长人类健康寿命的预防性保健模式。尽管许多医生仍然认为，他们对于衰老这一过程无能为力，但是新的科学数据显示，他们可以延缓衰老过程。

1. 利

在世界各地，人们都在寻求专业医疗指导，以获得在老年之时可以继续保持健康活力的生活方式，抗衰老药物的原则作为终身健康生活的框架得到了广泛的认可。越来越多的人通过阅读有关健康食品、运动和疾病预防的书籍和文章，意识到健康的生活方式才是长寿的关键。他们中的一些人已经成了健康专家，他们知道应该在超市买些什么，或者在餐馆点什么菜。他们中的大多数人也将瑜伽或其他运动作为日常生活的一部分。他们还了解维生素的重要性，知道当小病来袭，如何更好地照顾自己并康复。

正因为越来越多的人关注健康，这种需求催生了健康促进这一业态。我们可以在互联网、图书和电视节目上受到越来越多有关健康方面的教育，市场上有更多的健康产品、健康咨询服务，如食品、补充剂、个人护理。此外，还有比以往任何时候都要多的健身俱乐部、健康水疗和健康管理中心等服务场所。

2. 弊

尽管抗衰老医学得到了越来越多医生的关注，但并不是所有的人都对“抗衰老医学和医药”这一新兴医学体系持积极的态度。当一些医生开始跳出思维定式思考并认识到健康生活方式作为健康保健的主要原则的重要性时，他们的想法被保守者认为是“激进的”。由于这些新观念要求我们更注重医学实践和应用，而不是在医学院讲授的医学理论知识，因此，重视生物医学技术临床转化的抗衰老医学健康医学体系尚未被普遍接受，甚至受到一些传统医学团体的反对。

众所周知，一个新兴医学模式的创新是解决我们原来不能解决的问题，或让我们

解决问题的方法更加高效，让大众从中获得更大的效益。固有的药物和诊疗方法是治病但不能促进健康的高品质生活，而且疾病并未被治愈，在全球范围内出现了医院越改越大、病人越来越多的事实。世界充满了疾病，医生们忙于照顾病人，如果他们不愿创新，不接受解决问题的唯一途径就是促进健康老龄化，他们将更加忙碌而且没有任何效果。更糟糕的是，医院护理已成为一种有利可图的商业行为，但是如果人们不生病，医院也就不会赚到钱，甚至连政府的政策都无能为力。公立医院获得资金的唯一途径是高工作量，这也就意味着大量的病人去医院看病。

每一家医院都有一个体检中心或计划，他们认为这是掌握病患疾病风险的方法。包括医生在内的大多数人仍然认为体检是预防疾病的最好方法。他们误解了“早期疾病检测”这一术语，它与“疾病预防”大相径庭。没有生活方式的干预，常规的体检就如同等待疾病的早期征兆出现，大多数情况下，发现时一切都为时晚矣。例如，每年胸部X光检查不会阻止重度吸烟者患肺癌，也不会提供早期诊断。

不幸的是，现在的体检项目已经成为另一项有利可图的商业业务。大多数人会选择昂贵的体检计划，认为它会提供更好的健康信息。事实是很多检测没有必要，有些昂贵的检测实际上毫无意义，甚至可能有害。例如，处在低风险的妇女过于频繁或过早的乳房X光检查可能会导致曝光过度，增加乳腺癌风险。

体检会导致不必要的过度用药和治疗。一个40岁左右的健康年轻女性，没有其他心血管疾病的危险，仅仅因为她的胆固醇水平稍高而被建议服用他汀类药物。大多数没有任何症状仅有胆囊结石的人，经腹部超声检测后却被建议胆囊切除。

大多数人认为医生是最懂得如何健康生活的人。但事实上，医生在医学院所学的几乎都是关于疾病的治疗（确切地说是控制而非治愈），而不是健康的生活方式或健康的营养组合，甚至没有学习过如何将人是一个整体而非器官的理念和人的个性化考虑进诊疗疗程中。大多数医生仍然认为常规食物可以提供足够的营养和维生素。他们还认为药物是有益的，维生素和营养补充剂却是无用的或有害的。只有少数人知道，在我们的环境中手机辐射有致癌的风险或重金属具有毒性。

在过去的10年里，研究表明，我们通常所说的健康饮食实际上是有害的。烹饪蔬菜的食油含有高含量omega-6不饱和脂肪酸，却曾被认为对心脏有益。但现在我们知道omega-6可以增加炎症，并且是所有慢性疾病包括动脉粥样硬化的潜在原因。由于胆固醇含量高，我们过去一直避免吃蛋黄，直到最近研究表明，饮食中胆固醇的含量对血液胆固醇没有影响，才有人开始不害怕吃蛋黄。我们一直在服用钙补充剂来预防骨质疏松症，但我们不知道不适宜自身的钙离子会在我们的动脉中沉淀，造成阻塞。因为大多数病人都会遵循医生的建议，因此他们就不能从错误的饮食建议中获益。

3. 不足之处

虽然“抗衰老医学”这一术语被认为是一种新的医疗保健方式，但它已被误传为有利可图的商业机会。很多参加这项新的健康促进事业的人对抗衰老医学毫无认识，“抗衰老”一词被广泛地用作营销工具。我们在市场上许多产品的介绍中都看到过“抗衰老”这个词，如食品、化妆品、维生素和补品、诊所、矿泉水，甚至是药品！他汀类药物由于具有降低心血管发病率的作用，因此被一些医生认为是一种抗衰老药物，而事实上他汀类药物能干扰细胞辅酶Q10生产和增加疾病，比如肾上腺疲劳、糖尿病、老年痴呆症的风险和肾衰竭。任何药物或治疗被称为抗衰老药物，都意味着这些药物需要给病人服用20～30年，并且没有任何严重的副作用。因此，任何能降低心血管疾病死亡率但增加肾衰竭或痴呆概率的药物都不能被定义为抗衰老药物。

使我们感觉更好的药物可能对我们的健康没有帮助。有些医生定期给有感冒症状的病人开类固醇药物，这种做法可能有助于病人在疾病变成慢性病前有所好转。如我的一个病人每天都服用扑热息痛，因为这能帮助他无痛地继续他的日常生活，但最终却导致了肾衰竭。在抗衰老的实践中，人类生长激素被称为抗衰老药物，因为它能使人感觉更强壮，但它只适用于那些血液中IGF-1水平低的人。相反，人类生长激素被广泛滥用于健美运动员和专业运动员身上，并将其作为一项体育运动增强药物。

一些患有不治之症的病人寻求奇迹般的治疗。此外，有些人希望在不调整生活方式的情况下，以简易的方法保持健康，寻找一种称为“抗衰老丸”的神奇子弹。这些人花费大量的钱用于昂贵的抗衰老测试、抗衰老补充剂以及一些抗衰老诊所的未经证实的抗衰老疗法。尽管这些功能测试和治疗，如螯合干细胞疗法已被证明能够无副作用地提供很多益处，但诊所老板靠过度收费和夸大宣传来赚钱的方式却败坏了抗衰老医学的名声。

二、什么是理想的医疗保健服务

有利可图的生意并不总是欺骗或说谎。真正的科学知识有助于企业成长和成功。在不久的将来，只有我们认识到所有慢性病的真正原因并准备改变，才不会因医疗费用剧增导致整个国家破产。

以下是一些医疗保健业务的想法，如果我们做的正确，这将有助于解决我们的医疗保健问题。

1. 学校健康教育

学校和大学应开设以健康教育为重点的课程。他们可以利用这些课程为自己的事业带来更多的成功。5年前，我和我的同事们在泰国的博仁大学开始了一个抗衰老和再生医学硕士学位项目，成效越来越明显。这个项目每年招收不同背景的学生。他们有医生、护士、营养学家、医疗技术人员、理疗师、科学家、工程师、会计师，甚至还有家庭主妇。学生的多样性有助于抗衰老医学在不同的社区得到广泛的传播，也有助于学生的学术知识、社会意识和就业机会得到迅速发展。

学校开设健康教育课非常重要。成人的不良生活习惯很难改变，因此促进健康的行为，需要在人们年轻时就开始。不健康的饮食习惯，通常是在儿童时就形成了。大多数儿童能忍受高热量垃圾食品，而不会因为新陈代谢和活动量过高而出现问题。但是，当他们长大后继续以同样的饮食方式与缺乏体力活动方式生活，最终会出现严重的健康问题。孩子们需要学会健康地选择食物和健康的生活技能，而不仅仅是学习技能。众所周知，青少年更容易养成吸烟、酗酒和滥用药物的习惯。因此，学校健康教育计划需要告诉青少年不健康行为的危害，防止他们成年后成为带有各种瘾症的人。

2. 医学院和医院的抗衰老实践

虽然大多数高知名度的医学院校都不愿意接受抗衰老这个术语，但有一些医学院校已经将抗衰老医学的课程加入教学中。任何能将抗衰老知识融入实践的医生，都不必担心失去病人和医院，因为如果有更多的医生了解抗衰老医学的真正含义，他们将拥有更多快乐的顾客和更少的医疗并发症。

每一个病人都喜欢那些了解他们真正病因的医生，而不是那些不断给他们药物的医生。和病人谈论他们的饮食和生活方式，可以让他们对医生和自身感觉更好。医生应该尽量减少不必要的检查、治疗程序和药物。必要时减少药物治疗或是降低处方药物剂量，这样能降低患者的就诊费用，并有助于防止药物带来的长期副作用。虽然有些医生认为维生素和补充剂没有好处，但有经验的医生会说其是有益的。添加辅酶Q10可以减轻服用他汀类药物的患者出现痉挛或疲劳的症状。静脉给予N-乙酰半胱氨酸在对比材料注射可以预防高危患者的肾衰竭，也可以防止登革热患者的肝损伤。维生素D会给患有癌症、慢性肝病和免疫力低下的病人带来积极的结果。

3. 来自制药公司的优质补充剂和维生素

由于美国食品药品监督管理局（FDA）监管临床试验的复杂性，开发新药的成本非常昂贵。任何新药都要经过10年才能通过食品药品监督管理局（FDA）批准程序。当一种新药上市时，价格可能会高到几乎任何人都买不起。食品药品监督管理局（FDA）应该认识到他们的工作是防止人们受到伤害，而不是阻止人们得到帮助。

科学家们需要开始创造性思维。例如，他们应该尝试寻找一种安全的方法来增强人们的免疫力，而不是试图制造新的抗生素和抗癌药物。强大的免疫系统对于保护人们免受感染或发展癌症至关重要。制药公司应该投入更多资金开发更好的维生素和补充剂。对抗衰老补充剂更多的研究是非常必要的。这些补充剂对人们的身体应该是更为自然，产生的副作用更少，或者根本没有副作用的。开发新的有效的天然补充剂将减少食品药品监督管理局（FDA）的监管，并有助于节约生产成本。此外，虽然只有少部分患有特殊疾病的特定人群需要新药，但只要健康的人要长期食用并愿意购买维生素和补充剂，就可以防止糖尿病、肥胖、高血压、肾功能衰竭、衰老的风险。

4. 更多健康食品产业

人们的食物现在受到有毒化学物质、重金属和杀虫剂的污染。今天，我们在超市购买的大部分食品都已经被加工处理过了。它们富含糖和防腐剂，同时也耗尽了必需的营养素。超市的经营者需要加强学习以加深对健康食品的了解，拥有健康的食品会给超市带来好名声，从而吸引更多的顾客。

我们需要教育人们更多地了解有机产品，使他们了解杀虫剂对健康的有害影响。政府支持有机农业，有助于降低成本，使有机产品更实惠，这一点很重要。

5. 成长中的替代疗法

替代医学术语用于医疗产品和非标准护理的治疗，如顺势疗法、脊椎按摩疗法、针灸和传统医学。螯合和干细胞治疗应被视为替代药物，因为它们不包括在标准护理中。这些替代疗法也可作为传统药物的补充，它们已经被证明可以安全地运用并减轻患者的疼痛。几个世纪以来，替代疗法从不必要的手术或药物并发症中挽救了许多患者的生命。此外，螯合疗法和干细胞疗法已经进行了几十年，并有大量的研究和证据证明它们的安全性和潜在的、显著的对健康的益处。

6. 政府机构的新政策

政府需要了解并认识抗衰老事业的重要性。为了解决医疗保健问题，政府应该减少在早期疾病检测上花费的费用，而在预防疾病上增加费用。所有的医学指南应该有流行病学研究来支持它们的有效性。需要解决的一个重要问题是，分辨这些准则是否确实行之有效还只是制药公司愚弄我们的手段。政府必须制定防止滥用不必要的药物处方的政策。过度用药会增加成本，给人们带来严重的副作用。

患者数量的增加表明医疗保健系统的失败。政府需要奖励成功推行健康促进的公立医院。研究经费应针对疾病预防而不仅仅是治疗。

此外，我们的环境保护局应该更新所有关于可能的健康风险的信息，包括手机辐射、高压电力线、杀虫剂的使用以及环境中的重金属污染。

三、我们的未来

虽然我们生活在最紧密相连的时代，但我们的医学界正在受冲突、独裁和贪婪驱动与现实脱节。我们正在享受着世界给的权利，同时我们对世界也负有责任。如果我们想在社会上看到更多健康的人，政府和商界都必须改变旧观念，并开始共同努力解决这场持续的医疗危机。抗衰老团体也需要一起做出贡献，以促进抗衰老医学被更好地了解。我们需要对公众进行科学抗衰老方法的教育，而不仅仅是宣传商业抗衰老产品。只有当每个人都了解日常生活习惯如何对他们的健康产生有害影响时，他们才能采取适当的行动，知道如何选择更好的健康食品，喝适当的水，保持运动，采取有益的补充，并选择合适的药物。

我们自己本就是最好的医生。长寿不是梦，但无法用金钱购买。如果我们想实现所谓的“健康老龄化”，就需要自己努力去赢得它。

Upcoming Health Industry: The Good the Bad and the Ugly

Patana Teng-umnuay

Abstract

With the progress of the times, as a new term of "anti-aging medicine" is well known, under the guidance of anti-aging medicine, the theme of health industry has gradually becomes the focus of attention. The article discusses the good, the bad, and the ugly, and on the basis of the question what the ideal health care business is, which is to conclude that a good health industry should be started with the health education, medical and hospital anti-aging practice, the healthy food industry, replacement therapy of the growth, the government agency policy . This article has an important guiding significance for the development of health industry.

Keywords

Anti-Aging, Health Industry, The Good, The Bad, The Ugly

作者简介

唐·帕塔纳（Patana Teng-umnuay），泰国

医学博士、哲学博士。1986年获泰国朱拉隆功大学医学荣誉学士学位，1990年及1992年分别获得内科及肾脏学资格证书。此后在美国佛罗里达大学进行分子细胞生物学领域的研究，并于1998年获得博士学位。

在营养补充学、干细胞生物学和抗衰老医学领域都很知名，任泰国博仁大学抗衰老与再生医学系特邀讲师。此外，还担任泰国S医学诊所和琶亚泰二院的顾问医师。目前，任职世界抗衰老医学会（A4M）泰国区副主席。

衰老和疾病机制与寿命研究

——从实验动物的细胞膜生物学基础研究到通过重组生长激素（RGH）进行人类抗衰老干预

伊姆莱·纳吉 / 著

韩淼 / 译

摘要：

在过去的几十年中，与衰老理论最相关的中心法则之一是衰老自由基理论（FRTA）——声称氧自由基是有氧生活的有害副产品，同样也是造成人类衰老和患病的原因。但是通过深层次分析，发现有多种矛盾和自相矛盾的情况。作者分析了衰老自由基理论中存在的矛盾，概述了氧自由基在生活状态、细胞分化和衰老方面可能起到的生物作用，得出一种新的综合性解释。

关键词：

衰老　自由基　氧自由基　生物学　生长激素　抗衰老

对于本文作者而言，为解决生物性老化问题而采取任何方法的第一步是必须建立坚实、可靠并能够通过试验证明的理论基础，在此之上进而探讨衰老过程。长达几个世纪的医学科学历史证明，只有当人类大致了解基础生物学的功能和疾病过程后，才能创造出对生物体内的疾病进行干预的有效方案，从而实现医学的进步。

在过去的几十年中，与衰老理论最相关的中心法则之一是衰老自由基理论（FRTA）[哈曼(Harman)，1956年、1981年、1988年、1994年]。它声称氧自由基是有氧生活的有害副产品，同样也是造成人类衰老和罹患多种疾病的原因。但是通过深层次分析，发现这一理论有多种矛盾和自相矛盾的情况。作者分析了衰老自由基理论[伊姆莱·纳吉(ImreZs.—Nagy)，1986年、1987年、1992年、1994上半年、1995年、1997年]中存在矛盾的方面，对氧自由基在生活状态、细胞分化和衰老方面可能起到的生物作用进行概述，得出一种新的综合性解释。这种解释称作细胞膜衰老假说（MHA）[伊姆莱·纳吉(ImreZs.—Nagy)，1978年、1979年、1992年、1994年上半年、2001年上半年、2001年下半年]。尽管细胞膜衰老假说与衰老自由基理论的中心法则相矛盾，但该假说确实否认这些自由基存在损坏副作用的可能性。细胞膜衰老假说认为氧自由基在生存状态的恒定流量中隐含一种作用，即为解释自由基的功能提供更广泛的基础[伊姆莱·纳吉(ImreZs.—Nagy)，2001年上半年、2001年下半年、2002年]。这意味着按照细胞膜衰老假说，衰老自由基理论上经过一系列的修改后仍然有效[伊姆莱·纳吉(ImreZs.—Nagy)，2002年]。

一、细胞膜衰老假说（MHA）

（一）主要陈述

细胞膜衰老假说认为细胞膜在分化和衰老过程中起到主导作用，在生命过程中经历不可避免的连续变化[伊姆莱·纳吉(ImreZs.—Nagy)，1978年、1979年、1986年、1987年、1992年、1994年上半年、1997年]。变化的部分原因是自由基诱发分子损伤，此外还因为在静态电位各个去极化期间形成所谓的“残热”。由于这些细胞膜发生改变，细胞内间隙中干质量（即含水量减少）不断积累。这是发展和成熟的必要过程，但也会成为除细胞胶质的某种物理密度外的一种限速因素。细胞中的体酶活动均强烈依赖其所在微环境的密度，从而支持了后一种说法。细胞膜衰老假说主要对神经细胞、肌肉细胞等分裂后细胞有效。对于没有蛋白质重新合成的红细胞，这种假说尤其明显。最近分子遗传学的发展对细胞膜衰老假说给予了强烈支持[详情见：伊姆莱·纳吉(ImreZs.—Nagy)，1994年、1997年]。

（二）用氯酯醒（CPH）做抗衰老实验发现的细胞膜衰老假说证据

1. 氯酯醒效应的早期经验资料

氯酯醒是对氯苯氧乙酸（PCPA）和二甲氨基乙醇（DMAE）的一种酯类物质[法伊弗(Pfeiffer)等，1957年；图伊勒(Thuiller)等，1959年]，也称作甲氯芬酯。早期相关文献考虑其体外和体内效应，将氯酯醒归类为“神经干细胞”，即神经增强剂，模拟神经细胞的新陈代谢，在出现大脑萎缩、脑损伤、中风后身体机能失调、慢性酒精中毒、巴比妥酸盐中毒等情况时发挥作用[施密特(Schmidt)与布罗伊歇尔(Broicher)，1970年；乔姆斯基(Vojtechovsky)等，1970年；贺莎夫特(Herrschaft)等，1974年；库格勒(Kugler)，1977年]。之后它被重新归类为“促智药”[详情见：伊姆莱·纳吉(ImreZs.—Nagy)，1994年上半年、1994年下半年]。

在20世纪60年代初，人们看到氯酯醒具有许多有益效果。例如，给健康的老龄动物长期服用氯酯醒，能够显著减少其脑细胞和心肌中的脂褐质堆积[南迪(Nandy)和伯恩

(Bourne)，1966年]。与年龄相仿的对照组相比，使用氯酯醒治疗过的老龄动物的平均寿命明显增加，经过治疗的老龄鼠的学习能力明显提高[霍克希尔德(Hochschild)，1971年、1973年；南迪(Nandy)，1978年]。根据这些结果，可以认为氯酯醒是一种潜在抗衰老药物[伊姆莱·纳吉(ImreZs.—Nagy)，1994年]。

2. 氯酯醒作用的真实机制

早期研究表明，二甲氨基乙醇部分进入胆碱从而合成循环（并改善大脑的乙酰胆碱供应）[豪布里希(Haubrich)等，1975年；伦敦人(Londoner)和科伊尔(Coyle)，1978年]。许多科学家仍然认为氯酯醒是一种胆碱能药。但是这种解释却遭到其他科学家的反驳[Zaniser等，1977年；乔普(Jope)和詹登(Jenden)，1979年]。一种强烈反驳的观点是单独食用胆碱丰富的食物不能使氯酯醒发挥其效应[Zaniser等，1977年；乔普(Jope)和詹登(Jenden)，1979年；伯托尼(Bertoni—Freddari)等，1982年]。

二甲氨基乙醇形成的氯苯氧乙酸酯更容易穿透血脑屏障壁，所以通过静脉注射贴有^{14}C标签的二甲氨基乙醇或氯酯醒药，经过氯酯醒治疗后大脑中的二甲氨基乙醇含量比单独使用二甲氨基乙醇的含量要高得多[宫崎骏(Miyazaki)等，1976年]。虽然氯酯醒的两个组成部分的两侧屏障在活体内可能被水解，但是二甲氨基乙醇部分可以在脑中被磷酸化，产生磷酰二甲氨基乙醇，转化成磷脂酰二甲氨基乙醇，这似乎是二甲氨基乙醇在大脑中的最终代谢物[宫崎骏(Miyazaki)等，1976年]。磷脂酰二甲氨基乙醇被吸收到神经细胞膜中并以这种形式在胆碱位置留存相对较长的时间[宫崎骏(Miyazaki)等，1976年]，即它在脑细胞膜中形成一种特殊的磷脂质类物质。而氯苯氧乙酸部分可以随着尿液排出体外，明显没有任何代谢变化[宫崎骏(Miyazaki)等，1976年]。尽管在大脑酸溶性脂类胆碱中可以发现单独存在或以氯酯醒形式存在的二甲氨基乙醇部分[宫崎骏(Miyazaki)等，1976年]，但已有证据表明二甲氨基乙醇仅在肝脏中而并不在大脑中[宫崎骏(Miyazaki)等，1976年]。因此神经细胞膜中存在二甲氨基乙醇必须视为任何研究氯酯醒作用机制方法的起点。

（1）氯酯醒在体内外的氢氧自由基清除剂特性

实验表明了二甲氨基乙醇在大脑功能方面的效应，局部氧自由基对细胞膜成分可以起到保护作用，例如：①蛋白质交联模型[伊姆莱·纳吉(ImreZs.—Nagy)和纳吉(Nagy)，1980年；纳吉(Nagy)等，1994年]；②自旋捕获实验中的电子自旋共振谱（ESR）[伊姆莱·纳吉(ImreZs.—Nagy)和弗洛伊德(Floyd)，1984年]。很明显大脑神经细胞膜中存在二甲氨基乙醇[宫崎骏(Miyazaki)等，1976年]和这种化合物在体外具有氢氧自由基清除能力[伊姆莱·纳吉(ImreZs.—Nagy)和弗洛伊德(Floyd)，1984年]均无法直接证明它在体内也可以充当氢氧自由基清除剂。但是许多动物实验结果直接证明了细胞膜中存在二甲氨基乙醇，并且其具有生理意义，这可以归因于其局部氢氧自由基清除剂的特性。

衰老造成实触体膜的膜脂微黏度增加。在使用氯酯醒对老龄鼠治疗60天后，用二苯基己三烯（DPH）标记大脑实触体膜并使用荧光偏振技术进行测量，膜微黏度再次明显减少［纳吉(Nagy)等，1983年］。使用氯酯醒进行预治疗，可防止幼鼠因体内脑脊液中出现急性Fe^{2+}过负荷发生毒性作用，从而充分保护实触体膜［纳吉(Nagy)等，1985年］。

在衰老过程中，鼠的大脑皮层的实触体膜中蛋白质的分子量分布值增加得非常多。而用氯酯醒为老龄鼠治疗60天后，可以显著逆转这种趋势［纳吉(Nagy)和伊姆莱·纳吉(ImreZs.—Nagy)，1984年］。

使用光脱色荧光恢复技术（FRAP）［伊姆莱·纳吉(ImreZs.—Nagy)等，1986年］可以测量膜蛋白和脂类的横向扩散速度。在对费希尔344(Fischer344)大鼠［伊姆莱·纳吉(ImreZs.—Nagy)等，1986年下半年］、威斯塔(Wistar)大鼠［基塔尼(Kitani)等，1988年］、C57BL黑鼠［伊姆莱·纳吉(ImreZs.—Nagy)等，1989年上半年］以及寿命长短截然不同的野鼠品系（白足鼠、小家鼠）［伊姆莱·纳吉(ImreZs.—Nagy)等，1989年］、BN/Bi鼠［基塔尼(Kitani)等，1988年］，以及山姆(SAM)小鼠［伊姆莱·纳吉(ImreZs.—Nagy)等，2001年］进行的实验中发现，肝细胞膜蛋白的横向扩散常数（Dp）显示出典型的负线型年龄相关性。针对小鼠的骨骼肌细胞［伊姆莱·纳吉(ImreZs.—Nagy)等，1998年］和大鼠的大型大脑皮层细胞［伊姆莱·纳吉(ImreZs.—Nagy)等，1999年］中的Con—A受体蛋白，有相同的发现。尽管膜脂质横向移动（Dl）是按照重要的先后顺序进行排列，速度较Dp快，但是它在肝细胞膜中显示出非常相似的线型年龄相关［伊姆莱·纳吉(ImreZs.—Nagy)和基塔尼(Kitani)，1996年］。不同组织中Dp和Dl的年龄相关衰退与给定品系的寿命呈反比［伊姆莱·纳吉(ImreZs.—Nagy)等，1993年上半年］。对两岁的费希尔344(Fischer344)大鼠以口服方式进行光脱色荧光恢复实验，将80毫克/千克氯酯醒的水溶液送入大鼠胃管中，进行预处理，5周后，与对照组相比，实验组的大鼠体内Dp值明显较高。两岁以上的费希尔344（Fischer344）雄性大鼠显示出线型体重减轻，直至死亡。使用氯酯醒可以稍微抑制这种体重减轻［伊姆莱·纳吉(ImreZs.—Nagy)等，1989年下半年］。该事实说明，在氯酯醒的作用下Dp的增加表明动物的身体状况整体得到改善。另外值得注意的是，对小鼠进行热限制实验，Dp值也可以增加，如果这具有干预作用，也可能有助于发挥延长寿命的效应［伊姆莱·纳吉(ImreZs.—Nagy)等，1993年下半年］。

按照细胞膜衰老假说的解释，神经细胞中的被动钾渗透率随着年龄增长而下降是大脑老化的关键。老龄鼠用氯酯醒治疗60天（80～100毫克/千克），神经元细胞膜的被动钾渗透率再次增加，即显著减少了细胞内钾含量并使脑神经元细胞质再水化［伊姆莱·纳吉(ImreZs.—Nagy)等，1979年；卢斯季克(Lustik)和伊姆莱·纳吉(ImreZs.—Nagy)，1985

年]。这些发现表明氯酯醒可能对预防或治疗年龄相关大脑疾病具有作用。

通过使用放射性同位素方法对大鼠进行体内全部以及信使核糖核酸合成速率进行测量，一岁和两岁大鼠大脑皮层显示合成速率随年龄增加而减少（达到40%～50%年轻成年大鼠速率值）[谢姆谢伊(Semsei)等，1982年]。通过使用体内氯酯醒治疗60天，速率再增加80%～90%[伊姆莱·纳吉(ImreZs.—Nagy)和谢姆谢伊(Semsei)，1984年]。

使用氯酯醒可以使实验动物的平均寿命延长，特别是在动物年龄相对较小时使用更有效。它还能改善大鼠和人类的学习能力[卢斯季克(Lustik)和伊姆莱·纳吉(ImreZs.—Nagy)，1985年；贝克(Pék)等，1989年]。在一些实验中，只有在小鼠6个月龄时开始使用氯酯醒，其平均寿命才会增加30%。

（2）使用氯酯醒进行人类实验

招募50名76岁人士参与双盲、随机的人类临床试验，男性和女性比例为1∶1。50%的中等痴呆症患者使用氯酯醒治疗8周后，心理和行为表现均得到改善。安慰剂组患者改善比率仅为27%[富洛普(Fülöp)等，1990年]。可以观察到治疗组患者细胞内团块再水化，出现细胞外液，同时体重没有变化。此处体积等数据是证明氯酯醒等促智药在人体内的表现方式与根据细胞膜衰老假说的预测方式相同。

1976年，多名40岁左右人士，包括本文作者，开始服用氯酯醒（每天500毫克），直到今天一直保持接受实验治疗。由于受试者人数相对较少，受试者人员状况不均，因此不能算作科学实验，但是所有参与者均承认与家族中未接受治疗的类似年龄人员相比，他们的身体和心理性能保持较好。除此，治疗人员使用氯酯醒长达36年，并未出现任何副作用，这一点也很重要。

3. 氯酯醒实验结论和未来展望

（1）细胞膜衰老假说对生物性老化现象进行的综合解释可以作为一种科际研究法，可以描述一种细胞机制，同时说明可以提供具有一般有效性的氧自由基的效应进行实验测试。

（2）根据假设发现，只有特定位置的氢氧自由基清除剂可以被视为潜在预防性抗衰老药物，实验结果很好地证明了这一假设。审查结果中最重要的理论信息是恰当地改善对大脑细胞膜的防护，对防止氢氧自由基的袭击有益。

（3）应该强调的是，即使在将来，虽然根据衰老自由基理论可以制定寿命延长策略，但是由于氢氧自由基反应的特性，只有特定位置的无毒性、在物理化学方面提供可行的基保护，方能有成功的希望。还应该强调的是，高度发展生命系统，在该系统中自然基保护比在鼠体内更有效，只有进行多方面基保护才能最大可能地改善自然防御系统。

（4）既然氯酯醒能够延迟甚至避免大脑功能随着年龄增长而发生的退化，我们就可以假设氯酯醒可以作为一种有用的药物，如延迟阿尔茨海默病（AD）等典型大脑疾病的结构和功能的衰退。不幸的是，据我所知，虽然这些调查对于发现氯酯醒是否适用于该目的很有必要，但是至今在这一方面还没有系统性的调查研究。

（5）虽然使用氯酯醒治疗可以增加动物的平均寿命，但对最大寿命却毫无功效，我们必须假设在决定不同物种的最大寿命差异方面存在其他可能具有种特异性的因素，并具有更加重要的作用。

二、衰老过程中物种特异性因素的作用

（一）为什么要调查衰老物种特异性因素

因为动物和人体的主要器官和组织大致相同，但其寿命大不相同（大鼠的最长寿命是3岁，而人的最长寿命是120岁），与大鼠相比，假设其身体基本构成并非是人类寿命1/40的原因，并且该假设也符合逻辑，但是在还未发现生长激素（GH）的物种特异性之前，尽管有许多推测方法，但是也没有坚实的依据可以解释如此大的寿命差异。

（二）发现生长激素的历史步骤

实际上高等动物身上最有名的物种特异性因素是生长因素。根据林霍尔姆（Lindholm，2006年）的论文得知，下面简要概述生长激素的历史，阐明相关情况。

生长激素出现于1887年，病理学家认识到肢端肥大症与垂体瘤的关系。像往常一样，人们没有立刻接受这一说法，但是在之后20年间却不断讨论该观点。1909年，医生开始通过脑垂体手术治疗各种人类生长疾病。当时可进行手术的原始技术水平决定了该类干预的成功率，结果显示成功率非常低。又过了很长时间，直到1922年，人们最后接受脑垂体前叶中存在生长激素。此后，大量的研究开始证明生长激素在人类和动物模式中具有效应。最初获得脑垂腺前叶、抽取足量生长激素的实践方法是宰杀小牛用于制作食物时收集该等腺体。后来使用不同方法，在实验室中摘取牛的器官，并在不同的实验动物身上进行测试。然而结果一点都不理想。对大鼠、小鼠、豚鼠、狗、猫等进行的测试结果，不清晰和/或自相矛盾甚至无法解释。因此，很多科学家放弃了这些实验。1957年情况才有所改变，一些研究人员认识到这种激素具有很强的物种特异性，即牛的生长激素对上述所列的实验动物均无效。又过了15年，到1971年，研究人员阐明了生长激素的氨基酸序列，还识别出生长激素释放和生长激素抑制素。但因为不能找到可以进行实验的物种相同的生长激素来源，生长激素的物种特异性也因此成为选择实验方法的强限制因素。

到了1985年，获取重组人生长激素才成为可能。通过该技术，可以使用真正的人的生长激素，帮助发现生长抑制素类似物和所有类型细胞的细胞膜中的生长激素受体。

人们使用重组人生长激素，并发现在生长激素的作用下，肝脏产生的胰岛素生长因子（IGF）对于维持细胞膜的胰岛素敏感度很重要。

人类实验取得的另一项伟大成绩是通过使用重组人生长激素疗法识别出成人生长激素缺乏症（AGHD）[朱尔(Juul)和约根森(Jorgensen)，2000年]。该种综合征受试者相对年轻（40~50岁）却表现出较年老者特征的现象（脑部病变、肌肉萎缩症、乏力等症状）。结果还表明，这些受试者的生长激素分泌比正常同龄人低。据观察，年轻人（剧烈生长期）生长激素分泌最多，之后生长激素分泌逐渐衰减，每10年约减少1/6。换句话说，成人生长激素缺乏症可以视为加速老化过程，而补充重组人生长激素可以使患者完全恢复 [详情请见：朱尔(Juul)和约根森(Jorgensen)，2000年]。

正如以上几个例子所显示，在此我引用以下文献资料：斯塔尔(Hernberg—Ståhl)等（2001年）写道："现在人们已接受发病率与成人生长激素缺乏有关的观点。而且对照临床试验证明了生长激素替代疗法的疗效。对患有垂体功能减退症和生长激素缺乏症的成人进行了大型药学流行病学调查，从KIMS（法玛西亚国际代谢数据库）获得患者就医、住院天数、请病假数量等相关资料。所有调查组的人员在使用生长激素疗法12个月以后，就医次数、住院天数和请病假数量明显减少（$p<0.05$）。患者在日常活动中需要的援助也减少。使用生长激素治疗（$p<0.001$）12个月之后，生活质量得到明显改善，并且患者的身体活动量和对身体活动水平的满意度也得到了提高。总之，之前未接受治疗的患有生长激素缺乏症的患者使用生长激素替代疗法后明显减少了保健资源使用量，并且其生活质量也有所改善。"

图古德(Toogood)在2005年发表文章写道："多项研究描述了成人生长激素缺乏的影响和使用生长激素替代疗法的益处。最大的障碍和受益方面是生活质量、骨骼健康和心血管危险因素，包括血清脂质分布图和身体的构成。通过对不同年龄段的成年人使用最佳的生长激素替代疗法，希望可以预防骨质疏松症，并降低垂体功能减退症的发病率和死亡率。但是在英格兰和威尔士，生长激素疗法主要适用于提高生活质量。生长激素疗法的效益可以维持数年，并对患者的身体状况继续进行长期监测。"

至于激素替代疗法的一般作用，也可以找到大量的研究证明。例如，英国、澳大利亚和新西兰500多家全科治疗门诊对3721名女性进行的随机、有安慰剂对照组的激素替代疗法实验 [韦尔顿(Welton)等，2008年]，结果显示："一年后，对这些人进行健康问卷调查发现，与使用安慰剂的女性相比，使用结合激素替代疗法的女性身体出现的9种问题中的3种问题有轻微明显的改善：血管张力症状（$p<0.001$）、性功能（$p<0.001$）以及睡眠障碍（$p<0.001$）。与使用安慰剂的对照组相比，使用结合激素替代疗法组中出现潮热（$p<0.001$）、盗汗（$p<0.001$）、关节和肌肉疼痛（$p=0.001$）、失眠（$p<0.001$）以

及阴道干涩（$p<0.001$）等症状的女性明显较少……”这些作者总结，在女性度过更年期多年后，开始使用结合激素替代疗法能够改善女性的健康状况和生活质量［韦尔顿(Welton)等，2008年］。

在美国，患者使用激素替代疗法后的结果如下（Canderelli等，2007年）：“激素替代疗法能够帮助女性治疗更年期综合征。此外，研究表明，激素替代疗法能够帮助一些绝经后妇女治疗选定的共存疾病，如骨质疏松症、Ⅱ型糖尿病、某些心血管疾病以及结肠直肠癌等。当然对于选择参加实验的女性而言，激素替代疗法能够改善其生活质量，并可能延长其寿命。”

出版社(Birkhäuser)和赖内克(Reinecke)于2008年在瑞士对来自6个国家的600名医生进行调查。他们发现：“总的来说，98%的医生承认更年期明显影响到生活质量，97%的医生认为大多数或全部使用过激素替代疗法的患者可以从中受益。大多数医生（90%）认为激素替代疗法对合适患者的益处大于危害，92%的医生会给自己或配偶或家人开激素替代疗法的药方。至于最近媒体对激素替代疗法进行的负面报道，78%的医生认为该报道并不属实。”

上述结果表明生长激素可以用作抗衰老成分。在当下，一些人也根据经验使用了重组人生长激素，结果也增加了身体运动方面的性能。同时，他们也在尝试着使用生长激素减缓老化过程。

（三）使用生长激素抗衰老带来的一些官僚问题

近代医学历史上最大的丑闻之一是美国医学协会（AMA）和世界抗衰老医学会（A4M）之间的观点冲突。一方面，珀尔斯(Perls)等（2005年）代表美国医学协会发表评论，声称美国法典禁止将重组人生长激素用于抗衰老。据美国医学协会人员所说，使用人类生长激素（HGH）进行抗衰老干预是违法犯罪行为，应该受到法律制裁。美国抗衰老医学科学院针对珀尔斯(Perls)等（2005年）论文中的这些主张作出回应“他们的观点是错误的，参考文献和研究不符，有诸多基础科学错误，显然是试图破坏抗衰老医学专业……”

应该指出，上文提到的法律问题主要是人为的推测。也就是说，珀尔斯(Perls)等（2005年）依据现存美国法典提出将生长激素用于抗衰老违法等观点，而该法典是在1988年投票决定的，当时既没有“抗衰老医学”的说法也没有“抗衰老医学”运动。在出现本·约翰逊兴奋剂丑闻之后，联邦法典的规定旨在防止体育教练非法销售生长激素和防止运动员非法使用生长激素增强运动性能。

为此，作为《老年学与老年医学档案》杂志的总编辑，我写了一篇社论［伊姆莱·纳吉(ImreZs.—Nagy)，2009年］，人类应该将衰老视为一种自然成人生长激素缺乏综合征提出一致意见，应使用重组人生长激素进行治疗。

该提议具有事实基础：事实上，通过对年龄较大的人进行观察发现，成人生长激素缺乏症与随着年龄增长出现的功能损失很相似。此外还表明，使用重组人生长激素治疗对成人生长激素缺乏症病理的所有方面均产生有益效果，因此我们完全有理由认为衰老是一种成人生长激素缺乏症。如果老年学家接受这一观点，实际上可以解决上述概述争议中涉及的所有问题。我想强调一点，这一切问题需要用一种独立、开放式的方法来解决，使我们能更好地理解对衰老理论研究的结果。

我希望支持该方法的衰老读者能够与我一起，谴责那些违反科学原理和临床责任及其对同龄人与全体公众的义务的人们。因此我发表此文，使存在根本差异的观点达成一致，实现抗衰老干预的现实目标。

（四）使用生长激素疗法取得的部分实证结果

很明显，用简短的章节无法介绍这个复杂情况的所有相关方面，但我试图指出到目前为止取得的主要成果和人生长激素替代疗法（HGHRT）理论可行性研究中存在的最重要的问题。

在全世界范围内，与珀尔斯（Perls）等人（2005年）的主张相反，使用生长激素治疗成人生长激素缺乏症是完全合法的。据报道，人生长激素会使生长激素缺乏症成人的肌肉强度增加［韦勒(Welle)等，1996年］，会使慢性支气管炎等患者的肺活量以及其他功能性能力提高［佩普(Pape)等，1991年］，以及静息代谢率增加［斯内尔(Snel)等，1995年］。只有进行任何其他治疗时服用过量的人生长激素，才会出现实质性的副作用［维斯特(Wüster)等，1998年］。

事实证明，人类使用生长激素从未出现患癌风险增加的情况。癌症患者使用生长激素后，发现其癌症复发次数和死亡率降低，或者存活期增加［斯维尔德洛(Swerdlow)等，2000年；塔克(Tacke)等，2000年］。生长激素缺乏症患者的癌症发病率是生长激素正常癌症患者的2倍，而癌症死亡率更高，是正常癌症患者的近4倍；长期使用生长激素替代疗法（60个月），这些患者的癌症复发和死亡风险减少一半［斯文松(Svensson)等，2004年］。仅在特殊小鼠种群中发现了生长激素对寿命有副作用，该物种的反应与其他物种的反应完全不同。在对正常衰老小鼠物种进行的研究中，生长激素疗法使小鼠的寿命延长［汉萨里(Khansari)和古斯塔(Gustad)，1991年；桑塔格(Sonntag)等，2005年］。成人垂体功能减退症如果持续缺乏生长激素，会大幅度增加全身和心血管疾病的发病率［罗森(Rosén)和本特松(Bengtsson)，1990年；贝茨(Bates)等，1996年］，而使用生长激素替代疗法后可以使因生长激素缺乏增加发病率的成人患者的发病率降低至正常水平［本特松(Bengtsson)等，1999年］。

另外，老年护理机构不断争论是否可以使用非处方人生长激素释放装置、胰岛素促分泌剂和氨基酸前体，试图混淆药理对人生长激素疗法的认识。在世界各地，有许多年轻运动员服用这种人生长激素营养品以达到增加其天然人生长激素水平的特定目的。在50多年中，没有数据记录使用人生长激素后该人群的癌症发病率会有所增加。如果人生长激素的生理替代用量（药理学方面或是营养方面）会导致癌症发生，那么癌症一定会在儿童和成年人中爆发。但是没有数据支持该等观点。相反，众所周知的是，一般低龄者患癌频率较低（当生长激素水平较高时），患癌频率是随着年龄的增加而增加（生长激素水平减少），因此必须非常认真地研究这一事实。

我认为是否可以使用人生长激素方面的尖锐冲突不合情理，甚至没有必要。（1）如上所述，足够的经验观察结果表明，使用人生长激素替代疗法确实能够对老年人产生有益的效果；（2）如上简述有坚实的理论基础，足以解释观察到的人生长激素具有有益效果，人生长激素替代疗法也具有可行性，即细胞膜衰老假说。

三、结束语

最后，我希望对相关临床观察到的一些数据做出评论：我对人生长激素基于细胞膜衰老假说的生物学作用很感兴趣，对于严重歪曲或故意曲解有关成人生长激素缺乏症和生长激素替代疗法的大量科学事实，我感到很吃惊。布莱克曼(Blackman)及其小组对事实歪曲最为严重，行为恶劣［布莱克曼(Blackman)等，2002年；圣诞(Christmas)等，2002年］。它们声称生长激素替代疗法会导致大量永久的副作用。使用生长激素替代疗法会导致患者出现糖尿病（它可能会使患者的血糖暂时升高，但这并不等于糖尿病状态，会导致糖尿病的说法临床证明并不正确）；关节炎（它可能会使患者出现暂时性水潴瘤，引起关节肿胀，但这与关节炎不同）；癌症（同行评议的生长激素替代疗法研究对该等报告并未证实）。使用医生监督的生长激素替代疗法方案的患者，均未产生这些谣传的副作用。事实上，生长激素用于治疗成人生长激素缺乏症的用量远远低于小儿用量，必定在生理或者子生理水平内，这是抗衰老恢复青春激素疗法的宗旨。

由于内分泌医学的一些基本原理的错误描述，从而误导了美国法律的制定，使美国颁布了大量不公平和不完善的法律法规，并被抗衰老方面的医生错误地用于激冷效应，导致医生使用人生长激素和激素替代治疗等对生命有益并可能拯救患者生命的处方的自由受到限制。

美国联邦法典判定，除经卫生和人类服务部授权，遵照医师医嘱使用人生长激素治疗疾病或其他公认的身体状况外，故意分售或有意图分售人生长激素用于人类实现其他任何目的均属于违法行为。美国食品和药品管理局（FDA）将联邦法典关于人生长激素的规定理解为所有人胰岛素的处方必须“用于标志用途”（即“授权使用”）。尽管经授权可以使用人生长激素治疗成人生长激素缺乏症，充分说明人生长激素替代疗法的合法处方是法律许可的，但是在这方面仍然存在争议。在医学界，关于构成成年人生长激素“缺乏”的原因，尚未达成一致意见。美国食品和药品管理局（FDA）对“不得用于标志外用途”的意思是开人生长激素处方用于治疗授权的成人生长激素缺乏症等疾病是合法的，但是处方用于授权用途之外的其他任何用途，即使是用于治疗危重病且研究表明人生长激素对治疗该病有效，也属于违法。虽然法典的字面含义可能支持这种解释，但是国会不可能试图抑制医学上使用人生长激素治疗疾病的发展和应用。

美国食品和药品管理局（FDA）对法律的解释导致其对人生长激素处方的限制大于可能用于合法医疗用途的吗啡和鸦片等控制药物的限制。在立法史上，没有任何事实可以证明美国国会曾有这种意图。事实上，这种对法律的解释似乎与国会想要对合成类固醇的控制比人生长激素更严格的意图完全不一致。简言之，美国联邦法典对明智地给证明先天不足的患者（通过独立实验室测试）使用人生长激素疗法的医生造成一种政治迫害，还有临床观察的衰退。

Study on Mechanism and Life of Aging and Disease

From the Basic Research of Cell Membrane Biology of Experimental Animals to Human Anti-Aging Intervention by Recombinant Growth Hormone (RGH)

ImreZs.-Nagy

Abstract

In the past few decades, one of the most relevant central principles of aging theory is that the aging free radical theory (FRTA) claims that oxygen free radicals are harmful byproducts of aerobic life and are also responsible for human aging and suffering from multiple diseases, but through deep analysis, the author found a variety of contradictions and contradictory situation. Therefore, The author analyzes the contradictory aspects of the theory of aging free radicals, and summarizes the possible biological effects of oxygen free radicals on the state of life, cell differentiation and senescence, so as to obtain a new comprehensive explanation.

Keywords

Aging Free Radical, Oxygen Free Radical, Biology, Growth Hormone, Anti-Aging

作者简介

伊姆莱·纳吉(ImreZs. – Nagy)，匈牙利

医学博士，1936年出生于匈牙利。1961年获匈牙利德布勒森大学医学院（DOTE）博士学位，获得“由匈牙利共和国总统授予的金戒指”。

1960—1963年：在德布勒森大学医学院的解剖学研究所担任助理教授。1963—1973年：在匈牙利蒂豪尼市匈牙利科学院的生物学研究所工作，并在后5年中担任副主任。1973—1976年：在意大利安科纳市INRCA研究所担任科学协调员。1976—1979年：在德布勒森大学医学院的生物学研究所担任科学顾问。1979—1996年：创立匈牙利—意大利联合研究实验室［德布勒森—安科纳(Debrecen—Ancona)］——“Verzár国际实验老年医学实验室（VILEG）”并担任科学协调员。1982年：创办国际科学杂志《老年学和老年病学档案》，并长期担任总编辑，该杂志由爱思唯尔出版社出版。1985年：被提名为匈牙利大学教授。1997年：德布勒森大学医学院设立老年医学系，担任该系主任直到65岁（2001年）。卸任系主任后继续在德布勒森大学的老年医学系、医学院第三医疗诊所从事教学和研究活动，直到2006年末彻底退休。

获得的国际奖项有：“蒙特卡洛抗衰老医学卓越奖”（2002年）；“世界抗衰老医学会、美国抗衰老医学科学院（A4M）无限奖”（2009年）。

除了匈牙利语以外，他还精通英语、意大利语、德语和俄语。

发表科学论文280篇，包括诸多书刊篇章和书籍；在全世界进行了350多场科学讲座。

超前检测和诊断的意识和教育

绍荣·艾尔莎迪 / 著

韩淼 / 译

摘要：

超前检测和精准治疗是控制和治疗包括心脑血管、癌症等重大疾病的重要手段，可显著延长患者生存时间和提高生活质量。癌症超前检测方法包括筛查方案和早期临床诊断。高水平的公众意识和发达、健全的医疗卫生服务对于这两种方法的成功至关重要。强化健康教育，提高健康意识，发展早期发现、诊断和治疗癌症患者的基础设施，在资源允许的情况下，推行有组织的筛查方案对于癌症等疾病的早期发现具有重要意义。

关键词：

超前检测和诊断　临检中心　癌症　筛查评价　预防　健康教育

一、筛查、超前检测和诊断

提高超前检测和诊断的意识和教育可以减少晚期医疗并发症数量。21世纪健康医疗、健康教育的创新是确保健康系统有效性和人们健康长寿的关键。

1. 风险分配

超前检测和诊断的价值、筛查评估的有效性和筛查的费用是在风险类别和疾病、健康大数据分析评估的基础上评定的，根据这一评估，分为低风险和高风险。

2. 早期疾病评估

临检中心筛选的检测生物标志物组合是超前检测和诊断的关键。临检中心测试是通过对人的体液、血液、尿液或组织样本进行的检测，以得知其功能指标、健康状况以及预测未来的健康风险。与等待或发现某一疾病或器官功能失调的检查相比更高效、更节约，当发现某一疾病时，任何治疗都为时已晚，因此预防性检查和筛查检测会变得越来越实用。预防性检测，确保身体的所有功能和生化过程在体内正常健康地运行，具有明显的社会和经济价值。现在许多临床检测中心的测试都可提供精准、可靠的人体常规和基本健康信息。此外，特定的临检中心生物标志物筛选试验和诊断性影像检查能产生清晰的图像，更加有助于医生决定所需的预防和治疗方案。

儿童超前检测和诊断对其现阶段成长以及成年后的健康和生活都有重要意义。正如一些发达国家和发展中国家儿童肥胖症的增加，导致慢性疾病的数量也在不断增加，这也对公众卫生构成了重大挑战。

美国的统计数据显示，超重和肥胖儿童人数不断增加。现在，2/3的儿童和青少年被列入超重的队伍。同时与肥胖有关的疾病包括高血压、Ⅱ型糖尿病、血甘油三酯和胆固醇水平升高也成正比增加。除了生理问题外，低自尊和身体意象的心理影响也会导致年轻人抑郁和消极行为。儿童肥胖与儿童早期死亡率、肥胖儿童成年后的死亡人数增加有关。

运动可以增强人们对儿童糖尿病症状的认识，并已被证实效果显著，因此美国心脏病协会建议儿童和青少年每天至少参加60分钟中度到剧烈的体育活动。

3. 疾病和健康大数据分析评估

对Ⅰ型糖尿病患者的开创性研究将迅速转化为新的治疗方法和预测策略。实验测试表明，一些糖尿病患者保持可以被激活的胰岛素分泌的细胞储备。有关免疫系统的研究和免疫治疗的进展有助于开发调节机体免疫功能以保护胰腺β细胞的方法。

二、癌症超前检测和诊断

儿童癌症超前检测和诊断是非常有意义的，对避免误诊以及及时转诊进行适当治疗至关重要。相关的特殊检测和筛查项目应该被纳入国家卫生的常规检查之中。美国国家癌症研究院正在推广健康教育项目，确保为癌症患者提供的超前检测和诊断项目的有效性，其目的是为了降低一些国家的癌症发病率及因癌症而产生的医疗卫生投入和家庭的负担，以大大降低因病致贫的比率。

《世界癌症宣言》的目标是在2025年实现全球癌症筛查的普遍实施。基于人群筛查的可能性将得到改善，预警标志和症状应及早得到识别和检测。目前超前检测也有很多问题亟须解决。超前检测和诊断项目应向医生、卫生保健专业人员、健康保险集团和政策制定者提供关于癌症检测、治疗的教育和相关信息与知识；同时相关的健康教育应该在工作场所、学校和社区中普及；癌症的污名化和抵制求助的文化障碍应该得到消除，以便于加快超前测试和筛选过程；对继续教育、专业发展和提供检测筛选测试设备与适当的工具方面的投资是必要的。http://fanyi.youdao.com/?keyfrom=fanyi.logo

早期癌症检测的实验室测试已经在许多领域得到发展，并被分成若干组。

肿瘤标记物是在患者的血液、尿液或患有一种或多种类型癌症的身体组织中发现的特异性生物标志物。肿瘤标记物有许多不同种类和类型，每种类型都表示一种特殊的身体异常或疾病。肿瘤标记物用于帮助检测身体中恶性活体的存在，以筛选癌症和监测治疗的反应。治疗后标记物浓度降低是治疗反应的量度。持续监测将证实癌症的衰退或发展。

常见实验室肿瘤标记物有如下几种。

AFP甲胎蛋白是一种与肝脏超声结合用于早期发现肝癌的血液检查。

- CA 15–3癌症抗原15–3是从乳腺癌细胞释放的蛋白质，是乳腺癌患者血液中的标记物。
- CA 19–9癌症抗原19–9是从胃肠道肿瘤的癌细胞释放的蛋白质，可在此类患者的血液中发现。
- CA–125癌症抗原125是卵巢癌细胞释放的一种蛋白质，是筛查、诊断和治疗以及监测卵巢癌进展的关键测试。
- CEA或癌胚抗原是检测胃肠、胰腺、肺和乳腺癌患者的有用标记物。
- PSA或前列腺特异性抗原是在前列腺癌中发现的蛋白质，是监测前列腺癌疾病进展的有用标记物。

重要的是要明白其他癌症类型和其他条件也可能导致癌症抗原高于正常水平。除卵巢癌外，子宫内膜癌、腹膜癌、输卵管癌之外的其他癌症会导致CA–125升高，而非癌性疾病，如子宫肌瘤和月经不调也会导致CA–125升高。

患者血液样本由护士或医生从患者胸部或腹部抽取，送至实验室分析，以确定CA–125的水平。CA–125的参考水平是每毫升血清低于35单位，如已经接受治疗的卵巢癌患者的CA–125水平升高则有癌症复发的可能。当然，也还需要其他的测试来确认。

其他的癌症筛查程序包括结肠镜检查、乙状结肠镜和高灵敏度粪便潜血测试，这些测试在预防大肠癌和减少与结肠癌相关的死亡人数方面有显著效果。早期发现的息肉异常生长可以在手术过程中被移除，从而阻止结肠癌的发展。

CT扫描已经证实可以早期发现吸烟者肺癌，降低肺癌死亡率。

乳腺X光检查显示可以降低40岁及以上女性乳腺癌死亡率，特别是有乳腺癌家族史的女性。

巴氏涂片和人类乳头状瘤病毒（HPV）的超前检测和诊断可以减少宫颈癌和与宫颈癌相关的死亡人数。建议对年龄在21岁以下的年轻女性进行人类乳头状瘤病毒（HPV）筛查。

其他筛查试验是超声波检查，乳腺MRI检查就是针对携带高危乳腺癌BRCA1和

BRCA2基因突变的妇女。

对皮肤癌高危人群进行皮肤检查和定期检查有助于降低与皮肤癌有关的死亡率。

血液计数和测量红细胞、白细胞和血小板的数量和类型对疾病的诊断很有价值，尤其对白血病的诊断有重要价值。

细胞遗传学分析、基因突变和免疫类型分析有助于诊断和分析癌症。

某些疾病和癌症的新疗法被称为免疫治疗或生物制剂。癌症的生物治疗方法包括疫苗或细菌，可以刺激身体的免疫系统对抗癌细胞。实验室测试在测量使用生物制剂治疗反应方面意义重大。

三、心脑血管疾病超前检测和诊断

对无症状个体心血管疾病的筛查和超前检测及诊断已经开发，并成为常规筛查和年度检查的一部分。

包括心脏病、中风和其他相关疾病在内的心脑血管疾病是美国人的头号杀手，每年约有100万人死亡。它实际上影响包括非裔美国人、西班牙裔人和白人等大多数种族群体，心脑血管疾病导致的死亡人数比所有癌症都要多。对其他种族而言，心脑血管疾病仅次于癌症。

根据疾病控制中心（CDC）和美国心脏协会公布的统计数据显示，冠心病是最常见的心脏病。在美国每34秒钟就会有一次心脏病发作，每60秒钟就有一人死于心脏病。美国用于心脏病的直接费用和间接费用是每年3201亿美元。

冠状动脉疾病是女性的头号杀手，患此病的人数远远超过女性患癌症的数量。每31名女性中就有一人死于乳腺癌，而统计数据显示三名女性中就会有一人死于心脏病。冠状动脉疾病的危险因素：

- 45岁以上的男子和55岁以上的女子；
- 有心脏病或糖尿病家族史的人；
- 个人病史的异常危险因素，如高血压、高血脂、低密度脂蛋白、高血糖、高血红蛋白A1C等，将在过去120天的平均血糖中体现；
- 吸烟者患心血管疾病的风险更高。

回顾上面的统计数据将有助于早期发现冠状动脉疾病和预防心脏病发作和中风的筛查试验。

四、超前检测和诊断意识与健康教育

筛查测试的指标和模型是具体和量化的，旨在分别评估动脉和左心室疾病的早期标记物。检测内皮功能障碍，这可能是动脉疾病的最早表现，它可能发展为症状性动脉粥样硬化或动脉硬化。

心血管疾病的早期发现和评估对于预防心脏病是很有价值的。要测量静息状态和运动过程中的血压，记录运动引起的血压变化。血压的急剧升高与动脉弹性降低有关。左心室疾病症状会导致心功能不全。对心脏疾病的识别和超前检测和诊断可以使干预措施更有效甚至可挽救生命。

筛查测试包括心电图、超声波和超声心动图。

空腹血液检测总胆固醇、低密度脂蛋白、高密度脂蛋白（HDL）和甘油三酯。

血糖和血红蛋白A1C作为C-反应蛋白（CRP）的炎症标记物对于检测与动脉粥样硬化相关的炎症非常有价值。血小板聚集和PAI-1检测可显示血栓或血栓形成增加的风险，并且可以容易地用抗凝剂抑制，这也是一个有价值的指标。

同型半胱氨酸是一种在动脉中沉淀的蛋白质，被认为是一种危害因素，特别是在亚甲基四氢叶酸还原酶（MTHFR）缺陷的个体中尤为严重，但可以通过补充叶酸降低其危害，这也是超前检测和诊断中具有价值的测试。

随着1998年诺贝尔获奖专题中对心脏动脉与一氧化氮水平相关的理论提出，40岁以上人员的一氧化氮水平检测和补充越来越引起业界的关注。

筛查结果可分为异常、边界、参考、正常和最佳几类。

神经退行性疾病如帕金森综合征、亨廷顿氏病、ALS或肌萎缩性脊髓侧索硬化和阿尔茨海默病，都是因神经元的结构和功能的丧失和逐步破坏引起的。

这些疾病在分子及细胞水平上有许多相似之处，这在将来寻找治疗方面可能会有帮助。神经退行性疾病的超前检测和诊断还不多，由于治疗手段有限，检测对治疗和预防的帮助也不大。但神经退行性疾病、蛋白质结构和通路、线粒体功能障碍、细胞膜损伤和自发细胞死亡（凋亡）之间的遗传关系是近期可能开辟治疗和预防研究的新领域。

随着时间的推移细胞在体内会发生变化。衰老是指器官细胞长期累积损伤，导致器官功能障碍、疾病和死亡的过程。近年来，关于老龄化和抗衰老的研究非常广泛和深入，尤其是在研究如何延缓、预防和逆转细胞功能和衰老的症状和体征，并发现和表征老化的病理生理学和实施程序，以对抗与年龄有关的疾病方面。衰老是一个多层次、复杂的过程，基因、内部环境因素和外部环境因素都对其有很大的影响。晚期糖化终产物（晚期糖基化终末化产物，简称“AGEs”）近年来受到科学家们的关注。功能老化在糖尿病和衰老的生理有机体的研究中被发现。体内糖化蛋白的积累是由细胞内蛋白质和葡萄糖的接近程度决定的，在37℃的细胞中，细胞内蛋白质的缓慢变化过程中产生蛋白酥饼类型的反应，在我们年老时开始变得柔软。血液和身体糖分越高，功能老化得越快，

AGEs程度越高。

AGEs糖化是还原糖如葡萄糖和蛋白质、脂质或核酸之间的非酶反应。糖化与糖基化非常不同，糖基化是酶反应。正如烹调过程越长，加热过程中蛋白酥饼的硬化程度越高，颜色越发棕褐色。人也一样，一个人的寿命越长，就会像烤制的蛋白酥饼，烹调时间越长，外皮越硬化，并开始显示褐色斑点。这些棕色斑点也在身体内部产生，但我们无法看到。因此，AGEs与糖尿病以及与年龄相关的疾病有病因学关系，抑制AGEs累加和信号传导的策略在这些病理学中具有治疗潜力。

低糖饮食有助于减肥，有助于减少糖尿病和AGEs的形成。皮肤老化是年龄对皮肤细胞影响的一个很好的例子。蛋白酥饼越硬，表面的纹路就越多，皮肤也是一样。除了与饮食和内部营养相关，皮肤还受外部环境的影响，如干燥、潮湿、污染、紫外线、化学物质、香烟等。

目前已有许多老化理论，特别是在皮肤老化理论研究方面。寻找皮肤老化的超前检测和诊断标记物，以预防和延缓皮肤老化是非常有意义的。

炎症和最近在科学文献中使用的术语“炎症衰老”是一个受到很多关注的研究领域。根据炎症理论研究，皮肤老化的常见特征是通过对基质的免疫应答触发细胞内的炎症反应，从而导致皮肤干燥、起皱和其他皮肤结构的变化。

近年来，晚期糖化终末化产物（AGEs）在皮肤老化中的作用越来越被重视，AGEs策略的潜力得到了一些发展新型抗衰老化妆品制药公司的高度关注。

超前检测和诊断健康人体内维生素、酶和辅酶的缺陷是预防医学、健康管理和延长寿命的一个重要途径。据梅奥诊所介绍，维生素缺乏症的体征和症状有疲劳、气短、头晕、皮肤无光泽，贫血、心跳不规律、体重减轻、手脚麻木和刺痛、肌肉无力、精神混乱、健忘和人格改变等。维生素缺乏症的超前检测和诊断实际上是非常昂贵的，并不是靠一个简单的社区筛查程序进行测试就能做到。然而，维生素、酶和辅酶的更换非常简单。维生素缺乏症可能随着时间的推移而发展，维生素B缺乏导致的贫血可能是由于维生素摄取量低或胃部缺乏吸收维生素B12营养的功能等。同时，吸烟会损害维生素C的吸收，过量饮酒也可能导致维生素缺乏。

还有许多因素会导致维生素缺乏。素食者不会接受乳制品和动物食品中的维生素；过度烹煮的食物也可能导致维生素损失和维生素缺乏。建议孕妇服用富含叶酸的多种维生素，孕妇叶酸缺乏可能有早产风险。当胎儿不能从母体获得足够的叶酸时，会产生胎儿脊髓的先天缺陷。对于孕妇来说越早进行检测越好，因为超前检测和诊断妊娠有终身价值的影响和结果。对于在家人中有出生缺陷病史、35岁及35岁以上、曾在怀孕前或怀孕期间使用过药物或有药物滥用史、有糖尿病及使用过胰岛素、在怀孕期间有病毒感染或曾暴露于高强度辐射环境的孕妇，建议使用三屏检测。

三屏检测测量AFP或甲胎蛋白的水平，以确保宝宝没有神经管缺损、脊柱裂或无脑畸形。低水平的AFP和异常水平的HCG或人绒毛膜促性腺激素，可能表明婴儿有三体21（唐氏综合征）、三体综合征或其他类型的染色体异常。三屏检测是一种常规的筛查测试，不具有侵入性。它是在简单的血液样本上进行的，不是侵入性的手术，不会对母亲和宝宝造成伤害。

三屏检测可用来确认多个胎儿，它是有价值的超前检测和诊断。

五、结束语

虽然在发达国家和选定的发展中国家，有针对一些癌症和重大疾病的筛查项目，但癌症筛查项目尚未完全得到推广，多数癌症筛查尚未纳入常规的医疗卫生服务中。政策支持、资金投入和完善的医疗卫生服务是筛查项目得以大面积实施的保障，国家卫生政策的改革、宣传、资源配置以及在改善卫生服务方面需要大力推动。大多数关于在发展中国家参与超前检测和诊断计划的障碍的信息都来自定性研究。更大规模的定量研究包括大数据采集、模型设计和分析，对于进一步解决常规卫生服务早期发现癌症至关重要。

Awareness and Education for Early Detection

Shoreh Ershadi Pharm

Abstract

Early detection and adequate treatment are important approaches in the control of some cancers as they significantly improve survival outcome and quality of life. Cancer early detection approaches include screening programs and early clinical diagnosis through improved awareness and health service infrastructure and accessibility. High level of public awareness and well-developed and accessible health services are vital for the success of both approaches. Promotion of education, awareness, and empowerment of people to seek health care, development of infrastructure for early detection, diagnosis and treatment of cancer patients, and, when resources permit, organized screening programs are important to improve early detection and treatment of diseases.

Keywords

Early Detection, Laboratory, Cancer, Screening Evaluation, Prevention, Health Education

作者简介

绍荣·艾尔莎迪（Shoreh Ershadi Pharm），美国

女，加利福尼亚公共卫生署临检中心执照管理局首席官员，世界抗衰老医学会注册临床工作者（ABAAHP），加拿大国家科学研究委员会博士（DNRCC），泰国国家研究委员会博士（NRCT），美国临床病理学家学会博士（ASCP），加利福尼亚抗衰老研究所总裁兼首席执行官，美国加州抗衰老学院创始人，美国著名临床临检中心高级研究员及创始合伙人。

她从事临检中心主任工作超过30年，在美国著名的临床临检中心担任主任工作期间，负责建立临检中心功能检测标准模型和质量监控，包括任职于美国吉诺瓦（Genova）功能临检中心主任。她带领团队设计了众多的检测标准流程和服务模型，特别是首次推出包括重金属、农业污染物及其他对免疫功能造成伤害的物质体内毒素检测体系、女性内分泌检测、女性更年期和健康长寿的标准检测体系等几百个非常规溯源检测（特检），并提出检测应以健康标准为对比值，而非疾病标准，为抗衰老医学临床医生提供超前诊断依据。

经过多年的临床检验和药物方面的研究，她研发出了以天然植物为配方的“抗衰老”系列功能产品和营养素，并在美国食品药品管理局备案，为抗衰老医生提供医学营养学干预方案。这些产品对预防心血管、癌症、骨质疏松症、肝肾疾病、帕金森症和皮肤问题及其他慢性病有突出的作用，她也是很多明星的健康顾问。

运动对于健康的意义

丹戎·苏布拉提 / 著

韩淼 戈嵩 / 译

摘要:

久坐不动的生活方式对于健康的危害已经成为全球问题，控制以此而产生的慢性疾病的风险，低成本又行之有效的干预方式就是有效的体力活动。本文主要探讨运动水平、功能性体适能与体质健康之间的关系。作者认为，一些慢性疾病的发病率及死亡率与无体力活动及低功能性体适能密切相关；而在预防疾病与健康促进中发挥有益作用的有规律的运动、适宜的功能性体适能有着量效关系。根据这一结论，提出促进健康的运动健身指南。

关键词:

体力活动　健康　功能性体适能　运动缺乏症　疾病

目前，世界正在流行一种称为“运动缺乏症”的新疾病，这通常被称为久坐不动的生活方式。世界卫生组织（World Health Organization，WHO）指出，大约有60%～85%的世界人口包括发达国家和发展中国家都有久坐不动的生活方式，据估计，近2/3的孩子缺乏必要的活动，这将严重影响他们未来的身体健康。由于科技的发展与进步导致这种现象出现，使得人类体力活动变得最小化。从自行车发明开始，相比于走路，人类的体力活动就在减少，汽车的出现使人类只需要推或拉油门就可以移动，或许在将来的某一时刻，人们只要用手指一下或眨一下眼睛，甚至使用意念，就可以从一个地方转移到另一个地方。

各种研究表明，缺乏体力活动（久坐不动的生活方式）会增加患各种疾病的风险，特别是非传染性疾病（慢性疾病）如冠心病、中风、Ⅱ型糖尿病、乳腺癌和结肠癌，当然这也会缩短人类的预期寿命。2009年世界卫生组织（WHO）报告，在导致高血压、吸烟和糖尿病危险的因素中，人类身体不运动因素排第四位，身体不运动会导致9%的人过早死亡，2008年世界范围内死亡的5700万人当中就有530万人属于过早死亡。尽管运动缺乏症不能完全被免除，但是，如果能减少10%～25%的运动缺乏症人群，就可能最大化地降低死亡总人数，每年可以减少53.3万～130万人死亡。据估计，解决身体不活动这一现象可以提高全球人口的寿命0.68年（介于0.41～0.95年）。

人类不愿意活动，不仅是因为有可用的先进设施，而且还受制于非常严格的工作要求，所谓的“久坐综合征”尤其在城市社区比较明显。据报道，在全世界54个国家中大约有60%的人每天会久坐3小时以上，每天平均久坐时间为4～7小时。这很有可能会增加发病率和死亡率。研究还表明，在2002—2011年间，久坐综合征导致每年43.3万人死亡。另一项研究表明，尽管人们在久坐几个小时后做一些体力活动或运动，但由于“久坐综合征”的存在，仍不能明显降低发病和死亡的风险。因此，解决此问题的办法就是在持续久坐中每小时休息一次。例如，可以放一个计时器，在57分钟时站起来走动2～3分钟，等等。这是一个可以至少降低33%的发病率和过早死亡风险的简单方法。

久坐综合征只能通过体力活动来解决。卡斯佩森（Caspersen）博士和鲍威尔（Powell）博士指出，体力活动是由使用能量的骨骼肌而进行的任何身体活动。活动所需的大量能量的衡量单位是千焦（kJ）或千卡（大卡），它是由大量肌肉产生的身体运动和运动强度、持续时间、肌肉收缩的频率所决定的。体力活动可以简单分为睡眠、工作、娱乐和休闲几类。闲暇时间的体力活动可以进一步细分，如运动、健身、家庭事务（整理庭院、清洁和修理房屋）以及其他活动等。

运动并不是体力活动的代名词，它是体力活动的一个分支。运动被定义为有计划、有结构、重复和有目的的一种体力活动，目的是改善或维持体内一个或多个器官的健康。身体健康可以被定义为一个人没有过度的疲劳，并有能力以精力充沛和机敏的方式进行日常工作，以及可以快乐并精力充沛地去享受闲暇时间和应付不可预见的紧急情况的状态。

由美国运动医学学院（ACSM）引入的运动医学（EIM），旨在提高卫生保健提供者和卫生保健系统在体力活动方面对患者和社会的促进作用。运动医学使得体力活动和运动成为全球可以预防和治疗疾病的标准的一部分。临床研究表明，运动疗法可以预防和减轻各种疾病和各种健康问题的出现，包括冠心病、中风、癌症、骨质疏松、肥胖症、糖尿病等。2007年，由美国运动医学学院和美国医学协会倡议提出的运动医学计划有三个原则：第一，体力活动应监测生命体征；第二，体力活动应被规定为是一种有效的医疗方式；第三，要想获得成功，需要健康保健提供者、运动专业人士和社区这三个主要利益相关群体自上而下和自下而上的努力来实现。

体力活动和运动在许多方面都会影响人的身心健康，运动影响内分泌、心肺、代谢、免疫和所有人类系统。有强有力的科学证据表明，体力活动可以帮助人们变得更健康，甚至拥有更幸福的生活。英国国民健康服务（NHS）报道运动有如下好处：

- 冠心病和脑卒中风险降低约35%；
- Ⅱ型糖尿病的风险降低约50%；
- 结肠癌的风险降低约50%；
- 乳腺癌的风险降低约20%；
- 早期死亡的风险降低约30%；
- 骨性关节炎的危险降低约83%；
- 髋部骨折的风险降低约68%；
- （老年人）跌倒的危险降低约30%；
- 抑郁症的风险降低约30%；
- 痴呆的风险降低约30%。

像快走这样简单的体力活动也能积极地影响我们的健康，可以降低慢性疾病发病率和死亡率。加拿大运动生理学会进行的一项研究表明，每周400千卡的体力活动就会加快甘油三酯的消耗，并且可以改善血压、身体成分、高密度脂蛋白（HDL）和有氧健身能力。每周活动量增加到3000千卡，就可以极大地改善以上五个健身参数的数值。但是，如何在每周燃烧400千卡？只需要简单地一周4次（2小时/周）快步行走30分钟，就可以每周燃烧400千卡，并能改善健康状况和健身参数。

对人类的一些研究表明，体力活动和运动不仅可以降低患心脏病的风险，也可以改善心脏病发作后的心脏状况，按照乌斯塔德（Ustad）所说“身体素质的提高会延迟所有原因造成的死亡率，最不健康的男性和女性的死亡率比最健康的男性和女性高3.4和4.6倍”。大约75%的高血压患者在进行体力活动和运动后，心血管系统的收缩压和舒张压可降低10毫米汞柱左右；它们能增加迷走神经张力，可降低心律失常患者对药物的定期需要；有氧运动能改善VO_2患者的功能量，运动的强度越大，改善效果越显著；有氧运动对间歇性跛行患者的功能提升也有很大的影响，参加运动的患者无痛行走的时间或最大化的步行时间会增加近200%或一倍；有规律的运动能减少心血管组织炎症，降低其CRE活性蛋白（CRP）、白细胞介素-6（IL-6）和肿瘤坏死因子（TNF-α）水平，同时有规律的运动也会增加如白细胞介素-4（IL-4）抗炎物质和白细胞介素-10（IL-10）等抗炎症物质的生成；运动可以在毛细血管和阻力小动脉的层面上诱导血管生成（通过形成新的血管扩张的毛细血管网），从而促进动脉生成。

内分泌系统调节和控制各种身体功能，如新陈代谢、生长发育、组织功能、性功能、生殖、睡眠和情绪。内分泌系统通过分泌激素对人的身体产生影响，而激素则是整个身体的信使、控制者和协调者。运动过程中的激素系统有助于调节新陈代谢和心血管系统。此外，激素也会参与肌肉、骨骼和脂肪组织从而发挥其功能。下丘脑—垂体—肾上腺（HPA）轴与体力活动之间的关系在影响人类健康方面显然很重要。已证实肾上腺（HPA）轴觉醒的短期益处是积极的，也是人类原始生存的决定性因素。然而，通过剧烈运动产生的长期的刺激可以对人体产生很多有害的影响，如可以对正常未受过训练的人产生疲劳、肌肉疼痛、睡眠障碍、昼夜节律失常等有害影响。生长激素（GH）-胰岛素样生长因子-1（IGF-1）轴是由激素、生长因子、结合蛋白（BP）以及一些受体所组成，如基本的生命过程中所形成的受体、生长发育的受体、肌肉肥大的代谢和修复过程的受体，以及衰老过程中的受体等。诱导运动可以在很短的超强运动（90秒）之后，增加其最重要的组成因素——胰岛素样生长因子-1（IGF-I）的产生，10分钟的耐力运动开始后，会增加乳酸/无氧阈（LAT）的产生。这些合成代谢因子的增加对运动训练引起的肌肉肥大起着关键性的作用，但运动也能提高分解性促炎细胞因子，如白细胞介素（IL）- 6、IL-1、肿瘤坏死因子-α（TNF-α）和皮质醇等分解代谢激素。合成代谢和炎症/运动分解反应间的平衡将决定运动训练的有效性和运动的健康效果，如果同化反应比分解代谢反应更强，运动可能会最终导致肌肉质量增加以及身体素质的改善，但占主导地位的代谢反应，特别是持续时间长，可能会导致过度训练从而产生有害的影响。

对免疫系统固有的分支功能起至关重要作用的是炎症反应。免疫系统的细胞广泛分布于体内，当热或物理损伤或感染发生时，免疫细胞容易在紧急情况下聚集。剧烈运动后的肌肉或组织损伤可能是炎症的有力信号，症状为发红、发热、肿胀和疼痛。由于血管扩张而导致的血流量增加，会出现发红和发热现象。毛细血管通透性增加使液体渗入细胞外空间，会激活疼痛感受器产生肿胀，从而导致运动受限，但它却迫使受伤的部分休息，这有助于愈合。因此，炎症可以消灭外来病原体，防止损伤因素的扩散，处理因组织损伤而产生的细胞碎片，并为组织修复奠定了基础。关于运动对身体其他系统的影响而言，对运动的免疫反应主要由运动的强度和持续时间所决定。运动似乎影响免疫系统的所有细胞，但以不同的方式，通过直接改变免疫功能，或通过如下列出的机制组合方式影响其免疫系统：

- 直接刺激免疫功能；
- 刺激交感神经系统；
- 改变激素［特别是肾上腺素、去甲肾上腺素、皮质醇、生长激素（GH）、泌乳素、甲状腺素］；
- 体温升高；

■ 运动诱导的细胞损伤（急性期蛋白或热休克蛋白的释放）；

■ 增加氧化应激。

身体健康有11个组成部分，美国运动医学学院（ACSM）将其分为两组：一组与健康相关；另一组与运动能力的技能相关。

1. 与健康相关部分：

● 心血管耐力：在持续的体力活动下循环系统和呼吸系统供氧的能力。

● 身体成分：肌肉、脂肪、骨骼和身体的其他重要部分的相对量。

● 肌力：肌肉产生力量的能力。

● 肌肉耐力：肌肉持续执行指令而不疲劳的能力。

● 灵活性：关节可用的运动范围。

2. 与技能相关部分：

● 敏捷：改变身体与速度和精度的空间位置的能力。

● 协调：运用感官的，如视力和听力，与准确的身体部位一起顺利执行任务的能力。

● 平衡：静止或移动维护平衡。

● 力量：执行任务的能力或速度。

● 反应时间：经过刺激和反应到它的开始之间的时间。

● 速度：在短时间内进行运动的能力。

体力活动和运动有一些原则，即特定适应需求（Specific Adaptation of Impose Demand，SAID）原则，这意味着具体的运动强调特定的生理系统，随后针对每项运动的不同调节自己的适应性。特定适应需求（SAID）原则不仅与正在使用的肌肉群有关，而且与正在训练的代谢系统有关。例如，当人们练习心肺呼吸耐力（有氧）时，得到的是有氧健身而不是肌肉力量；渐进式超负荷（Gradual Progressive Overload，GPO）原则，意味着为了避免停滞，体力活动应逐步完成，以适应体力活动的力量、耐久性和弹性，以改善身体活动。超负荷的精确量值是一个非常个性化的指标，影响过载量和随后恢复时间的因素，包括之前的培训、年龄、遗传学、环境、压力层次、精神焦点和目标等；而频率、强度、时间、类型（Frequency, Intensity, Time, Type，FITT）意味着体育活动在一周内做几次（频率），活动的执行情况（强度），一段活动持续了多久（时间），以及做什么样的活动（类型）所决定。以频率、强度、时间、类型（FITT）为指导来做的运动被称为运动医学，这是一个关于如何做、做多久、一周做几次以及做到什么程度的运动处方。

疾病预防控制中心（CDC）通常将练习分为两组：有氧（耐力）运动和阻力运动。

推荐有氧运动150分钟/周（30～40分钟，4～5次/周），中度强度或75分钟/周（15～20分钟，4～5次/周），高强度（剧烈）；推荐2次或以上的阻力运动，涉及一组腿部、背部、胸部、肩膀和手臂肌肉的运动，重复8～12次/套；建议逐渐增加重复运动。

体力活动非常依赖于一个人的健康状况和危险因素，其中美国运动医学会（ACSM）将其分为三类：明显健康、风险增加和已知疾病。这些类型中的每一种都需要治疗，剂量和具体的培训和监督，取决于每个人的健康状况和危险因素。所以在进行体力活动和运动时，首先，必须考虑他/她的实际需要，而不仅仅是追随潮流或生活方式；其次，他/她必须适应自己的能力，而不是适应他/她的训练伙伴或教练的能力；最后，他/她也必须意识到他/她对活动的渴望。例如，如果身体的运动需要一个小时，运动的能力只有30分钟，而你的运动欲望长达两个小时（根据你的训练伙伴的趋势或影响），那么运动不再对健康有益。相反，过度运动也会导致健康问题。必须记住，我们身体的需要和行为能力是有限度的，但我们的意愿和欲望几乎是无限的，所以在这种情况下，我们都应该对自己有所了解，同时也要理智地进行运动。

总之，体力活动对健康至关重要，既可以预防疾病，也可以治疗疾病，甚至可以作为院后康复的方案。但要谨记，做最适合的锻炼、使用正确的运动剂量，体力活动才会是有益健康的。体力活动和运动可以是一剂良药，但它不能被封装或注射，不能仅仅被纳入预定的课程。此外，体力运动也不仅是一种爱好、快乐的生活方式，而是保持健康生活的必需品，因此体力活动不仅是休闲活动，而是一个人必须花时间去做的一种运动。

参考文献

[1] World Health Organization. Physical inactivity a leading cause of disease and disability, warns WHO. 2002. Available from: http://www.who.int/mediacentre/news/releases/release23/en/.

[2] World Health Organization. Global health risks: mortality and burden of disease attributable to selected major risks. 2009. WHO Library Cataloguing-in-Publication Data. Available from: http://www.who.int/healthinfo/global_burden_disease/GlobalHealthRisks_report_full.pdf.

[3] Lee I.M., Shiroma E.J., Lobelo F., Puska P., Blair S.N., Katzmarzyk P.T. Effect of physical inactivity on major non-communicable diseases worldwide: an analysis of burden of disease and life expectancy. Lancet. 2012 Jul 21;380（9838）:219-29. doi: 10.1016/S0140-6736（12）61031-9. Available from: https://www.ncbi.nlm.nih.gov/pubmed/22818936.

[4] Oliveira R. The Sitting Syndrome. Why Sitting Is Dangerous for Your Health. UC Davis Integrative Medicine. 2016 June 22.

[5] Rezende L.F., Sá T.H., Mielke G.I., Viscondi J.Y., Rey-López J.P., Garcia L.M. All-Cause Mortality Attributable to Sitting Time: Analysis of 54 Countries Worldwide. Am J Prev Med. 2016 Aug;51（2）:253-63. doi: 10.1016/j.amepre.2016.01.022. Epub 2016 Mar 23. Avilable from: https://www.ncbi.nlm.nih.gov/pubmed/27017420.

[6] Caspersen C.J., Powell K.E., Christenson G.M. Physical Activity, Exercise, and Physical Fitness: definitions and distinctions for health-related research. Public Health Rep. 1985 Mar-Apr; 100（2）: 126 - 131. Available from: https://www.ncbi.nlm.nih.gov/pmc/articles/PMC1424733/.

[7] Russell E. Exercise is medicine. CMAJ. 2013 Aug 6; 185（11）: E526. doi: 10.1503/cmaj.109-4501. Available from: https://www.ncbi.nlm.nih.gov/pmc/articles/PMC3735767/.

[8] Cowan RE. Exercise Is Medicine Initiative: Physical Activity as a Vital Sign and Prescription in Adult Rehabilitation Practice. Arch Phys Med Rehabil. 2016 Sep;97（9 Suppl）:S232-7. doi: 10.1016/j.apmr.2016.01.040. Epub 2016 Jul 25. Available from: https://www.ncbi.nlm.nih.gov/pubmed/27470321.

[9] The National Health Service（NHS）U.K. Benefits of exercise. 2015. Available from: http://www.nhs.uk/Livewell/fitness/Pages/whybeactive.aspx.

[10] Canadian Society for Exercise Physiology. The Canadian Physical Activity, Fitness and Lifestyle Approach（CPAFLA）: CSEP - Health and Fitness Program's Health-Related Appraisal and Counselling Strategy. 2003. Third edition. Canadian Society for Exercise Physiology.

[11] Urstad M.J., Urstad K.J. Cardiovascular and Peripheral Vessel Diseases. In: Textbook of Sports Medicine. Basic Science and Clinical Aspects of Sports Injury and Physical Activity. 2003. Massachusetts. Blackwell Science Ltd.

[12] Golbidi S., Laher I. Exercise and the Cardiovascular System. Cardiol Re Pract. 2012; 2012: 210852. Avilable from: https://www.ncbi.nlm.nih.gov/pmc/articles/PMC3371347/.

[13] Lakka T.A., Lakka H.M., Rankinen T., et al. Effect of exercise training on plasma levels of C-reactive protein in healthy adults: the HERITAGE Family Study. European Heart Journal. 2005;26

(19):2018–2025. Available from: https://www.ncbi.nlm.nih.gov/pubmed/15987707.

[14] Plowman S.A., Smith D.L. Neuroendocrine Control of Exercise. In: Exercise Physiology for Health, Fitness, and Performance. 2011. Third edition. Baltimore. Lippincott Williams & Wilkins.

[15] St-Pierre D.H., Richard D. The Effect of Exercise on the Hypothalamic-Pituitary - Adrenal Axis. In: Endocrinology of Physical Activity and Sport. 2013. Second edition. New York. Humana Press.

[16] Eliakim A., Nemet D. Exercise and the GH-IGF-I Axis. In: Endocrinology of Physical Activity and Sport. 2013. Second edition. New York. Humana Press.

[17] Plowman S.A., Smith D.L. The Immune System, Exercise, Training, and Illness. In: Exercise Physiology for Health, Fitness, and Performance. 2011. Third edition. Baltimore. Lippincott Williams & Wilkins.

[18] Thompson W.R., Gordon N.F., Pescatello L.S. ACSM's Guidelines for Exercise Testing and Prescription. 2009. Eight edition. Philadelphia. Wolters Kluwer/Lippincott Williams & Wilkins Health.

[19] Centers for Disease Control and Prevention. 2008 Physical Activity Guidelines for Americans. Fact Sheet for Health Professionals on Guidelines for Children and Adolescents. 2008. Available from: https://www.cdc.gov/physicalactivity/downloads/pa_fact_sheet_adults.pdf.

[20] Dwyer G.B., Davis S.E., Pire N.I., Thompson W.R. Pre-Activity Screening. Risk Stratification. In ACSM's Health-Related Physical Fitness Assessment Manual. 2008. Second edition. Baltimore. LIppincott Williams & Wilkins.

Physical Activity for Health

Tanjung Subrata MD

Abstract

The sedentary lifestyle has become a global problem, but the most cost-effective way to change the risk of this chronic disease is to have a health promotion. The paper mainly discusses the relationship between the level of physical activity , functional fitness and physical health. The study suggests that the morbidity and mortality rates of some chronic diseases are closely related to those without physical activity and low-functional physical fitness; and there is a dose-effect relationship between prevention of disease, health promotion and the regular physical activity, the appropriate functional fitness.And thus based on this conclusion, the author put forward the activity guide of health promotion.

Keywords

Physical Activity, Health, Functional Fitness, Physical Inactivity, Disease

作者简介

丹戎·苏布拉提（Tanjung Subrata），印度尼西亚

医学博士，世界抗衰老医学会会员，再生医学委员会医学博士，生殖医学院高级研究员，美国抗衰老与再生医学委员会认证医生。

丹戎博士致力于向印度尼西亚人民提供健康和锻炼的教育。他在美国温德华大学担任讲师和研究人员，开发了一种独特治疗肌肉骨骼损伤的方法。此外，他在各种健康、健身和健美组织担任重要职位，包括意大利广播电视公司研究所健身教育、印度尼西亚糖尿病教育工作者协会、印度尼西亚健美联合会。丹戎博士被人们昵称为“T医生”，他同时还是国内外各种医疗、健康、康复、抗衰老与健身会议的演讲者。

国际癌症研究及治疗新进展
——癌症代谢论及综合治癌法简介

成长

摘要：

癌症是一种对人类威胁最大的、让人闻之色变的疾病。其发病率在中国，甚至全球，仍在快速上升，已成中国人第一大死亡原因。尽管人类在过去半个多世纪内对癌症的基础研究及临床治疗投入大量的人力及财力，但常规治疗（化疗及放疗）对已转移的癌症疗效欠佳。即使化疗取得临床缓解（Clinical Remission），也因潜伏的癌干细胞的存在，复发的概率很大，而且复发的癌常常是抗药的。

本文简要介绍癌症病因“新”理论——癌症代谢论。癌症代谢论认为癌症的主要起因是细胞产能器官——线粒体功能障碍而导致的疾病。事实上，近年研究显示线粒体功能障碍在几乎所有的慢性疾病中都起到了重大作用。本文最后提出以癌症代谢论为基础，加入抗衰老医学及中医养生学的“癌症综合治疗”理论，以期达到控制甚至治愈癌症之目的。

关键词：

癌症代谢疗法　癌症综合疗法　线粒体　有氧糖酵解　Warburg效应

癌症是一种对人类威胁最大的、让人闻之色变的疾病。其发病率在中国，甚至全球，仍在快速上升，已成为中国人第一大死亡原因。尽管人类在过去半个多世纪内对癌症的基础研究及临床治疗投入了大量的人力及财力，但常规治疗（化疗及放疗）对已转移的癌症疗效欠佳。一项对美国及澳洲22种主要癌症化疗效果之研究发现，化疗只增加了这些癌患者5年生存率的2%左右，也即1.2个月[1]，也就是说花几万乃至几十万美元买来的是不到两个月的充满化疗毒副反应的寿命（美国癌症年均化疗治癌约接近10万美元。以3、4期乳癌为例，平均两年治疗花费16万和18万美元。最新一项发表在《肿瘤学年鉴》上对英国"癌症药物基金"的研究分析报告指出：该基金从2010—2016年共花费了12.7亿英镑（约113.41亿元人民币），但对47种癌症中的大部分（62%）无治疗效果。在47种癌症中，仅有18种（38%）有约3个月生命延长。但这3个月延长的生命也是充满了药物的毒副作用[2]。中国的状况尤其严重：据中国国家癌症中心办公室统计，中国前十大癌的平均5年生存率（30.9%）还不到美国的（68%）一半。科学界及国际社会对癌症投入不菲，但临床结果令人失望。究其原因，可能有三：其一，充分的证据显示公认的癌症基因突变理论可能有错。如果基本理论错了，那么建立在错误理论上的治疗方案必定难以奏效。其二，标准治疗（化/放疗）只注重"祛邪"而不"扶正"，有严重战略失误。抗癌是一项长期的斗争，就好比战争，只顾杀敌，不顾自身强军，这战争能赢吗？其三，癌细胞都是从癌干细胞分裂而来。而癌干细胞对标准治疗（化/放疗）是不敏感的。因此，即使化疗取得临床缓解（Clinical Remission），也因潜伏的癌干细胞的存在，复发的概率很大，而且复发的癌常常是抗药的。本文简要介绍癌症病因"新"理论——癌症代谢论[3]。癌症代谢论认为癌症的主要起因是细胞产能器官——线粒体功能障碍而导致的疾病。事实上，近年研究显示线粒体功能障碍在几乎所有的慢性疾病中都起到了重大作用。本文最后提出以癌症代谢论为基础，加入抗衰老医学及中医养生学的"癌症综合治疗"理论，以期达到控制甚至治愈癌症之目的。

一、癌症研究及治疗历史简介：癌症起因研究重要里程碑[4]

1. 1777年：英国医生Percival Pott提出致癌物（Carcinogen)概念（提示癌与环境有关)。

2. 1890年：德国医生David Paulvon Hansemann发现癌细胞染色体异常。

3. 1911年：美国医生Peyton Rous发现Rous肉瘤病毒，认为癌症可由病毒传播。

4. 1914年：当今流行的癌症基因突变论可以追溯到100年前的Theodor Boveri/Karl-Heinrich Bauer。

5. 1924年：德国医生Otto Warburg提出癌症为线粒体产能异常所致，即癌症代谢起因论。

6. 1953年：Watson/Crick发现DNA双螺旋结构，开启分子生物学。

7. 20世纪70年代：Varmus/Bishop发现癌基因（Oncogene)。至此，癌症基因突变论（Somatic Mutation Theory，SMT）已是板上钉钉，少有质疑了。

8. 20世纪80年代：核杂交实验提示癌症起因不在细胞核，而在细胞浆（Warren及Shay等），但如此重要线索却被忽略了。

9. 1990—2000年：人类基因组测序（Human Genome Project，HGP）完成。人类首次大规模解码人类基因。

10. 2005年：癌症基因组图谱（The Cancer Genome Atlas，TCGA）完成，但未能找到预期的癌症起动基因（Driver Mutations）。TCGA结果在科学界引起混乱，引起一部分科学家对SMT的严重质疑。

11. 2012年：Seyfried继承并发展了Warburg的癌症为线粒体产能异常理论，发表“癌症是一种代谢性疾病”（Cancer Asa Metabolic Disease）[3]。

二、基因突变致癌论（Somatic Mutation Theory）

人类对癌症的研究至少从英国医生波特（Percival Pott）于1777年首先提出致癌物概念开始（即癌症与环境有关），经19世纪德国汉斯曼（David Paulvon Hansemann）提出染色体异常（癌症病因可能在染色体上），至20世纪初美国医生饶斯（Peyton Rous）发现饶斯肉瘤病毒可致癌（癌症可能是病毒传染），到1924年德国医生沃伯格（Otto Warburg）观察到癌症细胞线粒异常。正常细胞在有氧时，主要（90%）靠线粒体内三羧酸循环、氧化磷酸化（Oxidative Phosphorylation，OxPhos）供能。只有在缺氧时，才通过葡萄糖无氧酵解产能。但沃伯格发现所有癌细胞都有一共性：即使在有氧时，也主要依赖葡萄糖酵解产能，即有氧酵解（Aerobic Glycolysis）。此现象称为“沃伯格效应”（Warburg Effect）。当时已有很多研究显示癌细胞都有线粒体形态异常。在此基础上，沃伯格发现癌细胞都有线粒体膜电位明显下降。而OxPhos产生ATP与线粒体膜电位关系密切（通过OxPhos产生的能量传递到线粒体膜上，最后传至ADP，使其转化成高能分子ATP）。因此，沃伯格提出癌症是线粒体OxPhos产能系统受损而无法有效产能因而转向利用低效且古老的糖酵解产能的一种代谢病（好比糖尿病是胰岛细胞受损引起的代谢病）。但人们热衷于癌症是染色体、病毒等引起的，而对沃伯格的代谢论未加重视。20世纪50年代华生（James Watson）及克里格（Francis Crick）发现DNA双螺旋体结构，开启了分子生物学时代（分子生物学给人类对生命及疾病的研究带来了一场大革命，但也带来了一些问题：人们几乎把全部注意力放到基因上，而严重忽视了其他细胞器，尤其是细胞内十分重要的产能器官——线粒体）。20世纪70年代伐木斯（Harold Varmus）及毕晓普（Michael Bishop）发现致癌基因（oncogene）后，癌症基因突变论（Somatic Mutation Theory，SMT）已是板上钉钉，很少有人质疑（除了彼德生等极少数人）。癌症基因突变论认为癌症由细胞内个别基因突变起动了复杂的致癌程序而最终致癌。这个（或少数几个）基因被称为“起动基因”（Driver Mutation）。

三、基因突变致癌论的困境

用基因突变论解释癌症存在许多问题。最重要的是几十年来，以突变论为基础的临床癌症治疗疗效令人沮丧。下面两点也是难以用突变论解释的。

（一）找不到癌症基因突变论的关键——起动基因

癌症基因突变论预测每个癌症都有一个或少数几个起动基因。不同的癌症可能有不同的起动基因。过去几十年里，因为用SMT解释癌症现象经常捉襟见肘，因此SMT有不少变化，但基本思路不变。1990年开始了历时约10年、耗资30亿美元的“人类历史上最宏大、最昂贵、最令人兴奋（provocative）的生物医学研究”——人类基因组测序（HGP），以及从2005—2006年开始的癌症基因测序（The Cancer Genome Atlas，TCGA），让人们满怀期待，希望能找到癌症病因——即找到起动基因，从而找到有效的治疗方法。癌症研究者们预期每一种癌都有其独特的起动基因。同一种癌，尤其是每一个癌症患者的所有癌细胞都应有相同的起动基因，因为它们来自同一癌干细胞。但结果令人大失所望。不仅没有在大部分癌瘤中找到共同的致癌突变，即便在同一癌瘤中不同癌细胞，也很难找到共同的致癌突变，原发癌与转移灶细胞也少有共通性。TCGA得到的是散乱无章的一团乱麻。科学家们一头雾水，无所适从。失望之下，癌症研究领军人物佛格斯汀（Bert Vogelstein，20世纪末癌症研究中最著名的人物。据2003年的《科学信息，Scientific Information》，他的文章是全球被引用最多的）摇头耸肩地认为“癌症有暗物质”。佛格斯汀最近又在科学期刊上发文认为2/3的癌症发生与环境无关，是随机的[5]。此文不仅未能解释TCGA没有找到癌症起动基因给SMT带来的窘境，更有误导社会各界认为环境与癌症发病无关。DNA结构发现者华生，看到彼得生（Peter Pedersen）及他的博士后Young Hee Ko用3溴丙酮酸（3-BP）治疗癌症的显著疗效后（3-BP主要阻断糖酵解，其显著疗效也更进一步提供了代谢论之证据），也认为“我们必须对癌症的代谢及氧化产能做更多、更广的研究”[4]。

（二）细胞核转移实验（Nuclear Transfer Studies）显示：致癌决定因素不在细胞核，而在细胞浆（线粒体内）

另外，早在20世纪80年代，美国两个不同的实验室（佛蒙州的谢弗Warren Schaeffer及德州的谢杰里Jerry Shay）分别做了细胞核转移实验。佛蒙组将癌细胞中的细胞核转移至细胞核已被除去的正常细胞中，然后将杂交细胞种入实验动物。但在68只实验鼠中只有一只长出肿瘤。德州组重复了上述实验，10只实验鼠中没一只长出肿瘤。德州组更进一步，做了相反的实验：正常细胞核+癌细胞浆（含线粒体）。8个实验鼠中有7只长出相应肿瘤。两组重复了几次，得出相同但无法解释的结果：含有癌症细胞核的杂交细胞不致癌，而含有癌细胞线粒体的杂交细胞反而致癌。实验显示：致癌因素在细胞浆（线粒体内）。但在癌基因突变论火热的年代，这些实验被忽略了[6][7][8][9]。

正常细胞　癌细胞　癌细胞核+正常细胞质　正常细胞核+癌细胞质

正常细胞　癌细胞　正常细胞　癌细胞/死亡

图　细胞核/质杂交试验。致癌决定因素不在细胞核，而在细胞浆（线粒体内）

四、癌症代谢论（The Metabolic Theory of Cancer）

过去半个多世纪人们只知癌是因为基因突变所致，医学院学的、媒体上宣传的，没有二致。大家都把癌症基因突变论当成真理，似乎无人怀疑。早在1924年沃伯格就已提出的癌症代谢论几乎无人知晓也鲜有人提及。很幸运的是，当全世界都相信上述观点时，有那么几个人却执着地相信沃伯格（Otto Warburg）的癌症代谢论。其中，霍普金斯大学的彼得生（Peter Pedersen）及波士顿学院的赛夫里德（Thomas Seyfried）最有代表性。他们坚持实验研究。2012年赛夫里德在沃伯格的基础上，结合近几十年内包括他自己的基础及临床研究成果，发表了《癌症是一种代谢病——癌症起源、治疗及预防》[3]。此理论不仅很好地解释了癌细胞及癌症的众多特征，更重要的是提出了一个全新的治疗方向。实验室研究及初步显著的临床结果显示这是一个正确的方向。

沃伯格注意到癌细胞有千变万化的表象，但也有共同的特征：癌细胞主要靠糖酵解供能（glycolysis）。地球上生命刚开始时，没有氧气，无氧酵解因此而生。无氧酵解是地球上最古老、最原始、最简单，也是效率最低的供能方法。从人类到猴子，到鸟类，酵母、菠菜、细菌都保留了这一产能方式。但相比有氧代谢（Respiration/OxPhos），无氧酵解要多用18倍的葡萄糖来获得相同的能量。而高效的OxPhos是在线粒体内进行的，沃伯格观察到癌细胞的线粒体不正常（线粒体膜电位降低）。实验中，他发现缺氧后，正常细胞能转变成癌细胞。癌症代谢论提出：当细胞的线粒体产能系统严重受损后，线粒体发出救急（SOS）信号给细胞核DNA，大大激活无氧酵解产能。如果糖酵解能够替代线粒体OxPhos产生足够的能量，则该细胞可能生存下来。而早期的糖酵解产能通道的上调可能只是临时性的。但细胞为了生存而开始表现出一系列具有癌细胞特征的现象：无控制的细胞繁殖，基因组不稳定（导致突变增加），躲避细胞死亡等。这一过程最初可能是自然界最原始的用来对付氧气不够时的物种存活机制，最终演变成癌。癌症代谢论认为，最初的致病原因是线粒体的受损，DNA突变是继发性的。大部分DNA突变是线粒体受损后细胞及核处于高度不稳定状态而导致的，当然个别基因突变在细胞转变成癌细胞时可能起了重要的协同作用（secondary effect），尤其是那些可能导致糖酵解增加的突变。但几乎没人相信沃伯格的理论。在DNA及致癌基因发现后，更无人谈及代谢论，除了霍普金斯大学的彼得生。他坚定地相信癌的基本病因是能量代谢障碍。他发现生长越快、恶性程度越高的癌，线粒体数量越少、糖酵解越多。不仅数量减少，癌细胞线粒体的结构也有许多异常。生物学上的结构决定功能之原则也支持线粒体结构及功能上的异常与癌症的起因密切相关。即便在全世界都热衷于癌基因研究时，彼得生也仍然坚定地继续他的能量代谢论研究。1977年，彼得生发现一个酶（已酸激酶，Hexokinase）的变化，可以解释为什么癌细胞即使在有氧时也主要用糖酵解产能。癌细胞里的酶是已酸激酶异构体——已酸激酶Ⅱ，而且量很多。这是一个直接支持沃伯格理论的证据。癌细胞通过大量燃烧葡萄糖来获得支持不断繁殖所需之能量。癌细胞内产生许多变化来支持这一变化。上面的已酸激酶Ⅱ就是一例。另外，癌细胞大量产生乳酸，乳酸过多会杀死癌细胞。所以癌细胞膜上单羧酸转运酶（monocarboxylate transporter）大量增加，有选择地让丙酮酸进入及把乳酸泵出胞外。彼得生的博士后Young Hee Ko使用3–溴丙酮酸（3–Bromopyruvate）来阻断丙酮酸致乳酸的反应，从而降低癌细胞能量生产，进而控制癌症。Ko在细胞培养及实验兔中证实3–BP不仅能杀死癌细胞，而且较常用化疗药物效果好很多。不用3–BP的控制组（14只实验兔）在数周内全部死于癌症。而用3–BP治疗的19只兔（包括恶性转移癌的兔）不仅存活了，而且活了与正常兔子相同的寿命，多次PET检查不见任何癌症踪影。后经解剖，也未发现任何残留癌细胞。同样很重要的是3–BP治疗没严重副反应。Ko的第一例临床病例是一位荷兰的学生，他被确诊为晚期肝癌，肝内95%为癌细胞占领（肝脏严重受损），而且广泛转移。化疗无效后，医生告诉他父亲准备后事。强烈的父爱让他父亲经多方辗转找到Ko博士，又在德国找到一位愿意协助Ko博士治疗病人的医生（法兰克福大学医学教授）。经过6个月的治疗，病人体内找不到任何活癌细胞存在的迹象，肝开始再生（病人有肝脏严重损坏）。本来被告知只有几个月的寿命，但结果却远远超过预期，而且获得临床缓解（Clinical Remission），即找不到任何癌症细胞或癌瘤的证据。彼得生Ko博士很高兴，邀请病人到霍普金斯大学讲座。遗憾的是，病人讲座后没好好休息恢复（他剩下的很少的肝还没足够再生），而是继续他在美国长达数周的旅行，因过度劳累感染肺炎不治而亡（但至死也无癌复发迹象）[3]。

部分使用癌症代谢论治疗癌症的案例。

1. Slocum等医生报道（美国癌症代谢治疗年会，2017年2月Tampa，FL）：他们总结了44例第4期肺癌（Stage IV，NSCLC）用代谢疗法结合传统放/化疗效果。患者的1年生存率达到86.1%（而文献报道同期NCSLC1年生存率低于20%）(cancerresearchuk.org)。

2. Slocum医生组曾报道33例3/4期胰腺癌用代谢+常规放/化疗，患者1年生存期达到82.6%，而统计显示胰腺癌1年生存平均20%（含1～4期）[10]。

3. Slocum组2016年个案报道：一位81岁3期直肠癌的妇女在用代谢疗法+放/化疗后，27个月后（文章发表时）仍然临床无肿瘤迹象。

4. Roger D（Seyfried教授私人通信，2016年6月）发现3期膀胱癌患者，7月底开始用代谢治疗R～KD（此患者经常将血糖/酮比例保持在1或以下），不久便找不到肿瘤（Clinical Remission）了。

5. Case Western Reserve大学的Linda Nebeling大概是最早将生酮饮食法用于癌症病人的。在1995年，她报告了用生酮饮食治疗的两位小病人（3岁和8岁）都患有晚期脑癌，被预测活不过3年。经过生酮饮食后，病人的生活质量改善，脑瘤引起的癫痫抽搐减少并停止。不久肿瘤逐渐缩小并消失。至文章发表时，两位病人已分别良好存活4年和5年且无肿瘤复发迹象。其中3岁的小女孩15年后仍然存活且无肿瘤复发[4]。

6. 德国Würzburg的Melanie Schmidt等医生做了一个小型的为期3个月的16个病人临床试验。16个病人中5人坚持了3个月的生酮饮食，其他病人由于种种原因未能坚持。较严格地按要求坚持了3个月的病人的肿瘤全部显示生长减缓，或停止生长，甚至缩小[4]。

7. Albert Einstein医学院的Eugene Fine医生2012年报道了10位各种实体癌（直肠、乳、胃、子宫、食道、输卵管）病人在采用生酮饮食后，PET-CT显示肿瘤停止生长或有所缩小。

8. Beth Zupec-Kaniay营养师报道10位脑癌病人用生酮饮食后，病情均显示不同程度的改善，其中几位病人获得长期缓解。

9. 我的病人Aasmund（挪威运动员）5年前发现10cm大的纵隔淋巴瘤，经过两个毒副反应巨大且无明显效果的化疗后，病人放弃化疗转用生酮饮食+DCA。Aasmund至今毫无癌症症状地生活着，并且生了一个可爱的女儿。她的纵隔肿瘤缩小至3cm左右。

10. 我的一位香港44岁女病人Joey，患4期乳癌伴肝肺脊柱骨及左锁骨上淋巴转移。确诊时，左乳癌肿溃疡、糜烂、渗出血水。经综合癌症治疗+化疗，现肿瘤明显缩小，左锁骨上淋巴结消失，左乳溃疡、糜烂愈合，病人感觉良好，无大副作用。

11. Csaba Toth报告一例口腔上腭肌上皮细胞癌（约3.5cm），拒绝任何手术，化/放疗，仅靠生酮饮食，无任何副作用。20个月后，病人感觉肿瘤缩小且更健康。MRI显示肿瘤缩小。

12. Zuccolio医生的母亲被诊断为多形性胶质细胞瘤。使用生酮饮食后不久，病人的肿瘤消失（MRI）。病人维持生酮饮食约半年，MRI检查仍无肿瘤复发。此时，病人放松警惕，开始一般饮食。数月后肿瘤复发，病人失去生活信心，放弃生酮饮食治疗。

13. 斯卡伯乐（zerocarbzen.com）是一位运动营养师。在2013年5月被诊断为患恶性星状细胞瘤。化/放疗后产生很多如抽搐及头痛等副反应，且无明显疗效，他放弃化/放疗，改用代谢疗法，抽搐等迅速改善，癌肿缩小，已存活3年多。

14. 英国人凯利（Pablo Kelly）于2014年8月诊断为患恶性4期多形性胶质母细胞瘤，被告知最多只可活数月。他拒绝一切化/放疗而用生酮饮食治疗，至今仍幸福而无癌症症状地与家人一起生活（torquayheraldexpress.co.uk）。

上述只是有报道的案例（医学期刊或网站）。这些案例为癌症代谢论及开发无毒代谢抗癌提供了有力支持。2012年，波士顿学院的生物学教授赛夫里德博士（Thomas Seyfried，Ph.D.），在仔细研究了包括沃伯格、彼得生、谢弗、谢杰里及他本人广泛的实验结果后，进一步完善了沃伯格的代谢致癌论，出版了《癌症是一种代谢性疾病》一书。赛夫里德提出癌症最初从线粒体氧化磷酸化及产生ATP的电子传递链受损开始，线粒体送出信号至细胞核的DNA，导致染色体不稳定。这就更好地解释了为什么所有癌细胞都有线粒体受损、糖酵解亢进、十分多变的基因突变。

五、癌症干细胞的问题

癌症由癌干细胞分裂繁殖而来。癌干细胞不仅与癌症起因有关，而且与癌症的浸润/转移以及耐药性的产生相关（PMID27343550，PMID17955391，PMID25158828）。几乎所有的化/放疗主要对快速分裂的细胞有效，而对处于静止态的癌干细胞几乎无效。最基本也可能是最有效的控制癌干细胞的方法应该是依靠病人自身的免疫力。而癌症病人的康复，提高癌症病人的全身健康尤其是免疫力则是在癌症研究及治疗上一个长期被严重忽视的问题。癌症综合治疗理论中一个很重要的部分便是癌症病人的康复，即“扶正”。

六、癌症综合治疗

综上所述，越来越多的证据显示，癌症是一种线粒体功能受损导致细胞产能不足而引起的慢性代谢性疾病。而目前的常规化/放疗一般有较大的毒副反应。我们提出以癌症代谢论为理论基础的、结合抗衰老/功能医学及中医中药的全身康复调节的综合性癌症治疗方法。癌症代谢论指出：生活方式改善，尤其是生酮饮食能减缓癌细胞的生长；阻断/减少糖及谷氨酸酵解产能而不影响三羧酸循环的药物（如3-溴丙酮酸、3-BP，及2-脱氧葡萄糖、2-DG），应能减缓/杀灭癌细胞。在此基础上，可以加上其他无毒或低毒杀癌细胞药物（包括大剂量维生素C、过氧化氢或臭氧等高压氧，甚至某些常规化/放疗等），应能高效杀灭癌细胞而对病人不产生严重副反应。另外，从功能医学角度，加入激素平衡、胃肠功能最优化的营养素（包括剂量最优化的各种抗氧化剂，尤其是线粒功能增强剂）、排毒等，我们完全有能力将癌症从一种可怕的不治之症，改变为一种可控制甚至是可治愈的慢性疾病。此理论也还需要更多研究及临床试验证实。

1. 限制性生酮饮食（Restricted Ketogenic Diet，R-KD）：每日热卡摄入量为600左右的以健康脂肪为主的饮食方法。R-KD不仅极大程度上限制癌细胞的能量来源，从而“饿死”癌细胞，而且血液内较高的酮体（Ketone Bodies）有抗血管再生（Anti-angiogenic）、促细胞凋亡（pro-apoptotic）、抗炎症/降低氧化压力（anti-inflammatoryandanti-oxidativestress）、抗癌细胞浸润扩散（anti-invasive）等功能。R-KD还能促进线粒体功能上的改善及数量上的增加。用于治癌的R-KD以血糖≤4mM，血酮≥4mM；血糖/酮比例≤1为目标[3]。

2. 糖酵解抑制剂（Glycolysis Inhibitors）：在R-KD的基础上，加上糖酵解抑制剂如2-脱氧葡萄糖（2-Deoxyglucose、2-DG、PMID：16892078）、3-溴丙酮酸（3-Bromopyruvate，3-BP）、二氯醋酸（Dichloroacetate，DCA）。[11][12]

3. 糖异生（Gluconeogenesis）阻止剂：尽管R-KD及糖酵解抑制剂可以在很大程度上降低血糖，但人体内可将谷氨酰胺（Glutamine）等个别氨基酸通过糖异生通道转化成葡萄糖，从而给癌细胞提供能量。正常情况下从谷氨酰胺转化成葡萄糖而进入糖酵解所提供的能量大约占总能量的5%左右。但在R-KD及使用糖酵解抑制剂而严重限制癌细胞能量供应后，某些癌细胞有可能发生变异而增加谷氨酸胺糖异生道活性。DON（6-Diazo-5-oxo-L-norleucine）与R-KD合用可以更进一步阻止癌细胞的糖酵解[13]。

- 大剂量维生素C静脉滴注（大剂量IVC）用于治癌已有几十年的历史。大剂量IVC既安全又有效，能改善病人生活质量（减少常规化/放疗之毒副反应、止痛、增加力量），减少癌症的许多并发症（缓解癌晚期维生素C缺乏状态；抗细菌、病毒、霉菌感染；减少癌症伴随的炎症反应；预防癌症患者的毒血症）。大剂量IVC有杀癌细胞作用（IVC与葡萄糖分子结构相似因而能竞争性地抑制癌细胞对葡萄糖的摄入，增加癌细胞内过氧化氢而杀死癌细胞），增加胶原蛋白合成，增加免疫力[14][15]。
- 高压氧舱（Hyperbaric Oxygen Therapy，HBOT）：缺氧既致癌，也是癌症扩散的重要因素之一。缺氧也使癌症治疗疗效下降。HBOT是另一重要的癌症治疗辅助手段，且无毒副作用[16]。

参考文献

[1] Morgan G1, Ward R, Barton M. The contribution of cytotoxic chemotherapy to 5-year survival in adult malignancies. Clin Oncol (R Coll Radiol). 2004 Dec;16(8):549-60.

[2] Aggarwal A1,2, Fojo T3, Chamberlain C4, Davis C5, Sullivan R2. Do patient access schemes for high-cost cancer drugs deliver value to society?-lessons from the NHS Cancer Drugs Fund.Ann Oncol. 2017 Apr 27.

[3] Thomas Seyfried. Cancer as a Metabolic Disease: On the Origin, Management, and Prevention of Cancer. John Wiley & Sons, 2012.

[4] Travis Christofferson. Tripping Over the Truth: The Metabolic Theory of Cancer. Createspace Independent Pub, 2014.

[5] Tomasetti C, Li L, Vogelstein B. Stem cell divisions, somatic mutations, cancer etiology, and cancer prevention. Science. 2017 Mar 24;355(6331):1330-1334.

[6] Shay JW, Werbin H. Cytoplasmic suppression of tumorigenicity in reconstructed mouse cells. Cancer Res. 1988;48: 830-3.

[7] Shay JW, Liu YN, Werbin H. Cytoplasmic suppression of tumor progression in reconstituted cells. Somat Cell Mol Genet. 1988;14: 345-50.

[8] Israel BA, Schaeffer WI. Cytoplasmic suppression of malignancy. In Vitro Cell Dev Biol. 1987;23: 627-32.

[9] Israel BA, Schaeffer WI. Cytoplasmic mediation of malignancy. In Vitro Cell Dev Biol. 1988;24: 487-90.

[10] Mehmet Salih Iyikesici, Ayshe Slocum, et al. Long-Term Outcomes of the Treatment of Unresectable (StageIII- IV) Ductal Pancreatic Adenocarcinoma Using Metabolically Supported Chemotherapy (MSCT): A Retrospective Study. J of Pancreas (Online) 2016 Jan 08; 17(1):36-41.

[11] Gang BP, Dilda PJ, Hogg PJ, Blackburn AC. Targeting of two aspects of metabolism in breast cancer treatment. Cancer Biol Ther. 2014;15(11):1533-41.

[12] Michelakis ED, Webster L, Mackey JR. Dichloroacetate (DCA) as a potential metabolic-targeting therapy for cancer. Br J Cancer. 2008 Oct 7;99(7):989-94.

[13] Seyfried,2016. https://htmldbprod.bc.edu/prd/f?p=483:1:::NO:RP::

[14] Riordan HD, Hunninghake RB, et al. Intravenous ascorbic acid: protocol for its application and use. P R Health Sci J. 2003 Sep;22(3):287-90.

[15] Gonzalez MJ et al. Schedule Dependence in Cancer Therapy: Intravenous Vitamin C and the Systemic Saturation Hypothesis. J Orthomol Med. 2012 Jan 1;27(1):9-12.

[16] Stępień K, Ostrowski RP, Matyja E. Hyperbaric oxygen as an adjunctive therapy in treatment of malignancies, including brain tumours. Med Oncol. 2016 Sep;33(9):101.

Paradigm Shift in the Origin of Cancer and Its Management

-Cancer Is A Metabolic Disease of Mitochondrial Dysfunction and the Introduction of Integrative Cancer Therapy

Richard Zhang Cheng

Abstract

The long-term survival of most advanced cancers has not changed significantly over the past several decades, despite the huge research effort in the cancer field. I believe the following three reasons summarize this problem: 1. The theory that cancer is a disease of genetic mutations may be fundamentally wrong. Cancer metabolic theory believes that the genetic mutations observed in cancers are the consequences rather than the initiating causes of cancer. The initiating cause of cancer is the damage of oxidative phosphorylation in the mitochondria; 2. The standard care focuses almost exclusively on "killing" cancer cells, nearly totally ignoring the support of a patient's own total health and immune defense; 3. The cancer stem cell issue. There is no effective way of killing cancer stem cells in the current standard care. To effectively keep cancer stem cells in check, one's own total health and immune system plays the key role. Based on the theory that cancer is a chronic disease of mitochondrial abnormality, and the three issues mentioned above, as well as the principle of holistic approach to disease management of anti-aging and functional medicine, I propose that the Integrative Cancer Therapy be adapted in the treatment and prevention of cancer in clinical practice.

Keywords

Cancer Metabolic Therapy, Cancer Integrative Therapy, Mitochondria, Aerobic Glycolysis, Warburg Effect

作者简介

成长

医学博士，生物化学博士。

美国抗衰老暨再生医学科学院（American Academy of Anti-Aging & Regenerative Medicine，A4M）研究员，癌症综合治疗研究员。

成氏综合健康中心主任（Cheng Integrative Health Center, Columbia, SC, USA）。

对称平衡医学将彻底改变人类健康

——21世纪中医数字化的蓝图

崔志强

摘要：

对称、平衡=健康。

一切事物相对稳定在于整体的功能平衡和形态对称，疾病先在功能层次失平衡，基于量变—质变过程造成结构、形态改变，即失平衡到失对称。

中医司外揣内，观察到整体平衡的重要性，但缺乏形态学和量化数据支撑，导致疗效不确定性；西医借助科学检测，注重循证量化，但偏重局部结构，陷入科学简化主义，头痛医头，脚痛医脚。现实人类健康状况堪忧，癌症和退行性疾病流行增长，美国一半以上人在服药，人均寿命却没突破。

“对称平衡医学”从整体观出发，定性、半定量、定量，探求个性化。定性：从病史、生活方式史寻找个体差异；半定量：望、闻、问、切；定量：根据对称体温/脉搏/血压及其差，确定体质和健康状况，信息差是标尺，根据与现代科学的生理、病理等基础医学及临床有关检测指标的相关性，量化生活方式和治疗的疗效。在“寒热”的基础上形成“体质/生活方式/环境信息统一表达，同一干预法”，对中风、疼痛、忧郁症、过敏搔痒、更年期综合征、精神萎靡、疲劳、自杀倾向，戒烟等有立竿见影的疗效。全方位解决“可穿戴健康设备采集数据能干什么”？集合数据，量体裁衣开出饮食、健康营养品、保健设备、锻炼、居住地等“处方”，达到靶向生活方式，取得精准临床疗效。

关键词：

对称平衡　对称信息差　温差　体质　量化生活方式

一、医疗健康服务面临的困境

现代医学的发展经过多年努力寿命并没再延长，已处在“瓶颈”阶段，美国平均寿命已出现下滑现象，英国也出现类似问题，评估医学的标准无外乎两个：一是生活质量；一是平均寿命，它是衡量医学进步最重要的标准。平均寿命的下滑揭示了现在医学理论有待于进一步突破。这一事实告诉我们，过去10年、20年或更长时间医学在原地踏步。尽管投入大量资金和人力，每年都有所谓的新发现和重大突破，实际贡献是零。高科技日新月异，医疗条件、设备大提升。与此同时，慢性病发病率也成倍提高。据2013年统计，中国“三高”慢性病患者达2亿人。据美国统计，药物或其他治疗评价指标NNT极低，预防疾病方法效果之低难以让人相信：譬如2000人服用阿司匹林两年，仅能防止一起心脏突发事件（NNT2000）；30位心脏病幸存者坚持4年地中海饮食，才防止1人死亡，61人坚持地中海饮食，才有1人避免心脏病突发。当前，各种保健养生之道不胜枚举，令人眼花缭乱，但健康诊疗水平反而下降，至少没有重大突破。这是为什么？因为信息采集与处理虽日益深入精细，但越来越分散，与干预手段相关性及针对性距离越来越远。

生活方式是健康首要因素，但什么是科学生活方式？什么生活方式适合你？没有客观标准，不要说病人糊涂，医生也含糊其词。这种主观臆想，怎样才能得到正确的干预手段？

目前对健康依据体检，采用“排除疾病即为健康”的排除法，其时间跨度大，只观察某器官、成分在某一时间局部状况，很难监控局部和整体之关系，也很难观察变化动态，更无法观察内、外环境的密切联系。

当前处在物联网时代，健康管理采集数据越来越大，但大部分停留在信息采集、显示、传输及产品销售阶段。采集体温、脉搏、血压、血糖、心电图等各种生命信息，大多不精准、稳定性差、同质性严重、缺乏针对性，缺少最终临床效果数据支撑。采集数据相关性与干预的有效性得不到吻合，在减少死亡率和延长寿命方面未看出其应有优势。

IT与医学截然不同，思维方法有极大鸿沟。病人行为差异、习惯如何融入硬件、软件系统？医生语言如何转化成IT程序？IT管理者技术操作如何理解上述思想，等等。当前双方至多了解对方规范化思路，对个性化表现缺乏感性经验，缺少对疗效判断和提升的参照物，缺少避免医错的参数。此外，医疗仪器标准是根据机体已发生器质性病变的西方医学制定，要在健康和功能性病变中使用，精准度和智能化配合不够，很难交汇融合，信息形成疗效的切入点未突破。其根本原因在于“生物技术”“信息技术”与“医学临床实践”没有有效集成。

我们花十多年时间了解IT设备怎样反映医学思维，反映对称平衡，提高精准度，实时监控生命活动，使之集成化、规范化。经过10年1万多人次测定，发现疾病急性、亚急性阶段体征表现明显时对称信息差增大；疾病越重、症状越明显，差别越大；这种功能数据差别，可用于体质分型、科学制定生活方式、疾病早期诊断、预防和疗效评估。故此对称平衡医学脱颖而出，它是解决以上困境的钥匙。

二、什么是对称平衡医学

对称平衡医学涉及物理、生物等传统边缘学科，人体对称性形态、禀赋体质、机体状况、功能、心理状况、信息、能量、生活方式、环境条件、干预手段等十大生命测量基础。从形态失对称、功能失平衡角度定性、半定量、定量整合相互间相关性。从人与人的差别、人在不同自然和社会环境的差别中创立个性化诊断和治疗模式——这是现代系统论思想，也是《黄帝内经》天人合一的主旨。

1. 一切事物相对稳定在于功能平衡和形态对称，健康也不例外。

骨骼、器官、五官等器官匀称是人们判断形体正常与否的习惯；西医交感副交感神经平衡、心理平衡、酸碱平衡、内分泌平衡等，中医阴阳平衡、五行平衡等均是判断健康的标志。平衡在体内无时不有，无处不在，随生理、病理及环境改变，体内、体表产生相应对称信息变化——对称信息差。

2. 把21世纪物理学前沿——对称破缺及精准医学的核心“差别和个性化”引入健康领域。

恒定破缺趋势反映体质，动态破缺趋势反映健康和生活方式的变化规律。

3. 定性、半定量、定量三结合。

（1）定性：在病史、生活方式史、自我感觉中寻找个体差异和疾病状况。

（2）半定量：望、闻、问、切观察和寻找该病人与正常人的异常点，诊断疾病的表现形式，及异常发生的原因。

（3）定量：对称性体温/脉搏/血压及其差别，精准确定体质、健康状况和疗效的大小，信息差是标尺，根据与现代科学的生理、病理等基础医学及临床有关检测指标的相关性。

三者结合进行健康、生活方式、营养、运动计量，使之直接数字化或相关性数字化。

4. 精准测试对称生命信息，将信息差作为判断体质、健康状况、生活方式、健康干预的疗效等诊断判断的参数。

采用同一时间收集对称位置数据，提取所蕴含生命信息。如通过双手腕测量对称性脉搏和血压差；双腋下测定左右温差；双乳房间、双脐下反映上下温差，等等。在数据采集的时间上分基础对称性生命信息，运动、康复前后，心理活动前后等，以达到不同观察目的。

5. 根据10天精准测试对称生命信息，将基础对称性生命信息作为判断体质的标准化参数。

刚苏醒时交感副交感神经平衡，对体温干扰最小，准确性最高。10天是一个天干，代表五脏六腑，根据10天基础体温和特定数学模型可精准确认人的体质。

将体质分为：左温高于右——“上热下凉”，反之“上凉下热”两型。对称生命信息的方向性、数量值就是体质、康复与生活方式的方向性和量值。

6. 人体对称是相对的、动态的，健康人也存在失对称，只是程度低，方向正确而已。

疾病先在功能层次失平衡，人体有调节重塑功能，会代偿恢复，但失对称与对称调整还在进行，可没疾病表现。若恢复对称，则早期病理改变可消除。若失平衡因素继续，量变积累至一定程度发生质变，导致对称破缺——相应形态畸变——炎症、免疫性病变、结核、癌、偏瘫等指征，即失平衡到失对称。通过对称测试的数量可反映这种状态，直接量化健康。

7. 信息差增大或缩小的方向、数值是干预健康的客观标准；对称、失对称两大框架并存，是健康和疾病不断变化的根源。

用对称生命信息差辅助、延伸基因序列差，与蛋白质组、代谢组等相关内环境信息检测建立相关性；与中西医理论、生理、病理动态、体质、生活方式、环境、红外成像技术、无创血液分析、共振扫描、脉象、舌象，中、西医影像学、形态学等检测技术、手段及互联网建立相关性和因果关系，用信息差增大或缩小的方向、数值作为干预健康的客观标准，作为观察机体失平衡的计算和思维手段。

8. 左为阳、右为阴，同时测量左右对称信息是对阴阳数量化，从而形成“体质/生活方式/环境信息统一表达，同一干预法”。

采集个体左、右、上、下动态平衡体系的偏移数据，“上热下凉”用各种生活方式和治疗手段凉上温下；反之温上凉下。在寒热的基础上，形成“体质/生活方式/环境信息统一表达，同一干预法”，给出对应健康干预措施及方案。

实时发现用户健康失衡状况，解决个性化和标准化耦合，解决采集数据能“干什么”？是预防疾病的最好手段。“以疗效为支点驱动市场”，这就是对称平衡医学。

三、温度——耦合十大生命测量基础的钥匙、标准化的基础

个性化和标准化有机结合，既提高疗效，又便于推广。对称体温在有机结合上述内容时，具有杠杆和标尺作用，其基本支撑理念有以下几点。

1. 人类是恒温动物。

2. 温度是分子平均动能的统计学标志；对称体温差反映对称部位器官、组织、细胞生理功能平均动能的差别，是分子平均动能的标准化基础。

3. 衣食住行等生活方式实质上也是寒热效应，无一不与温度发生直接关联。

4. 身体状况或病情起较大变化或质变，即由温差反映出相关或因果关系。

5. 温度是各种医学在诊断中的最大公约数。对称体温由空间和时间两个参数构成立体信息，对诊断、干预和治疗有极大的精准性。

6. 环境对人的影响最大因素是寒热效应；环境因素影响可由此反映。

7. 一年有春夏秋冬，气候有寒热温凉；温差有方向，体质有寒热；运动散热是向量；食物有寒热温凉“四气”；情绪有“热血沸腾”“冷漠”；几方面在“寒热”上统一，健康方向性脱颖而出。

8. “热则寒之，寒则热之”形成诊断、治疗一体化是保证疗效的创新。寒热体现阴阳，而八纲则反映四象，量化寒热，在数字基础上结合八纲辨证、燥湿、体质病理学、九种体质、“虚则补之，实则泻之”等中西医望闻问切诊断干预的定性、半定量，使诊断、治疗更精准、更个性化。这是由浅入深、由表及里的深化，也是疾病认识的不同发展阶段。量化寒热与八纲辨证等中、西医诊断互补，将形成一个新的医学体系的具体反映。

四、对称平衡医学实现健康数字化、标准化、个性化

“对称平衡医学”诊断和治疗模式是现代系统论思想。

1. 建立个性化生活方式及标准化健康干预对机体影响的数字测定，用不同生活方式、干预手段起始及进程中生命信息变化动态来判断其对健康的个性化利弊及程度。

2. 改变现有医疗机构按多数病人“统计平均水平”即标准化医疗模式及“排除疾病即为健康”的机械模式，用大数据表达人的健康并参照美国NIH和FDA统计学要求全面评估与预测，使其安全和有效性在医学和统计学上双重显著。

3. 高度动态化观察：

（1）时间；

（2）气候；

（3）地域；

（4）运动前后；

（5）饮食习惯；

（6）情绪；

（7）化验、影像；

（8）饮水、大小便及吸烟、喝酒。

观察上述内容变化前后与对称信息差的相关性，作为研究而言，至少不断结合新出现疾病信息寻找其相关性。

4. 经统计学和数学模型处理温差0.2℃以下是健康，超过是亚健康，脉搏差3次或双侧温差达0.45℃以上即为生命状态不平衡疾病加重阶段，呼叫应急服务中心会主动与该

客户进行联系，说明采取包括住院在内的各种健康干预措施。——信息差表明生命状态不平衡的数量关系。

5. 不限于疾病描述，直接对机制、致病机理、干预手段结合对称信息差深入理解、数字描述。

6. 对称量化技术消除上述“瓶颈”，把孤立治疗变成协同医疗，获取有价值数据分析决策，最后给出个性化干预建议。

7. “左为阳、右为阴”同时测试两侧对称生命信息，实际上就是阴阳数量化，各种对称信息在不同疾病有不同相关性——个性化模式。

8. 提供终生健康档案，与体检指标建立相关，为控制可能的疾病提供量化依据。

五、对称平衡数字化极大提高疗效

1. 正常温差小于0.2℃，症状明显温差增大——判断疗效，提高疗效的参照。对称平衡干预后症状明显好转。

2. 急、危中风失对称，干预前温差达±0.4℃～2℃。正确治疗后±0.4℃～0.8℃下降，形成新对称式危重状态脱离，反之则加重——评估危险程度及治疗措施有效手段。以此为指导，疗效数倍提高，半个月可脱离危、急状态，80%的病人可从卧床到行走——打开市场切入点。

3. 医院、体检中心、老人院临床体检异常慢性病人，通过3～6个月对称平衡健康干预，达到客观检查指标显著改善或正常，临床症状明显好转，且产生新的幸福感。

4. 人体是统一的整体，对称平衡全方位调控生活方式，除主症好转，糖尿病、肾功能衰竭等并发症也明显好转。

5. 严格按对称平衡治疗200多例中风，没发现有失败的案例。

6. 用体征、体质、生活方式、环境数据的动态评估，结合人类天性和临床实践，量体裁衣开出饮食、保健品、保健设备、锻炼方法、居住地等处方，实现个性化精准健康管理。解决个性化和标准化耦合。

六、中风偏瘫是典型对称破缺，急诊处理是对称平衡急救学的敲门砖

现代医学研究表明，病变就是温变。疾病初期，首先细胞代谢发生改变，病灶局部细胞发生温度变化，表现为升温或降温，随异常细胞增多，异常温度蔓延，疾病也相应发展。不光慢性病，急性病也如此，昏迷休克急性期患者体温往往在±1℃以上，为对称平衡医学急救学提供了理论基础。中风偏瘫是典型对称破缺，是展示对称平衡医学最佳样板，下面以纽约长岛北岸大学医学院附属医院中风患者为例阐述对称平衡指导临床急救。

案例：

某女87岁，2013年3月13日20点，急性脑梗，昏迷不醒，纽约长岛北岸大学附属医院实施抢救，CT显示右脑岛区坏死达56mm×26mm。

1. 对称破缺第一阶段：

入院第二天（3月14日）用对称平衡进行治疗（治疗第1天），患者依然重度昏迷，对刺激无反应。

左腋温37.1℃，右腋温35.64℃。昏迷时温差达1.46℃。

偏瘫方向：左瘫。

信息差：左腋温大于右腋温，反映上热下凉。

干预“方向”：朱明清头皮针疗法、特定康复、营养干预等，使之凉上温下，缓解下寒。

半小时后，左腋温37.1℃，右腋温36.13℃，温差0.97℃。

平衡0.49℃产生口渴感，竭力发出“water（水）”声，病人从昏迷转为谵妄。

危重期用上法使用对称破缺朝有利于对称恢复方向发展。

2. 对称破缺第二阶段：出现对称逆势

2013年3月15日（治疗第2天）10点20分，左腋温37.02℃，右腋温37.15℃。温差为~0.13℃。

病情根本性转折——意识渐清醒，朦胧和清醒，嗜睡交互，对答顺畅但缓慢，上午还不能认出她的儿子，下午已能识别儿子、孙子及孙女，左上、下肢已能轻慢上提，肌力达2~3级。当晚能坐。

3. 对称和对称破缺第三阶段：恢复思维活动

3月16日（治疗第3天）12点20分，左腋温35.58℃，右腋温35.55℃。体温差为0.03℃。

病人意识清醒，嗜睡明显好转，已能主动与她的儿子、孙子及孙女讲话，要他们不要吵架，不要到外面乱跑，要听话等。

4. 对称破缺第四阶段：矫横过正进入新失对称，病情发生质的飞跃，脱离危重状态

3月17日（治疗第4天），左腋温36.17，右腋温36.85℃。温差-0.68℃。

意识清醒，嗜睡明显好转，能按要求做各种运动，左上、下肢能按要求上举、提。

主持医生检查：双瞳孔等大，能上下伸手、脚，鼓腮，肌张力基本恢复正常。各科医生不相信，分别再次检查，结果一致。

5. 对称和对称破缺第五阶段：

3月18日（治疗第5天），左腋温36.45℃，右腋温36.54℃。温差-0.09℃。从3月17日的新失对称进入新对称。

进入新对称，早期病理改变基本消除。左腿已能自主上抬。两侧体温基本平衡，表现出对称趋势对健康的意义。

当天下午在人扶持下能走路，神经内科主任、副主任亲自查体，认为前所未有。

此后生活一直能自理、半自理。

6. 对称和对称破缺第六阶段：

数学运算、推理思维恢复。能准确计数，自主计数、算术。

7. 从中风偏瘫急诊看对称和对称破缺发展阶段：

在急症和体征明显时，如没采取有效干预措施温差极大，在±0.8℃以上。明显反映疾病造成机体失对称、失平衡的数量关系。

病人左腋温比右腋温高1.46℃，说明偏瘫方向与温差直接有关，左瘫左高、右瘫右高。

3月18日各种神经系统检查，均已正常。两侧体温基本平衡，患者能自行行走。上热下寒病人左腋温比右腋温高，随着平衡温差缩小，意识、运动明显恢复。

在不触动抢救常规前提下，在体质相反方向，被动运动、康复、饮食控制、寒热调节，一小时内产生平衡趋势，临床症状明显好转——为“对称平衡医学”奠定临床基础；为抢救领域推广科学生活方式和正确康复手段，进行开创性工作。以此进行健康量化、运动量化、营养量化，因人而异疾病管理，疗效显著——急性病人1～10天运动功能开始恢复，1～6年中风后遗症3个月得到极大恢复。

人体是统一整体，对称平衡全方位调控生活方式，除主症好转，糖尿病、肾功能衰竭等并发症也明显好转。用体征、体质、生活方式、环境数据动态评估，形成对应的个性化科学诊断，给出对应的健康干预措施。

思路来源于临床，不仅对中风有效，而且对肿瘤、过敏、忧郁症、痛症等慢性病以及戒烟，都有普遍意义。

七、运用对称平衡医学前景

对称平衡医学通过量化分析体系将传统医学精髓与现代物理、生物等前沿科学技术有机结合起来，为中医数字化、精准化奠定了坚实的基础。现阶段，对称平衡医学通过与智能移动终端、可穿戴设备、大数据云服务平台等相结合，可运用到移动医疗服务、远程在线诊疗服务、医养结合模式的智能养老服务等诸多领域。随着基于云计算的人工智能技术进一步发展，对称平衡医学将有助于实现中医诊疗的全面数字化、自动化和国际化，“AI中医医师”甚至“AI中医专家”系统将成为现实，通过手机移动端和可穿戴健康监控系统，用户可随时随地在手机上获知自己当前的健康状态信息，并取得量身定制的个性化的、涵盖饮食、运动、情志等综合化的健康服务方案，还可以对接相关服务机构或直接购买相关产品。中国人均医疗资源相对紧张的问题也将迎刃而解。

Symmetrical Balance Medicine Will Revolutionize Human Health

-Vitalimetrics A Blueprint for Digitizing Traditional Chinese Medicine (TCM)

Zhiqiang Cui

Abstract

The relative stability of the human body is functional balance and morphological symmetry. The physiological and functional functions of the cells with physiological and pathological changes in the body, the body surface to produce different symmetrical information, the size of the reflected Functional differences. Our point of view is to see the symmetry of the individual within the balance, which is where the Western medicine ignored. A variety of unbalanced quantitative accumulation of qualitative change, resulting in symmetry broken form morphological - inflammation, immune disease, tuberculosis, cancer, hemiplegia and other specific indications (Images and "tests") are out of balance to misalignition.

Temperature differences one of the most direct vital sign measurements. The question are: How to measure? What to measure and how to analyze what is measured? We call this the science of "vitalimetrics"(symmetry), and we have developed a patented method to correlate vital signs to TCM theory. By measuring vital signs such as temperature from symmetrically opposite locations of the body, and applying statistical analysis to the time-series, we have discovered a strong and actionable correction between TCM diagnosis and the vital signs.

The relationship between the increase and shrinkage of symmetrical information is related to the clinical, physical, lifestyle, environmental quantification, life group and Internet of things. And the relationship between genes, proteomics, metabolic group and so on. The relationship between Chinese and Western medicine, physiology, pathology, infrared imaging, noninvasive blood analysis, resonance scanning, pulse, tongue, Western medicine imaging, morphology and so on to establish relevance; in the Internet of Things support immediately and accurately determine the health status, the corresponding means of rehabilitation to form a targeted medical, targeted lifestyle intervention, all-round solution to the above shortcomings.

Keywords

Temperature Differences, The Differences in the Vital Signs, Symmetrical Balance Therapy, Symmetrically Opposite Locations, Lifestyle Quantification

作者简介

崔志强

对称平衡疗法创始人。

美国东方医学中心主任，纽约 LUTHERAN 医疗中心医生兼针灸/康复顾问。拥有中西医及远程健康管理三重背景及全科医生经历，1999年被斯坦福大学评为国际优秀中医。

用对称平衡监控对体质、生活方式、疾病性质、程度分型，把疾病和生活方式数量化，独创性采集对称生命信息：对称生命信息差，其偏离正常值的大小可反映对称组织、细胞、基因、蛋白质等分子结构及生命功能差别，可以进行生命功能量化及个性化的健康监控，其结果可以：

（1）确定体质；

（2）确定生活方式对健康的影响程度；

（3）及时发现疾病风险，并给出与信息差对应的个性化干预措施，使其与体质耦合、与量化结果对应、与季节变化同步。

经过大量临床试验，确定了统一量化的标尺，在个性化医疗定性系统和现代仪器检查、定量的实验室检查结果之间建立起桥梁。进行健康计量、生活方式计量、营养计量、运动计量等。全方位解决“可穿戴健康设备采集数据能干什么”这个战略问题。

对中风偏瘫、下肢疲软/运动障碍、糖尿病、肿瘤晚期、忧郁症、更年期综合征、自杀倾向、各种痛症等病和戒烟有立竿见影疗效，而且可制定科学生活方式长期维系。

以上技术已获中美专利，经全美内科学会主席哈佛教授Russell S. Phillips，MD，英国皇家医学会学术委员会Peter Gore教授认定，并愿推广。